权威·前沿·原创

皮书系列为
"十二五""十三五""十四五"时期国家重点出版物出版专项规划项目

BLUE BOOK

智库成果出版与传播平台

中国社会科学院创新工程学术出版资助项目

经济蓝皮书
BLUE BOOK OF CHINA'S ECONOMY

2025年中国经济形势分析与预测

ANALYSIS AND FORECAST OF CHINA'S ECONOMIC SITUATION (2025)

主　编 / 王昌林
副主编 / 李海舰　冯　明

社会科学文献出版社
SOCIAL SCIENCES ACADEMIC PRESS (CHINA)

图书在版编目(CIP)数据

2025年中国经济形势分析与预测/王昌林主编；李海舰,冯明副主编. -- 北京：社会科学文献出版社，2024.12（2025.1重印）. --（经济蓝皮书）. -- ISBN 978-7-5228-4633-0

Ⅰ.F123.2

中国国家版本馆 CIP 数据核字第 2024ST1816 号

经济蓝皮书
2025年中国经济形势分析与预测

主　　编 / 王昌林
副 主 编 / 李海舰　冯　明

出 版 人 / 冀祥德
责任编辑 / 姚冬梅　吴　敏
责任印制 / 王京美

出　　版 / 社会科学文献出版社·皮书分社（010）59367127
　　　　　　地址：北京市北三环中路甲29号院华龙大厦　邮编：100029
　　　　　　网址：www.ssap.com.cn
发　　行 / 社会科学文献出版社（010）59367028
印　　装 / 三河市东方印刷有限公司

规　　格 / 开　本：787mm×1092mm　1/16
　　　　　　印　张：25　字　数：373千字
版　　次 / 2024年12月第1版　2025年1月第3次印刷
书　　号 / ISBN 978-7-5228-4633-0
定　　价 / 128.00元

读者服务电话：4008918866

▲ 版权所有 翻印必究

经济蓝皮书编委会

主　　编　王昌林
副 主 编　李海舰　冯　明
撰 稿 人　（以文序排列）

王昌林　李海舰　冯　明　李双双　张慧慧
左鹏飞　娄　峰　闫强明　汪红驹　依绍华
曲　玥　张彬斌　梁泳梅　罗朝阳　杨水清
肖立晟　杨子荣　熊婉婷　栾　稀　石先进
吴立元　韩润霖　祝宝良　孙学工　薛潇岩
杨志勇　席鹏辉　张　斌　袁一杰　张晓晶
何德旭　邹琳华　颜　燕　汤子帅　马金英
李世奇　朱平芳　张海鹏　全世文　乔　慧
史雨星　曲永义　张航燕　王沐丹　张永生
王　蕾　史　丹　刘玉红　杨　萍　杜　月
王　微　王　念　臧成伟　高凌云　都　阳
邓曲恒　王　琼

编 辑 组　韩胜军　张　杰　李　莹　肖　寒　宋傅天

主要编撰者简介

王昌林 中国社会科学院副院长、党组成员，第十四届全国政协委员，兼任中国社会科学院大学博士生导师。1991年研究生毕业后到国家发改委工作，曾任国家发改委产业经济研究所所长、国家发改委宏观经济研究院院长。主要从事宏观经济和产业经济研究，在《求是》《人民日报》《经济日报》《光明日报》等报刊上发表文章100余篇，著有《新发展格局——国内大循环为主体 国内国际双循环相互促进》《我国重大技术发展战略与政策研究》等多部著作，多次获得国家发改委优秀成果奖。

李海舰 中国社会科学院数量经济与技术经济研究所党委书记、副所长、研究员，中国社会科学院大学教授、博士生导师。全国新闻出版行业领军人才、中国社会科学院哲学社会科学创新工程长城学者（2011~2016），享受国务院政府特殊津贴专家。兼任中国数量经济学会常务副理事长，曾任中国社会科学院工业经济研究所副所长。

冯 明 中国社会科学院数量经济与技术经济研究所宏观政策与评价研究室主任、研究员，中国社会科学院宏观经济研究智库研究员，中国社会科学院大学教授。主要研究领域为宏观经济理论与政策、经济发展与结构转型。入选国家高层次人才计划、中国社会科学院"青年英才"。兼任中国数量经济学会常务理事。毕业于清华大学经济管理学院，曾任哈佛大学经济系访问学者、金砖国家新开发银行（NDB）外部顾问。

序　言

2024年是十分不平凡的一年。面对纷繁复杂的国内外形势，以习近平同志为核心的党中央团结带领全国各族人民攻坚克难、沉着应对，加大宏观调控力度，及时制定实施一揽子增量政策，着力深化改革开放。经济运行呈现稳中向好态势，工业、出口增长超预期，新质生产力加快成长，重点领域风险化解取得积极进展，社会预期明显改善，社会大局保持稳定。中国经济稳的基础更加坚实、进的动能不断增强。

事非经过不知难，取得这样的成绩殊为不易。一年来，世界百年未有之大变局加速演进，美国大选跌宕起伏，乌克兰危机、中东冲突不断升级发酵，大国战略博弈加剧，主要发达国家货币政策转向，外部环境的复杂性、严峻性、不确定性增加。从国内看，房地产市场继续深度调整，有效需求不足的问题凸显，经济运行出现分化，重点领域风险隐患较多，新旧动能转换存在阵痛。在这样的情况下，我国经济保持了合理增长，不仅没有像国外一些经济学者预测的那样出现所谓的"经济衰退""经济见顶"，而且经济发展质量也取得了显著进步。在结构转型升级的带动下中国经济表现再次超出预期。事实说明，中国经济具有超强的韧性和巨大的潜力，经济长期向好的基本面没有改变。

2025年是"十四五"规划的收官之年，我国经济保持稳中有进态势具有诸多有利条件。一是稳增长一揽子政策效应将不断释放。随着房地产市场和资本市场回升，以及"两重""两新"等扩大内需政策的深入实施，居民消费和投资信心将不断增强。二是改革效应将进一步凸显。随着一系列进一步全面深化改革重大战略举措落地实施，要素配置效率和经济发展的内生动力将不断提升。三是经济转型效应将加快集聚。随着创新驱动发展战略、新型城镇化等深入实施和加快推进，新质生产力将加快成长，经济结构转型步伐也将继续加快。也要清醒看到，我国经济运行仍面临不少新的困难与挑战。从国际看，特朗普重返白宫将给国际投资经贸规则、全球供应链和能源资源版图、世界地缘政治格局等带来新的冲击，使我国经济发展面临的外部环境不确定性和压力加大，同时也孕育新的重大战略机遇。从国内看，随着房地产供求关系、人口总量和结构等发生重大变化，叠加"特朗普冲击"，经济下行压力或将增大。但这些都是发展中、转型中出现的困难，就像分娩的阵痛一般，是中国转向高质量发展、实现中华民族伟大复兴必须爬上的坡、跨过的坎。

面对新的形势，要实施更加积极的财政政策和货币政策，同时要创新宏观调控方式，加快推进经济发展方式转型。一是要着力提振消费。从当前我国经济运行面临的矛盾和问题看，既有需求侧的，也有供给侧的，主要矛盾仍然在供给侧，要以供给侧结构性改革为主线，大力发展新质生产力，不断满足和创造新的需求。同时，从短期看，有效需求不足问题突出，主要体现为居民消费不足。因此，要着力推进需求侧结构性改革，加快建立消费导向型宏观经济治理机制。二是要加大对人和民生的投资力度。树立"投项目是投资，投民生也是投资"的理念，跳出"投资于物"的路径依赖，从"投资于物"向"投资于人与物"并重转变，通过优化投资方向扩大有效需求，带动消费，形成投资和消费良性互动。要实施更加积极的社会政策，把更具扩张性的财政政策与更强健的社会政策结合起来，加强基本公共服务、社会保障和生育支持，既扩大消费，又维护社会稳定。三是要加强宏观经济治理体系建设。当前，影响我国经济发展的因素既有经济方面的，也有非经济方面的，要加快健全宏观经济治理体系，把非经济性政策纳入宏观政策取向一致性评估，形成推进经济高质量发展的合力。

历史经验告诉我们，中国经济总是在不断战胜困难中成长壮大的。只要我们充分发挥优势，把握历史机遇，深度挖掘潜力，正视困难，坚定信心，

序 言

切实贯彻落实党的二十大、党的二十届三中全会精神，坚持高质量发展是新时代的硬道理，以更大力度推进改革开放，集中精力办好自己的事情，就没有任何困难和外部压力能够阻挡中国式现代化前进的步伐！

王昌林

2024 年 11 月

摘　要

2024年，我国经济延续总体平稳、稳中有进的态势，经济运行中呈现诸多结构性亮点，转型升级步伐加快。预计全年经济增长4.9%左右，CPI涨幅0.5%左右，能够实现预期目标任务。展望2025年，从国际看，世界百年未有之大变局持续演化，新一轮"特朗普冲击"来袭，大国博弈加剧，乌克兰危机走势可能出现新的变数，中东局势延宕升级，世界经济总体稳定但增长动能不足，全球贸易保护主义加剧，我国发展面临的外部环境的复杂性、严峻性、不确定性上升。从国内看，一揽子增量政策效应将逐步显现，房地产市场和股市企稳有助于带动消费和投资增长，进一步全面深化改革将激发经济增长内生动力。同时，出口面临下行压力加大，内需不足的矛盾突出，一些企业经营困难持续，经济运行结构性挑战仍然较大。2025年是"十四五"规划的收官之年，要以习近平新时代中国特色社会主义思想为指导，全面贯彻落实党的二十大精神，加快落实二十届三中全会提出的进一步全面深化改革的各项举措，坚持稳中求进工作总基调，完整、准确、全面贯彻新发展理念，加快构建新发展格局，全面深化改革开放，推动高质量发展。宏观调控要创新思路、转变方式、调整方向：一是调控思路要从"供给侧为主"向"供需双侧并重"转变；二是把扩大内需的重点转到消费上来；三是扩大投资要从"投资于物"向"投资于物与人并重"转变；同时要更多通过深化改革来激发经济活力，释放发展动力。建议将2025年经济增长目标设定在5%左右，实施"三积极"的宏观政策，加力推出一揽子增量政策：积极的财政政策要加力提效，积极的货币政策要适度宽松，积极的社会政策要更有温度，增强获

得感。重点抓好以下几方面工作任务：一是以提振消费为重点扩大国内需求；二是加快培育壮大新质生产力；三是着力激发经营主体活力和动力；四是加大力度保障和改善民生；五是推动一批标志性改革举措加快落地显效；六是着力防范化解重点领域风险。

关键词： 中国经济 "三积极"的宏观政策 扩大内需

目 录

Ⅰ 总报告

B.1 2025年中国经济形势分析、预测及政策建议
　　……………………中国社会科学院宏观经济形势分析课题组 / 001

Ⅱ 宏观形势与政策展望

B.2 2025年国际经济形势分析、展望及对策建议
　　………………………中国社会科学院世界经济与政治研究所
　　　　　　　　　　　　　　　　　　　全球宏观经济课题组 / 026
B.3 2025年中国经济展望和政策建议　………………祝宝良 / 043
B.4 2024年宏观经济形势分析与2025年展望
　　………………………………………………孙学工　薛潇岩 / 057

Ⅲ 财政税收与金融市场

B.5 中国财政运行形势分析、展望及政策建议
　　………………………………………………杨志勇　席鹏辉 / 071

B.6 2024年中国税收形势分析及2025年展望
　　……………………………………………张　斌　袁一杰 / 089
B.7 中国货币金融形势分析与风险防范
　　……………………………………………张晓晶　曹　婧 / 105
B.8 中国房地产形势分析、展望及政策建议
　　…………何德旭　邹琳华　颜　燕　汤子帅　马金英 / 122
B.9 2024年中国股票市场回顾与2025年展望
　　……………………………………………李世奇　朱平芳 / 158

Ⅳ 产业运行与高质量发展

B.10 2024年中国农业经济形势分析与2025年展望
　　………………………张海鹏　全世文　乔　慧　史雨星 / 180
B.11 2025年工业经济形势分析展望与政策建议
　　……………………………………………曲永义　张航燕 / 197
B.12 中国绿色发展形势分析、展望与政策建议
　　……………………………………………王沐丹　张永生 / 213
B.13 国际能源市场形势分析、展望与建议
　　………………………………………………王　蕾　史　丹 / 231
B.14 中国服务业发展形势分析、展望及政策建议　……刘玉红 / 253

Ⅴ 需求、就业与收入

B.15 2024年中国投资形势分析、展望与建议
　　………………………………………………杨　萍　杜　月 / 271

目 录

B.16　2024年消费市场形势分析和2025年展望

………………………………………… 王　微　王　念 / 286

B.17　中国外贸和利用外资形势分析、展望及政策建议

………………………………………… 臧成伟　高凌云 / 304

B.18　2024年劳动力市场分析及未来展望

………………………………………………… 都　阳 / 322

B.19　中国收入分配形势分析、展望及政策建议

………………………………………… 邓曲恒　王　琼 / 336

Abstract ……………………………………………………… / 357
Contents ……………………………………………………… / 359

皮书数据库阅读**使用指南**

总报告

B.1
2025年中国经济形势分析、预测及政策建议

中国社会科学院宏观经济形势分析课题组[*]

摘　要： 2024年，我国经济延续总体平稳、稳中有进的态势，经济运行中呈现诸多结构性亮点，转型升级步伐加快。展望2025年，从国际看，世界百年未有之大变局持续演化，新一轮"特朗普冲击"来袭，大国博弈加剧。全球贸易保护主义加剧，我国发展面临的外部环境的复杂性、严峻性、不确定性上升。从国内看，一揽子增量政策效应将逐步显现，房地产市场和股市企稳有助于带动消费和投资增长，进一步全面深化改革将激发经济增长内生动力。同时，出口面临下行压力加大，内需不足的矛盾突出，一些企业经营困难持续，经济运行结构性挑战仍然较大。2025年是"十四五"规划的收官之年，要以习近平新时代中国特色社会主义思想为指导，全面贯彻落实党的二十大精神，加快落实二十届三中

---

[*] 课题组：王昌林、李海舰、冯明、李双双、张慧慧、左鹏飞、娄峰、闫强明、江红驹、依绍华、曲玥、张彬斌、梁泳梅、曹婧、罗朝阳、杨水清等。

全会提出的进一步全面深化改革的各项举措，坚持稳中求进工作总基调，完整、准确、全面贯彻新发展理念，加快构建新发展格局，全面深化改革开放，推动高质量发展。宏观调控要创新思路、转变方式、调整方向：一是调控思路要从"供给侧为主"向"供需双侧并重"转变；二是把扩大内需的重点转到消费上来；三是扩大投资要从"投资于物"向"投资于物与人并重"转变；同时要更多通过深化改革来激发经济活力，释放发展动力。建议将2025年经济增长目标设定在5%左右，实施"三积极"的宏观政策，加力推出一揽子增量政策：积极的财政政策要加力提效，积极的货币政策要适度宽松，积极的社会政策要更有温度，增强获得感。

关键词： 中国经济 "三积极"的宏观政策 扩大内需

一 2024年经济运行总体回顾

2024年以来，面对复杂严峻的外部环境和国内新旧动能转换期多重风险挑战叠加的局面，在以习近平同志为核心的党中央坚强领导下，各有关方面积极作为，适时推出一系列宏观调控新举措，政策灵活性和及时性明显提升，显著提振了市场预期，为巩固和增强经济回升向好态势提供了有力支撑。总体来看，2024年我国经济运行保持总体平稳，稳中有进，呈现诸多结构性亮点，转型升级步伐加快。

（一）经济运行总体平稳，保持在合理增长水平

2024年以来，我国经济呈现"前高中缓后升"态势（见图1），一季度实际GDP同比增长5.3%，实现良好开局；二、三季度有所回落，分别同比增长4.7%和4.6%；前三季度累计同比增长4.8%左右。在一揽子增量政策的带动下，四季度经济景气度明显回暖，预计2024年全年经济增长4.9%左右，总体上与潜在增长率接近。无论是从横向比较还是历史比较看，

我国经济增长速度都处于较好水平。从国际上看，根据国际货币基金组织（IMF）的预测，2024年美国经济增速约为2.8%，欧元区约为0.8%，我国经济增速在主要经济体中处于领先水平。历史地看，在经过40余年快速增长之后，我国经济也远高于20世纪90年代日本等国家在房地产经历拐点之后的增长水平。

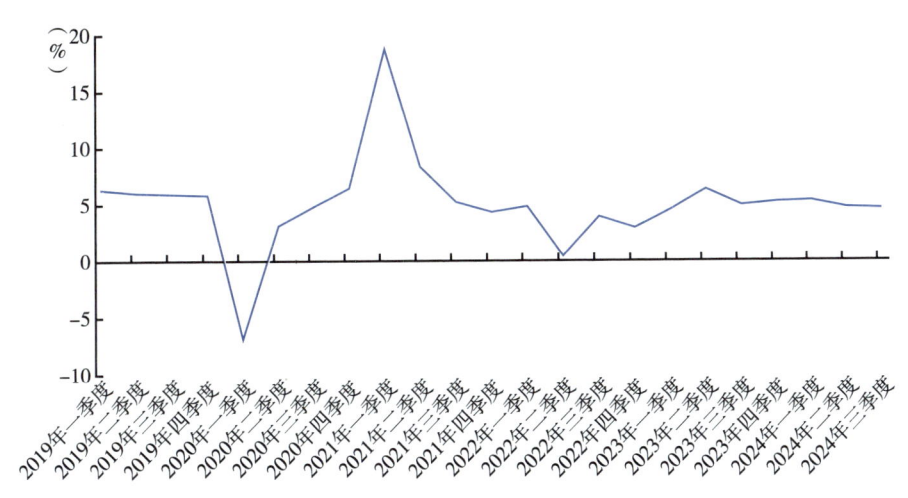

图1　2019年一季度至2024年三季度中国实际GDP当季同比增速

资料来源：Wind。

（二）新质生产力稳步发展，经济发展方式正在经历广泛深刻的变革

工业生产持续较快增长，韧性和优势凸显。2024年前三季度规模以上工业增加值累计同比增长5.8%，基本保持甚至超过了疫情前增速（见图2）。较为完备的工业生产体系和强大的工业生产能力持续是我国经济运行中的一大突出亮点。与此同时，产业结构转型升级步伐加快，新质生产力加速积聚。一是关键核心技术攻坚战取得新突破，科技自立自强扎实推进。半导体制造正在打破国外垄断，我国已全面掌握了功率半导体高能氢离子注入核心技术和工艺，攻克了半导体晶圆制造中仅次于光刻的重要环节，国产氟化氪光刻

机（110nm）和氟化氩光刻机（65nm）等集成电路关键生产设备加快推广应用。我国自主研发设计的全球首艘第五代LNG船成功交付。航天发射、空间技术和应用、月球探测、深海探测等领域关键核心技术不断取得突破，实现了跨越式发展。二是新产业新业态加快培育壮大。以高端装备制造为代表的高新技术产业成为工业的重要增长引擎，处于全球领先水平。2024年前三季度，高技术产业规模以上工业增加值累计同比增速9.1%，大幅高于规模以上工业增加值平均增速（见图3）。柔性化生产、个性化定制、服务型制造、总集成总承包等新模式新业态蓬勃发展，低空经济、人工智能、生物制造等进入密集创新和加速发展的时期，新产业新业态开拓了经济发展的新蓝海。三是数智化和绿色化协同转型步伐加快。数智技术赋能千行百业，工业互联网实现了工业大类全覆盖，工业机器人装机量占全球比重超过50%。新能源汽车产销量连续多年领跑全球，光伏产业链主要环节产量连续多年保持全球第一，绿色低碳产业带动了整体产业结构更趋绿色化。

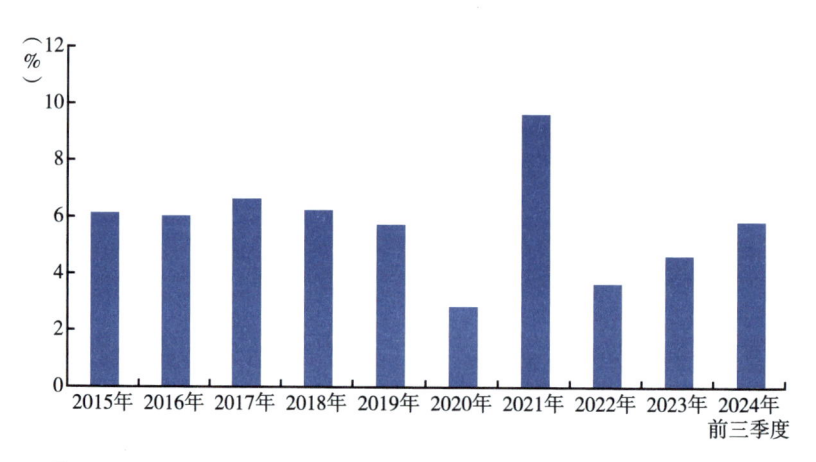

图2　2015年至2024年前三季度规模以上工业增加值累计同比增速

资料来源：Wind。

图3 2018年三季度至2024年三季度高技术产业规模以上工业增加值累计同比增速

资料来源：Wind。

（三）出口规模扩大、结构优化，国际竞争优势凸显

一是出口规模继续呈现超预期增长。按美元计，2024年前三季度出口总额累计同比增速达到4.3%，明显高于全球贸易约2.7%的平均增速。其中，机电产品出口增长8.0%，占出口总额的比重达到59.3%。二是出口产品结构优化。高技术高附加值产品出口增长较快，对出口增长形成强大带动作用。"新三样"出口规模突破万亿元人民币，高端船舶等高技术复杂度产品在国际市场上竞争优势凸显。新能源乘用车出口数量在2023年突破100万辆之后，2024年继续保持增长，前三季度出口量已达96.8万辆（见图4），带动我国汽车出口在全球的市场份额整体上升。三是出口目的地结构更为广泛和均衡。在美欧对华贸易壁垒增多的严峻形势下，我国对美欧出口仍保持增长。同时，我国对非洲、拉美和共建"一带一路"国家出口较快增长，贸易"朋友圈"不断扩大。

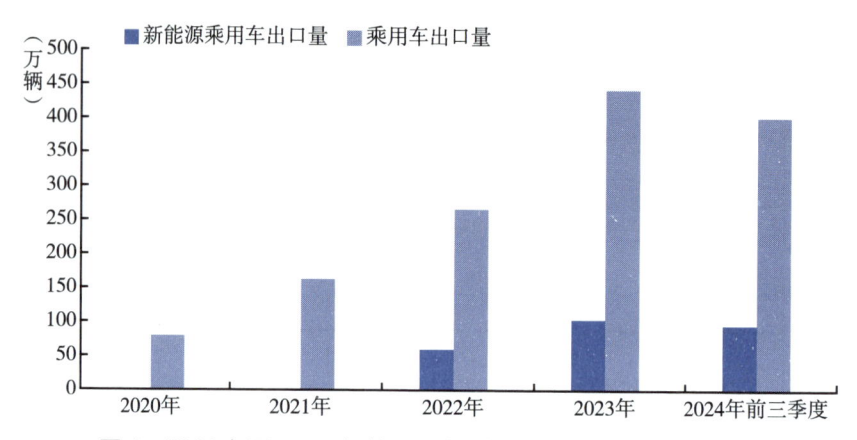

图4　2020年至2024年前三季度新能源乘用车与乘用车出口量

资料来源：Wind。

（四）民生保障扎实有力

就业形势总体稳定，2024年前三季度全国城镇调查失业率平均为5.1%左右，比上年同期下降0.2个百分点。基本养老金再度上涨3%。异地就医直接结算更加便捷，优质医疗服务的可及性与公平性大大提高。义务教育优质均衡发展和城乡一体化进程加快。各地加大托育服务供给，普惠托育学位大幅扩容，"送托难"问题得到一定缓解。节假日旅游市场旺盛，"假日经济"作为社会发展水平和成熟度提升的一种标志，成为越来越重要的经济增长点。发展型和升级型消费增长较快，通信器材类、体育娱乐用品类商品零售额前三季度分别同比增长11.9%和9.7%。

（五）重点领域防风险取得积极成效

一是"保交楼"稳步推进。在2023年完成超300万套"保交楼"项目的基础上，2024年前三季度支持400余万套住房如期交付。二是地方隐性债务风险趋于收敛。12个重点省份高息债务压降约两成，债务违约数量明显减少。三是中小金融机构改革化险有序推进。农村中小银行合并重组提速，年内已有261家中小银行完成合并或改制。四是资本市场信心和活力增强。9月中共中央政治局会议召开之后，股票市场迎来强势上涨行情，连续多个交易日成交额破万亿元。2024年初至11月上旬合计，上证综指、深证成指和创业板指分别上涨14.2%、15.5%和20.6%。7月下旬以来，人民币对美元汇率由1∶7.27持续升值至1∶7.00附近，资本外流压力明显缓解。

在外部围堵遏制加码、国内新旧动能转换阵痛加剧的大背景下，取得这样的成绩殊为不易。这一方面得益于我国产业基础雄厚、市场规模巨大、经济发展韧性强，另一方面也是宏观政策主动作为、加力提效的结果，根本在于习近平新时代中国特色社会主义思想科学指引，在于以习近平同志为核心的党中央的坚强领导。

同时要看到，2024年经济运行中也出现了一些新的情况和问题，面临新的困难和挑战，主要体现在：一是有效需求不足矛盾凸显。前三季度，社会消费品零售总额同比增速仅为3.3%，固定资产投资同比增速3.4%，与疫情前增速相比处于减半状态。二是物价持续低位运行。CPI及核心CPI涨幅低于1%，部分月份降至负值，PPI连续两年负增长，对居民、企业和政府收入产生"收缩效应"。以更具综合意义的GDP平减指数来看，我国GDP平减指数从2023年二季度到2024年三季度连续6个季度为负，下降时长仅次于1998年亚洲金融危机之后的7个季度（见图5）。三是青年群体就业压力较大，"就

a. CPI与PPI指数走势

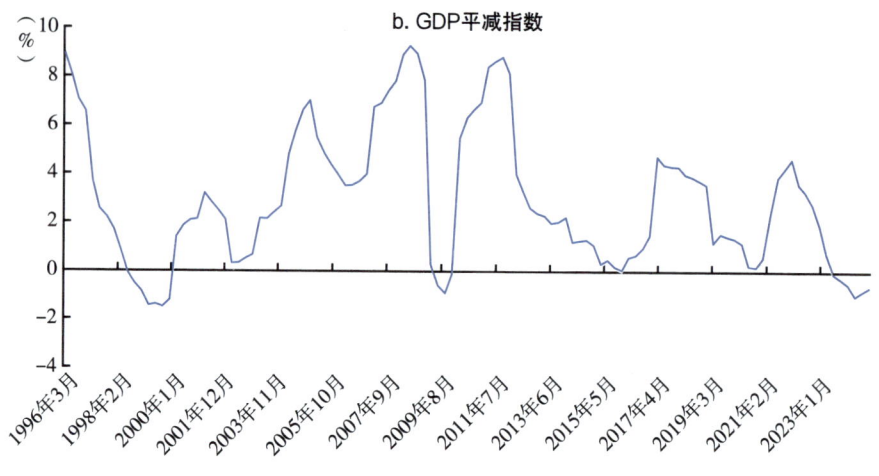

图 5　CPI、PPI 及 GDP 平减指数走势

资料来源：Wind。

业难、增收难"问题凸显。四是 M1 连续多月下降，且降幅呈扩大态势，居民和企业存款趋于定期化，带动 M2-M1 剪刀差扩大至 14.2% 的罕见高位，表明经济运行"气血不足"（见图 6）。五是房地产市场仍处于调整中，一些房企流动性压力和信用风险较大，政府土地出让收入减少。

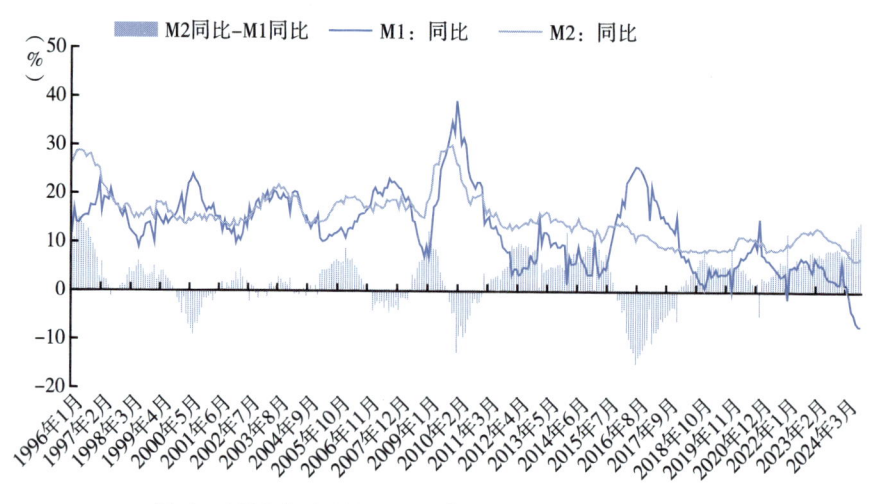

图 6　1996 年 1 月至 2024 年 3 月 M1 与 M2 同比增速

资料来源：Wind。

二　2025 年经济发展的国际环境和基本走势

展望 2025 年，世界百年未有之大变局持续演化，大国博弈加剧，美国新一任政府将加大对华遏制围堵力度，乌克兰危机走势存在新的变数，中东局势延宕升级，世界经济总体稳定但增长动能不足，全球贸易保护主义加剧，我国发展面临的外部环境的复杂性、严峻性、不确定性上升。

（一）大国博弈加剧，新一轮"特朗普冲击"来袭，我国周边地缘政治环境更趋复杂多变

2025 年，中美博弈可能更加激烈。特朗普再度当选美国总统，将对我国和国际社会造成新一轮更加猛烈的"特朗普冲击"。基于上一任期的经验和教训，特朗普再度执政后对华限制政策力度很可能更大，设计也将更加缜密。预计新一任特朗普政府的对华经贸政策主要包括：终止中美"永久正常贸易伙伴关系"（Permanent Normal Trade Relations，PNTR），取消对中国的最惠国待遇，对中国出口至美国的商品大幅加征关税。特朗普关税政策如果落地，将对我国出口、就业和经济增长产生明显负面影响。根据彼得森国际经济研究所（PIIE）的估算，如果美国对我国出口的全部商品加征 60% 的关税，将拖累我国 2025 年出口增速下降 1.37 个百分点，就业率下降 2.18 个百分点，经济增长下降 0.81 个百分点。此外，特朗普政府还将进一步加大对华科技的遏制打压力度，加强对敏感技术和产品的出口管制；重谈《美国—墨西哥—加拿大协定》，围堵中国商品转口，对通过墨西哥进入美国市场的中国汽车征收 100% 的关税来避免中国企业通过转口墨西哥来避税。同时，美国可能减少甚至切断对乌克兰的援助，乌克兰危机或将迎来新的变数。与此同时，全球其他地区冲突频发，巴以冲突延宕升级，随着黎巴嫩真主党、伊朗等多方入局，冲突范围持续扩大，风险不断外溢。朝鲜半岛紧张局势升温，美国不断强化在亚太地区的军事存在。

（二）全球贸易保护主义上升，我国出口被加征关税风险和贸易再平衡调整压力加大

随着我国贸易顺差规模扩大，叠加美欧推动产业链供应链"去中国化"调整，我国对外贸易将面临更加不利的外部环境，国际贸易摩擦可能加剧。一是我国出口商品可能被更多国家加征关税。疫情期间，一些国家国内生产受限，对我国商品有刚性需求，因此虽然对华贸易逆差规模扩大，但仍表现出较强的包容性。随着疫情结束，各国本土生产恢复，存在修复疫情造成的产出缺口的强烈需求，各国对于贸易逆差的容忍度降低，纷纷发起大规模贸易救济调查。仅2024年前三季度WTO成员已经对我国发起142起贸易救济调查，创1995年有记录以来历史最高水平，相比上年同期暴增140.7%（见图7）。由于贸易救济调查从立案到终裁通常需要半年到一年时间，其中大部分案件将在2025年做出裁决，导致我国出口商品面临被一些国家广泛加征关税的风险。二是美欧更加重视产业政策，全球兴起补贴潮，为贸易争端进一步升级埋下隐患。随着我国产业技术追赶，美欧正在改变此前不重视产业政策的立场和做法，开始加快调整国际竞争策略，重视借助产业政策工具尤其是产业补贴政策吸引制造业回流，重点支持人工智能、半导体、新能源汽车等产业发展，重塑本土制造业竞争优势。全球贸易预警数据库数据显示，疫情以来全球补贴措施数量暴增，2020~2023年全球补贴措施数量年均达到3733起，是2009~2019年的2.8倍，其中美国在2020~2023年采取的补贴措施数量年均680起，是2009~2019年的3.8倍（见图8）。三是中国在G20等多边场合可能再次面临多国要求调整贸易失衡的压力。美国是2026年G20轮值主席国，按照G20上一届、下一届和本届三届轮值主席国都有权主导本年度峰会主题的"三驾马车"机制设计，美国特朗普政府对2025年G20议题设计具有相当主导权，极大可能在贸易失衡上提出针对我国的议题，届时我国将面临更为复杂的多边环境，贸易失衡调整压力或大于2009年。

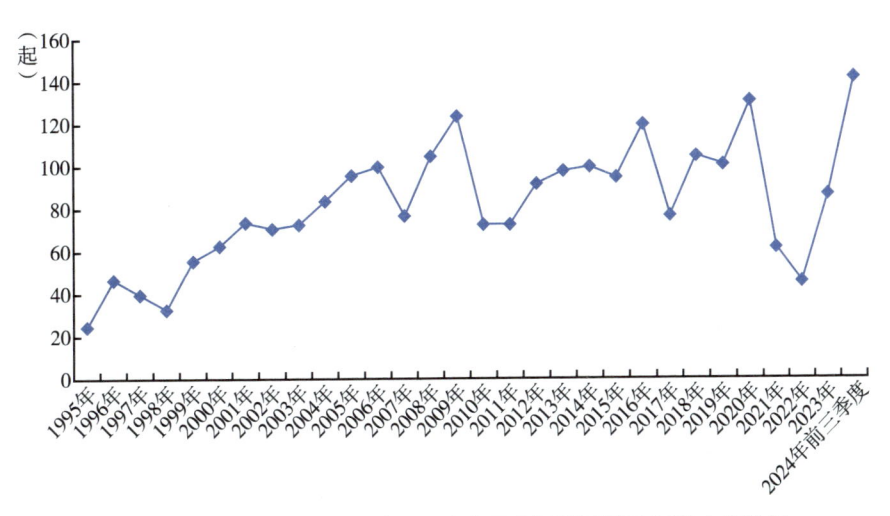

图7 1995年至2024年前三季度我国遭遇贸易救济调查立案数量

资料来源：中国贸易救济信息网。

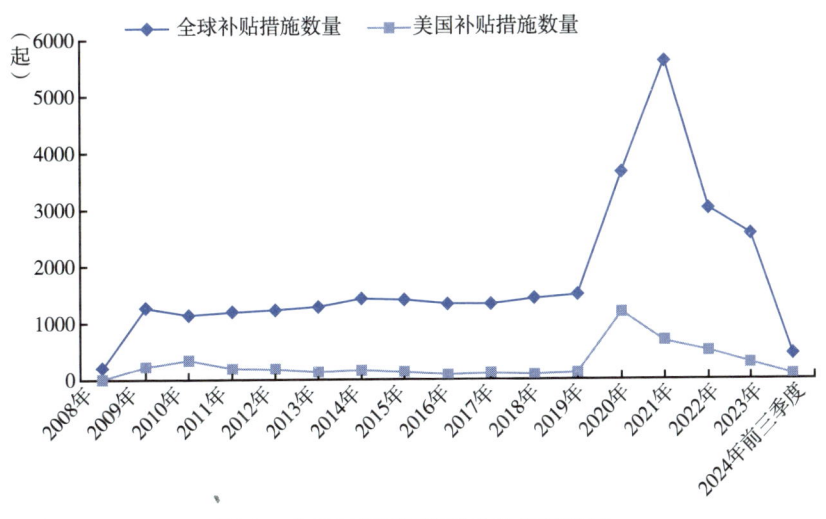

图8 全球和美国采取的补贴措施数量

资料来源：全球贸易预警数据库（https://www.globaltradealert.org/）。

（三）世界经济总体稳定但增长动能不足，通胀有所缓和但存在再度上行风险

预计2025年世界经济增长将总体保持稳定，随着全球货币政策陆续转

011

向宽松，国际货币基金组织预计世界经济增速将与2024年相同，维持3.2%的增速。发达经济体2025年经济增长1.8%，增速与2024年相同（见图9）。其中，美国在经历了两年接近3%的"过热"增长之后，经济将明显降温，增速回落至2.2%左右；欧元区经济增速由0.8%小幅反弹至1.2%。新兴市场与发展中经济体经济增速将保持稳定，2025年的经济增速预计在4.2%。其中，亚洲新兴市场尤其是印度将保持强劲增长态势。受贸易保护主义加剧、产业链供应链碎片化等因素影响，国际贸易和全球制造业增长走弱。全球通胀在前期高位基础上明显回落，但依然面临多重上行风险：一是全球广泛的货币宽松带来通胀重新上行压力；二是部分主要发达经济体服务价格依

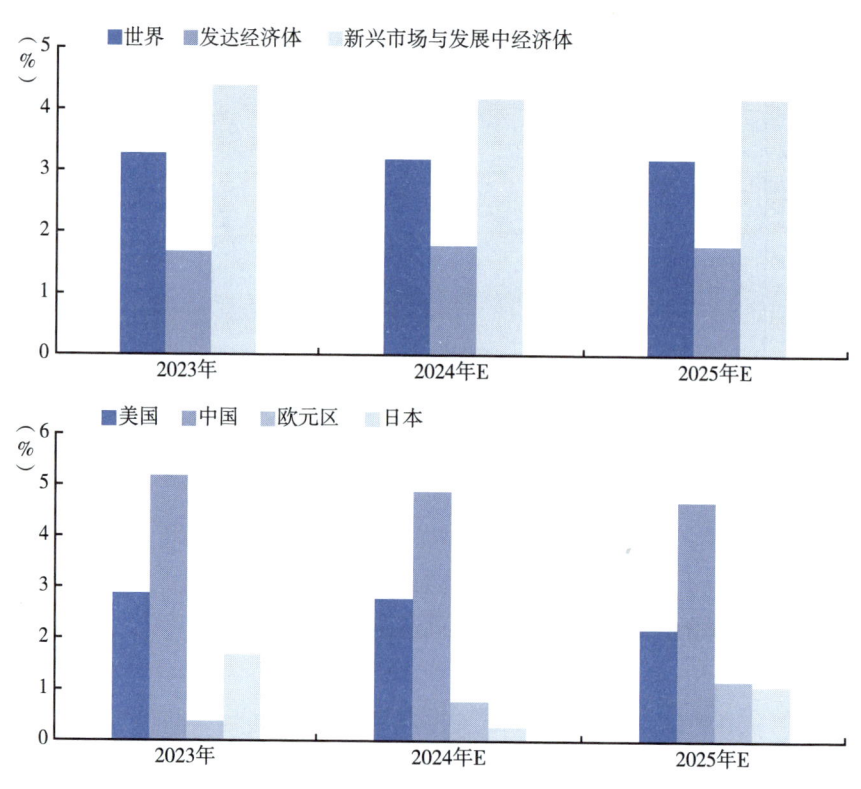

图9 2023~2025年世界及主要经济体经济增速预测

资料来源：IMF。

然处于高位，可能引起工资—物价上涨螺旋；三是前期全球化的抑制通胀效应弱化，贸易保护主义和逆全球化加剧将推升通胀；四是能源转型成本增加带来通胀效应。

（四）全球宏观政策进入宽松周期，主要经济体债务负担上升

随着欧元区和英国、加拿大、美国等经济体央行先后开启降息进程，发达国家由紧缩周期转入扩张周期，预计2025年美联储将继续降息。与此同时，宽松的货币政策环境可能进一步推高全球债务水平。根据国际货币基金组织的数据，全球公共债务规模到2024年底将超过100万亿美元，占全球GDP的比重达到93%。预计随着主要发达国家央行货币政策的转向，全球债务水平将继续提升。当前，美国、意大利、法国、英国等国的政府债务占GDP的比重已经超过100%，日本更是超过200%，韩国、巴西、俄罗斯、南非以及一些东盟国家也面临持续加重的债务负担（见图10）。

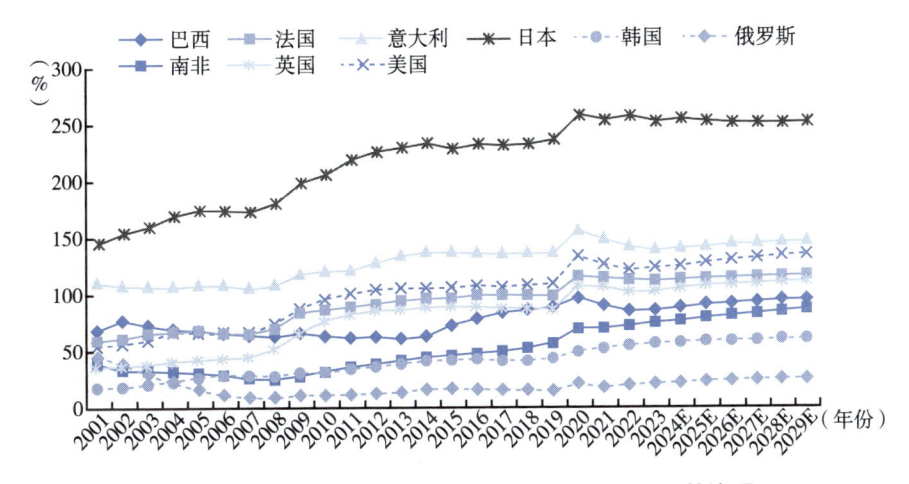

图10 2001~2029年主要国家政府债务占GDP的比重

资料来源：IMF。

三 2025年经济发展的国内环境和基本走势

一揽子增量政策的效应逐步显现，为2025年经济发展提供了有力支撑。与此同时，从中长期看，我国经济发展阶段和面临的环境条件正在发生趋势性、转折性变化，结构性挑战和增速换挡下行压力加大。

（一）2025年国内经济发展环境

2025年经济发展面临的"政策强化、拖累弱化、改革深化"等有利因素，有助于支撑经济稳步回升。

一是一揽子增量政策落地显效，将对经济增长形成有力支撑。2024年下半年以来，国家围绕"两重""两新"等关键政策领域持续发力，特别是9月末中共中央政治局会议召开后，多部委联合部署了稳增长的一揽子增量政策，显著提振了市场信心，这些政策举措的落地落实，将对2025年经济增长发挥强有力的带动作用。

二是房地产市场和股市企稳有助于带动消费和投资增长。动态来看，房地产市场经过近三年深度调整后正在见底，接下来将逐步回归平稳运行的新常态，对经济大盘的拖累作用逐步减弱。此外，股市企稳也有助于提振市场预期，活跃国内经济大循环。

三是进一步全面深化改革将激发经济增长内生动力。党的二十届三中全会提出了未来五年关键领域的系统性改革措施，随着改革的不断深入，其在完善体制机制、激发市场活力、增强内生动力等方面的积极作用将不断显现。

与此同时，2025年经济发展也面临一系列制约因素。大国博弈加剧和全球贸易保护主义抬头给我国外贸增长带来较大不确定性，出口下行压力加大；内需不足矛盾突出，尤其是居民消费面临"能力不足、意愿不强、限制较多"等问题；一些行业"内卷式"竞争加剧，部分市场主体经营困难，预期不稳、信心不足的问题依然存在。出现这些问题和矛盾的原因是多方面的，既受外部环境发生重大变化等因素的影响，也与我国经济发展阶段转换的大背景紧密相关。一是房地产市场供求关系已发生重大变化，经济"去地产化"趋势明显。二是以重化工业为代表的传统工业化基本告一段落，新旧动能转换任务艰巨。三是城镇化进入后半程，逐步从"加速期"向"成熟期"过渡。人口和产业进一步向城市群和都市圈等集聚，城市间分化加剧。四是人口数量减少，人口结构老龄化加剧，生育率降至过低水平，成为经济可持续发展面临的重大挑战。这些变化客观上使经济潜在增长率下降，带来新旧动能转换阵痛。

（二）2025年经济基本走势及主要经济指标预测

在综合分析短期因素和中长期因素的基础上，课题组对2025年全年经济走势及主要经济指标的预测结果如下（见表1）。

经济增长下行压力加大，预计全年实际GDP增长约4.7%。季度之间呈"前高、中低、后稳"走势，四个季度实际GDP同比增速分别为5.0%、4.5%、4.6%、4.7%。其中，在供给端，工业生产继续保持较强韧性，预计全年工业增加值增长约为5.1%，对整体经济增长形成重要支撑。在需求端，房地产开发投资降幅从此前三年的两位数以上大幅收窄至2%以内，对经济大盘的拖累作用明显减弱；制造业投资和基础设施投资增长较为强劲，增速均有望保持在6%以上；预计2025年固定资产投资整体增速约为2.9%。居民消费作为慢变量、因变量，在就业和收入预期不稳的环境下，增速仍将处于偏低水平，预计2025年社会消费品零售总额增长约3.2%。

物价延续低位运行态势，全年CPI涨幅约为1.4%。PPI降幅将逐季收窄，预计到四季度转正增长0.5%，全年平均仍存在约0.3%的降幅。

就业总体保持稳定，城镇调查失业率在5.5%左右。青年群体就业压力仍然较大。

出口规模继续保持扩大态势，全年增长约1.8%，进口小幅增长0.1%，国际收支基本平衡。

表1 2024年与2025年各季度主要经济指标预测结果

单位：%，亿元

指标	2024年 一季度统计值	2024年 二季度统计值	2024年 三季度统计值	2024年 四季度预测值	2024年 全年预测值	2025年 一季度预测值	2025年 二季度预测值	2025年 三季度预测值	2025年 四季度预测值	2025年 全年预测值
GDP同比	5.3	4.7	4.6	4.8	4.9	5.0	4.5	4.6	4.7	4.7
工业增加值同比	6.1	5.9	5.0	4.9	5.4	5.5	5.5	4.7	4.9	5.1
固定资产投资同比	4.5	3.4	3.5	3.0	3.3	5.3	1.8	2.5	3.0	2.9
房地产开发投资同比	-9.5	-10.6	-10.2	-8.3	-9.8	-9	-2.8	1.4	2.7	-1.9
制造业投资同比	9.9	9.1	9.2	6.3	8.3	8.8	6.4	5.1	4.7	6.2
基础设施投资同比	8.7	6.7	8.4	6.6	7.1	9.1	5.2	6.0	4.9	6.3
社会消费品零售总额同比	4.7	2.7	2.7	2.6	3.1	4.8	3.1	2.6	2.3	3.2
出口金额同比（按美元计价）	1.2	5.7	6.0	8.5	6.0	6.4	4.2	0.3	-3.1	1.8
进口金额同比（按美元计价）	1.6	2.5	2.6	4.3	3.2	3.5	2.4	-1.2	-4.5	0.1
CPI同比	0.1	0.3	0.5	1.0	0.5	0.9	1.2	1.7	1.9	1.4
PPI同比	-2.7	-1.6	-1.8	-1.9	-2.0	-1.0	-0.7	-0.1	0.5	-0.3
社会融资规模当季值	128028	52950	75664	62367	319884	161637	70330	58487	38049	328504
M2同比	8.3	6.2	6.5	6.6	6.6	7.2	6.9	6.7	6.4	6.4

四　2025年宏观经济政策取向

2025年是"十四五"规划的收官之年，要以习近平新时代中国特色社会主义思想为指导，全面贯彻落实党的二十大和二十届二中、三中全会精神，坚持稳中求进工作总基调，完整、准确、全面贯彻新发展理念，加快构建新发展格局，全面深化改革开放，推动高质量发展，以中国式现代化全面推进强国建设、民族复兴伟业。

（一）转变宏观调控方式

面对经济发展阶段的重大变化，宏观调控也要有新思路、新方法。

一是调控思路从"供给侧为主"向"供需双侧并重"转变。当前宏观经济面临的主要矛盾是国内有效需求不足，为此，在坚持以供给侧结构性改革为主线的基础上，还应更大力度地实施扩大内需战略，在一定时期内将政策重心放到需求侧，供需双侧并重，提振国内经济大循环。

二是把扩大内需的重点转到消费上来。消费不足是当前内需不足矛盾的主要方面，随着多年的大建设、大发展，固定资产投资空间相比前一阶段已经收窄；而居民消费和公共消费增长仍然有较大潜力。因而，宏观调控的主要抓手也应重点转向消费，通过促进居民消费增长来扩内需、稳增长。

三是扩大投资要从"投资于物"向"投资于物与人并重"转变。社会再生产既包括物的再生产，也包括人的再生产。当前，我国作为世界工厂已具备很强的工业生产能力，但生育、养育、教育成本高企，导致年轻人生育意愿偏低，人口生育率和每年新出生人口数量下降较快。为此，亟须加大人力资本投资，研究出台补贴支持政策，降低生育成本，提高生育意愿。同时，人口老龄化程度不断加剧，对养老院、医院等社会投资有较大需求。

四是要更多通过深化改革的办法来激发经济活力，释放发展动力。科学有效的宏观调控政策有助于熨平经济波动、为改革争取时间，但政策替代不

了改革，只有深化重点领域改革，才能从根本上提高潜在经济增长率，持续增强经济增长内生动力。

（二）宏观政策取向

面对经济发展阶段的重大变化，宏观政策力度要大、速度要快、方向要准。2025年，建议实施"三积极"的宏观政策。同时，要把握好一定的政策冗余度和提前量，注重增强宏观政策取向一致性，把非经济性政策纳入宏观政策取向一致性评估，确保各类政策同向发力、形成合力。

1. 积极的财政政策要加力提效。综合采用国债、地方政府一般债、地方政府专项债、超长期特别国债等多种渠道，显著扩大"广义财政政策盘子"

一是适度提高全国一般公共预算赤字率，扩大赤字规模。二是扩大专项债资金使用范围，允许更大比例专项债资金用作项目资本金。三是增发2万亿元超长期特别国债，除用于国家重大战略实施和重点领域安全能力建设外，其中1万亿元专项用于支持改善民生，提高农村老年人养老金标准、发放生育补贴。四是一次性增加较大规模债务限额用于置换地方政府存量隐性债务，减轻地方化债压力。五是加大财政政策对经济社会发展薄弱环节和关键领域的投入。充分发挥财政政策在支持科技攻关、绿色发展、乡村振兴、区域重大战略等领域的引领作用，带动经济社会转型升级。

2. 积极的货币政策要适度宽松

一是在数量型工具方面，分两到三次下调法定存款准备金率合计0.5~0.75个百分点，保持实体经济流动性合理充裕，促进广义货币量（M2）和社会融资规模增速与名义经济增速目标基本匹配。通过专项债等渠道支持银行进一步补充核心一级资本，提升银行的稳健经营能力，增强信贷投放能力。二是在价格型工具方面，分两次择机下调中期借贷便利（MLF）利率，引导LPR利率下调50个基点左右，继续降低和减轻实体经济增量融资成本和存量债务负担。三是在结构性工具方面，畅通货币政策传导渠道，优化信贷结构，加大对制造业、科技创新、绿色低碳、小微、"三农"等重点领域和薄弱环节的支持力度。

3. 积极的社会政策要更有温度，增强获得感

健全与经济发展阶段相适应的积极的社会政策，养老和医疗等基本保障实现应保尽保、水平提高，支持生育、促进就业、提升技能、扩大消费等方面的政策要进一步加大力度、体现激励效果。以"一老一小"为重点群体，构建更加具有系统性、协调性的社会政策服务体系。一是在儿童群体方面，以提升生育水平、提高未来人力资本、释放家庭成员劳动参与潜力为协同目标，切实降低家庭生育养育教育成本。二是在老年群体方面，以更加主动、更具前瞻性的举措应对老龄化，完善养老体系，开发老年人力资源，发展银发经济。三是在涵盖育龄群体的劳动年龄群体方面，抓住"生育—就业"两难这一堵点，在提升生育率的各项举措中更加注重就业友好属性，同时健全终身人力资本积累机制，化解结构性就业矛盾。以精准有效的公共服务促进生育和就业带动消费的良性循环，增进民生福祉，拉动经济增长。

五 2025年经济工作重点任务与政策建议

我国经济仍具有较大的发展潜力，长期向好的基本面没有变。2025年，建议围绕推动经济持续高质量发展，靶向发力解决经济运行中的新情况新问题，着力提振国内经济循环动力，紧扣重点、强化执行，重点抓好以下几方面工作。

（一）以提振消费为重点扩大国内需求

1. 提振消费需求方面

一是促进居民增收，提升"消费能力"。经济增长保持在合理区间，带动居民增收，持续扩大中等收入群体。继续加大政府对低收入人群和困难群众的转移支付力度，扩大刚需购房群体契税减免幅度。二是完善社会保障体系，缓解预防性储蓄倾向，稳定居民消费预期，增强"消费意愿"。为65岁以上老人提供大病保险补充报销。可在基本医保报销基础上，增加30%~50%

的补充额度并设置年度上限。对中低收入家庭给予适度的住房、育儿、教育补贴。进一步完善现行子女教育附加扣除政策，引入教育培训费用实报实销机制，根据地区经济发展水平设定阶梯式报销上限。三是破除不再必要的限购措施、扩大优质服务供给，释放服务消费潜力。完善汽车限购管理政策。积极推动汽车限购城市针对城区和郊区实行指标差异化投放，增加购车指标供给。对一定年限内（比如3年或5年）摇号不中的"无车家庭"直接给予购车指标。引导家政企业向员工制转化，以考核制评定从业人员技能水平，并推进家政服务向母婴照护、老年护理、烹饪保洁、整理收纳等细分领域深化，提升多品类家政服务质量。全面放开养老机构设立许可，构建民办、外资等多元养老服务体系。鼓励社会资本投资普惠型养老，提高社区养老覆盖率，同时推进民政、卫健、社保部门等数据与智慧居家社区养老服务平台进行对接，提升居家养老生活品质。四是优化节假日设置，发展"假日经济"。以春节长假、"五一"长假、暑期长假和国庆长假为基础，形成涵盖春夏秋冬四季的假日经济制度体系。推动实施中小学生"春假"制度与落实落细职工带薪年休假制度相结合。五是在"两新"政策中提高消费品换新补贴标准，扩大"新能源汽车下乡"产品范围，加大优惠力度。综合运用银行贷款贴息、保险增信补贴、融资租赁补贴与贷款风险补偿等加大对技术改造的支持力度；鼓励金融机构加大对废旧家电回收、家电以旧换新等企业融资的支持力度。六是拓展"市内免税店政策"的实施城市和商品门类，引导消费回流。进一步扩大外国人短期入境免签政策的实施范围，吸引更多外国居民来华旅游观光。

2. 扩大有效投资方面

一是提高政府性资金使用效率。进一步优化专项债"绿色通道"项目的审核机制，完善超长期特别国债"自上而下"项目安排机制，更好发挥"两重"建设和大规模设备更新的政策带动作用。二是激发民间投资动力活力。有序推动增值电信、医疗、养老、托育等服务业对社会资本的开放，鼓励民间资本积极投资数字经济、绿色低碳等领域，加大对中小企业智能化、绿色化技术改造的支持力度。三是加大对保障性安居工程、城市基础设施等领域的支持力度，建立"好房子"开发建设激励机制，释放高质量房地产投资潜力。

（二）加快培育壮大新质生产力

一是加快发展新质生产力核心产业。加快研制新质生产力核心产业标准，明确核心产业范围，完善产业分类与统计体系，不断提升核心产业增加值占比。探索设立"新质生产力核心产业引导基金"，并由专门机构统揽基金运作。二是推动产业链供应链数字化、绿色化转型升级。制定产业链供应链优化升级专项行动方案，着力培育一批数字化供应链重点企业和绿色低碳专业服务机构；聚焦提升产业链供应链创新能力，扩大针对性金融产品和服务供给。鼓励高能级"链主"企业发挥资源优势和领头羊作用，探索"链式"转型路径。三是培育壮大新兴产业和未来产业。着力推动新兴产业集群式布局，补齐基础研究和高端人才两大短板，完善新技术产业化落地和新业态新模式加速培育两大机制；加强前沿行业风口研究，制定战略性新兴产业"支柱化"行动计划。建立健全未来产业瞭望机制和跟踪体系，及时有效加大量子科技、氢能与储能等新赛道投入。四是大力培育发展瞪羚企业和独角兽企业。加快建立完整规范的"遴选—扶持—壮大"独角兽企业梯度成长培育机制。针对我国独角兽企业融资承压加大、外资减少的问题，多元化开拓和畅通国内外融资渠道，完善资本市场退出机制。五是治理"内卷式"恶性竞争。强化行业自律行为，探索建立企业恶性竞争审查机制，倡导公平竞争、合作共赢的商业文化。鼓励具有技术、市场、品牌优势的头部企业兼并重组，提高行业集中度。完善重点新兴产业准入政策，建立遏制地方政府投资冲动的约束机制。六是及时根据新产业、新业态、新模式的特点，完善相关监管办法，规范监管行为，相关政策出台前做好市场预期管理，留足过渡期。

（三）着力激发经营主体活力和动力

一是优化营商环境。加快推进《民营经济促进法》立法进程，依法保障民营企业家合法权益。畅通企业家对相关问题的反映渠道和司法救济渠道，把保障企业家合法权益落到实处。规范基层公安机关异地涉企执法，将有关罚没收入统一上缴中央财政，防止"创收式"执法。二是开展新一轮清理地方政府和国企拖欠民营企业账款专项行动。以清理账款拖欠问题为抓手统筹化解"三角债"，增强市场主体信心，激活社会资金流动性。三是拓展民营企业经营发展的市场空间。推进教育、医疗、金融、电信等领域对民营企业开放，提高民营企业牵头或总承包国家重大工程项目的比例，鼓励支持民营企业牵头或参与国家科技攻关项目。四是研究设立"企业家日"和"企业家成就奖"。表彰有突出贡献的企业家，有效发挥示范带动作用，在全社会引导形成崇尚干事创业、尊重企业家的舆论氛围。

（四）加大力度保障和改善民生

一是加大生育支持力度。建议今后五年内将生育支持的公共支出占GDP的比重提升至1%，以生育补贴、个人所得税抵扣等一揽子举措切实降低生育成本，使生育支持政策释放应有成效。健全普惠托育服务，推进"托幼一体化"服务体系建设，将幼儿园服务对象扩大至1~3岁儿童，提高普惠托育服务供给质量。二是以农村老年群体为政策突破口，提高城乡居民养老保险最低标准。目前我国农村居民养老保险保障水平总体偏低，建议统筹考虑社会平均收入增长、物价水平变动等多种因素，健全养老保险调整机制，合理上调养老金最低标准。根据现行各省份的城乡居民养老保险标准测算，若最低标准在现行标准的基础上翻番，每年财政支出增加约2900亿元，经过财政预算科目之间适当的结构性腾挪之后，不会大幅增加财政负担。三是优化教育投入结构。学前阶段的投入基础薄弱、回报率高、消费与增长带动效应强，建议将其占全部教育公共财政投入的比重从当前的6.9%提高到20%，将托育服务纳入公共服务体系，按照学前教育、高中教育的优先序延长义务教育阶段。四是强化就业优先政策，推进产教融合，提高应对经济转型的能力。将针对企业的税收优惠和财政补贴与创造就业岗位数量挂钩，对当前各类减税、降费、退税、缓税政策措施的效果进行全面评估，视效果予以增减。鼓励企业和市场培训机构开展职业技能培训，通过税费减免等举措支持企业开展技能培训，对于大学毕业生在企业实习、岗前培训等给予适当补贴。五是为重点群体提供更加完善的协同保障。加快构建居家与社区机构相协调、医养相结合的养老服务体系，依托社区开展居家养老服务，支持养老机构市场化运营。建立长期照护保险制度，逐步降低或免除农村老年居民基本医疗保险缴费，扩大门诊可报销范围。

（五）推动一批标志性改革举措加快落地显效

一是加快推进收入分配制度改革。完善机关事业单位和国有企业薪酬制度，合理提高绩效工资水平，健全工资正常增长机制。鼓励有条件的地方合理提高最低工资标准。重点面向低收入群体加大社保、转移支付等的再分配调节力度。二是探索建立新型投融资体制机制。根据新型基础设施建设、城市更新、老旧小区改造等增长较快的投资领域的新特点，创新融资工具、优化融资结构，畅通信贷、债券、股权等多元化融资渠道，形成投资和融资相协调的体制机制。三是进一步扩大高水平对外开放。推进服务业扩大开放综合试点示范，加快落实制造业外资准入限制措施"清零"要求，推动电信、互联网、教育、文化、医疗等领域有序扩大开放，更大力度吸引和利用外资。稳步扩大制度型开放，主动对接国际高标准经贸规则，营造有利于新业态新模式发展的制度环境。四是研究出台新的外资企业优惠政策。重点面向高新技术外资企业和吸纳就业能力强的外资企业，从财税、金融、用工等多方面加强支持，防止产业过快外迁。

（六）着力防范化解重点领域风险

一是打好保交楼攻坚战。在用好用足保交楼贷款支持计划、房企纾困再贷款等结构性货币政策工具的基础上，继续增加针对涉房贷款占比较高银行的再贷款额度、提高再贷款比例。实施定向降准，撬动低成本资金满足房地产项目合理融资需求。运用部分特别国债资金转贷地方，专项用于支持保交房和收储存量商品房，减轻地方政府支出责任和偿债压力。二是综合运用财政金融手段，合力化解房企债务风险。研究以特别国债或中央汇金公司注资

为资本金，适时设立住宅政策性金融机构，一方面，为受困房企提供流动性支持，尤其是稳定民营房企的融资预期；另一方面，向重点群体提供低息购房贷款，更好地满足中低收入住房困难家庭、新市民、青年人的住房需求。三是加大债务置换力度，化解地方隐性债务风险。以低成本、长期限、高透明度的债券大规模置换地方政府高成本、短期限、低透明度的各类存量隐性债务。加快推动地方融资平台分类转型，完善城投公司与地方政府之间的风险"隔离墙"机制。四是防范化解中小金融机构风险。优化中小金融机构布局，出台政策支持大中型金融机构兼并收购当地经营能力弱的农村商业银行、村镇银行等中小金融机构。加快健全中小商业银行公司治理机制，强化股东资质和行为监管，完善"三会一层"履职能力和制衡机制，从根本上消除风险隐患。五是持续提升粮食和能源安全保障能力，增强产业链供应链韧性。健全粮食和重要农产品安全供给保障机制，加大油气和重要矿产品资源勘探开发和增储上产力度。在国家战略腹地加快推进战略性新兴产业"备份基地"建设。加快推进关键核心技术攻关，增强应对美西方"脱钩断链"的能力。

参考文献

王昌林：《把恢复和扩大消费摆在优先位置》，《光明日报》2023年8月18日。

王昌林：《以经济体制改革为牵引进一步全面深化改革》，《经济日报》2024年8月5日。

李海舰、赵丽：《新质生产力的三维界定：要素形态、产业形态、经济形态》，《经济纵横》2024年第10期。

李雪松：《我国经济高质量发展扎实推进》，《人民日报》2024年5月28日。

冯明：《基于"十五五"时期工业化、城镇化、人口结构重大变化的前瞻性研究》，《中央社会主义学院学报》2024年第5期。

卢锋、李双双、石先进、潘松李江：《外部失衡和产能议题或重回G20讨论热点》，《企业改革与发展》2024年第12期。

中国欧盟商会等:《关于风险策略的思考：定位经济安全中的政治因素》，2024年5月。

IMF, "World Economic Outlook," October 2024.

OECD, "Economic Outlook, Interim Report: Turning the Corner," September 2024.

宏观形势与政策展望

B.2
2025年国际经济形势分析、展望及对策建议

中国社会科学院世界经济与政治研究所全球宏观经济课题组 *

摘　要： 2024年，全球经济缓慢复苏的同时，增长动能不足。展望2025年，全球经济增速预计将保持相对稳定，但地区分化态势进一步加剧。多重不确定性因素导致全球经济增长前景面临下行风险，不容忽视。全球通胀总体呈下行趋势，高通胀已不再是主要问题，但核心通胀仍具有一定黏性。在此背景下，全球央行货币政策正在转向宽松，全球资产价格普遍上涨。与此同时，全球贸易呈现复苏态势，但供应链和产业链加速重构。全球财政政策继续由扩张转为中性，但这一正常化进程面临多重挑战，政府

---

* 课题组成员：肖立晟，中国社会科学院世界经济与政治研究所研究员，主要研究方向为国际金融与中国宏观经济；杨子荣，中国社会科学院世界经济与政治研究所副研究员，主要研究方向为国际金融和新结构金融学；熊婉婷，中国社会科学院世界经济与政治研究所副研究员，主要研究方向为宏观经济与主权债务；栾稀，中国社会科学院世界经济与政治研究所助理研究员，主要研究方向为宏观经济、货币政策；石先进，中国社会科学院世界经济与政治研究所助理研究员，主要研究方向为国际经济、国际贸易；吴立元，中国社会科学院世界经济与政治研究所助理研究员，主要研究方向为宏观经济、国际金融；韩润霖，中国社会科学院世界经济与政治研究所助理研究员，主要研究方向为宏观经济、人力资本。

债务压力不断加大。面对复杂严峻的外部形势，我国需要立足于国内经济的稳定复苏，积极化解外部不利冲击，化危为机，推动经济高质量发展。

关键词： 经济增长　货币政策　财政政策

一　国际经济形势分析

（一）经济继续缓慢复苏

全球经济增长趋于稳定但缓慢。在经历了新冠疫情、地缘政治冲突、通货膨胀和货币紧缩政策等多重冲击后，全球经济正处于复苏的关键阶段。国际货币基金组织（IMF）最新预测显示，2024年世界经济增速预计为3.2%，与2023年的增速持平。这意味着2020~2024年可能是冷战结束以来全球经济增长最为缓慢的五年。

主要经济体复苏进程存在显著分化。这反映出不同经济体所处发展阶段和面临挑战的差异。凭借庞大内需市场、充裕政策空间以及在科技创新等领域的比较优势，美国经济保持较好增长。IMF预计，2024年美国经济增速为2.6%。相比之下，欧元区经济复苏乏力。尽管勉强避免了经济衰退，但能源危机、供应链瓶颈等结构性矛盾尚未根本缓解，乌克兰危机等地缘政治风险犹存，经济前景堪忧。IMF预计2024年欧元区经济增速仅为0.9%。日本经济也面临诸多掣肘，内需不振，经济复苏势头趋缓。IMF预计2024年日本经济增速将放缓至0.7%。

不平衡的复苏进程折射出不同经济体和群体之间的发展鸿沟。一方面，发达经济体总体受疫情冲击相对有限，凭借雄厚的经济实力和充裕的政策空间，恢复常态化增长的基础较好。另一方面，广大新兴市场和发展中经济体因经济基础薄弱，抗疫和复苏政策受到掣肘，陷入了更为严峻的困境。据世界银行的估计，截至2024年底，约25%的发展中国家和40%的低收入国家的人口将比2019年新冠疫情暴发之前更加贫困。

（二）通胀压力显著缓解

全球通胀总体继续下行，高通胀已不是主要问题。美国CPI同比从2022年9.1%的峰值下降到2024年8月的2.5%，核心CPI同比也从6.6%的峰值降至3.2%。欧元区调和CPI同比从2022年10.6%的峰值下降到2024年8月的2.2%，核心CPI同比也从8.9%的峰值下降到2.7%。印度、巴西、南非、东盟等主要发展中经济体通胀也处于回落之中，已达到央行目标区间。

不同经济体通胀走势分化仍大。首先，部分经济体通胀处于下行通道，但仍高于央行目标水平。欧美通胀自2022年顶点以来持续下行，但核心CPI同比增速仍显著高于2.5%，高于央行2%的目标水平。其次，部分经济体通胀已经从高位下行至央行目标区间。发达经济体中，韩国、加拿大等核心CPI同比增速已从4.5%以上降至2%以内。发展中经济体中，印度通胀率从7%以上高点降至4%以下的疫情前低点，南非通胀率也从8%以上降至4.5%，均达到央行设定的2%~6%区间。印尼、泰国、马来西亚等东南亚国家通胀已降至2%以下。最后，部分经济体通胀仍在上升，且高于央行目标水平。2024年2月以来，日本核心CPI增速连续4个月上升，高于目标水平。俄罗斯通胀仍在9%以上，且2024年三季度仍在上升。阿根廷与土耳其仍处于恶性通胀之中，2024年1~8月，阿根廷通胀平均增速高达269%，远高于2023年；土耳其通胀平均增速也高达66%，也高于2023年。

（三）就业市场展现良好韧性

2024年全球劳动力市场表现出良好韧性，全球平均失业率小幅下降至4.9%。国际劳工组织报告全球失业率从2023年的5.0%小幅降至2024年的4.9%。[1] 由于各国均衡失业率本身存在分化，经济发展阶段也有显著差异，不同国家劳动力市场呈现显著的分化特征。从失业率水平看，发达经济体劳动力市场较为紧张，失业率偏低；而新兴市场和发展中经济体失业率偏高。从

---

[1] International Labour Organization, "World Employment and Social Outlook: Trends 2024," 2024.

变化趋势看，发达经济体失业率大多呈上升趋势，新兴市场和发展中经济体失业率大多呈下降趋势。2024年下半年全球经济增长趋向放缓，部分发达经济体失业率小幅上升。美国、英国和加拿大的失业率将分别从2023年的3.7%、4.03%和5.41%上升至2024年的4.4%、4.45%和5.9%。主要新兴市场和发展中经济体失业率将呈现下降趋势，如中国失业率从2023年的5.2%下降至2024年的5.1%，泰国、俄罗斯、白俄罗斯等亚欧发展中经济体失业率也呈下降趋势。

当前，全球劳动力市场主要面临三个挑战。一是全球"就业缺口"（有意愿但未就业人数）和失业人员规模依然庞大。2024年全球"就业缺口"规模仍然高达4.02亿，这部分人群主要分布在发展中经济体；全球失业人口规模也高达1.83亿。二是全球各国青年失业率偏高，短期内很难得到显著改善。全球15~24岁青年人口失业率约是25岁及以上成年人的3.5倍。三是人工智能的广泛应用在提升生产率的同时，将替代部分就业岗位，造成劳动力市场结构性矛盾和不平等问题。

（四）贸易呈现复苏态势

2024年全球贸易增长2.7%，主要由中、美、印三国推动；供应链深度重构，发达国家吸引关键产业回流，地缘政治影响加剧。

一是2024年全球贸易平稳复苏。2024年9月WTO数据显示，上半年全球商品贸易同比增长2.3%，由于全球通胀降低、利率下调、亚洲出口增长，全球商品贸易会进一步温和扩张，预计全年全球货物贸易增长2.7%，略高于之前预测的2.6%，[1] 全球货物贸易景气指数（103）高于趋势水平，[2] 贸易量正在回升，2024年一季度贸易额环比增长1.0%、同比增长1.4%，过去两个季度的平均增长率年化后为2.7%，与WTO预测的2024年全年2.6%的增长基本一致。一季度，南南贸易增长显著，发展中国家贸易和南南贸易进出口均

---

[1] WTO, "Global Trade Outlook and Statistics," https://www.wto.org/english/news_e/news24_e/stat_10oct24_e.htm, October 2024.

[2] 来自WTO货物贸易晴雨表，https://www.wto.org/english/res_e/statis_e/wtoi_e.htm。

增长2%，发达国家间进口量持平，出口量小幅增长1%，全球贸易增长主要由中国（9%）、印度（7%）和美国（3%）出口推动，欧洲贸易增长弱于预期，非洲出口下降5%。汽车产品、集装箱运输和航空货运表现强劲，指数均高于100；电子元件行业低于趋势水平且持续下降。绿色能源和人工智能行业强劲增长，高性能服务器的贸易价值增长25%，其他计算机和存储单元的贸易价值增长8%，电动汽车贸易增长25%。①

二是2024年全球供应链继续在加深重构。② 美国、日本等发达国家通过政策支持和巨额补贴，吸引关键产业如半导体、电池等回流或本土化生产，重塑全球产业格局，美国通过《芯片法案》大力扶持本土半导体产业，吸引台积电等龙头企业在美投资，日本积极推出政府补贴吸引外资半导体企业建厂。全球电动汽车和电池产业链竞争日益激烈，中国企业如比亚迪等加速海外布局，美国、日本等国则努力打造本土供应链，电池原材料如锂、镍等的供应链也在重组，澳大利亚等资源国加大相关投资。人工智能发展带动供应链重构，AI芯片、高性能计算等需求激增，推动半导体产业链变革，数据中心等AI基础设施建设加速，带动相关材料需求快速增长。地缘政治因素对供应链影响愈发明显，美国、中国科技竞争加剧导致贸易限制，红海航运中断等地缘冲突事件，使中国至欧洲航线和波罗的海—红海的出口集装箱运价增速持续上升，同比增长分别从4月的45.7%和33.9%提升到8月的240%和125%。

（五）全球资产价格普遍上涨

美联储开启降息周期，全球资产价格普遍上涨。2024年9月，美联储降息50个基点。自美联储降息预期升温以来，美元已累计贬值5%。其他主要货币兑美元升值，新兴经济体外部融资约束放松。根据IMF的统计，2024年一季度，新兴经济体欧洲债券（以美元、欧元等外币发行的本国债券）规模恢复至400亿美元以上。随着美联储开启新一轮宽松周期，欧洲债券发行量将进一步反弹，新兴经济体资本流入将得到更广泛的恢复性增长。MSCI全球

---

① 数据来源于 https://unctad.org/publication/global-trade-update-july-2024。
② 总结2024年供应链新闻，https://asia.nikkei.com/Spotlight/Supply-Chain?page=1。

股指较 2024 年二季度末上升 4.49%。其中，MSCI 发达经济体股票市场上涨 4.34%，MSCI 新兴经济体上涨 5.71%。标普 500 上涨 5.53%，欧元区 STOXX50 指数和上证综指分别上涨 6.40%、12.44%。印度股市持续稳定上涨；在刺激政策带来的估值调整下，上证综指季末大涨。受通胀下行、衰退预期和央行降息等影响，主要经济体十年期国债收益率下行。大宗商品价格方面，原油明显下跌、环比大跌 15.93%，黄金继续大涨，铜价小幅上涨。在主要大国经济增长预期相对稳健的情况下，地缘政治风险的上升体现在金价中。2024 年 9 月底，金油比上升至 35 左右，已经超过了 2008 年国际金融危机时的水平但低于疫情初期。

（六）财政政策转向中性

全球财政政策继续由扩张转为中性，但这一正常化进程面临多重挑战。2024 年 4 月国际货币基金组织的《财政监测报告》显示，2023 年约 50% 的国家收紧财政政策，预计 2024 年全球财政赤字与 GDP 之比有望收窄至 4.9%，但仍比 2019 年高 1.3 个百分点，未恢复至疫情前水平。阻碍财政政策正常化的原因包括：高利率环境下政府偿债压力对财政调整空间形成限制、全球"大选年"期间的政治动荡或增加政府支出等。

全球总杠杆率趋于稳定，但公共部门债务压力较大。国际金融协会全球债务监测数据显示，全球总杠杆率（所有部门总债务与 GDP 之比）于 2024 年二季度达到 328%，较一季度降低了 5 个百分点，与上年同期基本持平。本轮杠杆率下降主要由私人部门驱动，公共部门杠杆率仍在上升。导致公共部门杠杆率上升的原因主要在于各类因素促使财政支出增加，包括老龄化和气候变化等结构性挑战以及地缘政治有关军事安全投入等。分国别看，从利息支出与政府收入之比看，新兴市场和发展中国家政府的偿债压力较大，至少一半的国家需要将政府收入的 8% 用于偿债，埃及与巴基斯坦甚至超过 50%。发达经济体中，美国、意大利偿债压力较大，利息支出与政府收入之比在 8% 以上。2024 年 10 月国际货币基金组织发布的《财政监测报告》预计，2024 年公共债务总额将超过 100 万亿美元，约占全球 GDP 的 93%，比 2019 年高出 10 个百分点。

（七）主要央行相继开始降息

各大央行在抗通胀和推动经济复苏的进程中表现出明显差异，导致本轮降息呈现"梯队式"特征。与以往美联储率先降息、其他央行跟随的经验不同，此次美联储降息时点相对靠后，其他央行先行降息。

具体来看，新兴经济体率先开启降息进程。2023年，巴西、智利、阿根廷和秘鲁等拉美经济体选择率先降息，其典型特征是降息节奏密集、连续降息。随后，部分发达经济体也开始降息。2024年上半年，瑞士、瑞典、加拿大和欧元区等欧美经济体开始降息，成为全球央行货币政策转向的重要节点，这些经济体降息的典型特征是态度谨慎、降息节奏平缓。相比之下，美国降息时点相对靠后。2024年初以来，市场对美联储降息时点的预期不断延后，从最初预计降息7次减少至如今预计降息3次。直到2024年9月，美联储才宣布大幅降息50个基点，正式开启降息周期。此外，少数央行选择"逆势"加息。2024年3月，日本央行决定退出负利率和债券收益率曲线控制政策，时隔17年首次加息。土耳其央行在2021~2022年先是降息，再于2023年6月重启加息。埃及央行自2022年3月以来持续加息。

二 国际经济形势展望

（一）增长动能不足，下行风险显著

全球经济增长动能不足。新冠疫情对世界经济造成巨大冲击，留下多方面"疤痕效应"。一是加剧收入和财富分配不平等。疫情重创低收入群体和弱势行业从业者，而资产价格上涨又使得资本所有者获益，贫富分化加剧社会矛盾。二是加重各国债务负担。疫情防控期间，多国财政支出大幅增加，债务规模膨胀，偿债压力上升，或掣肘未来政府公共投资和民生支出能力。三是拉大国家间发展差距。发达国家财政实力雄厚，能够出台大规模经济援助计划，加快疫后复苏进程；而不少发展中国家因财政空间有限，难以对冲疫情影响，经济修复艰难。四是损害人力资本。疫情导致大量劳动者失业，收入

减少影响其教育、医疗等投入，学生长期居家上网课也影响学习效果，不利于人力资本积累。五是导致全球化进程放缓。疫情暴露出全球产业链供应链的脆弱性，各国重新审视全球化利弊，产业链区域化、本地化趋势或将强化，制约全球生产率提升。总的来看，疫情加剧了既有经济社会问题，也催生了诸多新挑战，导致全球经济增长动能进一步减弱。国际货币基金组织预计，2025~2029年全球经济增速将进一步放缓至3.2%，显著低于2000~2019年3.8%的均值。

世界经济前景还面临多重不确定性，下行风险不容忽视。一是地缘政治冲突引发大宗商品市场剧烈波动。近年来，俄乌冲突、中东局势动荡等热点事件频发，一旦冲突升级，可能引发新一轮供给冲击，导致石油、天然气等关键资源价格大幅上涨。地缘冲突还可能扰乱全球航运体系，加剧供应链中断风险。二是主要经济体货币政策失误风险犹存。在错综复杂的国内外环境下，央行决策失误风险加大，或引发新的经济冲击。一方面，若货币当局过早放松紧缩措施，可能导致通胀预期钝化，通胀水平再度走高；另一方面，若政策转向滞后，维持高利率环境时间过长，则可能引发不必要的经济衰退。三是贸易碎片化趋势加剧，扰乱全球产业链供应链。若中美贸易摩擦升级，涉及更多商品、领域，甚至科技和金融等敏感领域，将严重扰乱全球供应链。同时，地缘政治冲突可能导致区域间贸易和投资关系紧张，形成新的贸易壁垒和保护主义措施，全球多边贸易体系或将受到严重冲击。

（二）通胀黏性显著，反弹风险较小

美欧通胀将逐步达到目标水平，但黏性依然显著。首先，通胀下行速度显著放缓。2024年6~8月，美国核心PCE同比增长虽幅度非常小，但已连续3个月不降反升。2024年3~8月，欧元区核心CPI同比也出现波动，但总体仅从2.9%下降至2.8%。可见，通胀"最后一公里"存在显著黏性。其次，分解来看，住房与医疗等服务业价格下降仍较缓慢。2024年8月，美国CPI中住房分项同比增速仍高达4.4%，且6~8月均未下降。医疗、教育等服务分项价格增速近期有所回升。未来通胀可能不再是单调下行，而是小幅波动

下行。

通胀大幅反弹风险较小，但仍值得关注。美国经济下行迹象已经相当明显，劳动力市场紧张程度显著降温，失业率已升至4%以上。美元区经济也增长乏力。总体来看，通胀大幅反弹风险已经很小。但到目前为止，本轮反通胀尚未引发主要经济体经济衰退，包括经济持续疲弱的欧元区，可见全球经济仍有韧性。随着美欧央行降息，如果总需求保持韧性，叠加地缘政治冲突升级等扰动因素，通胀反弹风险仍值得关注。值得一提的是，巴西央行自2023年以来连续7次降息，近期通胀有所反弹，巴西经济增长动能也有所增强，巴西央行重启加息。这表明，全球主要央行进入宽松周期，对总需求的提振作用可能较为明显。

（三）就业市场保持平稳，结构性矛盾突出

2025年全球劳动力市场将保持平稳。全球整体失业率将维持在4.9%左右，但青年失业率仍处于高位。全球经济的稳健表现是保持劳动力市场韧性的重要前提。2024~2025年全球经济增速趋缓，但未出现明显的衰退迹象，全球范围内主要发达国家和大型新兴市场国家的经济将有望实现"软着陆"。2025年全球青年失业率过高的问题依然突出。得益于全球经济的稳健表现，全球范围内的整体青年失业率有望在2025年下降至12.8%左右，与全球整体失业率相比，仍然处于过高水平。另外，全球青年人中的尼特族（未就业、未接受教育、未接受培训的青年人）比例约为20.4%，2.7亿多的尼特族青年人很难获得较好的工作机会。

人工智能等技术的广泛应用将进一步加剧劳动力市场结构性矛盾。第一，人工智能行业的发展在创造一批就业岗位的同时，也将替代一批就业岗位。人工智能行业发展所需的人力资本禀赋与被其所替代的就业岗位差异较大，将加剧劳动力市场供需结构矛盾。第二，人工智能技术的应用能大幅提升部分岗位劳动者的生产力，但对于另一部分缺乏计算机和基本数字技能的劳动者，将引发人工智能或者数字技术"鸿沟"，这部分劳动者无法享受技术进步带来的红利，两个群体之间的生产力差距扩大，进而加剧群体间的收入不平

等。第三，人工智能的技术发展和资本投资分布不均衡加剧区域间分化。人工智能技术和数据资源为少数垄断企业所掌握，相关资本投资也集中在少数地区，这将进一步加剧区域间的劳动力市场分化。第四，以人工智能、自动化为导向的技术进步及其广泛应用改变了资本劳动比，可能导致劳动力收入在国家总收入中的份额下降。

（四）贸易保持温和增长，供应链加速调整

全球贸易有望在未来两年保持温和增长。其中服务贸易和绿色产品将成为主要的增长动力。贸易格局继续演变，呈现更加多元化和数字化的特征，尽管增速可能不及过去几十年，但贸易仍将是推动全球经济增长和提高人们生活水平的重要力量。

一是 2025 年全球贸易继续呈复苏态势。2024 年 9 月 WTO 预计，2025 年全球贸易增长 3.0%，贸易正在从 2023 年的疲软中逐步恢复；贸易增长将呈现显著的区域差异，亚洲将引领出口增长，中东和南美洲的贸易增长势头也相对强劲，但欧洲贸易表现较为疲软。2023 年，数字化交付服务占总服务出口的 54% 以上，占商品和服务总出口的 13.8%，2025 年有望进一步提高。此外新兴经济体在全球贸易中的地位将继续上升，南南贸易比例有所增加；绿色贸易、高科技、医疗健康、电子商务和数字服务等成为主要增长动力。[1]

二是全球贸易增长面临的挑战明显。地缘政治不稳定性增加，大国之间战略竞争加剧、贸易保护主义抬头，导致新的贸易壁垒出现。中东冲突升级扰乱红海航运，红海航线不稳定导致部分航运公司改道好望角，增加了亚欧贸易的运输时间和成本；贸易分裂加剧，乌克兰危机以来不同政治立场国家间贸易份额有收缩现象，政治观点相似国家之间的贸易增长速度比不同政治立场国家间贸易快 4%；[2] 集装箱运输成本居高不下，尽管自

---

[1] WTO, "Global Trade Outlook and Statistics," https://www.wto.org/english/news_e/news24_e/stat_10oct24_e.htm, October 2024.

[2] WTO, "Global Trade Outlook and Statistics," https://www.wto.org/english/news_e/news24_e/stat_10oct24_e.htm, October 2024.

2023年底以来有所回落，但仍比上年高出约135%，亚欧航线涨幅更大，远高于疫情前水平；美西方和中国之高科技产品贸易脱钩呈加速趋势；墨西哥和越南等国正成为新的"连接经济体"，在服务美国市场方面扮演着重要角色。[1] 地缘政治因素推动供应链发展更趋区域化。全球地缘政治风险急剧上升，2024年1~9月全球地缘政治风险指数（GPR）平均增速为24.4%。[2] 发达经济体新一轮降息政策，使发展中国家汇率面临潜在的升值风险，不利于出口表现，在增长不平衡的态势下进口端改善也不会太明显。

三是全球供应链呈多元化、智能化、可持续和灵活的特征。受地缘政治风险影响，企业将加速供应链多元化和区域化，半导体等战略性新兴产业的多元化发展趋势明显；数字化交付的服务贸易增长迅速，改变部分服务业的供应链结构，数字化和智能化也是全球供应链升级的主要方向；可再生能源产品贸易增长迅速，正在形成新的绿色产业链，供应链的环境影响将会成为重要议题，各国也会加强碳足迹管理、碳边境调节税相关贸易措施。[3]

（五）国际资本流动复杂化，美联储影响减弱

资本流动复杂化，美联储对资本流动的影响或减弱。从金融周期看，美联储放松金融条件，美元广义流动性供给增加，资本会流向新兴市场，新兴市场货币贬值压力下降。但此次美联储降息之后，美元指数并没有出现预期的大幅贬值，反而在100以上保持稳定，可见目前金融市场对美元的需求是相对稳定的。此轮美联储降息并非因为美国经济明显衰退，而是为了实现经济过热后的"软着陆"。在美国经济基本面强劲、全球地缘政治风险抬升的情况下，美元作为安全资产的属性提升，美联储降息未必会导致资本流出美国。多国右翼势力抬头、地缘政治风险上升等均会干扰资本流向。当前美国经济相对欧洲、日本等其他发达经济体韧性更强、增长势头较好，欧洲降息速度将快于美国，美联

---

[1] WTO, "Global Trade Outlook and Statistics," https://www.wto.org/english/news_e/news24_e/stat_10oct24_e.htm, October 2024.
[2] 根据平均地缘政治风险指数计算，https://www.matteoiacoviello.com/gpr_country.htm。
[3] OECD, "OECD Economic Outlook, Interim Report: Turning the Corner," https://www.oecd-ilibrary.org/economics/oecd-economic-outlook/volume-2024/issue-1_1517c196-en, September, 2024.

储降息未必会导致资本流出美国和弱美元格局。根据 EPFR 的数据，美联储降息后的 14 个交易日内，美国、中国和其他发展中国家的权益资本均是净流入，欧洲新兴市场反而出现了资本流出。美国积极的财政、货币政策和未来或有的关税政策，也可能再次推高通胀，影响美联储的宽松节奏。美联储货币政策可能不再是影响资本流动的最重要因素，美国经济韧性较强、通胀不确定性上升、多地地缘政治风险频发等均有可能改变全球资本流向。

（六）中期债务挑战严峻，财政政策面临艰难平衡

发展中经济体比发达经济体面临更为严峻的中期债务挑战。国际货币基金组织预计，未来 3 年内，在最不利的情况下，发展中经济体的政府杠杆率或升至疫情以来的最高点，达到 88%；发达经济体的杠杆率较疫情前则有所下降，达到 134%。对发展中经济体而言，除了高额的财政赤字和初始债务水平以外，对外部融资的依赖以及外部金融环境变化也是重要的下行风险来源。

各国财政政策需要在应对债务挑战和支持经济增长之间取得平衡。一方面，为避免政府杠杆率陷入无序扩张的局面，各国政府有必要实施更为积极的财政调整措施。国际货币基金组织预计，平均而言，若想降低或稳定政府杠杆率，财政调整措施的规模需要达到 GDP 的 3%~4.5%。另一方面，政府也需要警惕财政调整对经济造成的紧缩性影响，这既需要更为宽松的全球金融环境，也需要更为审慎的结构性调整。随着美国和欧洲等主要发达经济体通胀率下行和货币政策转向，预计全球金融环境将更为宽松，这有利于吸收财政调整所带来的紧缩效应。对不同经济体而言，合理财政调整的落实重点也不尽相同：发达经济体应更加注重支出端的调整和收入端的分配改革；新兴市场和发展中经济体应更注重收入端的执行效率提升和税基拓宽，以及支出端的社会安全网投入和公共投资。

（七）货币政策宽松周期持续，降息路径高度不确定

随着新冠疫情影响逐渐消退，主要经济体通胀持续向政策目标靠近，各央行货币政策将持续宽松，但降息路径存在高度不确定性。其中，美联储货

币政策调整节奏对全球经济、金融及其他央行行为产生显著溢出效应，因此备受全球关注。美联储在2024年9月大幅降息50个基点，在很大程度上是对7月未降息的"补偿"，不能以此线性外推其未来降息节奏。美联储货币政策面临两个方面的不确定性。

首先，美联储降息节奏存在高度不确定性，未来关于美联储降息"落后"的争议可能再起。如果降息节奏过快，可能增加通胀反弹风险；如果降息节奏过于克制，关于其"落后"的争议可能再起。此外，与历史相比，此次美联储降息周期启动明显更晚。考虑到货币政策存在一定时滞，如果美联储降息过迟，可能导致经济出现衰退。

其次，"中性利率"难以确定，美联储降息周期终点存在不确定性。"中性利率"是衡量利率政策是否具有足够限制性以及确定美联储中长期利率水平的主要基准，也决定了本轮美联储降息周期的终点。然而，关于"中性利率"并未明确界定，美联储只能根据结果倒推，随着联邦基金利率越靠近"中性利率"的大致区间，美联储货币政策的决策难度及不确定性将相应增加。如果美国经济实现"软着陆"，本轮降息周期的终点可能在2.9%~3.2%的区间；如果美国经济出现"硬着陆"，本轮降息周期的终点可能会显著低于2.9%。

三 对策建议

面对复杂严峻的外部形势，我国需要立足于国内经济的稳定复苏，积极营造于我有利的外部环境，化解外部不利冲击，推动经济高质量发展。

（一）加大逆周期政策调节力度，保持经济增速在合理水平

第一，准确把握外需走势，科学预判对经济的影响。当前，我国对外贸易形势严峻。海关总署数据显示，2024年前三季度，货物和服务净出口对国内生产总值增长的贡献率高达23.8%，大幅高于疫情前年均水平。展望未来1~2年，受地缘政治局势动荡、经贸环境明显恶化等因素影响，我国出口增速

将显著回落，对经济增长的拉动作用将明显减弱，制造业利润、投资和就业也将承压。建议加强对外部环境的研判，未雨绸缪做好应对预案。

第二，多措并举扩大国内有效需求，提振市场信心。我国需要加大逆周期政策力度扩大国内有效需求。内需不足的原因有多个方面，如疫情冲击后的"疤痕效应"、房地产持续深度调整带来的信贷增长乏力、化债背景下的基建投资疲弱等。在应对需求不足时，我国过去两年总体保持了较为审慎的态度。财政政策方面，预算内财政赤字率增长调整幅度较小，合并公共财政支出和政府基金支出后的广义财政支出增速在2022年、2023年和2024年前三季度分别为3.1%、1.3%、-0.8%，明显低于2013~2019年10.8%的年均增速。货币政策方面，在2012年经济周期下行期间，公开市场操作（OMO）政策利率累计下行185个基点，而在本轮经济下行期间，2022年初至今OMO政策利率累计仅下行70个基点。财政和货币政策的逆周期调节力度不足以应对房地产市场的深度调整和物价水平的下行压力。

第三，立足长远优化经济结构，增强发展韧性。我国有充足的政策空间扩大有效需求，并将经济增速保持在合理水平。进入2025年，无论是财政政策还是货币政策都需要进一步发力，扩大国内有效需求，大幅提升消费和投资增速，对冲外需放缓压力，将经济增速稳定在潜在增速附近。财政政策方面，当前我国中央财政仍有较大的举债空间，后续应进一步扩大预算内赤字规模。相比于传统的基建投资，财政资金用于消费补贴或重点人群的直接补贴不仅效果更加直接，也有助于实现共同富裕。货币政策方面，近段时间以来我国利率调控框架不断优化，传导渠道更加畅通。不过考虑到当前国内的物价下行压力，政策利率有必要进一步下调，以推动实际利率下行，为有效需求的改善创造更加宽松的货币金融环境。此外，政策层面也需更加注重与市场的沟通，在提高政策透明度的同时，稳定市场预期。

（二）维持中美经贸关系稳定，努力改善中美双边经贸基本面

第一，创造更多与美方的交流机会，无论何种派别和对华态度，都要放平心态交流沟通；加强与美国州级政府的务实合作，重点推进绿色低碳、数

字经济等领域的项目合作；深化与美国工商界的沟通交流，保持与重点行业协会和企业的对话渠道通畅。应对美国新政府政策，积极准备差异化合作政策工具箱。特朗普再次当选，基于特朗普重视贸易逆差的特点，应适当扩大对美国农产品、能源产品等的进口，推进服务贸易开放，减少贸易摩擦点；同时提前布局市场多元化，重点加强与东盟、欧盟的经贸合作。

第二，应对科技领域打压，采取更具进取性的高水平开放措施。一是大幅放宽重点领域外资准入限制，特别是在人工智能、生物医药、新能源、高端制造等领域，逐渐允许外资控股或独资经营。二是加快建设国际科技创新中心等政策特区，在这些特区实施特殊人才政策，大幅简化高端人才引进程序，提供税收优惠和科研自主权。设立科技创新合作专项基金，支持中外企业联合研发，共建开放实验室。三是推动建立多边科技合作机制，与欧盟、日本、韩国等发达经济体的企业、科研机构合作，返聘他们的退休教授，建立科技创新战略对话机制。

第三，强化内功修炼，构建全方位开放新格局。一是无论美国政局如何变化，中国都需要构建更高水平的对外开放格局，加快制度型开放，对标国际高标准经贸规则。二是大胆推进开放与创新尝试，深化服务业开放，逐渐探讨放开医疗、教育、金融等领域的准入限制；推进自由贸易试验区建设，赋予更大改革自主权。三是建设高标准市场体系，以高质量的法治环境保障畅通有效的市场机制功能，增强内外资对中国营商环境的信心。

第四，构建多层次地缘政治风险应对体系。一是在国际物流通道方面，要建立红海航线的多元化替代方案，加快中欧班列扩能增效，完善中亚、中俄等陆路物流通道基础设施，提高运力和运营效率。二是开发北极航道等替代海运路线，分散航运风险，加强与沿线国家的港口合作，构建安全可靠的海外物流节点网络，确保国际物流通道的安全性和可持续性。三是要建立国际物流风险预警机制，动态监测全球重要航线安全状况，及时调整运输路线，降低地缘政治冲突对物流的影响。四是积极应对贸易阵营化趋势，构建更具韧性的贸易网络，重点加强与东盟、中亚、非洲等政治互信度高的国家和地区的经贸合作，要加快推进《区域全面经济伙伴关系协定》（RCEP）

的高质量实施，重点推进与重要贸易伙伴的本币结算，减少对美元结算的依赖。

（三）保持人民币汇率弹性，发挥汇率对国际收支的自动稳定器作用

可通过汇率工具调节国际收支，以应对美国对我国或有贸易保护措施的负面冲击。人民币汇率适度贬值有助于刺激内需、提升国内经济景气度。

第一，在美联储降息通道下，人民币汇率有升值压力，贬值压力较小。如果西方贸易保护主义损害我国贸易顺差的基本面，人民币汇率有较大的贬值空间去调节经常项目账户，对国际收支和宏观经济恰好发挥了稳定器作用。汇率基本面受到影响的情况下，人民币适度贬值不仅有利于保持出口竞争力，也有利于提高各种进口替代产品的价格竞争力，提振需求和维护宏观经济稳定。

第二，在美联储降息、全球金融周期扩张的情况下，人民币适度贬值也不会对国内货币政策独立性造成影响。适当的汇率贬值并不可怕，需要避免的是人民币过度贬值。要避免人民币过度贬值，最根本的政策保障不是外汇市场干预。历史经验告诉我们，越是干预外汇市场，外汇市场供求压力得不到及时释放，单边贬值预期越强，反而会使人民币面临更大压力；过度干预外汇市场还会威胁到国内的基础货币供给和宏观经济稳定。

第三，我国经济基本面是人民币汇率的根本支撑，对人民币汇率的担忧主要源于对经济基本面的担忧。对此，短期内应通过积极的财政和货币政策刺激内需、改善经济景气程度，中长期依然要坚持结构改革，优化我国经济结构、发展新质生产力。

参考文献

韩润霖、杨子荣、肖立晟:《美欧避免经济"日本化"的启示》,《中国外汇》2023年第21期。

肖立晟、杨子荣、栾稀、吴立元、熊婉婷:《全球经济的六大特征和四大风险》,《中国改革》2024 年第 2 期。

徐奇渊、孙靓莹、熊婉婷:《发展中国家主权债务问题：一个系统、全面、有效的综合解决框架》,《拉丁美洲研究》2023 年第 2 期。

杨子荣、徐奇渊:《美国经济韧性的表现、原因与走势》,《中国外汇》2023 年第 16 期。

IMF, "World Economic Outlook: Policy Pivot, Rising Threats," October 2024.

World Bank Group, "Global Economic Prospects: Growth Stabilizing But at a Weak Pace," June 2024.

B.3
2025年中国经济展望和政策建议

祝宝良*

摘　要： 2024年，我国经济运行总体平稳、稳中有进，呈现"前高、中低、后扬"特征，预计全年经济增长4.9%左右。同时，经济运行面临的困难、挑战仍然很多，表现为供给强于需求，外需好于内需，呈现供需强弱失衡、需求不足的态势，房地产市场深度下滑，财政金融风险隐患较多，市场预期偏弱，社会信心不足。2025年，世界经济发展不确定性增大，美国大选后对我国经济的影响尚难预料。要坚持稳中求进工作总基调，把稳增长、稳物价放在突出地位，实施积极的财政政策和适度宽松的货币政策，不断深化改革、扩大开放，着力扩大消费需求，增强微观主体活力，稳定市场信心和社会预期，保持经济运行在合理区间。

关键词： 有效需求　市场预期　供求缺口

一　我国经济运行总体平稳、稳中有进

2023年我国经济在2022年增长3%的低基数基础上增长5.2%。2024年一季度延续2023年的恢复态势，加上闰年因素，经济增长5.3%。从2024年3月开始，随着基数效应消失，经济增长速度开始减缓，2024年二、三季度经济分别增长4.7%和4.6%，前三季度增长4.8%。生产快于需求、外需好于

---

* 祝宝良，国家信息中心原首席经济师，研究员，主要研究方向为数量经济、宏观经济。

内需，装备制造业和高技术产业加快发展，部分升级类消费增长较快，经济增长、收入、就业等主要经济指标符合预期目标。

（一）工业生产较快增长，服务业在快速恢复后有所减慢

2024年前三季度，我国经济同比增长4.8%，第一、第二、第三产业同比分别增长3.4%、5.4%、4.7%。工业生产速度明显加快，是经济增长的主要带动因素。前三季度，全国规模以上工业增加值同比增长5.8%，高于上年同期1.8个百分点，也高于过去四年5.1%的平均水平。工业经济结构进一步优化，制造业高端化、智能化、绿色化不断深入，前三季度，全国规模以上装备制造业增加值同比增长7.5%，高技术制造业增加值同比增长9.1%，电子及通信设备制造业、航空航天器及设备制造业、新能源产业不断成长壮大。大规模设备更新和消费品以旧换新等政策措施加快落地实施，带动相关行业生产向好，船舶及相关装置制造、广播电视设备制造、通信设备制造行业持续快速增长。新能源汽车、家用冷柜、房间空气调节器、家用电冰箱、智能电视等产品产量增长较快。服务业增速回落，前三季度，服务业生产指数同比增长4.9%，比上年同期低3个百分点。信息传输软件和信息技术服务业、租赁和商务服务业、金融业等现代服务业发展较快，为高端制造业发展提供有力支撑。

（二）内需低迷不振，出口对经济增长的拉动作用显著

2024年前三季度，社会消费品零售总额同比增长3.3%，比疫情期间平均3.7%左右的水平还要低。乡村消费快于城镇消费，消费需求不足主要反映在大城市特别是一线城市的消费出现下降。粮油基本生活类和通信器材类、体育娱乐用品等升级类商品销售增势相对较好。2024年8月以来，消费品以旧换新加力措施开始显效，汽车、家电等相关商品销售有所回升。服务消费市场增速明显减慢，前三季度，服务零售额同比增长6.7%，同比下降12.2个百分点，出行类消费表现相对较好。前三季度，全国固定资产投资同比增长3.4%，高于上年同期0.3个百分点。制造业投资同比增长9.2%，保持较快增

长。高技术产业投资同比增长10.0%。大规模设备更新政策持续落地见效，设备工器具购置投资同比增长16.4%，拉动全部投资增长2.1个百分点。受土地收入下降和地方债化债约束，有回报、有现金流的项目储备明显减少，基建投资增速持续下滑，同比增长4.1%。房地产市场低迷不振，房地产开发投资同比下降10.1%。前三季度，我国出口（美元计价）同比增长4.3%，扣除价格因素实际增长13%左右，成为拉动工业增长的主导因素；进口增长2.2%，扣除价格因素实际增长2%左右，实际贸易顺差大幅度增加。前三季度，消费拉动经济增长2.4个百分点，投资拉动1.3个百分点，净出口拉动1.1个百分点，出口成为拉动经济的重要因素。

（三）价格低位运行

消费领域价格低位波动，前三季度，居民消费价格上涨0.3%，涨幅同比下降0.1个百分点。食品价格同比下降1.2%，影响居民消费价格下降0.2个百分点，是拉低物价的主要因素。生猪产能去化效果逐步显现，猪肉价格同比自2024年4月起连续上涨，前三季度平均上涨5.8%。非食品价格同比上涨0.6%，影响居民消费价格上涨约0.48个百分点，其中，服务价格上涨0.8%。能源价格前高后低，平均上涨1.1%，扣除能源的工业消费品价格前三季度平均与上年同期持平。生产领域价格继续下降，到2024年9月已经连续24个月呈负增长。前三季度，工业品生产价格在上年同期下降3.1%的基础上继续下降2.0%，其中，煤炭开采和洗选业价格下降8.7%，非金属矿物制品业价格下降7.2%，黑色金属冶炼和压延加工业价格下降5.8%。国际输入性因素带动石油、有色金属相关行业价格上涨，石油和天然气开采业价格同比上涨3.5%，有色金属冶炼和压延加工业价格上涨5.4%。

（四）就业形势基本稳定，居民收入增长快于经济增长

2024年前三季度，全国城镇调查失业率平均值为5.1%，比上年同期下降0.2个百分点。各月失业率保持在5.0%~5.3%，月度失业率走势较为平稳。全国城镇新增就业1049万人，同比多增27万人。外来农民工达到19014万人，

同比增长 1.3%，外来农业户籍劳动力失业率平均值为 4.7%，同比下降 0.4 个百分点。农民工就业相对集中的服务业相关行业就业人数明显增加，带动农民工就业向好。2024 年高校毕业生规模再创历史新高，高校毕业生等群体就业面临较大压力。2024 年 9 月，全国城镇不包括在校生的 16~24 岁劳动力失业率为 17.6%，不包括在校生的 25~29 岁劳动力失业率为 6.7%，就业结构性矛盾依然突出。居民收入增长快于经济增长，前三季度，全国居民人均可支配收入同比名义增长 5.2%，扣除价格因素实际增长 4.9%。农村居民收入增速比城镇居民快 2.1 个百分点，城乡居民人均可支配收入之比为 2.46，比上年同期缩小 0.05。工资性收入和经营净收入增长是支撑居民收入稳定增长的主要因素。前三季度，居民人均工资性收入同比增长 5.7%，经营净收入同比增长 6.4%，转移净收入同比增长 4.9%，财产净收入同比增长 1.2%。

（五）2024年主要经济预期目标基本实现

2024 年 7 月以来，我国加大大规模设备更新和消费品以旧换新的支持力度，特别是 2024 年 9 月以来，中央出台一系列财政税收、货币金融、投资、房地产政策，大大提振了市场信心，改善了社会预期，股市和房地产市场出现积极变化，从 2024 年 9 月开始，经济出现了回升态势。考虑降息、降准、提前安排 2025 年预算资金用于项目投资、股市财富效应等因素，预计 2024 年四季度经济增速会达到 5% 左右，全年经济增长 4.9% 左右，基本实现 2024 年的预期经济增长目标。

二 2025 年经济下行压力加大

我国经济稳中有忧，经济发展过程中存在许多突出矛盾和问题，供需失衡、内需不足是主要问题，需引起高度关注并尽快加以解决。

（一）居民消费需求不足

消费需求下降主要反映在城市居民消费能力和消费意愿下降，特别是一线城市的消费下降，消费结构升级困难，城镇居民消费倾向依然低于2019年同期水平。城市的白领阶层是房地产的主要按揭贷款者，是资本市场的主要参与者，也是企业降薪的主体。疫情冲击、房地产价格调整、股市下跌对居民部门资产负债表带来严重的收缩效应，居民消费更趋谨慎，储蓄动机增强。

（二）房地产市场深度调整形成的巨大需求缺口尚难以弥补

2021年房地产峰值销售额18.2万亿元，2024年销售额可能在9万亿元左右，收缩了约9万亿元。2023年，新能源汽车、锂电池、光伏设备等合计销售额为4.3万亿元，房地产销售下降和新兴产业增长的缺口占GDP的比重接近4%。我国房地产业加上建筑业占GDP的比重在14%左右，再加上关联产业占GDP的比重在25%左右。正常情况下，考虑到城市化率、人口家庭结构、房屋折旧拆除等因素，我国每年应该有9亿平方米左右的房地产需求，2024年大概就跌到这个数字，房地产有企稳的基础。但考虑到我国有一亿个家庭拥有两套及两套以上房产，二手房数量巨大，市场对房地产价格预期继续走弱等原因，房地产调整还没有结束。随着房地产企业进入破产、兼并、重组阶段，房地产业的调整还会对经济、财政、金融产生一轮又一轮的冲击。

（三）地方政府财政困难

2024年一般预算收入223950亿元，增长3.3%；总支出285490亿元，增长4%。基金预算收入70802亿元，增长0.1%；总支出120193亿元，增长18.2%。两个预算合计收入增长2.5%，支出增长8.2%。但1~9月两个预算合计收入下降5.6%，支出下降0.8%。其中税收下降5.3%，土地出让收入下降24.6%，而非税收入增长却很快。地方政府债务问题是我国近年来面临的一个重要挑战。受经济增速放缓、土地出让收入大幅减少等因素影响，部分地方面临较大的偿债压力。特别是隐性债务问题突出，这些债务通过地方政府融资平台或其他非正规渠道积累起来，增加了债务风险的复杂性和不确定

性。2023年以来，部分省份开始实施化债方案，财政收支更加困难，出现了乱罚款、乱收税、"远洋捕捞"等现象，破坏了营商环境，影响了基础设施投资。

（四）外部环境不确定性增大

外需的不确定性主要来自美国大选和贸易摩擦加剧。特朗普当选总统后，如果把出口关税平均税率提高到60%，我国对美国出口会减少约2000亿美元，拉低我国经济增长约1个百分点。同时，也会抬升美国消费价格指数约0.8个百分点，减缓美国降息节奏，在影响美国经济的同时，也对国际资本市场和人民币汇率稳定带来影响。美国最近进一步提高对中国电动汽车、锂电池、光伏产品的关税税率，并针对我国造船行业发起新的301调查。欧盟对我国电动汽车加征反补贴税。与此同时，土耳其、巴西、印度、墨西哥等新兴市场出于保护本国弱势产业的考量也对中国相关商品加征关税。我国经济体量大，国际市场份额高，比较优势强，长期出现较大的贸易顺差，如果继续走多生产、少消费、扩出口的增长模式，会面临越来越多的贸易争端。

（五）低通胀的负面效应显现

截至2024年10月，我国工业价格同比涨幅已经连续25个月为负，国内生产总值平减指数已经有7个季度呈负增长。内需不足、价格下跌带来"三个温差"：一是居民体感温差，名义国内生产总值就是居民的收入、企业的利润、政府的收入之和，名义国内生产总值低于实际值，加上房价下跌、股市下跌，居民财产收入下降，居民收入增速比实际经济增速低得多，抑制了居民的消费意愿；二是经营主体预期温差，企业债务率、利润是由名义国内生产总值决定的，企业利润低，债务率高，企业感到经营困难，会影响其信心和预期，从而抑制投资；三是与发达经济体的温差，我国的实际经济增速大大超过美国等国家，但过去几年名义经济增速却慢于美国等国家。2021年以来，中国相对美国以名义国内生产总值计算的份额不断下降，影响国际社会和国内老百姓对我国经济的信心。此外，持续存在的产出缺口会产生结构性、长期性的一些内生效应，也即当需求长期不足时，包括人力资本等投资减慢，潜在供给能力也会损耗，拉低未来的经济增长速度。

（六）长期依靠投资和出口的传统发展模式不可持续

过去40多年，每当出现严重需求不足、供给过剩问题时，我们通常通过扩大投资、增加出口来应对。在基础设施相对落后、房地产需求大、出口国际市场份额相对较小的情况下，这一发展模式是有效的，也是成功的。在疫情冲击下，世界各国存在供给缺口，短时期内我国通过出口消化了部分产能。疫情结束后，随着基础设施投资空间日益收窄，房地产业深度调整，地方政府债务不断积累，依靠扩大投资和出口的经济增长方式已经失灵，必须转向消费驱动、服务业驱动的经济增长模式。此外，持续价格回落也意味着微观市场主体存在退出障碍，并存在过度进入、过度竞争以及随后出现高债务的问题。低价现象既有国内需求不足问题，也有结构性问题，这与国内统一大市场没有形成等有关。

三 2025年经济发展展望和目标建议

我国经济长期向好的基本面没有变化，突出表现在产业链、供应链完整齐全，科技创新能力持续提升，产业结构不断升级，数字经济、绿色产业、高技术产业和装备制造业迅速发展，新经济增长动能不断增强。我国宏观调控政策空间大，中央财政债务率低，有较大的扩张余地，货币政策仍处于常态化之中，扩张潜力充足。2024年9月以来，中央已经出台了一系列力度较大的财政税收、货币金融、投资、房地产等政策。若2025年没有进一步政策刺激措施，美国不加征关税，我国经济增长预计在4.5%左右。如果美国在2025年加征关税，2025年我国经济增速可能会更低一些。如果继续采取必要的经济扩张措施、加快改革开放政策落地，2025年我国经济增长可达到4.7%左右。

（一）内需有所回升

2024年的居民人均可支配收入增速快于经济增速有利于稳定2025年的消费，存量住房贷款利率下降、股市财富效应等对消费也有一定的拉动作用。如果2025年进一步出台增加社会保障、鼓励生育、延续消费品以旧换新等拉动消费的政策，预计全年社会消费品零售额将增长5%左右，服务消费零售额增长5.5%左右。投资包括基建、制造业、房地产、服务业等。国家将继续发行超长期建设国债用于重大战略实施和重点领域安全能力建设，并保持一定规模的地方政府专项债用于基建投资，拟一次性增加较大规模债务限额置换地方政府存量隐性债务，加大力度支持地方化解债务风险，这些措施对基础设施投资有推动作用，但难以弥补地方政府财力不足和债务约束对基建投资的拖累，基建投资增速基本稳定。大规模设备更新会继续推动制造业投资增长，但受产能利用率低、产销率低、利润率低、应收账款高等制约，企业投资能力和意愿不足，制造业投资增速会有所减缓。按照促进房地产市场止跌回稳的要求，国家采取了"四个取消"（取消限购、取消限售、取消限价、取消普通住宅和非普通住宅标准）、"四个降低"（降低住房公积金贷款利率、降低住房贷款首付比例、降低存量贷款利率、降低"卖旧买新"换购住房税费负担）、"两个增加"（新增实施100万套城中村改造和危旧房改造、2024年底前将"白名单"项目的信贷规模增加到4万亿元）等举措，从供需两端发力稳定房地产市场，房地产市场未来几年会呈现价格率先止跌、销量随后稳定、投资降幅收窄的态势，预计2025年房地产投资降幅会收窄到5%左右。随着我国经济结构逐步转向服务消费和服务业生产，服务业投资占比和增长速度会不断提升。预计2025年城镇固定资产投资增长4%左右。

（二）出口增速减缓，净出口对经济拉动作用减小

世界经济保持稳定增长有利于我国出口增长。世界经济在通胀逐步下降的过程中呈现非凡的韧性，全球通胀率在2022年三季度达到9.4%的峰

值后，2024年三季度回落至4.6%左右，预计到2025年回落至3.5%。通胀下降并未引发经济衰退，2023年世界经济增长3.3%，2024~2025年的增长率将稳定在3.2%左右。国际贸易壁垒增加，全球贸易增速难以超过全球经济增速，2024~2025年世界贸易量增长3%左右。与此同时，美国继续对我国进行遏制围堵，联合一些国家限制对我国芯片和相关生产设备出口，推动产业链转出中国，迟滞我国产业链提升和科技创新步伐。美国大选后是否加征关税及相应的关税税率成为影响我国出口的最大不确定因素。我国部分企业产能向海外转移，跨国公司调整企业国际产业链、供应链分布，美加墨、日韩、东盟等区域已对我国部分产业形成替代，对我国出口构成一定的压力。如果美国不提高关税税率，预计2025年我国出口增长4%左右；如果提高关税并在2025年初执行，全年我国出口可能呈负增长。我国进口会随着经济增长而相应有所增加，但由于内需不足，国际大宗商品价格基本稳定，进口增速不会太快。服务进出口增速基本稳定。综合考虑服务和商品进出口情况，2025年净出口对我国经济增长的贡献会有所下降。

（三）物价继续低位运行

全球通胀率走低，我国的输入性通胀压力不大。需求不足仍是当前中国经济运行最主要的矛盾，2020~2024年，我国经济平均增长4.8%左右，和潜在经济增速5.5%左右相比，存在较大的供求缺口，到2024年底，累计供求缺口达到3.9个百分点左右，物价没有上涨的需求基础。我国货币政策基本处于常态化水平，物价上涨没有货币基础。各国货币政策的实践证明，货币政策对抑制通胀有明显作用，但对治理通缩作用很小。同时，货币政策对物价涨跌发挥作用，一般有半年到9个月的滞后期。即使2025年我国采取更加宽松的货币政策，短期内物价也很难摆脱低位运行态势。此外，2024年消费品价格翘尾对2025年的影响在0.5个百分点左右，工业品翘尾对2025年的影响为-0.7个百分点左右，预计2025年居民消费价格上涨1%左右，工业品出厂价格仍然难以回正。

图 1　2019~2024 年度 GDP 累计缺口

注：经济潜在增长速度根据柯布—道格拉斯生产函数估计。

（四）2025年经济目标建议

建议2025年经济增长目标设定在5%左右。实现这一目标有可能性。国内经济研究机构普遍认为，2025年，我国经济的潜在水平在5%左右。过去四年，我国实际经济和潜在经济之间出现了较大的缺口，通过宏观政策调整和社会预期引导，把过剩的储蓄转化为消费和投资，可以提升实际经济增长速度。我国物价压力很小，财政和货币政策空间较大，通过财政政策和货币政策可以提高经济增长速度。近几年来，我国经济增速每增长1个百分点，城镇新增就业可增加约250万人。2025年，我国高校毕业生将近1200万人，城镇需要就业的劳动力规模达到2000万人左右，考虑到退休人员数量并维持5%左右的失业率，至少需要新增城镇就业1200万人以上，经济增长5%左右。设定5%左右的经济增长目标，也有利于调动各方面积极性，提振市场信心，为2020~2035年的年均经济增速达到4.7%的目标奠定基础。同时，建议将居民消费价格指数增长2%~3%明确为刚性政策目标。我国经济发展进入了新阶段，基础设施投资相对超前、房地产处于调整阶段、出口难以扩张，经济出现"易冷难热"的态势，应高度重视温和物价运行对经济增长的促进作用。

四 政策建议

实现经济增长和物价稳定目标，要着力扩大消费需求、推进房地产市场止跌回稳、增强微观主体的活力和信心，宏观政策要加大力度、落地见效。

（一）实施积极的财政政策

按照财政支出乘数 1.2 左右计算，多拉动经济增长 1 个百分点，需要财政多支出 6 万亿元左右，建议 2025 年财政赤字多增加 2 万亿元左右，赤字率在 2024 年 3% 左右的基础上扩大至 5% 左右，保持地方政府专项债规模不变，继续发行 1 万亿元超长期建设国债。增加地方政府债务限额，用于置换地方政府存量隐性债务。加大中央政府对地方的转移支付力度，帮助地方政府清偿疫情期间拖欠的企业账款，尤其是应对疫情的公共卫生支出，切实做好基层"三保"工作，让地方政府能够"轻装上阵"。加快落实党的二十届三中全会提出的"由常住地登记户口提供基本公共服务制度"，解决农业转移人口社会保险、住房保障、随迁子女教育问题，提高基础养老金水平，增加生育补贴。强化国家战略科技力量，聚焦集成电路、电子元器件、高档数控机床等加大研发投入，增强自主创新能力。

（二）实施适度宽松的货币政策

货币供应量和社会融资规模增速要高于预期的实际经济增速和通胀目标之和，保持流动性合理充裕。加大对实体经济的信贷支持力度，实现扩投资、带就业、促消费综合效应，稳定宏观经济大盘。持续深化利率市场化改革，发挥贷款市场报价利率改革效能，进一步推动金融机构降低实际贷款利率，降低企业综合融资和个人按揭信贷成本。加强预期管理，增强人民币汇率弹性，保持人民币汇率在合理均衡水平上的基本稳定。结构性货币政策工具要持续支持"三农"、小微企业发展，突出金融支持重点领域，运用好碳减排支持工具和支持煤炭清洁高效利用、科技创新、普惠养老、交通物流、设备更

新改造等专项再贷款。强化对经济转型升级和重大项目的金融支持，引导更多资金投向先进制造业、战略性新兴产业，更好服务关键核心技术攻关企业和专精特新企业；支持基础设施和重大项目建设，用好用足政策性开发性金融工具，稳步扩大 REITs 试点范围，促进盘活存量资产。

（三）推动房地产市场平稳发展

扎实做好保交楼、保民生、保稳定各项工作；切实支持房地产行业合理融资需求，有效防范化解优质头部企业的金融风险，采用主办银行＋银团贷款组合措施，提供充足流动性，对问题较为严重的头部房企，可按照行政接管、专业托管、司法保护、银团贷款、封闭运转原则，通过追加授信、贷款展期、利息减免、债转股、股票增发等途径提供融资支持；大多数城市要严控新增供地，对由此减少的土地出让金净额，由中央财政转移支付或地方专项债提供支持。陷入困境企业的未开发或待开发土地，可通过司法拍卖、合作开发等形式进行盘活。土地供给过多、存量土地去化周期过长的地方，地方政府可通过专项债收购。中央层面可设立国家住房收储机构，运用国家信用、市场发债筹措资金收购部分房地产用于租赁房，解决新市民住房问题。

（四）着力扩大内需，释放消费潜力

扩大消费领域的以旧换新补贴规模，提高补贴总量，扩大补贴范围。积极扩大服务消费，放宽中高端医疗、休闲度假、养老服务等领域的准入限制，满足中高收入群体的多样化消费需求。可以通过生育补贴等方式，释放年轻群体的消费潜力。支持金额较小、具备刚性的服务类消费，如聚焦农民工和新市民，对其发放有时效限制的消费券，用于"安家"消费。

（五）激发微观主体活力

企业的活力源于有效市场与有为政府的合理分工和有效配合，凡是市场能自主调节的就让市场来调节，凡是企业能干的就让企业干。对于企业和企业家来说，政策的稳定性、营商环境的公平性、产权保护是最主要的三个因

素，要用可信的承诺、可靠的结果让企业家放心、安心。以罚没等为代表的非税收入异常高增，会恶化营商环境，应该尽快予以规范。过度严苛的问责机制，导致地方政府不敢作为，倒查手段被过度使用导致民营企业充满不安全感。要建立以法律、法规为依据的督察、检查、审计、执法体制机制，杜绝运动式、层层加码的执行方式。研究解决企业"内卷式"竞争问题，加强市场监管，打击不正当竞争行为，通过完善法律法规、技术、能耗、环保等标准，引导部分企业退出市场。在市场准入、产业发展、招商引资、招标投标、政府采购、资质标准、经营行为等领域严格公平竞争审查，确保政府出台各项政策不会破坏统一大市场和公平竞争。

（六）重视对市场预期的引导

宏观经济政策改变总需求有两个机制，一个机制是财政、货币政策调整，直接增加或减少总需求。另一个重要机制是改变市场参与者的预期，使其抓住经济发展机会，宏观经济政策就会产生事半功倍的效果。2013年诺贝尔经济学奖得主、耶鲁大学教授罗伯特·希勒在《叙事经济学》一书中提出，如果能够形成一个可信、有说服力的叙事方式，就可以引导市场参与者的行为，朝着叙事的方向前进。改变预期，首先要加大宏观经济政策力度，给市场主体足够大的冲击。同时，要实事求是，客观透明，是成绩就是成绩，是问题就是问题。也要关注"叙事经济学"的作用，优化预期管理方式，提振社会信心，为经济发展营造平稳积极的舆论环境。

表1　主要宏观经济指标预测

指标	2023年 绝对值（亿元）	2023年 增速（%）	2024年 绝对值（亿元）	2024年 增速（%）	2025年预测 绝对值（亿元）	2025年预测 增速（%）
GDP	1260582	5.2	1312860	4.9	1381400	4.7
第一产业	89755	4.1	92060	3.5	95700	3.0
第二产业	482589	4.7	493760	5.4	516140	4.8
第三产业	688238	5.8	727040	4.8	769560	4.8

续表

指标	2023年 绝对值（亿元）	2023年 增速（%）	2024年 绝对值（亿元）	2024年 增速（%）	2025年预测 绝对值（亿元）	2025年预测 增速（%）
规模以上工业增加值	—	4.6	—	5.4	—	4.8
城镇固定资产投资	503036	3.0	503000	3.4	523120	4.0
房地产投资	110913	-9.6	99820	-10.0	94800	-5.0
社会消费品零售总额	471495	7.2	488000	3.5	512400	5.0
出口（美元）	33800	-4.6	35150	4.0	35150	0.0
进口（美元）	25568	-5.5	26130	2.2	26650	2.0
居民消费价格指数	—	0.2	—	0.3	—	1.0
工业生产者价格指数	—	-3.0	—	-2.0	—	0.0

参考文献

刘世锦等：《中国经济如何回归常态轨道》，《中国经济报告》2024年第1期。

祝宝良：《2024年我国经济发展形势分析与展望》，《中国国情国力》2024年第3期。

祝宝良：《"十四五"时期我国经济发展和政策建议》，《财经智库》2020年第5期。

祝宝良：《从全要素生产率变化看构建新发展格局》，载林毅夫等《新发展格局：怎么看 怎么办》，河北教育出版社、黑龙江教育出版社，2021。

B.4
2024年宏观经济形势分析与2025年展望

孙学工 薛潇岩[*]

摘　要： 2024年以来我国经济运行总体平稳、稳中有进，工业和出口成为经济在供需两侧主要的带动力量，经济社会发展主要预期目标基本可实现。高质量发展稳中有进，新质生产力亮点突出。但与此同时也要看到，二季度以来我国经济增长的动能有所减弱，主要经济指标出现放缓态势。经济下行主要由国内有效需求不足导致，也带来了行业竞争加剧、企业经营困难增加、地方财政压力加大、预期转弱等问题，这些问题相互交织、彼此强化，有形成经济惯性下滑的风险。面对新情况新问题，中央及时出台一揽子增量政策，总体特征是宏观政策逆周期调节力度显著加大，政策针对性更强，政策工具进一步丰富。随着各项存量政策效应继续释放，增量政策效果初显，9月以来市场预期明显改善，经济运行出现了一系列积极变化，经济增长的拐点显现。预计2024年四季度经济将企稳回升，全年经济增长4.9%。2025年是我国发展历程中极为关键的一年，应设定更为积极的发展目标，并在增量政策的基础上，进一步优化完善宏观调控，加大改革力度，营造干事创业的社会氛围。

关键词： 增量政策　逆周期调节　经济增长

---

[*] 孙学工，中国宏观经济研究院决策咨询部主任、研究员，主要研究方向为中国宏观经济、财政金融、国际经济；薛潇岩，中国宏观经济研究院决策咨询部副处长，主要研究方向为中国宏观经济。

2024年以来，以习近平同志为核心的党中央团结带领全国各族人民攻坚克难、沉着应对，加大宏观调控力度，着力深化改革开放、扩大国内需求、优化经济结构，经济运行总体平稳、稳中有进，新质生产力稳步发展，民生保障扎实有力，防范化解重点领域风险取得积极进展，高质量发展扎实推进，社会大局保持稳定。

一　经济运行总体平稳，主要预期目标基本实现

2024年前三季度，国内生产总值增长4.8%，基本符合年度5%左右的增速目标；城镇新增就业1049万人，超过1200万人目标的时序进度；城镇调查失业率平均为5.1%，低于5.5%左右的目标；居民消费价格涨幅0.3%，低于3%左右的目标；居民人均可支配收入累计实际增长4.9%，略快于经济增长速度，符合居民收入与经济增长同步的目标；贸易顺差6895亿美元，符合国际收支保持基本平衡的目标。

从经济增长主要拉动因素看，供给端，工业明显提速成为经济主要拉动力量，2024年前三季度，工业增加值增长5.9%，比上年同期提高1.8个百分点，对经济增长贡献率比上年同期提高12.7个百分点；服务业增加值增长4.7%，比上年同期下降1.3个百分点，对经济增长贡献率比上年同期下降9.5个百分点；建筑业增加值增长4.1%，比上年同期下降3.1个百分点。需求端，外需对经济增长贡献提升最大，2024年前三季度，净出口贡献率达到23.8%，比上年同期提高38.7个百分点；消费仍然是经济增长最大贡献者，贡献率为49.9%，但较上年同期大幅下降了33.6个百分点；投资贡献率为26.3%，较上年同期下降5.1个百分点。

二　高质量发展稳中有进，新质生产力亮点突出

2024年前三季度，高质量发展扎实推进，经济结构持续优化升级，高端化智能化绿色化趋势日益明显。新质生产力稳步发展，装备制造业、高技术

制造业增加值同比分别增长6.4%、8.6%，较规上工业增加值增速分别快0.6个、2.8个百分点；专业技术、电子商务、科技成果转化等高技术服务业投资增速分别为31.8%、14.8%、14.8%，将支撑未来一段时间的高质量发展。高质量发展的绿色底色更加鲜明。绿色技术不断取得新突破，驱动生产方式、消费方式转型升级。绿色产品的产量不断增多，前三季度水力、风力、太阳能发电量同比增长19.0%，占总发电量的比例较2023年同期增加3.1个百分点。绿色产品推动新的消费和投资需求不断迸发，9月末公共充电桩保有量达到332.9万个，同比大幅增加86.7万个。贸易结构持续优化，高技术类和高附加值类产品出口增速较高，前三季度，货物出口同比增长6.2%，集成电路、汽车、自动数据处理设备同比分别增长22.0%、22.5%、10.5%，出口产品技术含量不断上升。"两重""两新"政策成效显著。1~8月，设备工器具购置投资增长16.8%，增速比全部固定资产投资高13.4个百分点，对全部投资增长的贡献率达到64.2%。据商务部公布，"两新"政策带动汽车销售额超1600亿元。

三 经济下行压力加大，新情况新问题显现

2024年前三季度我国经济形势总体平稳，但与此同时也要看到，二季度以来我国经济增长动能有所减弱，主要经济指标呈现放缓态势。从季度经济增速看，前三季度经济同比分别增长5.3%、4.7%、4.6%，呈现逐季放缓趋势，二、三季度已低于年度增长目标。更为灵敏反映经济增长态势的季度环比折年率增速分别为6.1%、2.0%、3.6%，二、三季度增速偏离年度目标的程度更大，也明显低于当前经济潜在增长水平。经济下行主要由国内有效需求不足导致，也带来了行业竞争加剧、企业经营困难增加、地方财政压力加大、预期转弱等问题，这些问题相互交织、彼此强化，有形成经济惯性下滑的风险。当前经济运行面临的主要问题与困难如下。

一是国内有效需求不足。国内有效需求不足是导致当前经济增速低于潜在增速的主要原因。在消费方面，2024年前三季度，社会消费品零售总额增

长3.3%，较上年同期放缓3.5个百分点。从月度变化看，社会消费品零售总额和服务零售额累计同比增速逐月走弱，分别从2月的5.5%和12.3%下降至9月的3.3%和6.7%。投资方面，固定资产投资累计增速从年初高点4.5%回落至9月的3.4%，回落1.1个百分点，如仅看当月情况则回落程度更大，据估算7月和8月固定资产投资当月同比增速分别下降至1.9%和2.2%，较年初回落程度超过2个百分点。需求不足的另一面是产能利用率走低，三季度末工业企业产能利用率由上年底的75.9%下降到75.1%，下降0.8个百分点。一些行业"内卷"严重，光伏组件制造业产能利用率低至60%左右。价格低迷则从另一个侧面表明国内有效需求不足，至2024年9月末，CPI已经连续19个月处于低于1%的低位区间，PPI则连续24个月处于负增长区间，综合反映价格水平的GDP平减指数也已经连续6个季度呈负增长，说明经济总体处于供过于求的状态，有效需求不足已经成为当前我国经济运行中的主要问题。

二是企业经营困难问题加剧。企业增产不增收、增收不增利的问题凸显。2024年前三季度，规上工业企业营业收入增长2.1%，与同期工业增加值5.8%的增速形成明显反差，企业收入增速显著低于生产增速。同期，规上工业企业利润同比下降3.5%，比上半年增速放缓7个百分点，其中制造业实现利润总额下降3.8%，利润增速又显著低于收入增速。利润下降主要是受利润率回落影响，9月规上工业企业营业收入利润率为5.27%，比上年同期下降0.31个百分点。同期，亏损企业累计亏损额上升9.2%，亏损企业单位数增加5.6%。同时企业还面临销售回款困难、销售不畅等问题，9月末，规模以上工业企业应收账款25.72万亿元，同比增长7.6%；产成品存货6.47万亿元，同比增长4.6%。还要考虑到未纳统的小微企业可能面临更大的困难，一些调查显示停业、倒闭的小微企业数量增加。总体来看，当前企业面临的生产经营困难增加，对经济平稳运行产生不利影响。

三是政府财政压力加大。2024年前三季度，全国一般公共预算收入163059亿元，同比下降2.2%。其中，全国税收收入131715亿元，同比下降5.3%，主力税种国内增值税50473亿元，同比下降5.6%；企业所得税

32263 亿元，同比下降 4.3%；个人所得税 10758 亿元，同比下降 4.9%。作为重要建设资金来源的政府性基金收入则下降程度更大。1~9 月，全国政府性基金预算收入 30861 亿元，同比下降 20.2%，其中地方政府性基金预算本级收入 27609 亿元，同比下降 22.5%，其国有土地使用权出让收入 23287 亿元，同比下降 24.6%。财政收入的减少导致财政支出扩张不及预算，影响积极财政政策效果的发挥。前三季度，一般公共预算财政支出增长 2%，政府性基金预算支出下降 8.9%，分别比预算数低 2 个和 27.5 个百分点，也比上年实际支出增长分别低 3.4 个和 0.5 个百分点，财政政策的实际扩张力度减弱。加之一些省份用于化解隐性债务的支出增加，用于项目建设的资金更加紧张，导致固定资产投资增长乏力。如 12 个重点化债省份中的云南和广西固定资产投资大幅下降，前三季度分别下降 11.9% 和 7.4%，贵州、吉林和重庆固定资产投资低速增长，前三季度分别仅增长 0%、1.4% 和 1.8%。同时，财政收入下降还导致一些基层地方政府运行困难，三保压力加大。还有些地方政府迫于收支平衡压力，为组织收入，开展集中清缴欠税费、加大罚没力度和异地执法等行动，影响营商环境，加剧相关企业的困难。

　　四是房地产持续下行。在前两年房地产市场大幅下滑的情况下，2024 年以来全国房地产销售面积和销售额下降态势仍在延续，且降幅扩大。1~9 月，商品房销售面积下降 17.1%，比上年同期降幅扩大 9.6 个百分点，商品房销售额下降 22.7%，比上年同期降幅扩大 18.1 个百分点。且销售回款压力仍然较大，同期房地产定金及预收款同比下降 31.7%。商品房销售下滑直接影响房地产投资增长，1~9 月房地产投资下降 10.1%，比上年同期降幅扩大 1 个百分点。房地产市场下行对经济增长的拖累作用加大，2024 年前三季度房地产业下拉 GDP 增速 0.24 个百分点，比上年同期扩大 0.18 个百分点，如果考虑到对上下游产业的影响，则对 GDP 增速的影响更大。此外，房地产市场下行还引发二手房价格下降，导致居民财富缩水，在一定程度上影响居民消费信心和消费支出增长。2024 年前三季度，70 个大中城市的二手房价格同比下降，且降幅创 2006 年以来新高。70 城整体二手房价格同比下降 8.6%，降幅较 2023 年同期有所扩大。

五是市场预期处历史低位。消费者信心持续低迷。消费者信心指数（CCI）从 2024 年 1 月的 88.9 逐渐下降至 9 月的 85.7，处于历史低位，明显低于疫情开始前 120 以上的水平。消费者对经济状况的满意指数和预期指数也呈同样走势，满意指数在 3 月达到 91.2 的年内高点后，持续走低至 9 月的 86.7，对未来的预期指数从年初的 88.7 下行至 9 月的 86.7。消费者预期偏弱直接影响消费者支出意愿，央行城镇储户调查表明，截至二季度末倾向于更多储蓄的储户占比为 61.5%，比疫情前的 2019 年 12 月末高出 15.8 个百分点；倾向于更多消费的储户占比为 25.1%，比疫情前低 2.9 个百分点；倾向于更多投资的储户占比为 13.3%，比疫情前低 13 个百分点。由此导致当前居民收入的消费倾向仍未恢复到疫情前水平，2024 年前三季度居民收入消费倾向为 66.7%，低于疫情前 70.1% 的水平。2024 年企业预期也呈高开低走态势，制造业 PMI 中的企业生产经营活动预期指数在 3 月末达到 55.6 的高点后，一路下行至 9 月末的 52。企业预期减弱可能会影响企业资本开支，对投资产生不利影响。

六是外部环境更趋复杂严峻。首先外需可能走弱。据国际货币基金组织（IMF）最新预测，2024 年全球经济增长 3.2%，低于上年。2024 年 10 月，主要经济体制造业 PMI 均呈回落态势，美国的制造业采购经理人指数（PMI）为 46.5%，较 9 月的 47.2% 下降 0.7 个百分点，也低于市场预期的 47.6%，并且是自 2023 年 7 月以来的最低点；德国、日本、法国等国的 PMI 也均低于 50 的临界值，处于收缩区间。这表明未来一段时间全球外需可能走弱。同时全球贸易保护主义抬头，美国、欧盟、加拿大等都出台了针对中国电动汽车等新能源类产品的关税措施，并随着其国内政治形势的变化有可能进一步施加新的贸易限制，这不利于我国出口增长。其次在外商直接投资方面，受美西方国家所谓去风险的影响，国际产业链供应链的调整已经开始，国外对华直接投资出现明显下降，2024 年 1~9 月外商直接投资以人民币计下降 30.4%。同期，产业外迁外流增多，我国对外直接投资达 1064.6 亿美元，比上年同期增长 10.9%。外资外贸的这种变化可能对我国出口和投资的增长产生不利影响。

四 增量政策及时出台，直面问题，力度大、针对性强

面对经济运行中新的情况和问题，党中央科学研判、果断决策，及时出台一揽子增量政策，2024年9月26日中共中央政治局会议对增量政策做出部署，9月29日国务院常务会议研究落实党中央决策，在此前后国家发改委、财政部、住建部、中国人民银行、金融监管总局和证监会等相关部门通过国务院新闻办新闻发布会密集发声，阐释一揽子增量政策的总体要求和具体措施。一揽子增量政策直面经济运行中新的情况和问题，总体特征是宏观政策逆周期调节力度显著加大，政策针对性更强，政策工具进一步丰富。

一是针对有效需求不足问题。一揽子增量政策通过政策支持撬动有效需求释放。第一，进一步降准和更大力度的降息，将扩大信贷供给、降低融资成本，促进企业和家庭扩大投资和消费支出。9月存款准备金率下调0.5个百分点，公开市场7天逆回购操作利率下调0.2个百分点，引导LPR利率下行0.25个基点，是年内最大力度的一次调整。同时下调存量房贷利率。中国人民银行宣布降低存量房贷利率，预计惠及5000万户家庭1.5亿人口，平均每年减少家庭利息支出1500亿元左右，释放居民可支配收入用于消费和投资。第二，多措并举、综合施策保持必要的财政支出。针对全国一般公共预算收入执行情况低于年初预算设定目标的情况，中央财政从地方政府债务结存限额中安排4000亿元，鼓励有条件的地方盘活闲置资产，加强国有资本收益管理，指导地方依法依规使用预算稳定调节基金等存量资金，有效补充财力，确保完成全年财政支出目标。第三，持续扩大政府投资。扩大地方政府专项债投向领域和用作资本金范围，加快专项债向实物工作量转化，提前下达2025年1000亿元中央预算内投资计划和1000亿元"两重"建设项目清单，发挥政府投资引领作用。第四，加大对重点群体的支持保障力度，提升整体消费能力。2024年国庆节前，向特困人员、孤儿等生活困难群众发放了一次性生活补助，并提高学生资助补助标准、扩大政策覆盖面，提高本专科生、研究生国家助学贷款额度，提高困难群众收入，增强低收入

群体的消费能力和意愿。

二是针对企业经营困难问题。相关政府部门着力减轻企业负担、优化营商环境、缓解融资难融资贵等问题，精准助企纾困，提振企业发展信心。第一，支持企业加快转型升级。工业和信息化部聚焦技术改造升级和设备更新，加快已签约的1500亿元技术改造再贷款发放到位，提前谋划2025年制造业新型技术改造城市试点。第二，加大对中小微企业的帮扶力度。2024年10月出台《市场监管总局关于引导网络交易平台发挥流量积极作用扶持中小微经营主体发展的意见》，鼓励平台企业流量向农产品、特色、新入驻等经营主体倾斜。第三，进一步缓解融资难问题。国家发展和改革委员会、金融监管总局共同建立支持小微企业的融资协调工作机制，确保有真实融资需求的企业能够获得必要的融资支持。无还本续贷政策进一步扩围优化，阶段性将支持范围扩展至中型企业。第四，切实解决账款拖欠问题。针对企业应收账款高企问题，中共中央办公厅、国务院办公厅印发《关于解决拖欠企业账款问题的意见》，维护企业权益、稳定企业预期、增强企业信心。

三是针对房地产市场持续下跌问题。房地产一头连着居民、一头连着企业、一头连着政府，是国民经济运行中的重要一环。2022年以来，房地产市场持续下行，对家庭财富、企业经营、政府收入等都产生较大影响。一揽子增量政策从供需两侧综合施策，推动房地产持续健康发展。从需求侧看，降低按揭贷款首付比例和按揭贷款利率、下调公积金贷款利率，并设立保障性住房再贷款，用市场化的方式加快推进存量商品房去库存。通过货币化安置等方式，新增实施100万套城中村改造和危旧房改造，满足居民自主选择房型、地点等要求。同时，赋予城市政府调控自主权，调整或者取消限购、限售、限价、普通住宅和非普通住宅标准等各类限制性措施。财政部会同相关政府部门实施利用专项债收储土地和收购存量商品房政策，促进土地市场供需平衡。从供给侧看，加大"白名单"项目贷款投放力度，合格项目"应进尽进"，已审贷款"应贷尽贷"，资金拨付"能早尽早"，至10月16日"白名单"房地产项目已审批通过贷款达到2.23万亿元。

四是针对资本市场低迷问题。资本市场是宏观经济的晴雨表，是居民财富的蓄水池，是企业重要的融资渠道，对增强社会预期至关重要。2024年以来，股市持续低位徘徊，9月23日上证指数跌至2748点，远低于5月20日的3174点，引起各界的高度关注。中国人民银行会同证监会基于市场化原则，制定两项工具支持资本市场稳定发展。第一，创设证券、基金、保险公司互换便利，首期操作规模达5000亿元。中国人民银行委托特定的公开市场业务一级交易商，与符合行业监管部门条件的证券、基金、保险公司开展互换交易。由于央行不直接向市场提供资金支持，不会扩大央行的货币供给和基础货币的投放。第二，股票回购增持再贷款，首期额度3000亿元，利率1.75%，为期一年，可视情况展期。同时，要求贷款资金"专款专用，封闭运行"，政策指向性较强，信贷资金不能进入股市仍然是金融监管的红线。

五是针对地方政府债务问题。一段时间以来，经济下行压力加大、房地产市场调整等削弱地方财政财力，地方偿债负担加重。为此，除每年继续在新增专项债限额中专门安排一定规模的债券用以支持化解存量政府投资项目的债务外，财政部拟一次性增加较大规模债务限额置换地方政府存量隐性债务。相关债务置换不仅能够降低利息支出，增强地方政府稳增长的能力和意愿，而且能够加速出清不良资产，提升银行资产质量，形成实体经济和金融体系的良性互促。

六是针对微观主体活力不足问题。推动经济持续向好，不仅仅需要支持政策，更要用好改革这关键一招，完善各项制度环境，增强经济的内生动力。党的二十届三中全会安排300多项改革举措。9月下旬以来，一批条件成熟、可感可及的改革政策已逐步落实。第一，制定全国统一大市场建设指引。2024年《政府工作报告》提出，将制定全国统一大市场建设标准指引。10月18日国务院召开常务会议，研究部署深入推进全国统一大市场建设的有关举措，推动市场基础制度和市场监管公平统一、市场设施高标准联通。第二，发布新版市场准入负面清单。在8月末的国信办新闻发布会上，国家发改委及其他部门指出，新版《市场准入负面清单》将按照程序实施，"全国一张清单管理"进一步推进，市场准入规则不断完善，并与行政审批制度改革、"证

照分离"制度改革以及新一轮机构改革等紧密衔接，推动清单事项进一步缩减。第三，建立未来产业政策投入增长机制。前瞻性谋划和政策引导不断加强，建立健全政府科技研发资金、政府产业引导资金与市场化投资基金的联动机制，支持保险资金、社保资金等各类长线资金依法投资市场化国家级科创引导基金，支持各地因地制宜发展新质生产力。此外，司法部将会同有关部门开展行政执法突出问题整治，解决执法乱作为、不作为问题，切实解决企业和群众反映强烈的问题，营商环境不断优化。

在上述已出台政策的基础上，相关部门表明根据形势的需要，还可以进一步加大政策力度或出台更多的增量政策。从各方面的情况看，我国仍具备充足的政策空间。我国政府尤其是中央政府杠杆率相对较低，财政逆周期调节的能力仍然较强。中国社会科学院的数据显示，2024 年上半年我国中央政府杠杆率仅为 33.2%，远低于美国 114% 和日本 219% 左右的水平，加杠杆的空间依然较大。9 月，我国 7 天逆回购利率为 1.5%，加之处于低通胀状态，存款准备金率和利率有进一步下调空间，常规货币政策操作仍有空间。随着美欧等经济体进入降息周期，人民币贬值压力下降，货币政策空间也进一步增大。

五 政策效应显现，经济运行出现拐点

随着各项存量政策效应持续释放，增量政策效果初显，2024 年 9 月以来市场预期明显改善，经济运行出现了一系列积极变化，经济增长的拐点显现。

一是"两重""两新"政策持续发力。用于"两重""两新"的 1 万亿元超长期特别国债已经全部下达到项目和地方。2024 年以来，近 6 万亿元的政府投资已经落实到具体项目，正在形成更多实物工作量。随着中央对消费品以旧换新的资金支持到位，支持范围持续扩大，重点商品销量回升。商务部数据显示，"两新"政策共支持 1600 亿元汽车消费；汽车工业协会数据显示，9 月汽车销量环比大幅增长 14.8%，"金九银十"成色较足；家用电器和音像器材类零售额同比大幅增长 20.5%，连续两个月正增长。

二是一揽子增量政策出台落地效果初显。2024年9月下旬，沪深股市活跃度大幅提升，创新板指更是在5个交易日内上涨42.1%。9月23日至10月14日，上证指数从2749点上涨至3284点，成交额从2352亿元放大到7015亿元，带动居民财富增长。外汇管理局数据显示，近期外商直接投资有所改善，证券投资项下外资来华购买债券、股票总体向好，预期未来几个月以及更长时间，中国的跨境资金流动将保持稳健向好态势。9月26日至10月14日北京、上海日均商品房成交面积较9月1~25日分别大幅增长34.3%、49.0%。国家统计局对70个大中城市在9月下旬开展的月度房价问卷调查显示，预期未来半年新建商品住宅和二手住宅销售价格保持稳定或上涨的受访从业人员占比分别为58.3%和45.4%，分别比上月提高10.0个和6.5个百分点。"十一"期间全国出游人数、出游总花费同比分别增长5.9%、6.3%，是2023年以来第一个出游总花费增速快于出游人数增速的公共假期。10月PMI在连续5个月运行在收缩区间后转入扩张区间，达到50.1%，比上月提高0.3个百分点。

三是2024年四季度经济有望实现企稳回升。随着各项政策加快落地见效，股市回暖提振市场信心，财富效应释放有望推动居民消费回升。楼市企稳支撑房地产投资跌幅收窄，房屋交易量放大也将带动建材、家居、家电等消费增长。"两重""两新"政策效应持续释放，地方政府专项债四季度集中使用，将推动投资项目加快落地、实物工作量加快形成。地方政府的财政支出增长加快，民生保障更为有力。各领域政策效应叠加、传导、放大，将有效阻断经济螺旋下降的负向循环，带动经济企稳回升，消费、投资、工业和服务业等指标均会出现改善，预计四季度社会消费品零售总额增速由三季度的2.7%回升至3.7%，固定资产投资增速由2.4%提高到3.7%，工业增加值增速由5.1%提升至6.0%，服务业增加值增速由4.8%提高到5.1%，GDP增速由4.6%提高到5.2%。预计2024年全年社会消费品零售总额增长3.4%，固定资产投资增长3.5%，工业增加值增长5.8%，服务业增加值增长4.8%，GDP增长4.9%，可以实现全年经济社会发展目标。

六 统筹"十四五"收官和"十五五"开局，设定更为积极的2025年发展目标和政策

2025年是我国发展历程中极为关键的一年，是"十四五"规划和"十五五"规划承上启下的一年。做好2025年经济工作，我国就有可能在"十四五"期末从高速增长阶段转向中高速增长阶段后形成一个新的稳定的增长中枢，这不仅可以为"十五五"时期经济发展定下良好基调，也为2035年基本实现现代化目标奠定坚实的基础。同时在2025年美国新一任总统就职后，我国面临的外部环境更加严峻复杂，美西方国家对我国的遏制打压可能进一步升级，增强发展的内生动力和活力，保持良好的发展势头，是应对百年变局和大国竞争的重要前提。为此，2025年应设定更为积极的发展目标，并在增量政策的基础上，进一步优化完善宏观调控，加大改革力度，营造干事创业的社会氛围。

一是建议统筹考虑需要与可能，将2025年经济增长目标设定为5%左右。从需要看，5%左右的经济增长不仅是实现"十四五"时期各项目标的基础，也是2035年基本实现现代化目标的需要，只有保持一定的经济增长速度，我国才能如期达到中等发达国家水平。从可能看，我国仍具备保持经济中高速增长的条件，应当合理运用各类政策工具，释放增长潜力。我国超大市场规模的优势依然突出，产业体系完备、抗冲击韧性强，人口红利向人才红利转变支撑新质生产力加快发展。

二是实施积极财政政策和宽松货币政策"双扩张"政策组合。"双扩张"政策有利于释放强烈的政策信号，稳定预期和信心，也是逆周期调节的关键。积极财政政策方面，可进一步提高财政赤字率，建议2025年赤字率可突破3%，并明确未来三年发行5万亿元以上的特别国债，用于重要项目建设和改善民生，提高在"两重"等项目中中央财政承担比例，扩大"两新"政策支持范围，并结合财税体制改革，将一些地方政府事权转由中央政府负责。地方政府专项债保持当前规模，并扩大专项债用作资本金的领域范围。宽松的货币政策首先要进一步完善政策框架，建议将CPI回升至2%~3%作为货币政策重要目标，并承诺运用各类货币政策促进目标的实现。根据经济运行情况，适时进一步实施有力度的降准降息，保证流动性充裕，引导降低融资成本。加强货币政策与财政政策的配合，为财政政策实施创造更为有利的金融货币环境。进一步优化各类结构性货币政策工具，提高服务特定目标的精准度，防止低成本资金套利空转。

三是进一步优化完善宏观调控。适应新发展阶段和新形势的要求，宏观调控的理念、重点、手段都应进一步创新。首先要更加注重引导社会预期，预期管理是宏观调控的重要一环，要把对预期的影响作为确定政策力度、出台方式和时机等的重要考量因素，进一步完善货币政策和财政政策框架，强化其逆周期反周期特征。其次要更加注重扩大消费需求，一方面消费的总体恢复程度仍是各指标中最慢的，需要着力于促进消费，另一方面从长期发展角度看消费特别是服务消费又是最具增长潜力的，对稳增长可以发挥更大作用。再次要更加注重加强社保体系等建设，扩大各类社保覆盖面，这不仅有利于改善居民预期增强消费信心，还有助于形成逆周期调节的财政自动稳定器，国际经验表明，社保支出是财政逆周期调节的重要方式。最后要更加注重妥善处置资产负债表问题。当前逆周期调节要针对地方政府、居民和企业的高杠杆问题，采取降低债务负担、加大转移支付、提供必要流动性等措施，恢复各主体的支出意愿和支出能力。特别是要进一步明确地方政府化债路径，研究由中央承担地方因疫情产生的债务，允许地方政府发行清理拖欠债务的再融资债券，降低政府拖欠企业债务的影响。还要切实加快推动房地产企业的债务重组，夯实房地产市场止跌回升的微观基础。

四是加快三中全会部署的重大改革落地。加快推动全国统一大市场建设，提升要素配置效率，提高经济潜在增长率。优化中央地方财政关系，增强地方自主财力，提升地方促发展的意愿和能力。推动收入分配制度改革，减少不必要的行政性干预，形成市场主导、税收调节的工资收入决定和分配机制，防止减薪、降薪范围扩大化对消费、税收等带来的连锁反应。还要在长期聚焦"多予少取，松绑放活"，推动民生改善、企业改善，增强微观主体活力和经济内生发展动力。

参考文献

《赵同录：前三季度我国经济运行总体平稳 高质量发展扎实推进》，国家统计局网站，2024年10月18日。

《汤魏巍：工业经济高质量发展扎实推进 9月份工业生产明显回升》，国家统计局网站，2024年10月18日。

《国家统计局城市司首席统计师王中华解读2024年9月份商品住宅销售价格变动情况统计数据》，国家统计局网站，2024年10月18日。

孙学工:《为什么要加大财政货币政策逆周期调节力度》，《学习时报》2024年10月21日。

财政税收与金融市场

B.5 中国财政运行形势分析、展望及政策建议

杨志勇 席鹏辉[*]

摘　要： 2024年中国财政紧平衡状态持续。2024年1~8月，全国一般公共预算收入增速持续下滑，8月起收入规模大于上年同期，9月增速由负转正；政府性基金收入持续下滑，9月下滑速度明显减缓，但收入压力依然突出。在一揽子增量政策推动下，2025年财政收入有望平稳增长，基层"三保"等领域的保障要求财政支出保持必要的强度，财政紧平衡仍将延续。2025年中国加大财政政策逆周期调节力度；加大对"两重""两新"的支持力度，加快发展新质生产力；进一步提高财政管理水平，提升财政政策效能；持续防范化解地方政府债务风险，促进地方财政高质量发展；加快推动财税体制改革，为财政运行和中国式现代化提供体制性保障。

关键词： 财政运行　地方债　预算改革　超长期特别国债　财税体制改革

[*] 杨志勇，中国社会科学院财政税收研究中心主任、研究员，主要研究方向为财政理论与比较税制；席鹏辉，中国社会科学院财经战略研究院财政研究室副主任、副研究员，主要研究方向为公共政策评估、公共环境政策、财税激励。

一　2024年财政运行形势基本情况[①]

（一）一般公共预算收入

1. 收入规模

2024年前三季度，全国一般公共预算收入163059亿元，同比下降2.2%。1~9月一般公共预算收入增长情况如图1所示。2024年1~2月及3~8月，全国一般公共预算收入规模均小于上年同期，呈现负增长趋势，4月降幅最大，为3.75%；9月起出现反弹，较上年同期增长2.45%，主要原因是促消费、扩投资等一揽子促进经济增长的政策发挥作用。

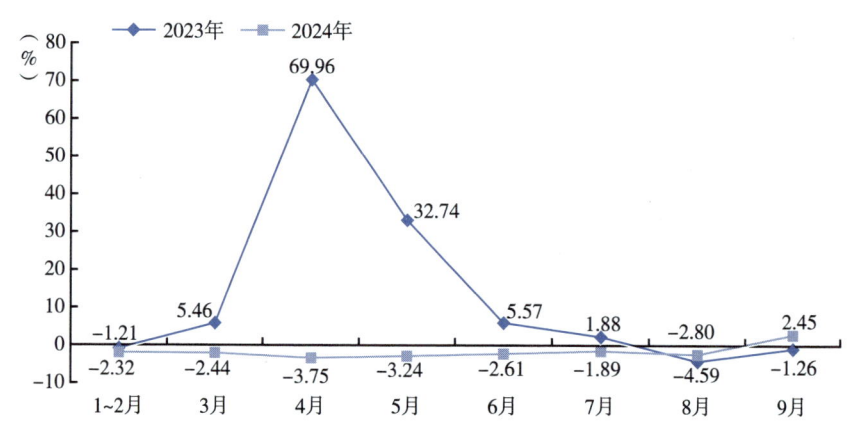

图1　2023年和2024年前三季度全国一般公共预算收入同比增长率

2. 税收与非税收入

2024年前三季度，全国税收收入131715亿元，同比下降5.3%。图2是各月税收收入增长情况，变动趋势与全国一般公共预算收入基本一致，但整体降幅略大。具体表现为，2024年1~2月及3~9月，税收收入规模均低于

[①] 除特别注明外，本文原始数据均来自财政部官网（http://www.mof.gov.cn）与国家统计局官网（stats.gov.cn）。

上年同期，呈现负增长趋势。6月降幅最大，为8.52%；7月降幅最小，为3.97%。相较于5~6月，7~9月降幅有所收窄，其中9月降幅为5.03%。

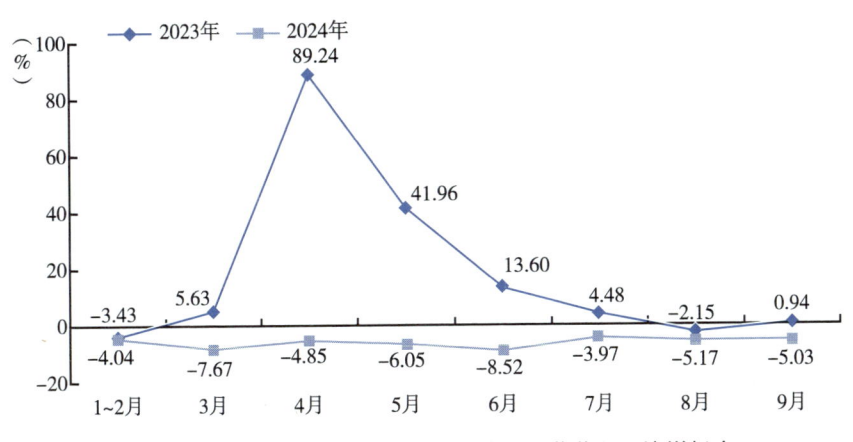

图2　2023年和2024年前三季度全国税收收入同比增长率

2024年前三季度，全国非税收入31344亿元，同比增长13.5%。各月非税收入的增长情况如图3所示。2024年1~9月全国非税收入增长较快。除2024年1~2月低于上年同期外，其余月份增速均快于上年同期。5~6月保持15%以上的增长。增速最慢的是4月，为5.79%；最快的是9月，为25.16%。

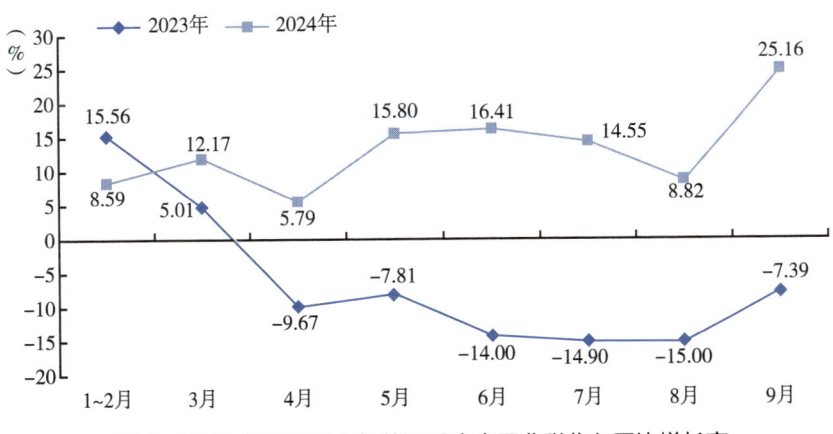

图3　2023年和2024年前三季度全国非税收入同比增长率

图 4 为 2023 年与 2024 年前三季度全国非税收入占一般公共预算收入比重情况。两年非税收入占比变动趋势基本一致，均呈现波动上升趋势。2024年 1~9 月各月占比均高于 2023 年同期水平，非税收入依赖度明显提升。其中 3 月最高，为 30.32%；4 月最低，为 11.39%。整体来看，2023 年与 2024 年前三季度，非税收入占比均超过 10%，并均在 3 月、6 月及 9 月超过 20%。3 月、6 月和 9 月的同比差值高于其他月份，其中 9 月同比增速较上年同期快 5.5 个百分点。

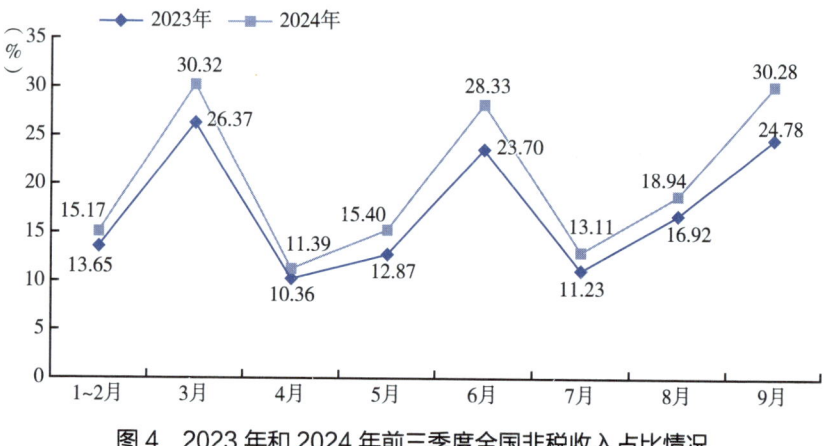

图 4 2023 年和 2024 年前三季度全国非税收入占比情况

3. 中央收入和地方收入

2024 年前三季度，中央一般公共预算收入 71710 亿元，同比下降 5.5%。图 5 为各月中央一般公共预算收入增长情况，2024 年变动趋势与 2023 年有较大差异，2024 年 1~8 月，同比增速呈现波动中持续下降的趋势，9 月同比增速年度内首次实现由负转正，为 2.42%。1~2 月，中央一般公共预算收入 20701 亿元，同比下降 4.82%。3~6 月，均保持 5% 以上的降幅。3 月降幅最大，为 12.80%；7 月降幅最小，为 2.32%。除 8 月和 9 月同比增长率高于 2023 年同期之外，其余月份均低于上年同期。

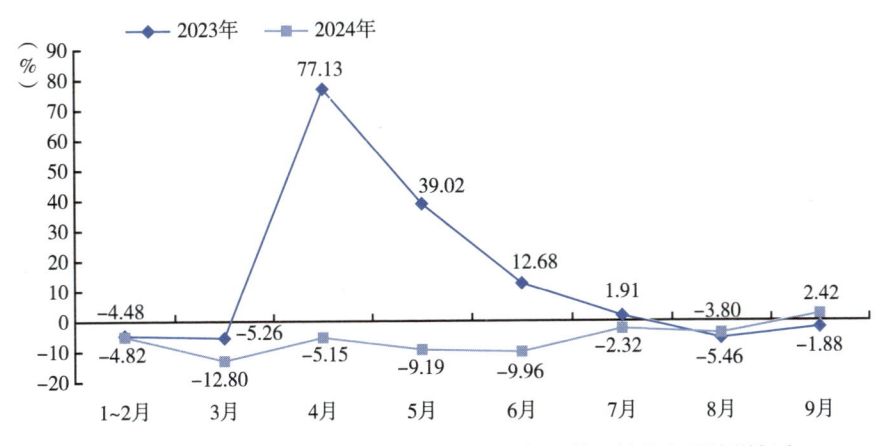

中国财政运行形势分析、展望及政策建议

图5 2023年和2024年前三季度中央一般公共预算收入同比增长率

2024年前三季度，地方一般公共预算本级收入91349亿元，同比增长0.6%。图6所示为各月地方一般公共预算本级收入增长情况，各月一般公共预算本级收入增速波幅与上年同期差别较大。其中，6月、8月和9月增速快于上年同期。出现正增长的月份是3月、5月、6月和9月，其中3月增速最快，为3.15%，5月次之，为2.76%；出现负增长的月份是1~2月、4月、7月、8月，其中4月降幅最大，为2.47%。

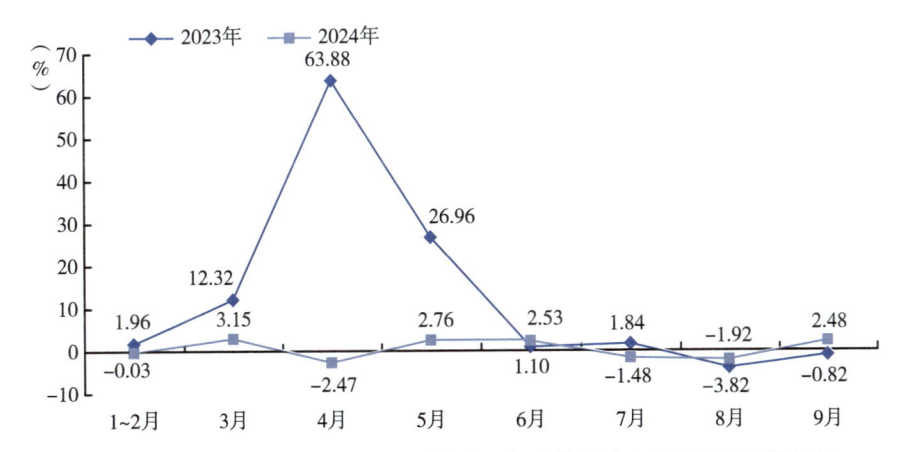

图6 2023年和2024年前三季度地方一般公共预算本级收入同比增长率

075

图 7 为 2023 年与 2024 年前三季度地方一般公共预算本级收入占一般公共预算比重情况，两年中各月占比均超过 50%（除 2023 年 5 月，为 49.82%）。2023 年与 2024 年地方一般公共预算本级收入占比变动趋势基本一致，均呈现波动上升趋势，2024 年各月均略高于上年同期各月。其中，3 月、6 月、9 月占比上升，4 月、7 月占比下降，8 月占比缓慢上升且比例略高于 1~2 月；3 月、5 月、6 月占比较上年同期领先相对较大。

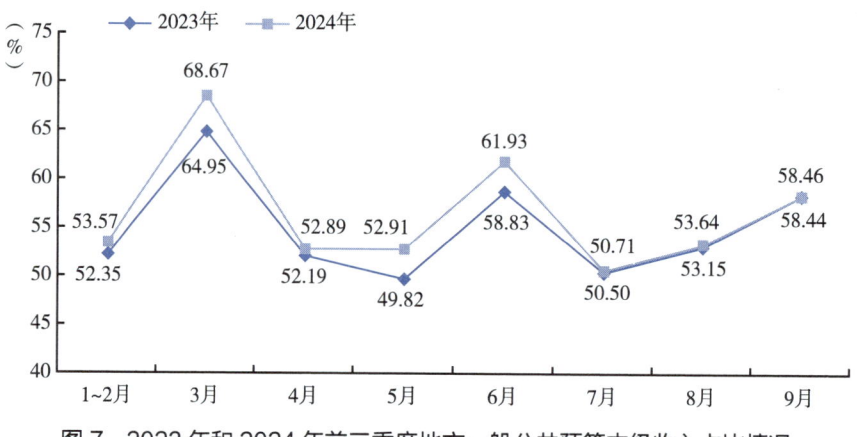

图 7　2023 年和 2024 年前三季度地方一般公共预算本级收入占比情况

（二）政府性基金

2024 年前三季度，全国政府性基金预算收入 30861 亿元，同比下降 20.2%，主要原因是地方国有土地使用权出让收入大幅下滑，前三季度国有土地使用权出让收入同比下降 24.6%。图 8 为 1~9 月政府性基金收入增长情况，2024 年 1~8 月呈现逐渐下降的趋势，且仅 1~2 月是正增长，为 2.7%。除 1~2 月、3 月、9 月之外，2024 年各月收入同比增长率均低于上年同期，其中同比增速最慢的是 8 月，为 -34.44%。进入 9 月降幅有所收窄，且降幅小于上年同期 6.23 个百分点。

（三）一般公共预算支出

2024 年前三季度，全国一般公共预算支出 201779 亿元，同比增长 2.0%。

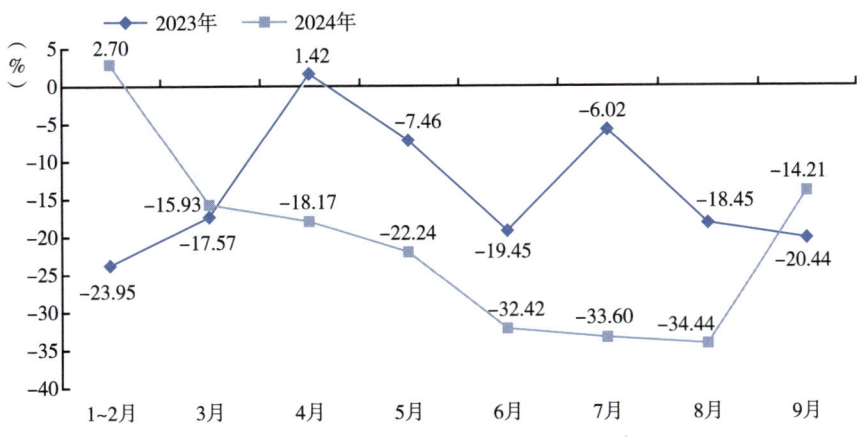

图8　2023年和2024年前三季度政府性基金收入同比增长率

图9为各月一般公共预算支出变动情况。除5月和7月，其余月份支出规模同比增速均低于上年同期水平。增速最快的是1~2月，较上年同期增长6.67%；7月增速高于上年同期7.3个百分点；降幅最大的是8月，为6.70%；9月则由负转正，增长5.15%。

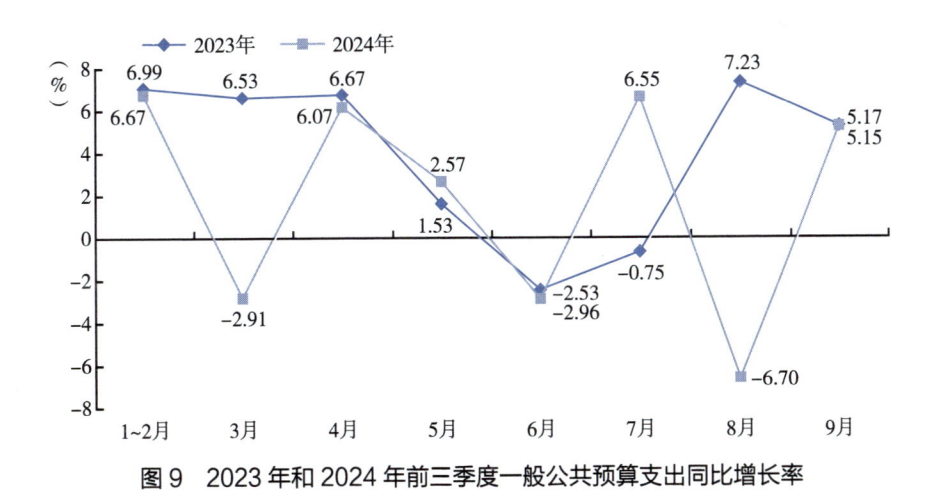

图9　2023年和2024年前三季度一般公共预算支出同比增长率

（四）政府债务及付息支出

截至2024年8月末，全国地方政府债务余额436297亿元。各月全国地

方政府债务余额增长情况如图 10 所示。2024 年 1~8 月债务余额同比增长率均大于 0 且低于 2%，呈现波动中小幅提升的趋势。受到地方政府债务化解等因素影响，与 2023 年相比，2024 年各月债务余额同比增长率明显放缓，4 月同比增速最慢，仅为 0.13%。

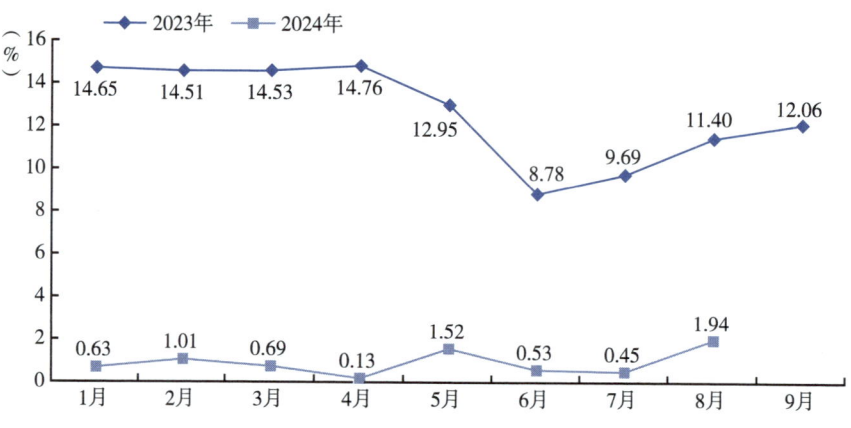

图 10 2023 年和 2024 年前三季度全国地方政府债务余额同比增长率

2024 年前三季度，地方政府债券支付利息 9265 亿元，同比增长 8%。图 11 为地方政府各月债务付息支出额增长情况，除 1~2 月、3 月外，2024 年 4~9 月各月付息支出额增长率均高于 2023 年同期，其中，增速最快的是 9 月，达

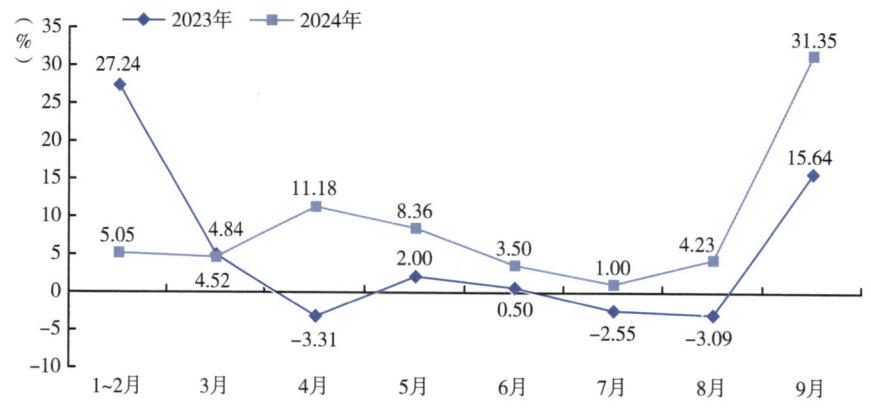

图 11 2023 年和 2024 年前三季度全国地方政府债务付息支出额同比增长率

到31.35%，快于上年同期15.71个百分点。与2023年相比，2024年各月全国地方政府债务付息支出额增长率均为正，且震荡幅度在波动中有所扩大。2024年地方政府债务规模与付息压力仍持续加大。

二 2024年财政运行形势的主要特点

（一）国民经济持续回升向好，财政收入实现可比增长

2024年前三季度，全国一般公共预算收入16.31万亿元，同比下降2.2%，主要是2022年制造业中小微企业部分缓税在2023年前几个月入库抬高了基数，以及2023年中出台的4项减税政策对2024年财政收入形成翘尾减收等特殊因素拉低了收入增速。扣除上述特殊因素影响后，2024年上半年全国财政收入可比增长1.5%左右。

2024年前三季度，全国税收收入同比下降5.3%。分税种看，国内增值税收入下降5.6%，主要受上年同期基数较高、政策翘尾减收等因素影响；国内消费税收入增长6.8%，主要是成品油、卷烟、酒等产销增长；进口货物增值税、消费税收入增长0.7%，与一般贸易进口增长态势基本吻合；个人所得税收入下降5.7%，主要受上年年中出台的提高个人所得税专项附加扣除标准政策翘尾减收等影响；出口退税11380亿元，同比多退1433亿元。1~7月，全国非税收入24423亿元，同比增长12%。其中，国有资源（资产）有偿使用收入增长12.4%，主要是地方多渠道盘活资产。①

（二）财政支出保持增长，重点领域支出保障有力

2024年前三季度，各级财政部门加大财政资源统筹力度，继续保持必要的财政支出强度，适当加快支出进度，全力保障国家重大战略任务和基本民生资金需求。全国一般公共预算支出20.18万亿元，同比增长2%。主要支出

---

① 《国务院关于今年以来预算执行情况的报告——2024年9月10日在第十四届全国人民代表大会常务委员会第十一次会议上》，https://www.mof.gov.cn/zhengwuxinxi/caizhengxinwen/202409/t20240914_3943848.htm，2024年9月14日。

领域中，社会保障和就业支出 2.27 万亿元，增长 4.2%；教育支出 2.03 万亿元，增长 0.6%；农林水支出 1.15 万亿元，增长 6.8%；城乡社区支出 1.05 万亿元，增长 8%；住房保障支出 3973 亿元，增长 2%。

中央政府继续加大财政转移支付力度。2024 年中央财政安排对地方转移支付超 10 万亿元，将更多资金用于补充地方财力，支持地方兜牢基层"三保"底线。[①] 持续优化财政支出结构，突出轻重缓急，将资金用在刀刃上。依托中央预算管理一体化系统，常态化开展预算执行监督，分析重点项目执行进度和绩效目标实现情况，逐步实现对中央部门预算资金和对地方转移支付资金的全面监督，切实提高预算执行的规范性。

（三）运用财政赤字、专项债、超长期特别国债等多种政策工具，增强经济发展内生动能

强化财政宏观政策逆周期和跨周期调节，组合使用多种政策工具，增强经济发展内生动能；稳妥安排财政赤字和地方政府专项债券规模，保持必要支出强度。2024 年上半年，新增地方政府专项债务限额 39000 亿元，比上年增加 1000 亿元，支持地方加大重点领域补短板力度。发行 10000 亿元超长期特别国债，不计入赤字，专项用于国家重大战略实施和重点领域安全能力建设。2024 年赤字率按 3% 安排，全国财政赤字规模 40600 亿元，比上年年初预算增加 1800 亿元，其中，中央财政赤字 33400 亿元，地方财政赤字 7200 亿元。

发行超长期特别国债，支持"两重"（国家重大战略实施和重点领域安全能力建设）项目建设。根据国务院批复的期限品种结构，按照适度均衡、定期滚动发行等市场化原则，合理安排并及时公布发行计划，组织国债承销团积极参与超长期特别国债承销。财政部发布《个人投资者购买国债问答》，并组织专家权威解读，便利投资者购债。2024 年上半年累计发行超长期特别国

---

① 《加大财政政策逆周期调节力度、推动经济高质量发展——国新办新闻发布会文字实录》，https://www.mof.gov.cn/zhengwuxinxi/caizhengxinwen/202410/t20241012_3945410.htm，2024 年 10 月 12 日。

债 2500 亿元,有力保障"两重"项目落地实施。研究建立超长期特别国债项目全生命周期管理制度,加强全过程监管。

(四)落实税费优惠政策,助推企业转型升级

全面落实研发费用税前加计扣除、科技成果转化税收减免、固定资产加速折旧等税收优惠政策,制定《我国支持科技创新主要税费优惠政策指引》《我国支持制造业发展主要税费优惠政策指引》《企业兼并重组主要税收优惠政策指引》等文件,帮助经营主体用足用好政策。强化对制造业企业技术改造的政策支持。按照专利法及其实施细则等有关要求,调整优化专利收费政策,增设"专利权补偿期年费"和"专利权期限补偿请求费"两个子项目,并实施专利年费、单独指定费和著录事项变更费等减免措施,支持企业创新行稳致远。

(五)地方政府债务化解力度持续加大,债务余额增长持续低位运行

压实地方主体责任,落实各项化债具体措施,防范化解地方政府债务风险。按照"县级为主、市级帮扶(兜底)、省级兜底、中央激励"的原则,层层压实责任,做细"三保"风险应急处置预案。同时,财政部还加强了对困难县区的库款调度,保障"三保"资金支付需要。建立全口径地方债务监测机制,加强跨部门数据信息共享应用,坚决遏制化债不实和新增隐性债务。结合年度预算安排,持续加大中央对地方财力性转移支付力度。清理规范专项转移支付,优化转移支付结构,提高财力性转移支付比重;同时,拓展地方税源、适当扩大地方税收管理权限,增加地方自主财力。

中央财政在 2023 年安排地方政府债务限额超过 2.2 万亿元的基础上,2024 年安排 1.2 万亿元的额度,支持地方特别是高风险地区化解存量债务风险和清理拖欠企业账款等。[①] 地方债务风险整体缓释,化债工作取得阶段性

---

① 《加大财政政策逆周期调节力度,推动经济高质量发展——国新办新闻发布会文字实录》,https://www.mof.gov.cn/zhengwuxinxi/caizhengxinwen/202410/t20241012_3945410.htm,2024 年 10 月 12 日。

成效。2024年1~8月，地方政府债务余额增长率有5个月低于1%，3个月处于1%~2%，显著低于上年同期。持续跟踪地方收支运行和库款保障情况，对库款紧张的地方，中央财政通过提前调度资金等方式予以适当支持。督促省级财政部门加强库款监测，增强基层库款保障能力，优先满足"三保"支出需要。

（六）党政机关过紧日子常态化，不断提升财政资金使用效益

坚决贯彻党政机关习惯过紧日子的要求，从源头上做好预算编制，从严控制预算安排，树立零基预算理念，打破支出固化格局，建立能增能减、有保有压的预算分配机制。2024年中央本级一般公共预算支出扣除重点保障支出后仅增长0.3%。严控一般性支出规模。持续完善支出标准体系，从严审核新增资产配置，推动压缩论坛、节庆、展会等活动，大力盘活闲置资产资源，勤俭办一切事业。会议、培训等公务活动要优先使用单位内部会议室、礼堂等场所，鼓励采取视频、电话、网络等线上方式开展公务活动。

持续加强对"三公"经费实施更为严格的限额管理。高质量开展绩效评价，将评价结果与预算安排挂钩。坚持按季度评估中央部门过紧日子情况，完善评估制度规则体系。严肃查处违反财经纪律行为，持续保持财会监督高压态势，防范和查处违规记账、擅自截留、非法挪用等问题，加大通报和处理力度，充分发挥警示震慑作用，保障财政资金使用质效。

三 未来财政形势展望

（一）2025年财政收入将持续承压

2024年以来，财政收入与支出情况形成鲜明对比。财政收入降幅有所扩大，尤其是在与上年同期相比时，下降态势明显。从税收与非税收入的变化趋势看，税收收入呈现持续下降态势。分税种看，国内增值税收入下降主要受上年同期基数较高、政策翘尾减收及带动持续消费信心不足等因素影响；个人所得税收入下降主要受上年年中出台的提高个人所得税专项附加扣除标

准政策翘尾减收等影响。非税收入呈现相对平稳的增长趋势。此外，不少个体工商户在疫情后复苏缓慢，企业盈利能力下降也对个人所得税和企业所得税的增长形成了一定制约。

2025年财政收入增长将持续承压。一是减税降费政策缓解了企业成本压力，但也影响了财政收入增长。为激发微观市场主体活力，2024年1~8月，支持科技创新和制造业发展的主要政策减税降费及退税规模超1.8万亿元；[①] 从企业盈利能力看，根据国家统计局的数据，2024年1~8月，规模以上工业企业中，国有控股企业实现利润总额15490.6亿元，同比下降1.3%。

二是随着推动房地产市场止跌回稳的各项政策布局到位，政府性基金收入规模持续较快下降的趋势有望得到扭转。长期以来，作为拉动地方经济增长的重要工具，商品房投资问题较为突出。近年来，受多种因素影响，房地产市场迅速降温。同时，受到城镇化进程持续推动和各类增量举措持续发力等因素影响，房地产市场止跌回稳趋势将更加明显，从而促进政府性基金收入稳定增加。

三是非税收入对财政收入增长的贡献有所增加，但仍难以抵补税收收入下降的份额。非税收入主要来自行政事业性收费收入、政府性基金收入、罚没收入、国有资源（资产）有偿使用收入、国有资本收益、特许经营收入、彩票公益金收入等。2024年上半年非税收入首次突破2万亿元大关，创历史新高，但仅靠非税收入增长难以弥补税收收入减少的份额。

四是全球贸易仍处于复苏阶段，经济发展的外部环境仍然较不确定。世界贸易组织报告预测，按市场汇率计算，2024~2025年全球实际国内生产总值（GDP）增速将稳定在2.7%。与此同时，全球主要经济体通货膨胀逐渐降温，美国等经济体的中央银行进入降息周期，对进口消费需求增长有一定的推动作用。多边贸易体制对于亚洲地区贸易复苏也发挥了重要作用。《区域全面经济伙伴关系协定》（RCEP）对投资和价值链的影响逐渐显现，促进了整个亚太地区供应链的形成和稳定。中国和东盟不断加强经贸合作，推动贸易投资

---

① https://www.gov.cn/lianbo/bumen/202409/content_6975656.htm.

便利化。欧洲地区贸易增长则弱于预期。《全球贸易展望与统计》报告预计，2024年欧洲地区的出口额将下降1.4%，进口额将下降2.3%。

（二）2025年财政支出强度加大并强化重点领域支持

2024年前三季度，全国一般公共预算支出201779亿元，同比增长2.0%。尽管各月财政支出规模高于上年同期（除3月、6月、8月外），但支出增速较2023年同期有所下降（除5月与7月外），其中差距最大的是8月，增速较上年同期慢13.93个百分点，差距最小的是9月，较上年同期慢0.02个百分点。

受刚性支出影响，2025年一般性公共支出的压缩空间相对有限。中央部门编制预算将更加突出零基预算的要求，严格控制支出，还要进一步优化评估指标体系，今后继续压缩一般性公共支出的空间相对有限。

2025年要继续做好基层"三保"工作，持续化解地方债务。重点加强县级"三保"财力保障。2024年中央财政安排对地方转移支付预算超过10万亿元，优先足额安排基层"三保"经费预算。做好对困难县区的库款调度，保障"三保"资金支付的基本需要。按照"县级为主、市级帮扶（兜底）、省级兜底、中央激励"的原则，层层压实责任，做细"三保"风险应急处置预案。根据财政部按月向各地推送"三保"风险提示，及时做好应对处置。2024年新增地方政府专项债务限额39000亿元，比上年增加1000亿元，支持地方加大重点领域补短板力度。发行10000亿元超长期特别国债，不计入赤字，专项用于国家重大战略实施和重点领域安全能力建设，更好地对冲不确定性，保障国家发展安全。2025年，要积极探索政府和社会资本合作新机制的具体落地方式，充分激发民间资本活力，通过财政投资的杠杆作用带动民间投资与关键领域投资增长，不刺激新的债务增长。

四 政策建议

（一）加大财政政策逆周期调节力度

全面贯彻落实党的二十大和二十届三中全会精神，围绕稳增长、扩内需、化风险，制定并实施更加精准、高效的增量政策举措，保持必要的财政支出强度，为高质量发展提供有力支撑。组合使用财政赤字、专项债、超长期特别国债、税费优惠、财政补助等多种政策工具，不断释放更多有效需求，促进经济持续回升向好。提高公共债务限额，置换地方政府存量隐性债务，加大力度支持地方化解债务风险，引导地方腾出更多的空间发展经济，提振经营主体信心，进一步夯实经济回升基础，为财政正常运行提供强有力的支撑。

适度提高财政赤字率，为地方发展"松绑"，充分释放地方经济活力，创造更多高质量就业机会。加强财政金融协同联动，增强金融服务实体经济发展的能力，为支撑经济发展持续向好提供更加灵活适用的金融保障。按照有关政策要求，尽快发行特别国债支持国有大型商业银行补充核心一级资本，积极做好发行的规模、结构以及标准确定等各项准备工作，进一步强化银行抵御风险和信贷投放能力。通过回收土地储备、收购存量房作为保障性住房等措施，稳定房地产市场。

（二）加大对"两重""两新"支持力度，加快发展新质生产力

加快发展新质生产力，着重解决制约跨区域、跨部门、跨行业协同发展的问题。保持科技投入力度，强化对基础研究、关键核心技术攻关、国家战略科技力量的支持。大力支持专精特新企业发展，推动制造业数字化转型。充分发挥政策杠杆作用，探索政府和社会资本合作新机制，更好发挥政府投资带动放大效应。围绕"两重"工作，坚持统筹规划和规划统筹，以国土空间规划等总体规划为统领，各类子规划作为补充，将勾画好的蓝图项目化、清单化、时序化，并根据项目的成熟度依次做好前期工作。发行并用好超长期特别国债，支持"两重"建设；加快地方政府专项债券发行使用，形成更多实物工作量；积极引导社会资本参与，着力提高投资综合效益，构建支撑经济长期持续稳定发展的基石。一方面，加大为保障国家重大战略实施和相关项目建设推进的制度建设力度，因地制宜、因时制宜，制定出台相关政策、规划等。另一方面，根据需要有序加大财政杠杆支持力度，着重抓好民生、经济发展领域的基础设施建设和相关领域重大项目的推动与落地。

通过增规模、降门槛、扩范围、简流程，优化设备更新支持方式，增强地方自主权、发挥地方创造力，支持地方提升消费品以旧换新能力。实施好汽车以旧换新补贴、新能源城市公交车及动力电池更新补贴等政策。在"两新"（大规模设备更新和消费品以旧换新）政策带动下，新能源汽车产业增势较好，2024年8月，新能源汽车和充电桩产量同比分别增长30.5%和97%，新能源汽车渗透率达到53.9%，连续两个月突破50%。节能家电零售快速增长。回收循环利用行动、标准提升行动取得积极进展。2024年1~8月，全国新增智能化社区废旧物资回收设施5900多个，报废汽车回收量421万辆，同比增长42.4%。① 根据国务院印发的《推动大规模设备更新和消费品以旧换新行动方案》（国发〔2024〕7号），到2027年，工业、农业、建筑、交通等领域设备投资规模较2023年增长25%以上。交通运输作为重点领域，将持续推进老旧公交车、工程车、家用车等的清洁化更新换代，加快淘汰国三及以下排放标准营运类柴油货车，大力支持新能源动力船舶发展。

（三）进一步提高财政管理水平，提升财政政策效能

提高财政管理水平，需要在财政收支两侧用力。财政收支管理水平的提高，要求财政收支总量的增加，也要求改善财政收支结构。在收入侧，针对已出台的研发费用税前加计扣除、先进制造业企业增值税加计抵减、科技成果转化税收减免等各项减税降费政策，要加强政策效果评估，从而提升政策效能。结合加快推进新型工业化，培育壮大先进制造业集群，推动制造业高端化、智能化、绿色化发展的需要，着重完善对制造业企业技术改造的税收优惠政策。根据财政部、税务总局发布的《关于节能节水、环境保护、安全生产专用设备数字化智能化改造企业所得税政策的公告》（2024年第9号），2024~2027年针对企业进行的专用设备数字化、智能化改造投入制定了新的优惠措施。具体而言，对于不超过该专用设备购置时原计税基础50%的改造投入部分，企业可按10%的比例抵免当年应纳税额，若当年未抵免完的，还

---

① 《"两新"支持政策全面启动》，《人民日报》2024年9月24日。

可以在之后的5年内结转继续抵免。要持续优化税收营商环境，依法依规收取税费。财政收入管理要依法依规，避免征收"过头税"，切实维护经营主体权益，进一步释放市场活力。财政收支管理要服务全国统一大市场建设，进一步规范地方招商引资行为，防范收支政策碎片化所导致的市场分割风险。

（四）持续防范化解地方政府债务风险，促进地方财政高质量发展

坚持系统观念，全面加强监管，统筹风险化解和稳定发展的关系。落实一揽子化债方案，坚持省负总责、市县尽全力化债的基本要求，逐步降低债务风险水平，坚决守住不发生系统性风险的底线。探索实施政府和社会资本合作新机制，强化政府支出事项和政府投资项目管理，规范金融机构融资业务，阻断新增隐性债务的可能路径。建立全口径地方债务监测机制，加强跨部门数据信息共享应用。分类推进融资平台公司改革转型，加快压降平台数量和隐性债务规模。完善专项债券管理制度，强化项目资产管理、收入归集，确保按时偿还。同时，兼顾各地资源状况差异、债务形成资产不同，在处理地方债存量过程中坚持一地一策、一债一策，灵活选择资产出售、股权转换、资产置换、资产证券化等方式消化存量债务。

继续在新增专项债限额中专门安排一定规模的债券，用于支持化解存量政府投资项目债务，比如消化政府拖欠企业账款等。做好一次性增加较大规模债务限额置换地方政府存量隐性债务、加大力度支持地方化解债务风险等相关政策准备，合理确定资金安排规模和结构。通过进一步压实地方化债主体责任，引导地方稳妥化解隐性债务风险和推动融资平台转型升级。拓展数字技术应用的广度和深度，提升化债效果，促进经济活起来、资源资产流动起来，形成经济生态系统的良性循环。同时，增强债务管理的科学性，在经济良性循环和资本流动中削减地方债务存量，优化经济建设事权，实现标本兼治。另外，加大对违法违规举债问题的严肃查处问责力度并限时整改，从源头上防控新增隐性债务和化债不实等潜在风险。

（五）加快推动财税体制改革步伐，为财政运行和中国式现代化提供体制性保障

加快建立健全与中国式现代化相适应的财政制度，加强财政资源统筹，提高预算管理完整性。挖掘地方财力空间，增加地方财政自主财力，推进经济发展和改善民生，从而培育更加充分的财源，为经济高质量发展提供更加扎实的支持。加快预算改革步伐，通过试点，深化零基预算改革，根据公共项目的重要性确定预算安排的优先性，提高财政投入绩效，打破支出固化格局。减少支出基数的影响，落实支出排序机制，使资金分配更加科学合理，打破支出惯性干扰，从而集中更多的财力以保障重点，让支出与政策目标更加匹配。另外，进一步完善个人所得税和财产税制度，更好发挥直接税组织收入、调节分配的重要作用。在完善具体税制的基础上，加快税收立法工作。进一步改革中央和地方政府间财政关系，优化转移支付结构和项目设置，强化促进高质量发展的激励约束。

B.6
2024年中国税收形势分析及2025年展望

张斌 袁一杰[*]

摘 要： 2024年前三季度，全国一般公共预算收入同比下降2.2%，受2023年同期中小微企业缓税入库抬高基数和2023年中出台的减税政策翘尾减收等税收政策因素以及房地产市场调整、进出口顺差扩大、工业生产者出厂价格指数和规模以上工业企业利润下滑等经济因素影响，税收收入同比下降5.3%。在近期出台的加强宏观政策逆周期调节、扩大国内有效需求等一揽子增量政策的作用下，未来经济将继续保持向好趋势，随着减税政策等特殊因素影响的减弱，预计2025年税收收入会呈现恢复性增长态势。

关键词： 税收收入 缓税入库 税收基数

2024年前三季度，我国GDP同比增长4.8%。其中，一季度GDP同比增长5.3%；二季度国内经济运行呈现工业生产持续改善和出口持续向好的现象，但居民消费和民间投资复苏进展不及预期，GDP同比增速降为5.0%；三季度GDP增速延续了二季度以来的下行态势，增速为4.8%，比二季度降低0.2个百分点。[①]

2024年前三季度累计，一般公共预算收入和税收收入分别比2023年同

---

[*] 张斌，中国社会科学院财政税收研究中心副主任、教授，主要研究方向为财政税收理论与政策；袁一杰，中国社会科学院大学应用经济学院，主要研究方向为财政税收理论与政策。

[①] 本文数据如不加特别说明，财政税收数据均来自财政部网站财政数据栏目公布的月度财政收支情况，经济运行数据均来自国家统计局网站。

期下降2.2%和5.3%。在GDP保持4.8%增速的情况下，一般公共预算收入，尤其是税收收入出现负增长，主要受到以下三方面的影响。

一是上年同期中小微企业缓税入库抬高基数和上年年中出台的减税政策翘尾减收等特殊因素。2024年1~8月，全国一般公共预算收入147776亿元，同比下降2.6%，扣除上年同期中小微企业缓税入库抬高基数、上年年中出台的减税政策翘尾减收等特殊因素影响后，可比增长1%左右，据此测算，1~8月累计特殊因素的影响规模约为5538亿元。2024年1~8月累计税收收入121059亿元，比上年同期减少6826亿元，特殊因素导致的减收额约占全部税收减收额的80%。

二是价格因素。税收收入的基础是市场交易价格，2024年前三季度，GDP实际增长率为4.8%，但名义增长率为4.1%；2024年以来工业生产者出厂价格指数也延续了2022年10月以来的负增长。价格下行是税收收入增长乏力的重要因素。

三是与特定税种密切相关的税基变化。2024年前三季度，企业所得税下降4.3%与同期企业利润下滑直接相关；房地产市场的调整导致与房地产交易直接相关的契税减少540亿元，下降12%，土地增值税减少337亿元，下降7.8%。2024年前三季度，按人民币计价的出口增速为6.2%，[1] 出口退税达到15663亿元，比2023年同期多退税1472亿元；而进口增速为4.1%，进口货物增值税、消费税仅增长149亿元，关税下降65亿元；上述进出口相关税收合计，2024年前三季度累计仅有454亿元，比上年同期的1842亿元减少1388亿元。

近期，随着国家加力推出一揽子增量政策，存量政策叠加增量政策效应的逐步显现将更好地发挥扩大国内有效需求、推动房地产市场止跌回稳的作用，延续经济持续向好趋势，这将为2024年四季度及2025年全国税收收入的平稳增长奠定坚实的基础。

---

[1] 进出口数据来自海关统计月报《进出口商品总值表（人民币值）B：月度表》，http://www.customs.gov.cn/customs/302249/zfxxgk/2799825/302274/302277/302276/6157401/index.html。

一 2024 年前三季度全国税收形势分析

2024 年前三季度累计，全国一般公共预算收入 163059 亿元，同比下降 2.2%，扣除上年同期中小微企业缓税入库抬高基数、上年年中出台的减税政策翘尾减收等特殊因素影响后，全国收入保持平稳增长。其中，中央一般公共预算收入 71710 亿元，同比下降 5.5%；地方一般公共预算本级收入 91349 亿元，同比增长 0.6%。全国税收收入 131715 亿元，同比下降 5.3%，主要受上述特殊因素以及工业生产者出厂价格指数持续下降等影响；而非税收入为 31344 亿元，同比增长 13.5%，主要原因是地方通过处置闲置资产等方式，加大资源、资产盘活力度，带动国有资源（资产）有偿使用收入、国有资本经营收入增长。

2024 年前三季度累计，全国一般公共预算支出 201779 亿元，同比增长 2%，支出增长主要源于加大对基本民生和重点领域的经费保障力度。一般公共预算收支差额为 38720 亿元，是 2023 年同期收支差额 31184 亿元的 1.24 倍，比 2022 年同期的 37238 亿元增加了 1482 亿元。

（一）2024年前三季度分季度税收收入走势分析

2023 年一季度，GDP 增速为 4.5%，二季度大幅回升，GDP 增速为 6.3%，受 2022 年基数较高影响，三季度 GDP 增速下降至 4.9%。2023 年前三季度的税收收入增速分别为 -1.4%、44.8% 和 1.7%。

2023 年二季度以来，经济社会逐渐恢复常态化运行，宏观政策显效发力，尤其是上年大规模留抵退税带来的效果逐步体现，经济增长动能持续增强，宏观经济运行总体回升态势明显，2023 年三、四季度经济增速均有所回暖。此外，2023 年税收收入整体增幅有较大回升，存在两方面原因：一是 2022 年 4 月 1 日开始实施的大规模留抵退税政策中的存量留抵退税在当年内完成，使 2022 年税收收入的基数较低。二是 2023 年有较多的中小微企业缓缴税收入库，提高了 2023 年税收收入。2023 年，全年税收收入总体增长 8.7%，对税收收入增长贡献最大的是国内增值税，同比增长42.3%。

2024年一季度GDP和税收收入增速分别为5.3%和-4.9%，比2023年四季度分别增加0.1个百分点和减少4.4个百分点。二季度GDP增速下降为4.7%，税收收入降幅增加至6.4%。三季度GDP增速延续了二季度的下行趋势，增速为4.6%，税收收入降幅缩窄至4.6%（见图1）。

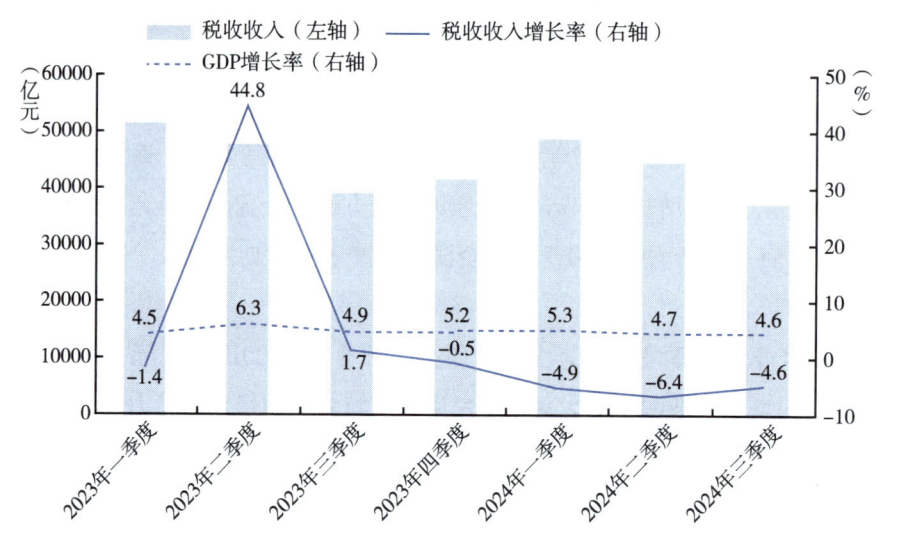

图1 2023年一季度至2024年三季度GDP增速与税收运行状况

2023年除一季度税收收入增长率低于名义GDP增长率，其余季度税收收入累计增长率均高于名义GDP增长率。其中，一季度GDP的名义增长率为5.2%，税收收入增速仅有-1.4%，税收收入占GDP的比重比2022年同期减少1.2个百分点；2023年上半年和前三季度累计，税收收入的增幅分别为16.5%和11.9%，均高于同期名义GDP增速（分别为5.3%和4.8%），税收收入占GDP的比重分别比2022年同期增加1.6个百分点和0.9个百分点。2022年三季度前企业基本已完成留抵退税，第四季度税收收入基数不受留抵退税影响，2023年四季度税收收入增速转变为-0.5%，全年税收收入增速下降至8.7%，但仍高于全年名义GDP增速4.6%，税收收入占GDP的比重比2022年增加0.6个百分点，占比为14.4%。

2024年前三季度累计，税收收入同比下降5.3%。其中，一季度下降了4.9%，上半年税收收入同比下降5.6%。2024年一季度名义GDP的增速为4.2%，税收收入占GDP的比重较2023年同期减少1.6个百分点，占比为16.6%；上半年和前三季度名义GDP的增速均为4.1%，税收收入占比较2023年同期分别减少1.5个百分点和1.3个百分点，占比为15.3%和13.9%（见表1）。

表1 2022年至2024年前三季度分季度累计GDP与税收收入

单位：亿元，%

时间	GDP 绝对值	GDP 增长率	GDP 名义增长率	税收收入 绝对值	税收收入 增长率	税收收入占GDP的比重
2022年一季度	270344.5	4.8	8.5	52452	7.7	19.4
2022年上半年	562791.1	2.5	5.8	85564	-14.8	15.2
2022年前三季度	870733.2	3.0	5.8	124365	-11.6	14.3
2022年全年	1204724	3.0	4.8	166614	-3.5	13.8
2023年一季度	284423	4.5	5.2	51707	-1.4	18.2
2023年上半年	592715.6	5.5	5.3	99661	16.5	16.8
2023年前三季度	912692	5.2	4.8	139105	11.9	15.2
2023年全年	1260582	5.2	4.6	181129	8.7	14.4
2024年一季度	296300	5.3	4.2	49172	-4.9	16.6
2024年上半年	616836	5.0	4.1	94080	-5.6	15.3
2024年前三季度	949746	4.8	4.1	131715	-5.3	13.9

资料来源：GDP数据来自国家统计局网站，税收数据来自财政部网站，下同。

（二）2024年前三季度分月度税收收入走势分析

从月度数据看，自然口径中，2024年1~9月的月度税收收入增速均低于2023年同期。2024年3~6月的月度税收收入有较大降幅，基本维持在-5%以上，其中3月和6月降幅分别为-7.7%和-8.5%。这主要是受上年中小微企业缓税入库集中在上半年完成、上年年中出台的减税政策翘尾减收等特殊

因素的影响，导致2023年同期月度税收收入基数较高。

进入三季度，7月税收收入的降幅收窄至4.0%，但到8月和9月降幅有扩大趋势，分别为5.2%和5.0%（见表2、图2）。考虑到2024年由于上年基数较高而税收收入增速有所下滑，如果四季度不出台新的大规模减税措施，加上央行降息政策、财政安排3000亿元超长期特别国债资金支持"两新"政策和"一揽子增量政策"等对经济的刺激作用，预计从10月开始，税收收入降幅逐步收窄。

表2 2024年1~9月与2023年同期月度税收收入比较（自然口径）

月度	2023年税收收入 绝对值（亿元）	增长率（%）	2024年税收收入 绝对值（亿元）	比2023年增减（亿元）	增长率（%）	与2023年增速比较（个百分点）
1~2月	39412	-3.4	37820	-1592	-4.0	-0.6
3月	12295	5.6	11352	-943	-7.7	-13.3
4月	18672	89.2	17766	-906	-4.9	-94.1
5月	14395	42.0	13524	-871	-6.1	-48.1
6月	14887	13.6	13618	-1269	-8.5	-22.1
7月	17870	4.5	17160	-710	-4.0	-8.5
8月	10354	-2.2	9819	-535	-5.2	-3.0
9月	11220	0.9	10656	-564	-5.0	-5.9

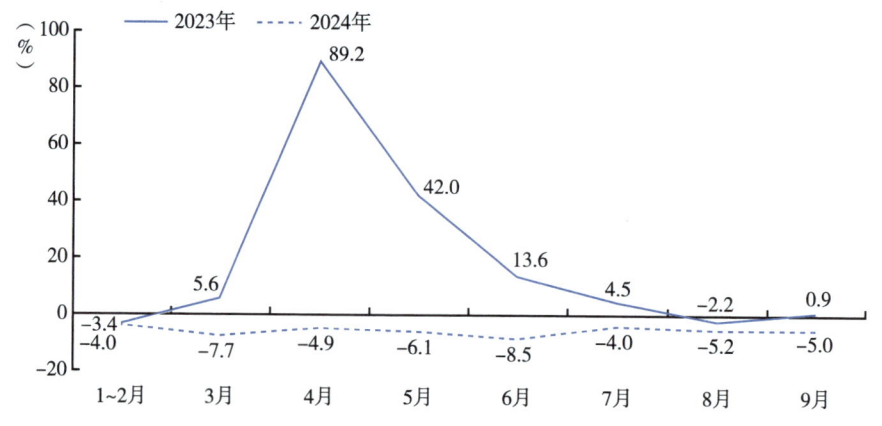

图2 2024年1~9月与2023年同期月度税收收入增速对比（自然口径）

二 2024 年前三季度分税种收入分析

从各税种收入情况看，2024 年前三季度税收收入比上年同期减少 7390 亿元。其中，国内增值税、企业所得税、个人所得税、进出口税收（进口货物增值税、消费税加关税减出口退税）、城市维护建设税、车辆购置税、印花税、契税、土地增值税、资源税呈负增长，减收规模合计达到 8517 亿元。主要减收的税种是国内增值税、企业所得税、进出口税收，分别占总体减收规模的 35%、17.1% 和 16.3%；契税和土地增值税合计占总体减收规模的 10.3%；印花税减收 695 亿元，占总体减收规模的 8.2%。

税收收入有所增长的税种仅有国内消费税、房产税、城镇土地使用税、耕地占用税、环境保护税，以及车船税、船舶吨税、烟叶税等税种，增收额合计为 1126 亿元。

（一）2024年前三季度分税种收入与税制结构

2024 年前三季度累计国内增值税收入减少 2981 亿元，同比下降 5.6%；国内消费税前三季度累计增加 196 亿元，同比增长 1.6%；城市维护建设税作为增值税、消费税的附加税，同比下降 6.0%。

从进出口相关税收看，进口货物增值税、消费税前三季度累计增加 149 亿元，同比增长 1.1%；关税收入 1835 亿元，减收 65 亿元，同比下降 3.5%；出口退税规模为 15663 亿元，比 2023 年同期多退 1472 亿元。上述各项合计计算的进出口税收净贡献减少 1388 亿元，同比下降 75.4%。

从所得税看，2024 年前三季度累计，个人所得税减收 552 亿元，同比下降 4.9%；企业所得税减收 1459 亿元，同比下降 4.3%。所得税合计减收 2011 亿元，同比下降 4.5%。

除特殊政策因素外，企业利润下滑是企业所得税收入下降的主要因素。2024 年前三季度，全国规模以上工业企业实现利润总额 52281.6 亿元，同比下降 3.5%，其中国有控股企业实现利润总额 17235.9 亿元，同比下降 6.5%；

股份制企业实现利润总额 38872.3 亿元，同比下降 4.9%。企业利润，尤其是对所得税贡献较大的国有控股企业和股份制企业利润下降是同期企业所得税下降的直接原因。

与上年同期相比，土地增值税的降幅呈收窄趋势，在上年的基础上减少 337 亿元，同比下降 7.8%，降幅收窄 8.2 个百分点。契税转变为负增长，比上年同期减少 540 亿元，同比下降 12%，将契税分月度来看，3~9 月增速均低于 2023 年同期。2024 年前三季度，房产税、耕地占用税、城镇土地使用税均有较大幅度上涨，分别在上年的基础上增加 518 亿元、191 亿元和 163 亿元，同比增长 19.9%、21.5% 和 10.5%，考虑到房产税、城镇土地使用税是对存量房地产征收的财产税，在房地产交易下降的情况下，存量房地产税收的大幅增加不排除是受加强税收征管等因素的影响。2024 年前三季度累计，上述房地产五税合计减收 5 亿元，与 2023 年同期基本持平。

受新能源汽车免征车辆购置税政策优化和延续等因素的影响，车辆购置税减少 215 亿元，同比下降 10.6%。受上年资源税率调整和资源产品价格下降等因素的影响，资源税减收 109 亿元，同比下降 4.7%。受自 2023 年 8 月 28 日起证券交易印花税实施减半征收政策的影响，证券交易印花税减收 843 亿元，降幅为 54.2%，印花税总体减收 695 亿元，同比下降 22.9%。除流转税、所得税、房地产五税外，包括车辆购置税、资源税和印花税在内的其他税种合计减收 961 亿元，同比下降 11.4%。

如果把进出口税收视为一个整体分析，2024 年前三季度累计，国内增值税减收 2981 亿元，企业所得税减收 1459 亿元，进出口相关税收合计减收 1388 亿元，印花税减收 695 亿元，个人所得税减收 552 亿元；契税减收 540 亿元。上述六项减收额合计为 7615 亿元，占总体减收额的比重接近 90%。

2024 年前三季度累计，增收额最大的税种为房产税，增收 518 亿元；国内消费税增收 196 亿元；耕地占用税增收 191 亿元；城镇土地使用税增收 163 亿元；环境保护税增收 31 亿元；车船税、船舶吨税、烟叶税等增收 27 亿元。上述税种增收额合计为 1126 亿元，与减收税种的减收额有较大差距（见表 3、图 3）。

表3 2024年与2023年前三季度分税种收入对比

税种	2023年前三季度 绝对值（亿元）	2023年前三季度 增长率（%）	2024年前三季度 绝对值（亿元）	2024年前三季度 增减额（亿元）	2024年前三季度 增长率（%）	增速比较（个百分点）
税收收入	139105	11.9	131715	-7390	-5.3	-17.2
国内增值税	53454	60.3	50473	-2981	-5.6	-65.9
国内消费税	12465	-4.9	12661	196	1.6	6.5
城市维护建设税	3986	3.2	3745	-241	-6.0	-9.2
进口货物增值税、消费税	14133	-7.3	14282	149	1.1	8.4
出口退税	-14191	4.6	-15663	-1472	10.4	5.8
关税	1900	-12.1	1835	-65	-3.5	8.7
进出口相关税收合计	1842	-27.4	454	-1388	-75.4	-48.0
主要流转税合计	71747	35.7	67333	-4414	-6.2	-41.9
企业所得税	33722	-7.4	32263	-1459	-4.3	3.1
个人所得税	11310	-0.4	10758	-552	-4.9	-4.5
所得税合计	45032	-5.7	43021	-2011	-4.5	1.2
契税	4491	2.2	3951	-540	-12.0	-14.2
土地增值税	4337	-16.0	4000	-337	-7.8	8.2
房产税	2600	7.6	3118	518	19.9	12.3
耕地占用税	887	-16.0	1078	191	21.5	37.5
城镇土地使用税	1547	-3.1	1710	163	10.5	13.6
房地产相关税收合计	13862	-5.2	13857	-5	0.0	5.2
车辆购置税	2026	5.0	1811	-215	-10.6	-15.6
印花税	3031	-11.1	2336	-695	-22.9	-11.8
资源税	2324	-13.3	2215	-109	-4.7	8.6
环境保护税	152	-3.8	183	31	20.3	24.2
车船税、船舶吨税、烟叶税等	932	0.1	959	27	2.9	2.8
其他税收合计	8465	-7.1	7504	-961	-11.4	-4.3

注：出口退税增长的影响为减收；其他税收合计包括车辆购置税、印花税、资源税、环境保护税、车船税、船舶吨税、烟叶税等。本文增长率数据以财政部公布的2023年和2024年前三季度财政收支情况为准。

经济蓝皮书

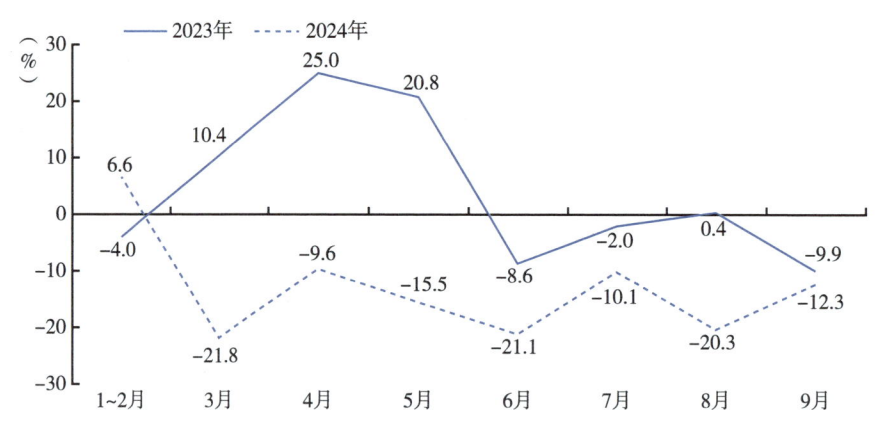

图3　2024年1~9月与2023年同期月度契税增速对比

从各税种占税收收入的比重看，2024年前三季度的税收收入结构基本保持稳定。其中，国内增值税、城市维护建设税、进出口相关税收合计、其他税收合计占比小幅下降，国内消费税、企业所得税、个人所得税和房地产相关税收合计占比小幅增长（见图4、图5）。

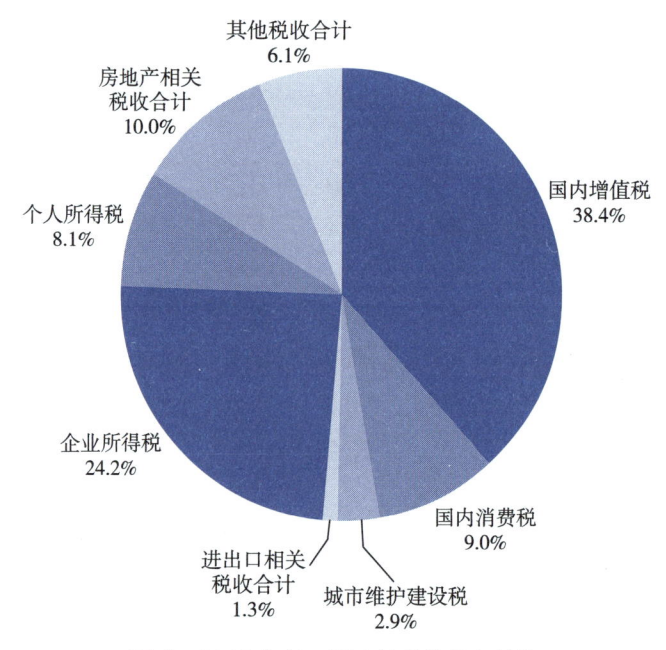

图4　2023年前三季度的税收收入结构

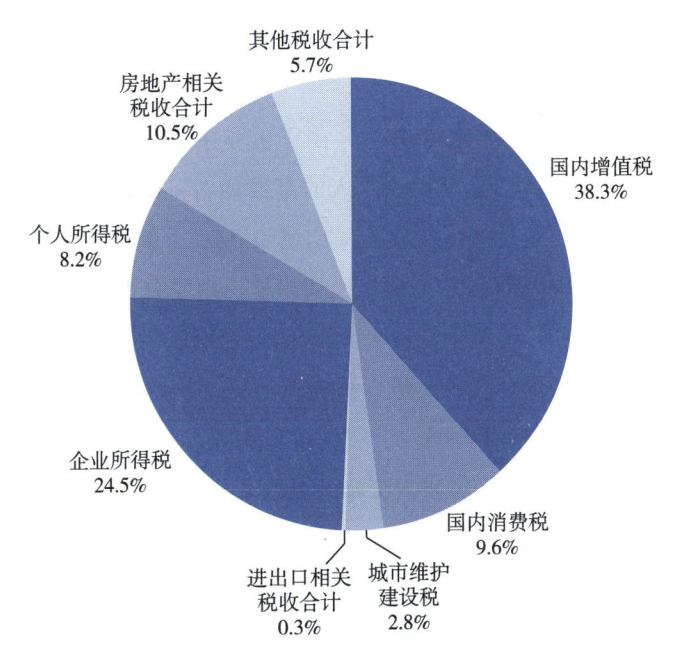

图5 2024年前三季度的税收收入结构

（二）2024年前三季度分税种收入情况

2024年一季度，税收收入降幅为4.9%，由于出口退税力度加大，进出口相关税收的降幅扩大。主体税种中，除国内消费税和企业所得税实现正增长，分别同比增长10.0%和1.0%，其余主体税种均为负增长，国内增值税下降7.1%，个人所得税下降4.5%。除耕地占用税增长21.4%，房产税增长20.9%，城镇土地使用税增长12.3%，环境保护税增长11.3%，车辆购置税增长10.6%，车船税、船舶吨税、烟叶税等增长2.2%，土地增值税增长0.8%外，其他税种均为负增长。

2024年二季度，税收收入同比下降6.4%。其中，国内增值税收入为15351亿元，相较上年国内增值税收入减少575亿元，同比下降3.6%；企业所得税收入为13604亿元，相较上年企业所得税收入少1587亿元，同比下降10.4%。其他税种方面，除环境保护税增长26.5%，耕地占用税增长24.5%，房产税增长19.4%，城镇土地使用税增长9.9%，车船税、船舶吨税、烟叶税

等增长4.8%，进口货物增值税、消费税增长4.1%，国内消费税增长2.6%外，其他税种均为负增长。

2024年三季度GDP增速为4.6%，由于上年中小微企业缓税入库基本集中在上半年完成，因此三季度税收收入的基数相对下降，税收收入同比下降4.6%。主体税种中，企业所得税收入同比增长0.2%，但国内增值税仍同比下降5.5%。三季度除环境保护税、房产税和耕地占用税分别出现24.0%、19.4%和17.8%的正增长外，还有资源税，城镇土地使用税，进出口相关税收合计，车船税、船舶吨税、烟叶税等，进口货物增值税、消费税，分别增长11.1%、9.0%、3.6%、1.9%和1.8%。国内消费税增速由正转负，契税、土地增值税、车辆购置税和印花税继续保持较大降幅（见表4）。

表4 2024年前三季度分税种收入变化情况

单位：亿元，%

税种	一季度 绝对值	一季度 增长率	二季度 绝对值	二季度 增长率	三季度 绝对值	三季度 增长率
税收收入	49172	-4.9	44908	-6.4	37635	-4.6
国内增值税	20049	-7.1	15351	-3.6	15073	-5.5
国内消费税	5111	10.0	3723	2.6	3827	-8.7
城市维护建设税	1384	-7.3	1176	-6.0	1185	-4.6
进口货物增值税、消费税	4453	-2.8	4844	4.1	4985	1.8
出口退税	-6624	-19.8	-4756	-7.7	-4283	-0.9
关税	567	-8.5	618	-2.1	650	0.2
进出口相关税收合计	-1604	-383.1	706	-18.8	1352	3.6
主要流转税合计	26544	-4.2	20250	-2.7	20539	-11.6
企业所得税	11780	1.0	13604	-10.4	6879	0.2
个人所得税	4240	-4.5	3118	-7.2	3400	-3.1
所得税合计	16020	-0.5	16722	-9.9	10279	-0.9
契税	1511	-6.4	1268	-15.9	1172	-14.5
土地增值税	1815	0.8	1259	-10.8	926	-17.6
房产税	1051	20.9	1286	19.4	781	19.4
耕地占用税	499	21.4	341	24.5	238	17.8
城镇土地使用税	619	12.3	679	9.9	412	9.0
房地产相关税收合计	5495	4.7	4833	-1.1	3529	-5.3
车辆购置税	700	10.6	553	-20.0	558	-20.5
印花税	888	-16.2	744	-29.5	704	-23.1

续表

税种	一季度 绝对值	一季度 增长率	二季度 绝对值	二季度 增长率	三季度 绝对值	三季度 增长率
资源税	743	−17.9	731	−2.8	741	11.1
环境保护税	59	11.3	62	26.5	62	24.0
车船税、船舶吨税、烟叶税等	327	2.2	307	4.8	325	1.9
其他税收合计	2717	−8.5	2397	−15.6	2390	−9.9

注：出口退税增长的影响为减收；其他税收合计包括车辆购置税、印花税、资源税、环境保护税、车船税、船舶吨税、烟叶税等。

从 2024 年 1~9 月各月国内增值税、国内消费税、企业所得税、个人所得税和房地产五税变化情况看，受年终奖发放时间等因素影响，3 月个人所得税同比增长 75.0%，但其他月份均为负增长；考虑到 2023 年中小微企业缓税入库主要集中在 2024 年上半年完成，国内增值税和企业所得税均出现了较大降幅，3 月国内增值税同比下降 12.1%，6 月企业所得税同比下降 27.0%，随后企业所得税增速逐步恢复，8 月企业所得税扭转为 20.0% 的增幅。国内消费税呈明显的下行趋势，从 1~2 月增长 14% 到 7 月转变为负增长，并持续下降至 9 月，同比下降 16.3%。房地产五税 1~2 月增长 11.6%，3~9 月均为负增长，其中 8 月降幅最大，为 16.1%（见图 6）。

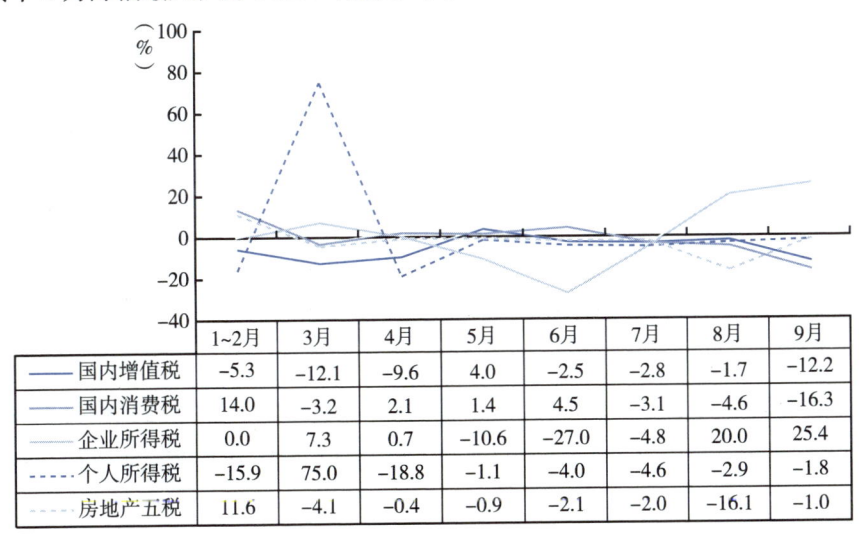

（%）	1~2月	3月	4月	5月	6月	7月	8月	9月
国内增值税	−5.3	−12.1	−9.6	4.0	−2.5	−2.8	−1.7	−12.2
国内消费税	14.0	−3.2	2.1	1.4	4.5	−3.1	−4.6	−16.3
企业所得税	0.0	7.3	0.7	−10.6	−27.0	−4.8	20.0	25.4
个人所得税	−15.9	75.0	−18.8	−1.1	−4.0	−4.6	−2.9	−1.8
房地产五税	11.6	−4.1	−0.4	−0.9	−2.1	−2.0	−16.1	−1.0

图 6　2024 年 1~9 月主要税种收入增速变化情况

三 2024年四季度及2025年税收形势展望

从近年来税收收入与一般公共预算收支的运行态势看，2023年税收收入占GDP的比重为14.4%，扭转了从2012年以来连续10年下降的趋势，比2022年增加0.6个百分点，但与2012年的近期峰值18.7%相比，仍减少4.3个百分点。

从2024年前三季度税收收入情况看，税收收入下降5.3%，而同期GDP名义增长率为4.1%，税收收入占GDP的比重为13.9%，比2023年同期的15.2%下降了1.3个百分点。从三季度主要税种收入情况看，尽管企业所得税扭转为正增长，但其余主体税种均呈负增长。2024年四季度如果国内需求逐步回暖以及央行降息政策、财政安排3000亿元超长期特别国债资金支持"两新"政策和近期出台的"一揽子增量政策"等对经济的刺激效果开始显现，预计税收收入下降趋势将得到扭转。

从一般公共预算收入结构来看，2024年前三季度，一般公共预算中非税收入达到31344亿元，同比增幅高达13.5%，非税收入占比达到19.2%，比2023年同期的16.6%提高2.6个百分点。地方政府盘活国有资产等增加非税收入的主要措施往往属于一次性收入，不具有可持续性。未来，在经济增长趋稳后逐步恢复税收收入的相对规模，提高其在一般公共预算收入中的比重，对于中长期政府收入的稳定性和可持续性具有重要意义。

从一般公共收支占GDP的比重来看，2022年一般公共预算收入占GDP的比重为最低点，为16.9%，2023年一般公共预算收入占GDP的比重为17.2%，扭转了2015年以来连续7年的下降趋势，同比增加0.3个百分点。一般公共预算支出占GDP的比重在2021年达到低谷，2022年、2023年该比重略有提高（见图7）。2021年一般公共预算收支差额占GDP的比重为3.8%，2022年和2023年分别为4.7%和4.6%，分别比2021年提高0.9个和0.8个百分点。

2024年中国税收形势分析及2025年展望

图7　2009~2023年税收收入与一般公共预算收支占GDP的比重

从政府性基金收入来看，2024年前三季度，国有土地使用权出让收入为23287亿元，比2023年同期减少7588亿元，同比下降24.6%。2021年前三季度，国有土地使用权出让收入为53634亿元，2022年前三季度下降至38507亿元，同比下降28.2%，2023年前三季度为30875亿元，同比下降19.8%。与2021年前三季度相比，2024年前三季度国有土地使用权出让收入减少30347亿元，降幅高达56.6%。近年来，房地产市场调整对契税、土地增值税及国有土地使用权出让收入产生直接影响，而国有土地使用权出让收入是地方政府性基金预算收入的主要来源，将对地方政府收入稳定性产生较大冲击。

2025年，随着一系列存量及增量逆周期调节政策效应的显现，经济发展将保持向好态势。如果不出台新的大规模减税政策，随着税收政策等特殊因素作用的减弱、国内有效需求的扩大、房地产市场止跌回稳及资本市场的提振，税收收入将呈现稳定增长态势。

从中长期看，在继续发挥税收政策在逆周期调节中的作用、保持存量减税政策的必要规模和力度的同时，要按照党的二十届三中全会的要求，加快推进以"健全有利于高质量发展、社会公平、市场统一的税收制度，优化税制结构"为目标的税制改革。

同时，针对经济结构调整对地方政府收入的影响，要以"建立权责清晰、财力协调、区域均衡的中央和地方财政关系"为目标，在加大财政政策逆周期调节力度、有效化解地方政府债务的同时，按照"增加地方自主财力，拓展地方税源，适当扩大地方税收管理权限"的要求，推进消费税征收环节后移并稳步下划地方，完善增值税留抵退税政策和抵扣链条，调整共享税分享比例；研究把城市维护建设税、教育费附加、地方教育附加合并为地方附加税，授权地方在一定幅度内确定具体适用税率；合理扩大地方政府专项债券支持范围，适当增加用作资本金的领域、规模、比例；规范非税收入管理，适当下沉部分非税收入管理权限，由地方结合实际差别化管理一系列优化调整地方政府收入结构的改革举措。

参考文献

《国家发展改革委解读宏观经济形势和政策 中国经济发展呈现"稳、进、好"特征》，《宏观经济管理》2024年第2期。

蒋震、张斌：《2023年税制改革与税收政策研究综述》，《税务研究》2024年第3期。

清华大学中国经济思想与实践研究院（ACCEPT）宏观预测课题组：《激发地方经济活力 推动经济持续向好——中国宏观经济形势分析与2024年下半年展望》，《改革》2024年第7期。

杨志勇：《中国式现代化与税制建设》，《税务研究》2024年第2期。

张斌：《减税降费、资源统筹与增强财政可持续性》，《国际税收》2022年第6期。

B.7
中国货币金融形势分析与风险防范

张晓晶 曹婧*

摘　要： 面对复杂严峻的外部环境和国内有效融资需求不足、价格持续低位运行、微观主体预期偏弱等问题，2024年我国经济复苏呈现"前高中低后稳"态势，宏观杠杆率因名义经济增速下滑而被动上升。为提振市场信心和激发社会活力，三季度一揽子增量政策加力推出，宏观金融政策及时加大逆周期调节力度，以稳定资产价格和减轻债务负担为发力点，同步实施全面降准和有力度的降息，彰显了宏观经济治理思路的重要创新。当前房地产市场出现积极变化，资本市场活跃度提升，市场预期明显改善，促进经济筑底企稳。需重点关注经济活力不足和新旧动能转换造成M1持续大幅负增长，以及长期国债收益率快速回升带来的债券市场赎回风险。展望2025年，为进一步巩固经济恢复基础，应增强宏观政策取向一致性，以全面深化改革打通制度性梗阻。谋划新一轮财税体制改革，激发地方政府积极性；货币政策锚定通胀目标继续加力，推进货币政策框架转型；着力提振购房者信心和修复房企信用，促进房地产市场止跌回稳；增强资本市场内在稳定性，培育壮大耐心资本。

关键词： 宏观金融形势　货币金融政策　金融风险防范

---

* 张晓晶，中国社会科学院金融研究所所长、研究员，主要研究方向为宏观经济学、宏观金融理论与发展经济学；曹婧，中国社会科学院金融研究所副研究员，主要研究方向为地方政府债务、货币理论与政策。

2024年以来，面对外部环境复杂性严峻性明显上升、国内周期性结构性矛盾相互交织等困难和挑战，我国经济延续稳中向好态势。前三季度我国GDP同比增长4.8%，在全球主要经济体中继续保持领先，经济展现出较强发展韧性。针对实体经济有效融资需求不足、物价和资产价格下行压力加大等问题，9月底以来加快推出一揽子增量政策，货币政策加大逆周期调节力度，同步实施全面降准和有力度的降息，显著提振市场信心和激发社会活力。本轮宏观调控从稳定资产价格和减轻负债压力入手，强调推动房地产市场止跌回稳和提振资本市场，优化各部门存量财富结构以实现宏观资产负债表再平衡。这恰恰是落实国家宏观资产负债表管理的有益尝试，体现出宏观经济治理思路正从增量管理转向存量管理与增量管理相结合，为努力完成全年经济社会发展目标任务创造了良好的货币金融环境。

一 宏观金融形势分析

（一）金融周期下行探底，融资需求有待提振

基于私人部门信贷增速、私人部门信贷与GDP之比、商品房平均销售价格增速，使用BP滤波法提取3个指标的中频周期波动，进而测算金融周期，结果显示：2019年下半年以来，受信贷收缩和房价下跌影响，我国金融周期进入下行阶段（见图1）。在融资需求偏弱、金融监管趋严和经济结构转型等因素的共同作用下，当前金融周期进一步探底。

第一，居民消费和企业投资信心不足，信贷需求和股票融资偏弱。从居民端来看，收入和房价预期低迷制约居民消费信心和购房意愿，居民短期贷款和中长期贷款自2024年2月起持续回落，前三季度累计分别同比少增1.35万亿元和0.56万亿元。从企业端来看，受企业盈利能力和投资意愿下降影响，企业中长期贷款自2024年3月起持续收缩，前三季度累计同比少增2.22万亿元，造成银行通过票据融资冲量增加信贷规模。同时，股市震荡下行带动企业股票融资持续回落，前三季度累计同比少增0.50万亿元（见图2）。

中国货币金融形势分析与风险防范

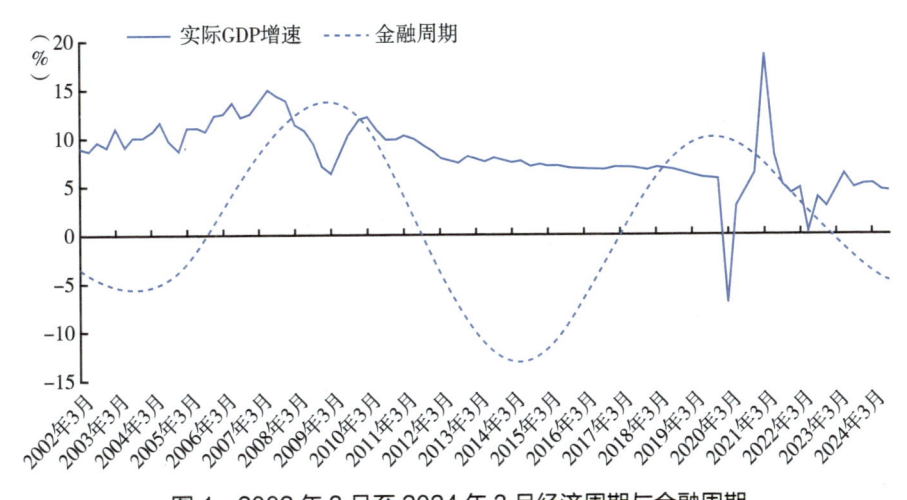

图 1　2002 年 3 月至 2024 年 3 月经济周期与金融周期

资料来源：Wind。

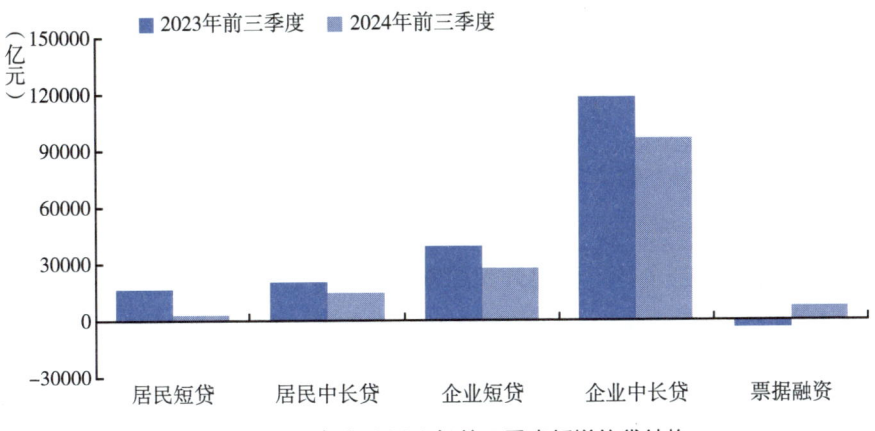

图 2　2023 年和 2024 年前三季度新增信贷结构

资料来源：Wind。

第二，在"挤水分、防空转"的监管导向下，金融总量指标增速回落。2024 年二季度以来，金融监管部门对银行"手工补息"高息揽储、企业"低贷高存"空转套利等行为加大规范力度，体现为企业短期贷款和活期存款同步缩量。2024 年 7 月，企业短期贷款减少 0.55 万亿元，创历史新低。企业活期存款自 4 月起大幅下降，9 月同比降幅扩大至 20.3%。此前的高息存款部分

流向银行理财和股市，存款分流和信贷派生效应减弱导致货币供应量明显回落。2024年9月，M1同比增速较年初下降13.3个百分点至-7.4%，M2同比增速较年初下降1.9个百分点至6.8%，均处于历史低位。

第三，从长期来看，经济结构转型和新旧动能转换导致金融周期趋于下行。随着我国经济增长动力从投资驱动转向创新驱动，融资主体从房地产、基建转向科技创新、先进制造、绿色发展等新兴产业，信贷结构表现为"两增两控"。一方面，"两增"体现为金融"五篇大文章"中科技金融和普惠金融贷款占比提高。截至2024年9月末，制造业中长期贷款同比增长14.8%，其中，高技术制造业中长期贷款同比增长12.0%；专精特新企业贷款同比增长13.5%；普惠小微贷款同比增长14.5%，均高于同期全部贷款的增速。另一方面，"两控"表现在居民房贷和房企贷款持续低迷。2024年9月，房地产开发企业到位资金中个人按揭贷款同比降幅收窄至34.9%，国内贷款同比降幅收窄至6.2%，房地产融资边际回暖但仍处低位。考虑到培育新质生产力需要积极发展风险投资、壮大耐心资本，新兴产业对信贷资源的依赖度低于房地产、基建等传统产业，新动能领域信用扩张短期内难以完全抵消房地产、地方融资平台信用收缩，导致以信贷为主要表征的金融周期趋于下行。

金融数据"挤水分"对提升金融服务实体经济质效具有一定积极意义：一是引导金融总量扩张和名义经济增速更好匹配，避免二者差距过大影响社会预期；二是提高宽货币向宽信用的传导效率，避免资金沉淀空转。当前货币和信贷投放进入增长新常态，随着前期出台的一揽子增量政策效果逐步显现，经济恢复良性循环将带动有效融资需求复苏回升。未来经济政策着力点将更多转向惠民生、促消费，通过财政扩张（尤其是中央财政加杠杆）投放货币可以增加私人部门净资产和收入，对居民消费的促进作用更强，也将创造出新的有效融资需求。

（二）实体部门债务增速创新低，宏观杠杆率被动上升

根据国家资产负债表研究中心估算，2024年三季度末，宏观杠杆率从

2023年末的288.0%上升至298.1%，前三季度分别上升6.8个、0.8个和2.5个百分点，共计10.1个百分点（见图3）。宏观杠杆率增速下降的主要原因是实体经济债务增速放缓，三季度末实体经济债务存量的同比增速降至8.1%，创2001年以来的新低。实体经济债务中，居民、企业和政府部门债务同比增速分别为3.0%、7.4%和16.6%，居民债务增速再创新低，企业债务增速继续回落，政府债务增速提高是实体经济债务扩张的主要推动力。名义GDP增速与债务增速同步下降且降幅更大，导致宏观杠杆率被动上升。2023年二季度以来，名义GDP增速已经连续六个季度低于实际GDP增速，价格负增长的持续时间之长历史少见（价格增速最长连续七个季度为负，发生在1998年二季度到1999年四季度）。

分部门来看，居民杠杆率从2023年末的63.5%下降至2024年三季度末的63.2%，前三季度共降低0.3个百分点。2024年三季度，居民总贷款增速降至3.0%，其中，消费性贷款（包括房贷和普通消费贷）增速降至0.4%，房贷增速自2023年二季度起持续6个季度为负增长。个人经营性贷款增速也逐步回落，三季度同比增长9.9%。随着一揽子房地产金融举措加速落地，居民资产负债表"低贷款增速、高存款增速"的格局有望改变，推动居民杠杆率稳中有升。

非金融企业杠杆率涨幅最大，从2023年末的168.4%上升至2024年三季度末的174.6%，前三季度共提高6.2个百分点。非金融企业杠杆率在2024年一季度出现5.7个百分点的较大幅度上涨后，二、三季度基本保持稳定，企业债务（尤其是企业贷款）增速下降拉低了杠杆率上升幅度。受企业投资信心不足和金融数据"挤水分"影响，三季度末企业贷款增速降至9.9%，拖累企业债务增速降至7.3%。从存款来看，三季度末企业存款增速降至-3.0%，其中，定期存款增长4.1%，活期存款增速为-18.4%。企业定期存款与活期存款之间的增速剪刀差持续拉大，反映出当前货币扩张向实体经济活跃度的传导效果不佳。

政府部门杠杆率从2023年末的56.1%上升至2024年三季度末的60.3%，前三季度共提高4.2个百分点。其中，中央政府杠杆率从2023年末的23.8%

上升至25.8%，提高2.0个百分点；地方政府杠杆率从2023年末的32.3%上升至34.5%，提高2.2个百分点。2024年政府债务限额的增加规模比上年提高2800亿元，其中，新增中央政府债务限额提高1800亿元，新增地方政府专项债限额提高1000亿元。为加大力度支持地方化解债务风险，全国人大常委会批准增加6万亿元地方政府债务限额置换存量隐性债务，加上连续5年每年从新增地方政府专项债券中安排8000亿元专门用于化债，直接增加地方化债资源10万亿元，预计地方政府杠杆率将继续抬升。

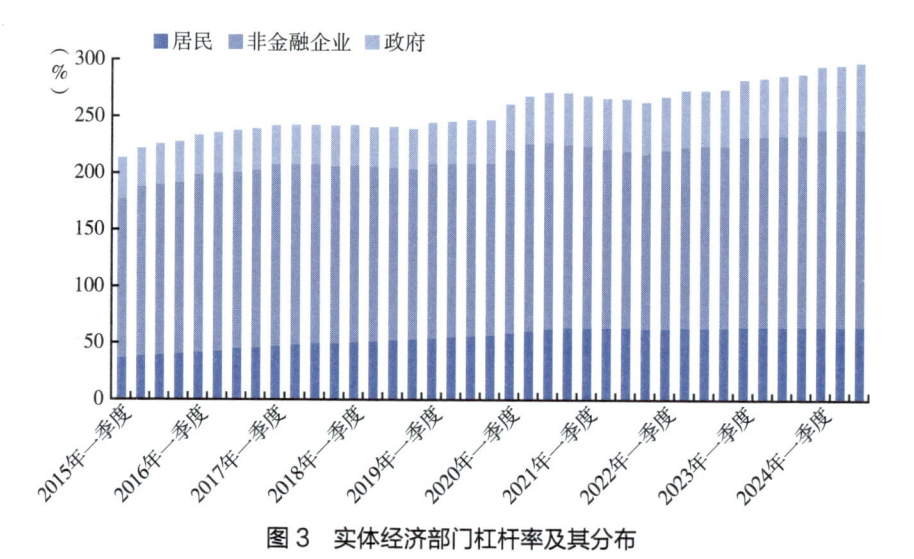

图3 实体经济部门杠杆率及其分布

资料来源：中国人民银行、国家统计局、财政部、国家资产负债表研究中心。

党的二十届三中全会提出，探索实行国家宏观资产负债表管理，凸显了存量调控在推动宏观经济治理创新和国家治理能力现代化中的重要作用。当前经济恢复发展中面临的有效需求不足问题，根源在于微观主体预期转弱引发的资产负债表收缩，居民消费、企业投资及地方政府的积极性被严重抑制。一揽子增量政策的核心在于通过稳定资产价格和减轻债务负担，助力各部门资产负债表修复，并将政府或金融部门长期积累形成的存量财富部分转移至居民部门，从而实现宏观资产负债表再平衡。一是金融部门合理让利，惠企惠民。2024年前三季度，LPR共下调三次，1年期LPR累计下降35个基点，5年期以上LPR累计下降60个基点，降息幅度创史上最大，切实降低和减轻实体经济融资成本和债务负担。二是优化中央和地方政府债务结构，为地方政府"松绑"。继2015~2018年发行12.4万亿元地方政府置换债券之后，中央拟重启较大规模的隐性债务置换，为地方腾出更多精力和财力空间来促发展、保民生。

（三）房地产市场止跌回稳，资本市场活跃度提升

价格持续低位运行导致收入增速下降、资产价格缩水和实际利率抬升，是制约资产负债表修复的关键。从物价来看，受国内有效需求不足和国际大宗商品价格波动影响，核心CPI和PPI下行压力进一步显现。2024年9月，核心CPI同比增速持续下行至0.1%，创历史次新低；PPI同比降幅扩大至2.8%，创年内最大跌幅。从资产价格来看，2024年前三季度，70个大中城市新房和二手房价格跌幅均呈扩大趋势，9月同比分别下降6.1%和9.0%；A股三大股指震荡走弱，9月中旬上证综指一度跌破2700点。考虑到房地产、股市是影响居民和企业资产负债表修复的关键因素，本轮逆周期调控不单纯着力于实体经济，而是以重振资产价格为政策发力点，体现了宏观经济治理思路的创新。推动房地产市场止跌回稳和提振资本市场，既能立竿见影提振信心、活跃经济，又可发挥财富效应对消费和投资的促进作用。

一揽子房地产金融举措加速落地，"真金白银"提振购房者和房企信心。在需求端，"四个取消"全面降低购房门槛，"四个降低"大幅减少购房成本，带动购房积极性显著提升。2024年国庆假期，房地产成交企稳回升迹象明显。克而瑞监测数据显示，重点23城商品房认购面积环比上升77%、同比上升65%，其中，北上广深四个一线城市同比增长102%，二、三线城市同比增长55%。国庆假期后房地产市场延续企稳态势，特别是一线城市新房、二手房市场双双回暖，单周成交量达到2024年以来的最高水平（见图4）。值得一提的是，适度下调存量房贷利率既有利于增强居民债务可持续性、促进居民

消费需求修复，对银行而言也能减少提前还贷造成的利息损失，并留存优质客户。估算表明，目前我国存量房贷总额约为 38 万亿元，存量房贷利率下调 50 个基点叠加 10 月 LPR 下调 25 个基点，将为购房者每年节省利息支出 2850 亿元，惠及 5000 万户家庭、1.5 亿名居民。

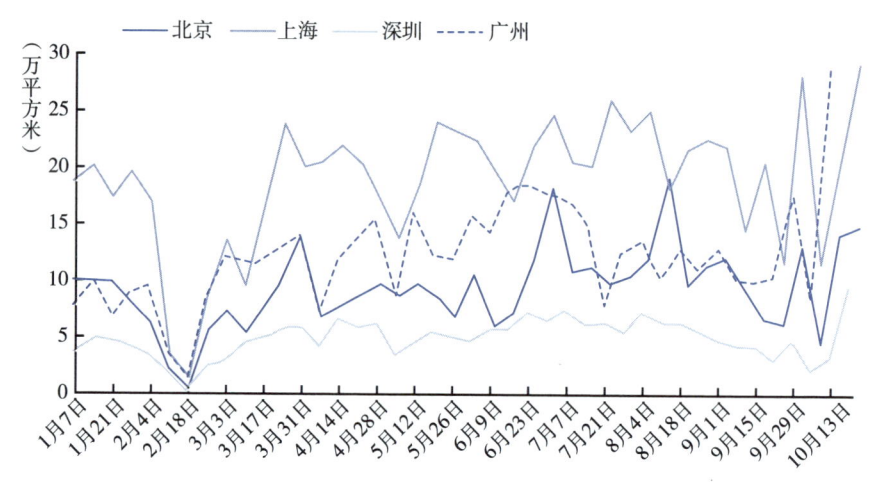

图 4　2024 年以来一线城市商品住宅成交面积变化情况

资料来源：CREIS 中指数据库。

在供给端，坚持严控增量、优化存量、提高质量，提升房企交付能力。一方面，加大白名单项目贷款投放力度并扩大覆盖范围，缓解房企流动性压力，打好保交房攻坚战。房地产融资协调机制成效已初步显现，截至 2024 年 9 月末，商业银行审批白名单项目超过 5700 个，审批通过融资金额达到 1.43 万亿元，支持 400 余万套住房如期交付，年底前白名单项目的信贷规模将增加到 4 万亿元。另一方面，通过货币化安置等方式新增实施 100 万套城中村改造和危旧房改造，既有利于释放更多住房需求，加快消化现房库存，也为后续住房安全和住房改善等创造了更好条件。估算表明，100 万套城中村改造和危旧房改造涉及改造规模约 1.1 亿平方米，货币化安置资金需求约为 1.4 万亿元，预计拉动 1.1 万亿元商品住宅销售额。

为促进资本市场健康稳定发展，央行创设证券、基金、保险公司互换便利和股票回购增持再贷款两项结构性货币政策工具，研究设立股市平准基金，有利于增强资本市场内在稳定性。受一揽子增量政策出台、美联储降息周期开启、国内资产被长期系统性低估等因素叠加影响，A股市场短期内"由熊转牛"快速反弹，吸引居民存款、银行理财、外资等增量资金入市，交易活跃度明显提升。在9月24日至10月8日的6个交易日内，上证综指最大涨幅为33.07%，深证成指最大涨幅为46.78%，创业板指数最大涨幅为68.37%，单日成交量连超万亿元（见图5）。A股主动外资流入2.0亿美元，环比增长0.1亿美元；被动外资流入41.0亿美元，环比增长14.6亿美元。

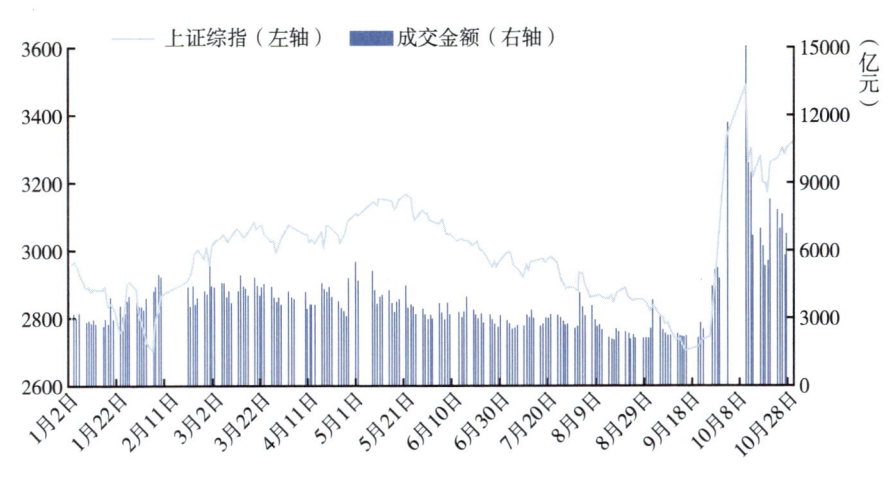

图5　2024年以来上证综指及成交金额变化情况

资料来源：Wind。

股市回暖和房地产市场止跌产生较为明显的财富效应，对消费拉动作用显著增强。2024年国庆假期，我国居民消费信心逐渐恢复，消费市场展现较强活力，酒店住宿、休闲娱乐和景区门票消费同比分别增长17.1%、22.1%和1.9%。2024年，国庆期间国内出游人次、出游花费较2019年同期分别增长10.2%、7.9%，涨幅大于本年度中秋假期。旅游客单价回升至916.1元，为2019年以来最高水平，消费潜力得到有效释放。

二 经济金融领域潜在风险分析

（一）M1连续大幅负增长，经济运行"气血不足"

随着金融数据"挤水分"的扰动弱化，2024年三季度，社融和M2增速呈现企稳迹象，M2高增背后的资金空转问题逐步得到缓解。然而，货币运行中出现了新现象，M1资金"不转"问题逐渐凸显。相较于社融和M2，M1包括M0（流通中的现金）、企业活期存款和机关团体存款，能更好地反映微观主体真实的经营资金需求，是观察市场预期和经济活力的领先指标。2024年9月，M1增速降至-7.4%，连续6个月呈负增长（见图6），下降幅度和持续时间为历史罕见，反映经济循环不畅和活力偏弱问题更加突出。M1连续大幅负增长的根源在于经济加速"去房地产化"导致居民和政府资产负债表收缩，可能存在一定的失速风险。

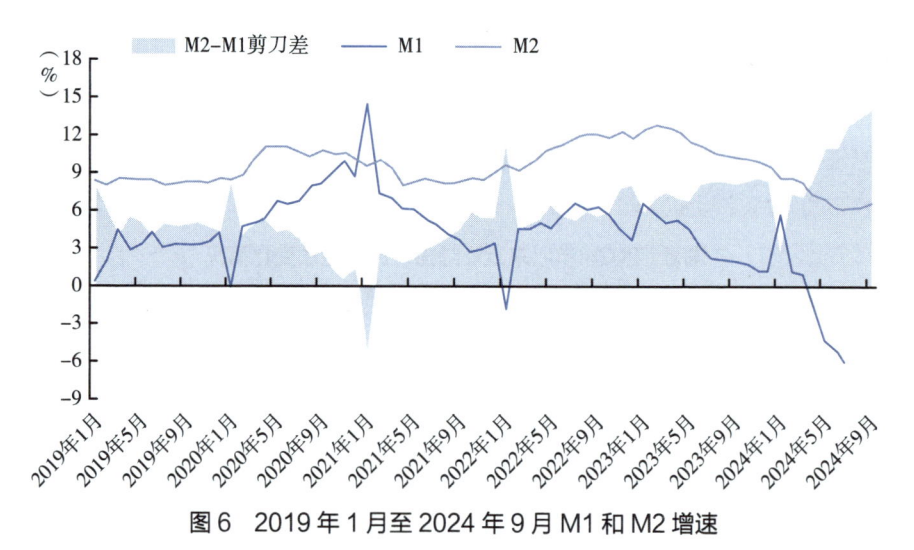

图6 2019年1月至2024年9月M1和M2增速

资料来源：Wind。

第一，企业信用扩张放缓造成活期存款下降。物价低位运行对企业收入和盈利形成较大压力，2024年前三季度，规模以上工业企业利润同比下降

3.5%，导致企业投资意愿下降和信用扩张放缓。一方面，企业选择将更多资金存入定期存款，活期存款占比由年初的31.6%降至9月的25.5%，造成M1增速下行。另一方面，随着银行"手工补息"、企业"低贷高存"现象治理成效显现，部分套利空转的企业活期存款流向银行理财。特别是10年期国债收益率趋势性下行推动债券型理财产品收益率走高，对企业活期存款的替代性增强。长期来看，M1降幅扩大还受到房地产市场调整的影响。房地产高杠杆、高周转的旧经营模式能将居民存款（计入M2）快速转化为房企预售资金（计入M1），是资金活化的重要途径。2024年以来，由于房企营收和利润双降，叠加居民购房信心不足，房企活期存款下降导致M1增速趋势性放缓。

第二，地方政府财政压力和债务负担导致机关团体存款减少。截至2024年9月，机关团体存款占M1的比重上升至49.2%，是M1的第一大来源，主要包括两类资金。一是依靠财政拨款的机关法人、事业法人、军队、武警部队、团体法人存款。2024年前三季度，地方土地出让收入同比下降24.6%，降幅逐月扩大。土地财政持续低迷造成财政拨款相应减少，对机关团体存款形成明显拖累。二是地方融资平台存款。一揽子化债方案实施以来，债务高风险地区严控新增政府投资项目融资，"一省一策"加快化解存量隐性债务，地方融资平台新增融资受限和偿债压力加大导致机关团体存款下降。

在房地产业向新发展模式平稳过渡和严控隐性债务增量的过程中，房企和地方融资平台活期存款减少会在一定程度上加大M1增速下行压力。但在一揽子增量政策推出后，9月M1回落速度减缓，表明稳定资产价格通过提振信心和财富效应发挥了稳货币的作用。随着居民和企业资产负债表加快修复，以及中央重启隐性债务置换为地方化债提供流动性支持，M1增速有望止跌回升。

（二）长期国债收益率处于历史低位，触底上行加大债券市场赎回风险

2024年前三季度，我国长期国债收益率震荡下行，降至历史低位。10年

期国债收益率于9月23日下行至2.038%，创2002年4月27日以来新低，较年初累计降幅达52个基点（见图7）。长期国债收益率下行的根源在于经济预期偏弱和安全资产短缺，引起相对充裕的流动性抱团避险、投机炒作。具体而言，一是经济基本面弱复苏。长期国债收益率走低代表了市场对长期经济增长和通胀预期弱化，房价和股市下跌驱动资金流入债券市场，引起长期国债收益率趋势性下行。二是安全资产短缺。随着市场风险偏好下降，国债、地方债、城投债等低风险资产受到追捧，但专项债发行节奏偏慢和城投债供给缩量导致安全资产供给不足。三是市场流动性相对充裕。当前货币政策保持宽松但实体经济融资需求偏弱，银行间市场资金利率处于较低水平，激励金融机构加杠杆购买长期债券，从而放大投资收益。随着银行存款利率不断下调和"手工补息"高息揽储行为被禁，部分存款资金流向理财和基金，非银机构流动性较为充裕，成为加杠杆购债主力。四是市场投机氛围浓厚。由于公司治理不健全、风控能力不强，部分中小金融机构没有充分考虑国债投资的利率波动风险，在浓厚的投机氛围下，由稳健的配置型机构变为活跃的交易型机构，甚至将债券当作股票来炒作，对长期国债收益率下行推波助澜。

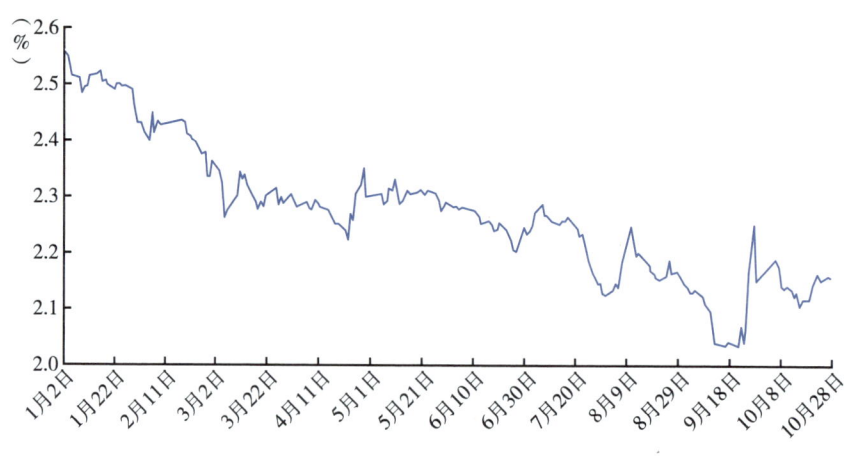

图7 2024年以来10年期国债收益率

资料来源：Wind。

9月底一揽子增量政策推出后,市场预期改善和股市交易活跃推动10年期国债收益率快速上行至2.253%,此后在2.1%~2.2%区间震荡。长期国债收益率大幅回调导致债券型银行理财产品净值下跌,从而加大破净风险和赎回压力。截至2024年9月末,银行理财产品规模为29.27万亿元,较8月末减少0.78万亿元,破净产品占比上升至5.17%。预计长期国债收益率仍将面临上行压力,主要有四个方面的原因:一是随着国内经济基本面稳步改善,长期国债收益率与经济向好态势更加匹配,呈现趋势性上行。二是金融机构在四季度往往有获利了结的交易习惯,通过赎回基金、卖出债券等止盈操作,推动长期国债收益率上行。三是股市上涨吸引银行理财资金分流至股市,从而推高长期国债收益率。四是美联储降息节奏放缓会减少外资对我国债券的配置需求,导致长期国债收益率回升。

未来长期国债收益率快速回调,将对非银机构和中小金融机构形成较大冲击。一方面,非银机构加杠杆购债面临赎回风险。非银机构加杠杆购债导致部分资管产品的年化收益率明显高于底层资产,从而放大利率风险。随着市场利率上行和债券价格下跌,部分资管产品净值回撤乃至破净,触发市场恐慌情绪和赎回风险。底层资产价格与资管产品净值波动又形成共振,市场螺旋下行循环进一步放大。另一方面,中小金融机构炒债加大经营风险。中小金融机构对利率风险缺少敏感性,2024年上半年显著增加长期国债配置,甚至通过出借债券账户、操纵市场价格、进行利益输送等违法违规行为牟利。随着债市行情震荡调整,长期国债配置过多将引起资产价值缩水和流动性紧张,从而加大中小金融机构经营风险。

三 政策建议

展望2025年,全球经济复苏放缓、地缘政治竞争加剧等因素仍将对我国经济加快恢复形成一定挑战,但随着一揽子增量政策落地显效,国内经济回升向好态势将进一步巩固和增强。就外部环境而言,美欧等发达经济体对我国加征高额关税对出口增长造成较大冲击,我国外贸发展将承受较大压力。

随着全球通胀进一步回落，美欧货币政策有望从预防式降息转向全面宽松，有助于增强我国货币政策自主性。但在美联储降息路径不确定的情形下，人民币兑美元汇率在双向波动下仍面临一定的贬值压力。虽然地缘政治竞争和美欧宽松货币政策会驱动国际大宗商品价格上涨，但我国已基本建成能源产供储销一体化体系，且绿色能源供给能力大幅提升，因此国际大宗商品价格上涨对我国输入性通胀影响有限。中国经济基本面在全球主要经济体中表现良好，持续扩张的宏观经济政策将显著提振外资来华展业兴业的信心，以证券投资为主的短期外国资本将会持续净流入中国，看好中国资产并投资中国。

国内一揽子增量政策效果正逐步显现，推动经济回升向好的内生动能加快恢复，包括消费和房地产投资温和复苏、基建投资增速提高，而制造业投资和出口韧性面临外需回落和贸易保护主义的双重考验。其一，随着稳就业、推动房地产市场止跌回稳、提振资本市场、消费品以旧换新等政策持续发力，居民消费意愿明显增强，消费恢复基础将得到不断巩固。得益于人口和产业集聚优势，预计2025年中部二线城市消费增长具有较强的可持续性。其二，一揽子增量政策有望带动基建投资提速和房地产投资降幅收窄，"外需弱、价格低、利润降"等不利因素制约制造业投资，但高端制造、智能制造、绿色制造等战略性新兴产业具备长期投资潜力。其三，一揽子增量政策将对2025年上半年社融增长形成重要支撑，随着各部门资产负债表加快修复和经济基本面持续改善，实体经济内生融资需求有望明显回暖。

党的二十届三中全会对进一步全面深化改革、推进中国式现代化作出战略部署，宏观政策必须持续加力、形成合力，统筹推进财税、金融等重点领域改革，以全面深化改革打通制度性梗阻，着力提振国内有效需求、激发和增强社会活力。

第一，谋划新一轮财税体制改革，激发地方政府积极性。新一轮财税体制改革不仅要解决短期的地方财政紧平衡、债务负担沉重等问题，更要站在国家治理的高度，发挥现代财政制度在资源配置、财力保障和宏观调控等方面的重要作用。一是理顺央地政府财政关系和债务结构，健全地方税体系，将全国性或跨区域事权上收至中央政府，切实减轻地方政府支出责任和偿债压力。中央财政在养老、托育、教育、医疗以及保障性住房等民生领域加大投入，消除中等收入群体的后顾之忧，加快培育壮大发展型消费，释放青苗经济和银发经济增长潜力。二是积极谋划专项债项目储备，"见物又见人"。基于我国基建项目资本回报率下降、收益与融资难以自求平衡的客观现实，亟待转变项目谋划思路，同步促进物质资本形成和人力资本积累，即"见物又见人"。在推动专项债加快形成实物工作量的同时，要更加关注有利于提升生育率和人力资本积累的投资。专项债额度分配向人口净流入的城市群、都市圈和增长极适度倾斜，扩大保障性住房供给，着力解决新市民、青年人等群体住房难问题。加大专项债对优生优育、母婴护理、托育家政的支持力度，推动优质教育和医疗资源扩容下沉。三是对于重点行业（就业吸纳能力较强的服务业和中小企业）和重点群体（灵活就业和新就业形态劳动者、高校毕业生、返乡农民工等），加大失业保险稳岗返还、一次性扩岗补助、转岗转业或技能提升培训补贴、一次性求职或创业补贴、创业担保贷款及贴息力度，稳定居民收入预期。

第二，货币政策锚定通胀目标继续加力，推进货币政策框架转型。随着中美货币政策周期差趋于收敛，货币政策应把抵御通缩风险、推动物价温和回升作为重要考量，用好用足降息降准空间。估算表明，利率降低1个百分点所减少的利息负担规模，相当于财政赤字率上升3个百分点所形成的债务扩张规模。为配合增发国债等增量财政政策发力，适时降准补充银行体系中长期流动性，缓解银行净息差收窄压力。为增强货币政策操作的规则性和透明度，有必要公布央行关注的通胀指标和目标，以可置信的政策操作引导市场长期通胀预期锚定在合理水平。例如，货币政策锚定2%的通货膨胀率（2014~2019年我国CPI同比增速的中枢在2%左右），并且承诺不达此目标宽松政策会继续加码，将会真正起到提振市场预期的作用，从而有力推动经济恢复向好。考虑到财政和货币政策协调配合的紧迫性以及金融数据"挤水分"，货币政策框架迎来转型阶段。一方面，进一步健全市场化的利率调控机制，由7天逆回购操作利率承担主要政策利率功能，并适度收窄利率走廊，从而提高货币政策传导效率。另一方面，国债具有金融市场定价基准和基础

货币投放功能，央行买卖国债有利于提升国债市场深度和流动性，有效发挥国债收益率曲线的价格信号作用，形成锚定国家信用的货币供应调控机制。

第三，着力提振购房者信心和修复房企信用，促进房地产市场止跌回稳。目前房企面临融资困难、资不抵债风险和库存资源结构错配等问题，保障性住房和高品质住房供给不足，存量商品房收储和以旧换新亟待加快推进，稳定房地产市场还需政策持续加力。一方面，财政货币政策协同发力，打好保交房攻坚战。保交房对于提振市场信心和修复房企信用至关重要，是防范化解房地产风险、促进房地产市场止跌回稳的关键抓手。继续用好用足保交楼贷款支持计划、房企纾困再贷款等结构性货币政策工具，对于涉房贷款占比较高的银行，增加再贷款额度、提高再贷款比例并实施定向降准，在稳定银行负债成本和净息差的前提下，撬动低成本资金满足房地产项目合理融资需求。同时，可考虑增发特别国债转贷地方，专项用于支持保交房和收储存量商品房，减轻地方政府支出责任和偿债压力。另一方面，充分运用国家信用动员资源，化解房企债务风险。20世纪30年代经济大萧条时期，美国通过设立房利美、房地美两大住房金融机构，大力发展住宅抵押贷款二级市场，凭借国家信用向房地产市场注入流动性以应对危机。借鉴美国房地产救市模式，可适时设立住宅政策性金融机构，其资本金来自特别国债或中央汇金公司注资，以国家信用在资本市场发行债券融资。资金用途包括两方面：一是为受困房企提供流动性支持，尤其是稳定民营房企的融资预期；二是向重点群体提供低息购房贷款，更好满足中低收入住房困难家庭、新市民、青年人住房需求。

第四，增强资本市场的内在稳定性，培育壮大耐心资本。当前我国资本市场已是全球第二大市场，上市公司超5300家，总市值约80万亿元，投资者达2.2亿人。因此，资本市场平稳健康发展有助于提振投资者信心和提高上市公司质量，并通过财富效应促进居民消费和企业投资。一是加快推动中长期资金入市，例如，适度增加保险公司资金投资股市的比例，提高地方社保基金通过全国社保理事会代管从而间接入市的资金比例。二是加强证券、基金、保险公司互换便利与央行买卖国债协调配合，实现货币市场与资本市场之间的有效联动，央行可在必要时向股市提供低成本的流动性支持。三是发行特别国债支持设立股市平准基金，通过对蓝筹龙头股以及 ETF 的低买高卖来促进市场稳定。四是进一步增强资本市场对科技创新的包容性和适配性，更加注重企业的创新能力、技术潜力和市场前景，而不仅仅是短期的财务表现。一方面，在开展审核和监管时，引入科技专家评审团对科创企业尤其是颠覆性科技企业进行评价，以更准确地评估这些企业的技术和商业模型的创新性和可行性，提高对科创企业评价标准的包容度，提升对新产业新业态新技术的包容性。另一方面，加快建立科创板、创业板的储架发行制度，提高再融资的灵活性和效率，在满足科创企业多阶段融资需求的同时，在一定程度上降低由大规模融资造成的市场波动。

参考文献：

尹中立：《如何化解当前房地产开发企业的债务风险》，《清华金融评论》2023年第 12 期。

张晓晶：《构建同科技创新相适应的科技金融体制》，《学习时报》2024 年 8 月 21 日。

张晓晶、曹婧：《宏观经济治理创新推动经济回升向好》，《中国社会科学报》2024 年 10 月 30 日。

张晓晶、刘磊、曹婧：《BIS 杠杆率数据向我方趋同 宏观经济治理思路呈现创新——2024 年三季度宏观杠杆率》，2024 年 11 月 7 日。

B.8 中国房地产形势分析、展望及政策建议*

何德旭　邹琳华　颜　燕　汤子帅　马金英**

摘　要： 2024年，房地产市场信心持续低迷，新房成交规模大幅下降，房地产开发投资降幅扩大，二手住房价格普遍下跌。住房租金总体波动下跌，一线城市及二线城市住房租金呈下跌态势，三线城市三季度住房租金涨跌参半。政策方面，全国层面及地方层面均出台措施促进房地产市场止跌回稳。2025年，核心城市新房市场销售量有望回稳，房价预期改善，一线城市房价有望"止跌回稳"。然而，土地成交量持续下滑拖累新开工规模，投资或仍将持续走低。当前市场主要问题包括房地产市场呈现量缩价跌趋势，下行压力加大，企业流动性危机未解除，消费预期不乐观，市场分化明显。建议持续支持一、二线城市刚需和改善性住房需求，妥善处理三、四线城市市场风险，打好保交房攻坚战，加快构建房地产发展新模式。

关键词： 房地产　租房市场　住房政策

---

* 本文系中国社会科学院实验室孵化专项资助项目"住房大数据动态监测"（项目编号：2024SYFH005）的阶段性成果。
** 何德旭，中国社会科学院财经战略研究院院长、研究员，研究方向为宏观经济、金融理论；邹琳华，中国社会科学院财经战略研究院住房大数据项目组组长，研究方向为房地产经济；颜燕，首都经济贸易大学城市与公共管理学院副教授、博士生导师，研究方向为房地产经济；汤子帅，纬房研究院智库研究主管、高级分析师，研究方向为房地产经济；马金英，中指研究院咨询顾问，研究方向为房地产经济。

一 2024年房地产市场形势分析

（一）房地产市场信心持续低迷，四季度初有所回稳

2024年以来，房地产市场信心呈现持续低迷态势，但自9月起市场活跃度有所提升。

如果将挂牌二手房源中涨价业主占所有调价业主（含调高和调低）的百分比作为市场信心指数，根据中国社科院财经院住房大数据项目组针对90个重点城市的观测，2024年以来，房地产市场信心指数在3~7的区间内，处于历史低位水平。从单月情况来看，房地产市场信心指数自年初起持续下行，而后随着中央"5·17"房地产一揽子政策的颁布施行、各地房地产政策持续松绑，房地产市场信心指数于5~6月有一定程度回升，但紧接着再度呈下降趋势，9月中央政治局会议首次明确要求"要促进房地产市场止跌回稳"，以一线城市为典型代表，各地对住房限购及信贷政策进行了大幅优化调整，房地产市场信心指数得以快速回升。

从不同等级城市的角度分析，各级城市房地产市场信心指数基本与总体情况保持一致。尤为值得关注的是一线城市，其房地产信心指数分别在5月和9月有极为显著的大幅提升，其原因一方面在于其他城市的限购政策早已陆续放开松绑，而一线城市此前一直维持着相对较为严格的限购政策，这两次政策调整转向对于一线城市所产生的边际效果更为突出；另一方面在于一线城市通常作为房地产市场的风向标，政策实施效果往往表现得更为明显。此外，一线城市的市场基本面要远好于二、三线城市，潜在的真实需求相对更为充足。也有分析认为，一线城市购房政策调整，也可能对较低能级的二、三、四线城市住房交易形成持续的挤出效应。但实际上，一线城市和二、三、四线城市房价有较大级差，对应的是不同的需求群体，所谓的挤出效应并不显著。

就具体城市而言，截至2024年9月，房地产市场信心指数列首位的城市是深圳，高达25.30；紧随其后的是厦门、北京、广州、东莞等城市，分别为13.23、11.45、10.77、10.62。而房地产市场信心指数较低的城市有福州、常德、宝鸡、淄博，分别为2.63、3.39、3.41、3.50。从市场信心指数的变化来看，近一年时间里，在90个重点城市中，有67个城市的房地产市场信心指数呈

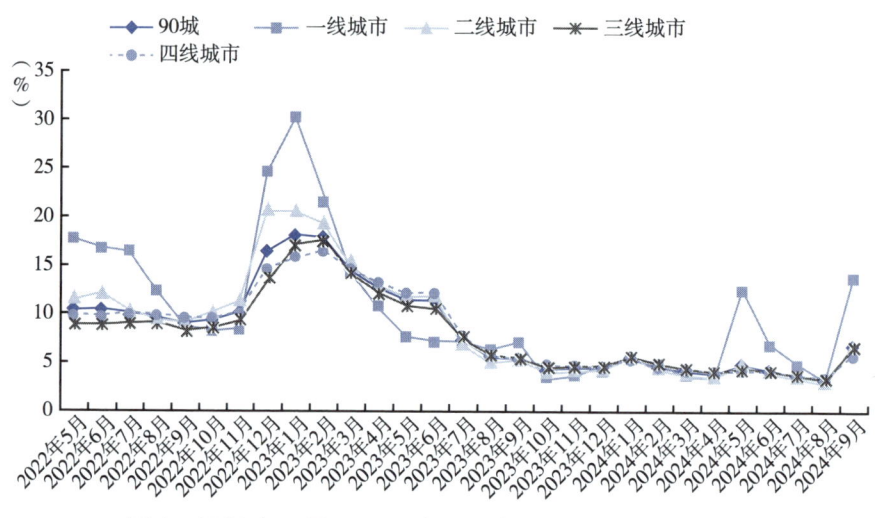

图 1　2022 年 5 月至 2024 年 9 月房地产市场信心指数趋势

注：市场信心指数为挂牌房源中涨价业主占所有调价业主（含调高和调低）的百分比，计算公式为当期调高报价卖主数/当期所有调价卖主总数×100。

资料来源：中国社会科学院"住房大数据动态监测"课题组、纬房研究院。

现上升态势，其中深圳的变化幅度最为显著，提高 15.89；另有 23 个城市的房地产市场信心指数下降，其中长沙下降 6.97。近 3 个月内，在 90 个重点城市中，有 82 个城市的房地产信心指数出现回升，其中深圳、厦门、北京、东莞等城市的提升幅度分别为 10.81、9.74、7.82、6.88；仅有 8 个城市的房地产市场信心指数有所下降，下降幅度最大的是哈尔滨、吉安和汉中，分别下降 2.55、1.35 和 1.31。近 1 个月内，在 90 个重点城市中，有 87 个城市的房地产信心指数实现回升，其中深圳、厦门、北京和广州的回升幅度最为突出，分别为 19.68、10.04、9.41 和 7.64；仅有 3 个城市的房地产信心指数出现下降，分别是丹东、宝鸡和汉中，分别降低 1.04、0.45 和 0.18。

表 1　截至 2024 年 9 月 30 日 90 个重点城市房地产信心指数变化情况

城市	2024年9月末指数	近一年变化	2024年以来变化	近3个月变化	近1个月变化	城市	2024年9月末指数	近一年变化	2024年以来变化	近3个月变化	近1个月变化
深圳	25.30	15.89	18.97	10.81	19.68	北京	11.45	3.76	7.49	7.82	9.41
厦门	13.23	7.17	8.30	9.74	10.04	广州	10.77	3.03	6.09	6.63	7.64

续表

城市	2024年9月末指数	近一年变化	2024年以来变化	近3个月变化	近1个月变化	城市	2024年9月末指数	近一年变化	2024年以来变化	近3个月变化	近1个月变化
东莞	10.62	6.17	6.03	6.88	7.56	开封	7.05	0.48	3.96	2.31	3.94
吉林	10.27	4.10	2.62	3.33	3.22	威海	7.03	-1.11	-3.91	1.02	0.88
漳州	10.27	2.24	1.42	3.82	5.56	昆明	6.99	0.60	2.15	2.35	3.29
泉州	10.24	3.35	5.23	6.13	6.45	烟台	6.85	2.61	3.12	2.37	4.08
廊坊	9.42	5.37	5.21	6.24	6.47	宁波	6.84	2.82	2.21	3.48	4.03
成都	9.18	0.60	4.14	4.47	5.44	达州	6.82	1.99	3.69	1.93	2.44
台州	9.12	4.19	6.27	4.64	6.29	佛山	6.79	1.03	1.63	2.76	3.05
赣州	9.04	-4.24	0.88	2.08	3.88	桂林	6.79	-3.62	0.11	0.89	2.24
赤峰	8.97	-2.14	-0.13	2.13	4.72	石家庄	6.74	3.78	2.93	4.11	3.42
珠海	8.88	1.88	3.51	4.58	5.62	湖州	6.72	2.40	4.11	2.67	4.47
青岛	8.84	4.19	4.32	4.91	5.94	合肥	6.65	0.28	2.63	2.41	3.77
上海	8.51	4.50	4.18	2.67	6.14	九江	6.59	0.25	1.99	3.41	3.10
海口	8.38	1.04	3.63	2.96	3.83	绍兴	6.59	2.82	3.13	3.96	3.73
惠州	8.34	3.46	2.63	4.08	4.01	南昌	6.40	2.35	3.19	3.09	4.19
临沂	8.16	4.11	4.17	4.63	4.65	重庆	6.38	0.55	2.18	1.78	3.07
郑州	7.82	3.51	4.16	3.98	4.57	上饶	6.37	1.51	0.45	2.62	2.09
金华	7.81	5.09	5.00	4.62	6.00	沈阳	6.35	-0.41	0.31	2.01	2.95
江门	7.73	1.20	1.30	0.54	4.41	天津	6.34	1.02	2.06	2.64	4.24
济南	7.66	2.58	3.06	4.23	4.94	株洲	6.31	1.44	2.53	1.43	2.35
芜湖	7.58	3.28	4.29	3.30	5.31	襄阳	6.29	0.16	1.31	2.21	2.57
无锡	7.53	4.34	3.48	3.70	4.82	淮安	6.22	2.17	2.31	2.68	4.23
嘉兴	7.45	4.09	4.46	4.12	5.98	西安	6.16	-0.82	0.36	2.01	3.35
马鞍山	7.38	3.58	4.03	4.55	4.94	苏州	6.09	1.50	2.62	2.90	3.92
洛阳	7.26	2.16	2.20	1.56	3.09	南京	6.05	2.58	2.91	1.23	3.43
太原	7.13	0.49	1.24	1.54	2.05	南宁	5.99	-0.44	1.44	1.83	2.86
许昌	7.13	1.61	2.46	3.59	3.94	武汉	5.96	0.72	2.02	2.09	3.74
贵阳	7.11	0.61	1.51	2.30	2.69	南通	5.88	2.66	1.78	2.68	3.59
大连	7.05	0.33	0.94	2.37	3.34	兰州	5.86	0.94	2.64	2.71	3.57

续表

城市	2024年9月末指数	近一年变化	2024年以来变化	近3个月变化	近1个月变化	城市	2024年9月末指数	近一年变化	2024年以来变化	近3个月变化	近1个月变化
杭州	5.84	1.89	2.92	2.32	3.72	呼和浩特	4.81	0.51	-1.26	-0.53	1.09
岳阳	5.76	1.06	0.08	2.64	1.52	新乡	4.73	-1.47	-0.52	-0.29	1.51
银川	5.75	-0.73	0.91	1.73	1.87	张家口	4.65	0.48	-0.28	-0.93	1.43
长沙	5.62	-6.97	0.88	1.68	2.75	唐山	4.58	1.33	0.60	1.79	2.20
柳州	5.54	-0.84	1.63	1.84	1.86	丹东	4.43	-0.12	1.12	0.12	-1.04
盐城	5.54	1.73	1.76	2.53	2.66	绵阳	4.30	-1.53	-0.22	0.50	1.06
哈尔滨	5.41	0.71	0.46	-2.55	0.16	常州	4.27	1.58	0.64	1.25	2.10
黄石	5.26	0.82	2.04	2.36	0.57	咸阳	4.25	-0.30	1.14	0.23	2.65
潍坊	5.25	0.38	0.69	1.54	2.08	吉安	4.00	-3.13	0.16	-1.35	1.00
温州	5.24	0.49	1.93	2.16	2.84	安庆	3.73	-0.21	0.45	0.90	0.21
镇江	5.19	0.55	1.24	2.08	2.38	汉中	3.63	-2.52	-0.01	-1.31	-0.18
湛江	5.09	-2.97	-1.19	1.53	1.97	淄博	3.50	0.04	-0.55	-0.75	1.19
北海	5.06	-1.84	-1.04	0.86	0.07	宝鸡	3.41	-0.23	1.46	1.63	-0.45
宜宾	4.89	-0.24	1.53	1.68	2.53	常德	3.39	-0.82	-1.08	-0.56	0.90
保定	4.84	0.40	1.12	1.28	2.10	福州	2.63	-2.29	-0.71	0.45	0.40

注：市场信心指数为挂牌房源中涨价业主占所有调价业主（含调高和调低）的百分比，计算公式为当期调高报价卖主数/当期所有调价卖主总数×100。

资料来源：中国社会科学院"住房大数据动态监测"课题组、纬房研究院。

（二）新房成交规模大幅下降，房地产开发投资乏力

1. 新房市场成交规模大幅下降，但呈现出降幅缓慢收窄的市场态势

2024年前三季度，房地产市场仍处于深度调整期，新房市场成交规模大幅下降，商品房销售额和销售面积均同比负增长。据国家统计局数据，2024年1~9月，全国商品房销售额仅为6.89万亿元，同比下降22.7%；商品房销售面积仅为7.03万平方米，同比下降17.1%。但值得注意的是，在中央和地方政府出台了一系列促进房地产市场平稳发展的政策后，居民预期有所转

变，新房市场成交规模有所上升，同比降幅收窄。具体而言，商品房销售额累计增长率从一季度末的-27.6%调整至三季度末的-22.7%，降幅缩窄4.9个百分点；商品房销售面积累计增长率从一季度末的-19.4%调整至三季度末的-17.1%，降幅缩窄2.3个百分点。

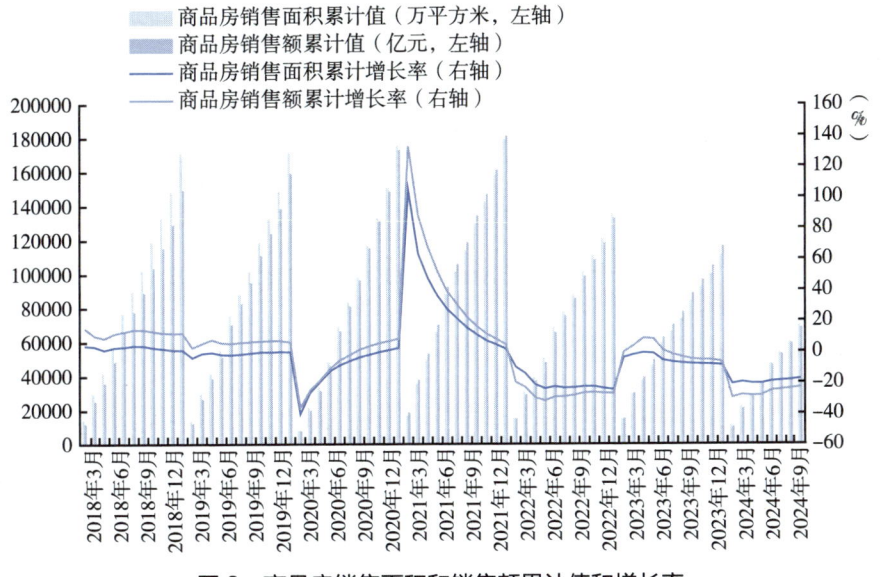

图2 商品房销售面积和销售额累计值和增长率

资料来源：国家统计局。

2. 新建商品住宅销售价格总体下降

2024年以来，新建商品住宅销售价格呈现持续下降态势，且下降速率加快。在2021年9月之前，我国新建商品住宅销售价格总体呈波动上升状，于2021年9月达至峰值后转而波动下降。近一年来，我国新房销售价格持续走低，截至2024年9月，70个大中城市新建商品住宅销售价格指数同比下降6.12%，2024年以来下降4.99%，近3个月下降1.99%，近1个月下降0.7%。总体而言，新房销售价格下跌速率加快，或因房地产市场交易出现以价换量所致。

经济蓝皮书

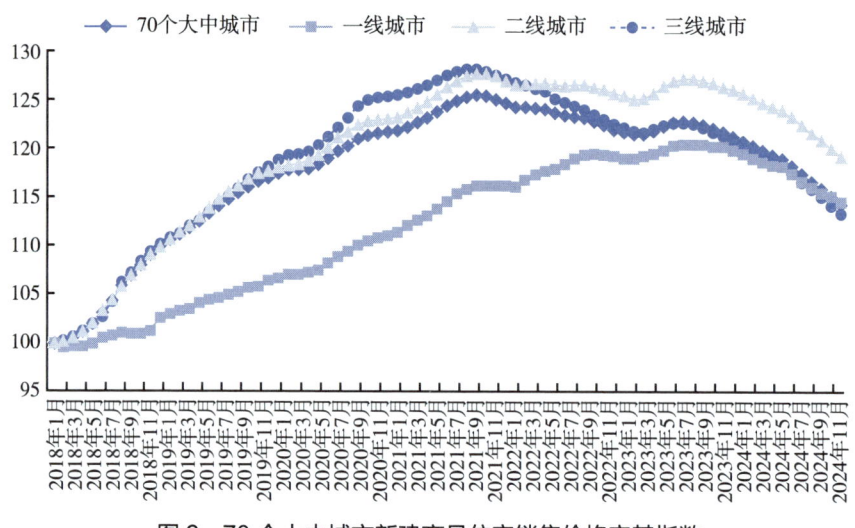

图3　70个大中城市新建商品住宅销售价格定基指数

注：2018年1月=100。
资料来源：Wind。

　　分不同等级城市进行分析，一、二、三线城市新建商品住宅销售价格均呈持续下降趋势，但降幅存在差异。具体而言，一线城市降幅最小，三线城市降幅最大。截至2024年9月，一线城市新建商品住宅销售价格指数较上年同期下降4.70%，较上年末下跌3.74%，较3个月前下降1.29%，较1个月前下降0.50%；二线城市新建商品住宅销售价格指数较上年同期下降5.65%，较上年末下降4.80%，较3个月前下降1.99%，较1个月前下降0.70%；三线城市新建商品住宅销售价格指数较上年同期下降6.59%，较上年末下降5.27%，较3个月前下降2.18%，较1个月前下降0.70%。

表2　不同类型城市新建商品住宅销售价格指数变化情况

单位：%

类别	近一年涨幅	2024年1~9月涨幅	近3个月涨幅	近1个月涨幅
70个大中城市	-6.12	-4.99	-1.99	-0.70
一线城市	-4.70	-3.74	-1.29	-0.50
二线城市	-5.65	-4.80	-1.99	-0.70
三线城市	-6.59	-5.27	-2.18	-0.70

资料来源：国家统计局。

就具体城市而论，2024年以来70个大中城市中，除上海与西安外，其余城市新建商品住宅销售价格指数均呈下降态势。其中，金华、厦门、温州及广州等城市的降幅最为显著，分别达9.75%、9.48%、9.30%和8.10%。从近3个月的情况观察，仅有上海和太原两个城市新建商品住宅销售价格指数有所上涨，其他城市均出现下降。其中，下降幅度最大的是温州、金华、福州和泉州等城市，分别为5.01%、4.53%、4.34%和4.05%。从近1个月的状况来看，上海、太原、徐州和南京这四个城市新建商品住宅销售价格指数呈现上涨态势，其他城市均为下降。其中，下降幅度最大的是济南、金华、洛阳和泸州等城市，分别为1.80%、1.50%、1.50%和1.50%。

表3　70个大中城市新建商品住宅销售价格指数变化情况

单位：%

城市	近一年涨幅	2024年1~9月涨幅	近3个月涨幅	近1个月涨幅	城市	近一年涨幅	2024年1~9月涨幅	近3个月涨幅	近1个月涨幅
上海	4.95	3.86	1.41	0.60	长沙	-6.07	-5.47	-2.68	-0.80
西安	2.25	0.70	-0.40	-0.60	桂林	-6.13	-3.45	-1.39	-0.70
太原	-0.74	-0.20	0.10	0.30	呼和浩特	-6.21	-4.03	-1.10	-0.60
天津	-2.43	-2.38	-1.99	-1.20	贵阳	-6.33	-4.51	-2.48	-0.70
杭州	-2.52	-2.86	-1.00	-0.60	合肥	-6.38	-5.08	-2.38	-0.80
石家庄	-2.71	-2.48	-0.90	-0.30	沈阳	-6.39	-4.41	-1.30	-0.40
长春	-4.31	-3.26	-1.39	-0.60	重庆	-6.42	-5.38	-2.28	-0.60
成都	-4.51	-4.71	-2.58	-0.80	遵义	-6.61	-2.57	-1.29	-0.70
无锡	-4.53	-2.38	-1.49	-0.50	大连	-6.74	-4.42	-1.49	-0.70
平顶山	-4.55	-2.08	-0.90	-0.70	济南	-7.18	-5.38	-3.07	-1.80
北京	-4.70	-4.22	-1.69	-0.70	北海	-7.55	-3.65	-2.58	-1.00
乌鲁木齐	-5.43	-3.06	-1.00	-0.30	哈尔滨	-7.84	-4.99	-1.99	-0.90
南充	-5.60	-2.96	-1.49	-0.30	银川	-7.95	-4.32	-1.20	-0.20
三亚	-5.64	-3.55	-1.99	-0.80	宜昌	-7.98	-4.61	-1.79	-0.60
海口	-5.89	-3.74	-1.69	-0.60	锦州	-8.05	-3.93	-1.69	-0.60
吉林	-5.96	-3.75	-1.60	-0.40	青岛	-8.11	-5.46	-1.99	-0.70

续表

城市	近一年涨幅	2024年1~9月涨幅	近3个月涨幅	近1个月涨幅	城市	近一年涨幅	2024年1~9月涨幅	近3个月涨幅	近1个月涨幅
西宁	-8.27	-4.32	-1.20	-0.30	岳阳	-10.69	-5.66	-2.77	-0.80
丹东	-8.42	-4.99	-1.59	-0.80	唐山	-10.80	-5.85	-2.87	-0.90
郑州	-8.62	-5.37	-1.89	-0.70	济宁	-10.86	-4.80	-1.59	-0.40
包头	-8.65	-5.46	-2.28	-0.80	广州	-10.99	-8.10	-2.18	-0.90
南昌	-8.81	-5.56	-2.58	-1.30	泉州	-11.27	-6.81	-4.05	-0.80
扬州	-8.90	-3.94	-1.69	-0.40	襄阳	-11.37	-5.65	-1.89	-0.60
深圳	-8.99	-6.60	-2.68	-1.00	惠州	-11.39	-5.47	-2.28	-0.60
南京	-9.45	-6.14	-0.40	0.00	兰州	-11.49	-7.08	-3.46	-0.50
蚌埠	-9.50	-5.75	-2.18	-0.90	赣州	-11.54	-6.13	-3.36	-0.70
大理	-9.57	-5.09	-2.68	-0.40	韶关	-11.81	-4.80	-2.19	-0.30
昆明	-9.77	-6.71	-3.27	-1.00	徐州	-12.06	-5.37	-0.90	0.10
洛阳	-9.84	-5.66	-3.17	-1.50	安庆	-12.31	-5.65	-2.28	-0.60
烟台	-9.90	-4.99	-1.59	-0.70	厦门	-12.32	-9.48	-3.46	-1.20
武汉	-10.03	-7.73	-2.48	-1.30	九江	-13.20	-6.70	-1.20	-0.20
秦皇岛	-10.04	-6.03	-2.28	-0.70	泸州	-13.58	-6.88	-2.68	-1.50
牡丹江	-10.31	-5.56	-2.58	-0.70	常德	-13.79	-6.98	-2.58	-0.90
福州	-10.35	-7.45	-4.34	-1.40	温州	-14.37	-9.30	-5.01	-1.40
南宁	-10.56	-7.07	-2.48	-1.10	湛江	-16.12	-7.35	-2.48	-0.80
宁波	-10.59	-7.82	-1.99	-0.60	金华	-17.12	-9.75	-4.53	-1.50

资料来源：国家统计局。

3. 房地产开发投资持续下降

鉴于商品房销售持续处于低迷状态，作为新房补库存行为的房地产开发投资也持续下行，对宏观经济增速形成拖累。自2022年4月起，房地产开发投资持续呈现负增长。2024年以来，房地产开发投资加速回落，一季度房地产开发投资降幅达9.5%，而至三季度进一步下滑至10.1%，降幅相较于一季度扩大0.6个百分点。

中国房地产形势分析、展望及政策建议

图4 房地产投资累计值和增长率

资料来源：国家统计局。

（三）二手房市场价格普遍下降

1. 各等级城市及各区域二手住房价格普遍呈现下降态势

对二手房挂牌价的大数据监测结果进行分析，自2022年2月以来，重点城市房价持续下行，即使在各地解除限购政策实施后，也并没有有效促进房地产市场复苏。24个核心城市的房价综合指数显示，截至2024年9月30日，核心城市综合房价与2021年8月31日（2018年1月以来的最高点）相比下降20.92%，与2023年12月底相比下降9.51%。

从城市等级层面进行考量，各线城市二手房价格普遍呈下跌趋势，其中三线城市降幅最为突出，二线和四线城市次之，一线城市降幅相对较小。截至2024年9月底，三线城市二手房价相较于2023年9月底下降13.88%，与2023年12月底相比下降10.72%。二线和四线城市二手房价相较于2023年9月底分别下降13.06%和13.11%，与2023年12月底相比分别下降10.20%和10.31%。一线城市二手房价相较于2023年9月底下降10.07%，与2023年12月底相比下降7.37%。

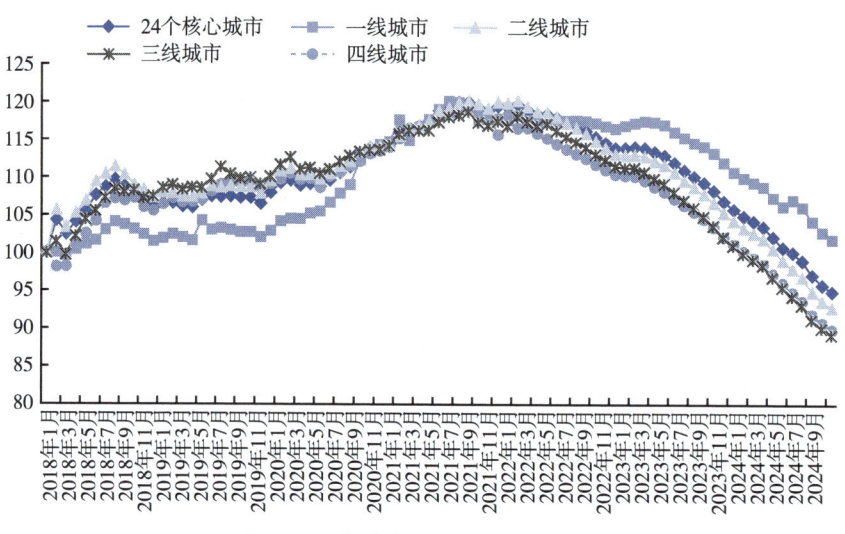

图5　重点城市二手房价综合指数

注：以2018年1月31日综合房价为100。

资料来源：中国社会科学院"住房大数据动态监测"课题组、纬房研究院。

从区域层面分析，海峡西岸和长三角地区二手房价格降幅最为显著，京津冀和粤港澳地区次之，东北地区降幅相对较小。截至2024年9月30日，海峡西岸和长三角地区二手房价相较于2023年9月底分别下降15.03%和14.76%，相较于2023年12月底分别下降11.78%和11.22%。京津冀和粤港澳地区二手房价相较于2023年9月底分别下降12.46%和11.46%，相较于2023年12月底分别下降10.10%和8.58%。东北地区综合房价相较于2023年9月底下降10.84%，相较于2023年12月底下降8.73%。

2. 90个重点城市呈现出下降态势

依据二手房价大数据监测结果，样本中的90个重点城市近一年（截至2024年9月30日）二手房价均呈下降状态。其中，4个城市降幅在6%以内，39个城市降幅为6%~12%，37个城市降幅为12%~18%，10个城市降幅超过18%。从近3个月的情况来看，90个重点城市的二手房价同样全面下降，其中16个城市降幅在3%以内，59个城市降幅为3%~5%，15个城市降幅超过5%。从近1个月的情况来看，90个重点城市二手房价依然均下降，不过

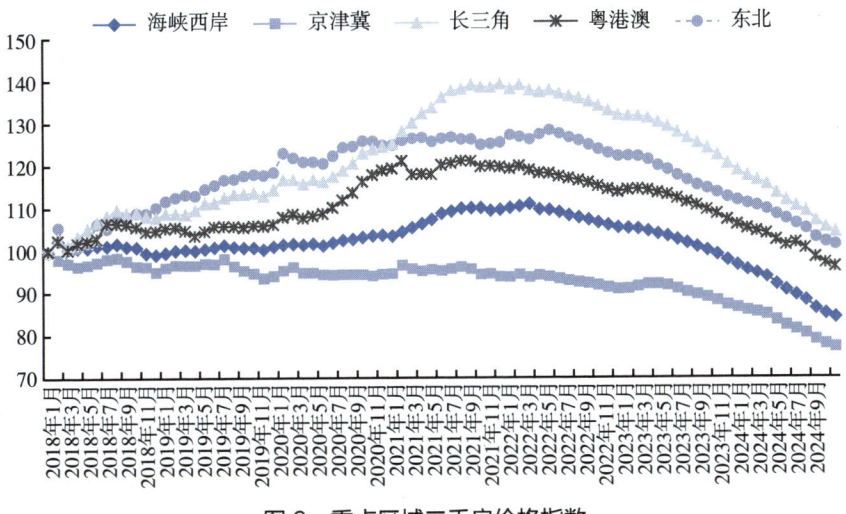

中国房地产形势分析、展望及政策建议

图6 重点区域二手房价格指数

注：以2018年1月31日综合房价为100。
资料来源：中国社会科学院"住房大数据动态监测"课题组、纬房研究院。

降幅有所收窄。64个城市降幅在1%以内，26个城市降幅虽超过1%但基本在1.5%以内。

表4 截至2024年9月30日90个重点城市二手房价变化情况

城市	单价中位数	近一年涨幅（%）	近3个月涨幅（%）	近1个月涨幅（%）	城市	单价中位数	近一年涨幅（%）	近3个月涨幅（%）	近1个月涨幅（%）
深圳	56300	-1.21	-4.08	-0.93	张家口	5681	-8.60	-2.27	-0.51
汉中	5005	-4.80	-2.14	-0.40	北海	4670	-8.71	-2.80	-0.71
太原	9361	-5.04	-2.26	-0.65	西安	12348	-8.99	-3.58	-0.80
宝鸡	4206	-5.96	-2.08	-0.65	新乡	5780	-9.01	-3.38	-0.43
桂林	5165	-7.34	-3.27	-0.64	长沙	9084	-9.20	-3.47	-0.72
银川	5710	-7.87	-2.97	-0.39	赣州	8772	-9.29	-2.86	-0.93
许昌	5403	-8.06	-2.42	-0.37	黄石	5141	-9.45	-3.16	-0.67
哈尔滨	6507	-8.45	-2.61	-0.48	石家庄	10867	-9.53	-3.00	-0.80
成都	13716	-8.53	-3.11	-0.59	济南	13560	-9.63	-3.36	0.72
开封	5592	-8.59	-3.05	-0.72	威海	7608	-9.74	-2.92	-0.64

续表

城市	单价中位数	近一年涨幅（%）	近3个月涨幅（%）	近1个月涨幅（%）	城市	单价中位数	近一年涨幅（%）	近3个月涨幅（%）	近1个月涨幅（%）
漳州	9444	-9.99	-3.32	-0.81	九江	6602	-12.36	-3.77	-0.94
贵阳	6987	-10.02	-3.49	-0.78	青岛	13226	-12.38	-3.05	-0.01
吉林	5069	-10.08	-2.90	-0.48	烟台	7515	-12.50	-3.95	-0.98
绵阳	7126	-10.09	-2.82	-0.55	郑州	9134	-12.60	-4.26	-0.90
天津	14420	-10.43	-4.07	-1.15	北京	49309	-12.62	-4.03	-0.84
洛阳	7585	-10.50	-2.88	-0.72	泉州	17860	-12.67	-4.08	-0.92
潍坊	5893	-10.53	-3.37	-1.03	兰州	8925	-12.74	-4.47	-1.10
襄阳	7450	-10.64	-3.58	-0.85	重庆	9892	-12.77	-3.78	-0.83
丹东	4826	-10.70	-3.13	-0.47	珠海	19242	-12.77	-4.05	-0.92
吉安	6536	-10.80	-4.35	-0.88	达州	6038	-12.84	-3.41	-0.98
南宁	9370	-10.81	-3.13	-0.64	保定	7851	-12.85	-2.85	-0.67
安庆	6119	-10.85	-3.11	-0.54	海口	16115	-12.91	-3.60	-0.76
宜宾	6742	-10.86	-3.39	-0.89	芜湖	8767	-13.02	-3.74	-0.92
无锡	13757	-10.90	-3.49	-0.77	杭州	27479	-13.09	-4.03	-1.02
淄博	6646	-10.95	-3.21	-0.76	上海	52297	-13.15	-3.77	-0.88
岳阳	5883	-10.96	-2.99	-0.64	咸阳	7424	-13.21	-4.59	-1.24
上饶	6654	-11.07	-4.00	-0.90	广州	28038	-13.24	-4.15	-0.94
湛江	8531	-11.13	-3.46	-0.89	昆明	10257	-13.31	-3.93	-0.86
柳州	6548	-11.18	-3.33	-0.74	合肥	13846	-13.47	-4.34	-1.05
台州	14037	-11.31	-3.50	-0.38	常德	5097	-13.57	-3.85	-0.81
江门	7375	-11.58	-3.12	-0.77	常州	12875	-13.74	-5.50	-1.15
大连	10105	-11.60	-3.74	-0.79	马鞍山	6536	-13.90	-3.83	-0.86
沈阳	7174	-11.82	-4.11	-0.68	福州	19282	-14.04	-4.39	-1.00
株洲	4730	-12.01	-2.78	-0.50	镇江	6819	-14.53	-4.18	-1.20
唐山	7934	-12.04	-4.00	-0.78	南昌	9107	-15.33	-4.50	-0.95
佛山	11889	-12.08	-3.54	-0.68	苏州	16468	-15.58	-5.11	-1.21
呼和浩特	8357	-12.12	-3.51	-0.85	武汉	12808	-15.69	-5.29	-1.16
赤峰	5887	-12.12	-4.22	-1.16	南京	21754	-15.73	-4.53	-1.20

续表

城市	单价中位数	近一年涨幅（%）	近3个月涨幅（%）	近1个月涨幅（%）	城市	单价中位数	近一年涨幅（%）	近3个月涨幅（%）	近1个月涨幅（%）
绍兴	14546	-15.78	-4.44	-1.09	温州	14565	-19.08	-5.20	-1.21
临沂	7032	-17.00	-4.82	-1.16	惠州	7492	-19.21	-5.92	-1.29
湖州	10493	-17.29	-5.39	-1.46	南通	10479	-19.27	-5.48	-1.45
宁波	20313	-17.37	-5.18	-1.22	廊坊	8166	-19.45	-5.60	-1.02
金华	14595	-18.11	-5.91	-0.98	厦门	38318	-19.66	-6.25	-1.39
淮安	7328	-18.13	-5.37	-1.53	盐城	8548	-20.67	-5.79	-1.32
嘉兴	12131	-19.03	-5.30	-1.15	东莞	16284	-22.10	-6.42	-1.35

资料来源：中国社会科学院"住房大数据动态监测"课题组、纬房研究院。

（四）住房租金总体波动下降，部分城市上涨

1. 住房租金呈波动下降态势，处于历史低位水平

2024年以来，住房租金延续下行趋势，处于历史低位水平。住房大数据监测系统核心40城住房租金指数显示，2024年9月核心40城住房租金指数为97.8（以2018年1月为100），几乎处于近7年以来的最低水平。住房租金指数持续下降主要归因于需求端、供给端及市场预期等多方面因素。从需求端而言，就业形势欠佳致使部分居民收入减少，进而引发部分租房需求降级；从供给端来看，售转租房源增多以及保障性租赁住房入市增加了房源供给，长租公寓的竞争亦对市场形成冲击；从市场预期方面看，经济增长预期不稳定使得租客和房东行为更为谨慎，这些因素共同作用致使住房租金持续下跌。

分月份进行分析，住房租赁市场依旧呈现出一定的季节性特征。春节后返城务工人员增加带来年初住房租赁市场的"小阳春"，高校毕业生租房以及为子女上学租房等阶段性需求导致年中住房租赁市场活跃，住房租金指数也相应出现两个小波峰。然而，基于经济增速下行等背景，住房租赁市场波动幅度较小。

经济蓝皮书

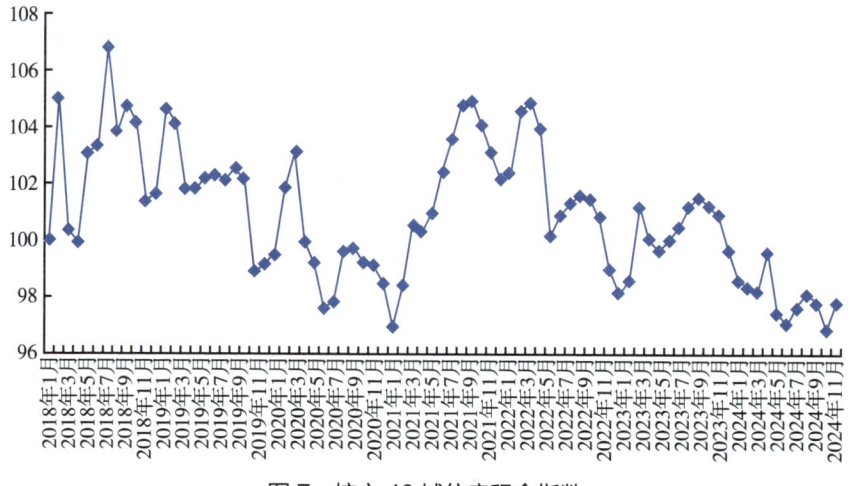

图7 核心40城住房租金指数

注：2018年1月=100。
资料来源：中国社会科学院"住房大数据动态监测"课题组、纬房研究院。

2. 绝大部分城市住房租金下降，少数上涨

近一年住房租金水平下降态势更为明显。住房大数据监测系统核心40城住房租金指数显示，与2023年9月末相比，核心40城中有7个城市住房租金同比上涨，其余城市均同比下降。其中，3个城市同比涨幅超过2%，4个城市同比涨幅在2%以内，14个城市同比降幅在2%以内，10个城市同比降幅为2%~4%，9个城市同比降幅超过4%。

表5 核心40城住房租金变化情况

单位：%

城市	近一年涨幅	2024年1~9月涨幅	近3个月涨幅	近1个月涨幅	城市	近一年涨幅	2024年1~9月涨幅	近3个月涨幅	近1个月涨幅
哈尔滨	8.04	8.85	3.97	1.39	合肥	1.39	3.02	1.96	2.17
廊坊	4.35	5.89	4.39	2.70	石家庄	0.83	2.47	-0.49	0.25
银川	2.20	-2.54	-2.47	2.28	成都	0.53	2.05	2.69	2.97
呼和浩特	1.92	0.95	1.10	1.42	太原	-0.01	0.91	-2.15	0.67

续表

城市	近一年涨幅	2024年1~9月涨幅	近3个月涨幅	近1个月涨幅	城市	近一年涨幅	2024年1~9月涨幅	近3个月涨幅	近1个月涨幅
南通	-0.07	1.13	2.35	3.36	佛山	-2.49	-1.05	-0.13	1.38
沈阳	-0.32	0.79	2.42	2.17	大连	-2.63	-0.38	-0.73	1.09
天津	-0.75	2.18	-0.08	1.43	深圳	-2.67	-1.27	-1.20	-0.57
无锡	-0.77	-0.07	1.37	3.09	长沙	-3.58	-1.89	0.44	1.10
苏州	-0.84	2.59	1.96	3.28	西安	-3.67	-2.51	-2.07	0.02
东莞	-1.00	-0.36	2.40	1.68	南宁	-3.86	-0.59	0.59	-0.96
重庆	-1.02	0.63	1.16	2.17	惠州	-3.93	-0.90	0.37	0.67
广州	-1.05	-0.27	-0.22	0.43	青岛	-4.32	-1.67	-0.71	1.06
昆明	-1.18	0.30	2.78	2.20	兰州	-4.64	-1.40	-2.11	0.48
贵阳	-1.44	0.34	2.19	1.32	南京	-4.71	-2.41	-0.81	1.48
烟台	-1.80	1.24	3.10	2.83	武汉	-4.83	-2.20	-0.33	0.95
郑州	-1.87	0.79	2.04	2.13	南昌	-5.06	-0.77	0.82	3.32
济南	-1.91	0.23	0.47	1.68	福州	-5.10	-3.60	-0.16	0.46
厦门	-2.07	-1.24	-0.70	0.99	上海	-5.18	-0.83	-1.72	0.58
常州	-2.27	-0.06	1.56	3.20	北京	-5.74	-2.22	-2.09	-0.20
宁波	-2.32	-0.87	0.84	1.72	杭州	-6.63	-3.90	-2.35	-0.29

资料来源：中国社会科学院"住房大数据动态监测"课题组。

一线城市住房租金呈下降态势。与2023年9月末相比，4个一线城市住房租金均呈下降态势。其中，北京和上海降幅明显，分别为5.74%和5.18%；深圳其次，下降2.67%；广州住房租金略有下降，为1.05%。

二线城市近一年住房租金总体下降，少数城市租金上涨。与2023年9月末相比，住房大数据监测的26个二线城市中有22个城市住房租金同比下降，4个城市住房租金同比上涨。其中，杭州、福州、南昌等城市住房租金同比降幅最大，分别为6.63%、5.09%、5.07%；哈尔滨、合肥、石家庄和成都四城市为租金上涨，分别为8.03%、1.39%、0.83%和0.53%。

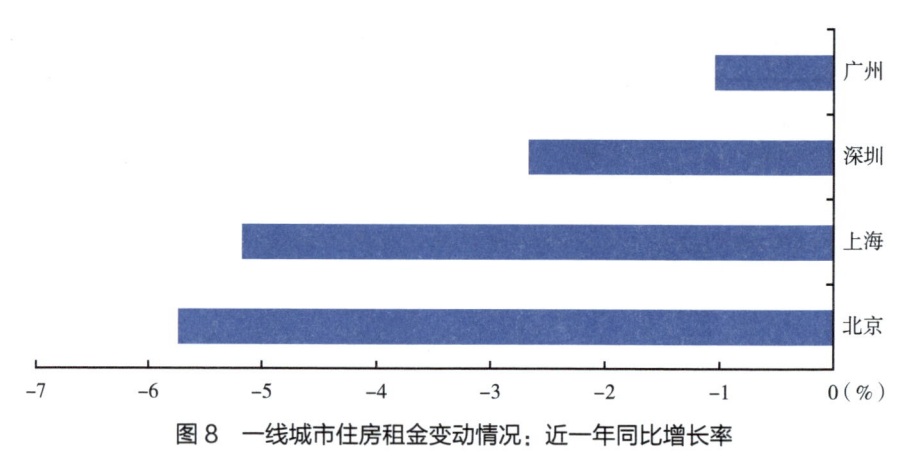

经济蓝皮书

图8 一线城市住房租金变动情况：近一年同比增长率

资料来源：中国社会科学院"住房大数据动态监测"课题组、纬房研究院。

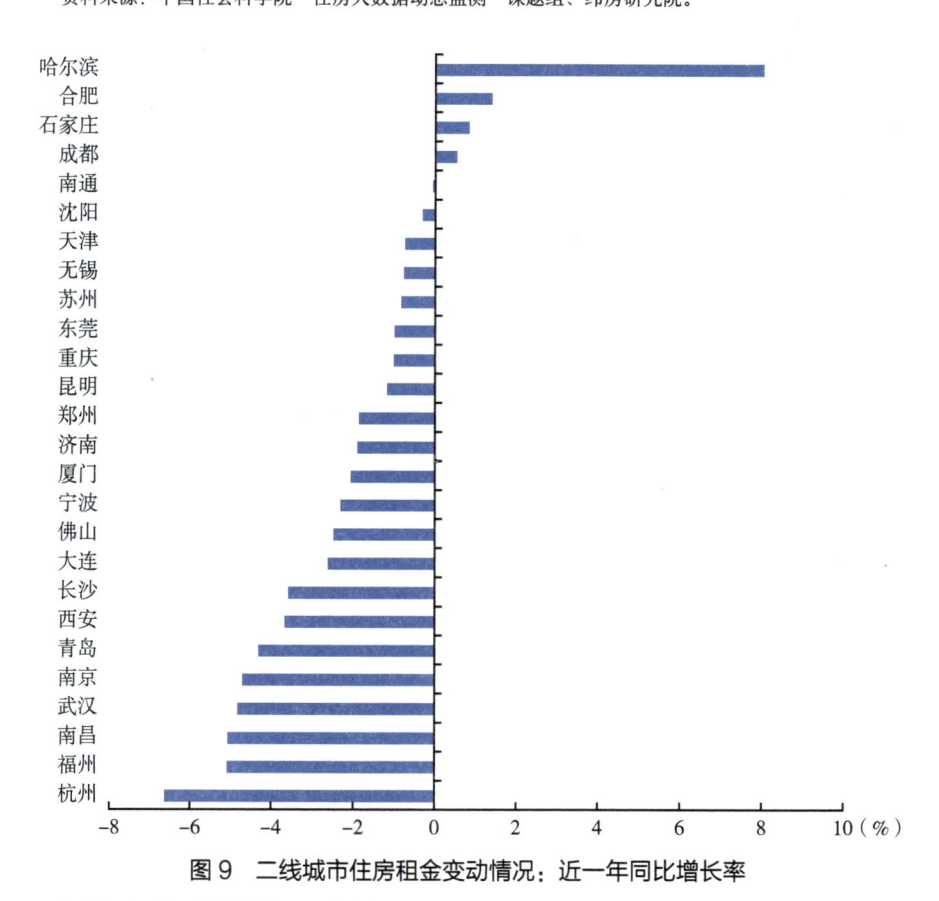

图9 二线城市住房租金变动情况：近一年同比增长率

资料来源：中国社会科学院"住房大数据动态监测"课题组、纬房研究院。

三线城市三季度住房租金涨跌参半，租金下降的较多。与 2023 年 9 月末相比，住房大数据监测的 10 个三线城市中 7 个城市住房租金低于上年同期水平，3 个城市高于上年同期水平。其中，兰州和惠州住房租金降幅最大，分别为 4.64% 和 3.93%；廊坊涨幅最大，涨幅为 4.35%，银川和呼和浩特降幅接近，分别为 2.2% 和 1.92%。

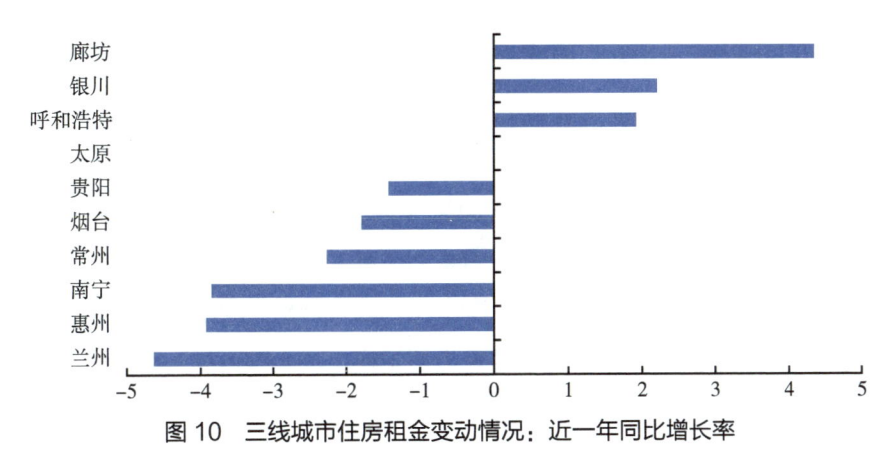

图 10　三线城市住房租金变动情况：近一年同比增长率

资料来源：中国社会科学院"住房大数据动态监测"课题组、纬房研究院。

二　房地产市场相关政策分析

2024 年以来，房地产市场逐渐显露出信心不足和有效需求不足态势，同时宏观经济指标在内部需求不足和外部环境复杂严峻的影响下也出现转弱迹象。房地产作为金融业的基石和国民经济的重要产业之一，其平稳健康运行的重要性凸显。对此，中央层面首次提出"要促进房地产市场止跌回稳，对商品房建设要严控增量、优化存量、提高质量，要回应群众关切，调整住房限购政策，降低存量房贷利率"，明确释放"稳房地产"政策信号。当前，房地产政策环境趋松，除北京、上海、深圳三个一线城市自主采取差异化安排外，绝大多数城市不再区分首套、二套住房，最低首付比例统一调整为 15%，并逐步调整或取消影响购房的各类限制性措施。

（一）总体情况

在房地产市场供求关系发生重大变化的大背景下，2024年以来，房地产调控政策延续宽松态势，宽松政策涉及面更广。取消限购、取消限售、取消限价、取消普通住宅和非普通住宅标准，降低住房公积金贷款利率、降低住房贷款的首付比例、降低存量贷款利率、减轻"卖旧买新"换购住房的税费负担，以及城中村改造和危旧房改造、"白名单"项目相关政策等一系列房地产支持政策落地，旨在推动市场止跌企稳。

各地迅速行动加快跟进相关举措，促进刚需和改善性需求释放，支持房地产政策力度加大。据中指监测，2024年前三季度全国有约270省市（县）出台政策超560条，其中三季度约160个省市（县）出台约200条政策，频次较二季度小幅回落，但仍保持较高水平，政策宽松力度不减，尤其在9月26日中共中央政治局会议提出"要促进房地产市场止跌回稳"后，多个核心城市对住房限购、信贷、税费等政策进行大幅调整。

表6 截至2024年9月25日主要政策类型出台频次不完全统计

单位：条

月份	合计	优化限购	优化限贷	优化限售	调整公积金	优化限价	购房补贴	引进人才落户
1	48	8	6	3	19	0	21	4
2	44	2	4	1	17	2	16	4
3	56	4	2	0	29	0	10	2
4	85	6	5	1	35	1	12	7
5	90	6	59	3	26	2	12	9
6	46	1	15	0	29	4	20	6
7	76	4	10	2	44	3	25	5
8	55	1	11	1	37	7	22	7
9	69	4	14	1	44	6	26	6

注：合计列中一条政策可能覆盖多个维度。
资料来源：中指研究院综合整理。

（二）全国层面：政策持续加码，共同发力促进房地产市场止跌回稳

2024年以来，中央多次强调房地产对于稳定宏观经济的重要性。"4·30"中央政治局会议定调2024年房地产调整政策，提出统筹研究消化存量房产和优化增量住房的政策措施。"6·7"国常会进一步明确政策方向，提出对于存量房产、土地的消化、盘活等工作既要解放思想、拓宽思路，又要稳妥把握、扎实推进。7月党的二十届三中全会审议通过的《中共中央关于进一步全面深化改革 推进中国式现代化的决定》，明确了中长期改革方向，也指明了短期举措。9月中共中央政治局会议强调，要促进房地产市场止跌回稳，对商品房建设要严控增量、优化存量、提高质量，加大"白名单"项目贷款投放力度，支持盘活存量闲置土地。要回应群众关切，调整住房限购政策，降低存量房贷利率，抓紧完善土地、财税、金融等政策，推动构建房地产发展新模式，为各地优化调整房地产政策指明了方向。

1. 需求端：进一步调整或取消限制性措施，支持刚性和改善性住房需求

5月17日中国人民银行"三箭齐发"，内容涉及降低首付比例、取消房贷利率下限、下调公积金贷款利率，体现了提振市场、去化库存的决心。从需求端出发，降低购房门槛和购房成本，支持居民刚性和改善性住房需求。

7月党的二十届三中全会指出，要加快建立租购并举的住房制度，加快构建房地产发展新模式。加大保障性住房供给，满足工薪群体刚性住房需求。支持城乡居民多样化改善性住房需求。

9月中国人民银行、国家金融监管总局发布《关于优化个人住房贷款最低首付款比例政策的通知》，对于贷款购买住房的居民家庭，商业性个人住房贷款不再区分首套、二套住房，最低首付款比例统一为不低于15%。

9月26日中共中央政治局会议要求，促进房地产市场止跌回稳，回应群众关切，调整住房限购政策，降低存量房贷利率，推动构建房地产发展新模式。

9月29日中国人民银行发布公告，完善商业性个人住房贷款利率定价机制，提出存量贷款利率调整办法。

总体来看，需求端的政策以支持刚性和改善性需求为重点，调整或取消各类购房的限制性措施，降低居民购房成本，减轻还贷压力。目前一线城市房地产市场在政策支持下已出现企稳迹象，但考虑到当前经济形势和居民市场预期等因素，政策效力的可持续性及其对整体市场的拉动作用还有待观察。

2. 供给侧：紧紧围绕"严控增量、优化存量、提高质量"优化住房供给结构

2月，住建部发文要求建立"人、房、地、钱"要素联动机制，完善"保障＋市场"的住房供应体系，结合潜在供应情况提前做好未来住房规划。

3月，《政府工作报告》中继续将有效防范房地产风险作为工作重点，提出要标本兼治化解房地产风险，对不同所有制房地产企业合理融资需求要一视同仁给予支持；国务院常务会议再次强调要进一步优化房地产政策。

3月，国务院常务会议指出，要进一步优化房地产政策，持续抓好保交楼、保民生、保稳定工作，进一步推动城市房地产融资协调机制落地见效，加大高品质住房供给，促进房地产市场平稳健康发展；要适应新型城镇化发展趋势和房地产市场供求关系变化，加快完善"市场＋保障"的住房供应体系，改革商品房相关基础性制度，着力构建房地产发展新模式。

4月，中共中央政治局会议提出要统筹研究消化存量房产和优化增量住房的政策措施，以"去库存"作为政策导向，各地因城施策，推出"以旧换新""卖旧买新""房票补贴"等激励政策。

6月以来，中国人民银行及住建部等召开会议，支持地方国企收购存量商品房用于保障房，并进一步扩大实施范围至县级以上城市；据公开信息统计，约80城宣布支持国有平台企业收购商品住房，用于保障性住房、安置房、人才房和周转房等，将直接利好楼市库存的下行，托底房地产市场，同时加快发展房地产市场"保障房＋商品房"双轨运行机制。

7月21日党的二十届三中全会审议通过《中共中央关于进一步全面深化改革 推进中国式现代化的决定》，其中针对房地产发展新模式、土地财政改革及城乡融合发展等提供了方向性指引，在因城施策及调整融资方式等方面仍具备较大发挥空间。

7月30日中共中央政治局会议强调要防范化解房地产市场风险，要落实好促进房地产市场平稳健康发展的新政策，坚持消化存量和优化增量相结合，积极支持收购存量商品房用作保障性住房，进一步做好保交房工作，加快构建房地产发展新模式。

9月26日中共中央政治局会议提出，要促进房地产市场止跌回稳，对商品房建设要严控增量、优化存量、提高质量，加大"白名单"项目贷款投放力度，支持盘活存量闲置土地，抓紧完善土地、财税、金融等政策，推动构建房地产发展新模式。

2024年以来，围绕"严控增量、优化存量、提高质量"，供给侧形成了一套政策"组合拳"，包括全力推进保交房攻坚战、专项债收储土地和收购存量房、加强保障房建设、加大城中村和城市危旧房改造政策支持力度，在防范系统性金融风险的同时，加大金融支持房地产合理融资需求的力度，如将"白名单"项目的信贷规模增至4万亿元、延长部分房地产金融政策期限缓解房企流动性压力、降低贷款利率等。

（三）地方层面：大幅优化限制性措施，一线和头部二线城市支持政策仍有施展空间

2024年以来，随着中央稳房地产政策的出台，特别是9月26日中共中央政治局经济工作会议提出"促进房地产市场止跌回稳"的政策方向，地方政府稳定房地产市场的调控政策空间进一步扩大。据中房研数据，2024年1~9月，各地方总计出台宽松性调控政策超过500条，占各地房地产调控政策的比重达91.84%，2024年地方政府政策的宽松性调控力度更大。

表7 2024年以来地方性房地产政策总数及宽松性政策占比

单位：条，%

时间	政策数量	宽松性政策	宽松性政策占比
1月	55	52	94.55
2月	39	38	97.44

续表

时间	政策数量	宽松性政策	宽松性政策占比
3月	45	40	88.89
4月	66	60	90.91
5月	95	94	98.95
6月	54	51	94.44
7月	70	60	85.71
8月	65	56	86.15
9月	63	56	88.89

注：政策调性分类依据是当期基于上期相对变化。

资料来源：中房研协整理。

从时间维度来看，前三季度中，5月地方政府出台政策总数最高。随着中央层面"5·17"楼市新政的落地，各地也加紧跟进出台降低首付比例、取消房贷利率下限、下调公积金贷款利率等相关宽松政策，使得5月全国各地房地产政策密集落地。9月底中央政治局会议提出"促进房地产市场止跌回稳"，打开了地方政府调控的新空间，预计四季度地方政府还有一波调控政策跟进。

就政策类型而言，各地市主要围绕调整公积金、购房补贴、引进人才落户等方面发力，政策支持力度和精准度进一步提高。同时，5月随着中国人民银行"三箭齐发"支持合理购房需求政策落地，各地也迅速跟进，"优化限贷"集中密集出台，金融支持刚性和改善性购房需求进一步提高。

短期来看，考虑到当前宏观经济形势、房地产市场下行压力大的背景，各地方政府宽松性调控政策仍将保持较大力度，特别是一线及重点二线城市，宽松性调控政策仍有空间，而三、四线城市前期政策已偏松，现有政策框架下的优化空间有限。

在限购方面，除了北京、上海、深圳三个一线城市自主采取差异化安排外，绝大多数城市不再区分首套、二套住房，各地陆续放宽限购区域或取消限购，不再审核购房资格，不再限制购房套数，降低居民购房门槛。

限贷方面，金融支持合理购房需求的力度加大，自 2024 年 10 月 9 日起，对于贷款购买住房的居民家庭，商业性个人住房贷款不再区分首套、二套住房，最低首付款比例统一为不低于 15%。同时下调房贷利率和存量房贷款利率，降低购房门槛和减轻购房负担。

公积金政策方面，当前优化公积金政策为各地房地产宽松政策的重要发力点，主要优化方向包括提高公积金贷款额度、支持多孩家庭改善需求、支持提取公积金支付首付款和优化公积金套数认定标准、提高租房提取公积金额度等，由于公积金相对低的贷款利率，有助于减轻家庭购房负担，切实提振消费者购房信心。

表 8　2024 年以来全国层面主要政策汇总（不完全统计）

时间	发布主体	主要内容
2 月	住房城乡建设部	发布《住房城乡建设部关于做好住房发展规划和年度计划编制工作的通知》，要建立"人、房、地、钱"要素联动机制；各城市要根据实际情况，准确研判住房需求，完善"保障＋市场"的住房供应体系，以政府为主保障工薪收入群体刚性住房需求，以市场为主满足居民多样化改善性住房需求等
3 月	国务院	2024 年《政府工作报告》提出，要标本兼治化解房地产风险，对不同所有制房地产企业合理融资需求要一视同仁给予支持，促进房地产市场平稳健康发展；考虑到当前房地产市场供求关系已发生重大变化，要完善商品房相关基础性制度，满足居民刚性住房需求和多样化改善性住房需求，推动"三大工程"相关建设，以适应房地产发展新模式
3 月	国务院常务会议	房地产产业链条长、涉及面广，2023 年以来，各地因城施策优化房地产调控，落实保交楼、降低房贷利率等一系列举措，守住了不发生系统性风险的底线；要进一步优化房地产政策，持续抓好保交楼、保民生、保稳定工作，进一步推动城市房地产融资协调机制落地见效，加大高品质住房供给，促进房地产市场平稳健康发展；要适应新型城镇化发展趋势和房地产市场供求关系变化，加快完善"市场＋保障"的住房供应体系，改革商品房相关基础性制度，着力构建房地产发展新模式
4 月	自然资源部	发布《自然资源部办公厅关于做好 2024 年住宅用地供应有关工作的通知》，要求各地做好年度住宅用地供应计划与住房发展年度计划的衔接；合理控制新增商品住宅用地供应，其中，商品住宅去化周期超过 36 个月的，应暂停新增商品住宅用地出让；商品住宅去化周期在 18 个月（不含）至 36 个月的城市，要按照"盘活多少、供应多少"的原则，根据本年度内盘活的存量商品住宅用地面积（包括竣工和收回）动态确定其新出让的商品住宅用地面积上限。此外，要继续大力支持保障性住房用地的供应等，促进房地产市场平稳健康发展

续表

时间	发布主体	主要内容
4月	中共中央政治局会议	要继续坚持因城施策，压实地方政府、房地产企业、金融机构各方责任，切实做好保交房工作，保障购房人合法权益；结合房地产市场供求关系的新变化、人民群众对优质住房的新期待，统筹研究消化存量房产和优化增量住房的政策措施，抓紧构建房地产发展新模式，促进房地产高质量发展等
4月	财政部办公厅、住房城乡建设部	发布《关于开展城市更新示范工作的通知》，通过确定部分基础条件好、积极性高、特色突出的城市开展典型示范，扎实有序推进城市更新行动；同时将对示范城市给予财政资金补助等
5月	中国人民银行、国家金融监管总局	发布《关于调整个人住房贷款最低首付款比例政策的通知》，明确首套住房商业性个人住房贷款最低首付款比例调整为不低于15%，二套住房商业性个人住房贷款最低首付款比例调整为不低于25%
5月	中国人民银行	发布《关于下调个人住房公积金贷款利率的通知》，要求自2024年5月18日起，下调个人住房公积金贷款利率0.25个百分点，5年以下（含5年）和5年以上首套个人住房公积金贷款利率分别调整为2.35%和2.85%，5年以下（含5年）和5年以上第二套个人住房公积金贷款利率分别调整为不低于2.775%和3.325%
5月	中国人民银行	发布《关于调整商业性个人住房贷款利率政策的通知》，要求取消全国层面首套住房和二套住房商业性个人住房贷款利率政策下限；各省级分行因城施策，自主确定是否设定辖区内各城市商业性个人住房贷款利率下限及下限水平（如有）；银行业金融机构根据自身经营及客户风险，合理确定每笔贷款的具体利率水平
5月	住房城乡建设部	发布《关于做好住房公积金个人住房贷款利率下调相关工作的通知》，要求自2024年5月18日起，及时调整住房公积金个人住房贷款利率，并做好存量住房公积金个人住房贷款政策衔接，即对贷款期限在1年及1年以内的应实行合同利率不分段计息，对贷款期限在1年以上的，应于下年1月1日开始，按相应利率档次执行新的利率规定等
6月	中国人民银行	召开保障性住房再贷款工作推进会，强调金融机构和有关单位要按照"政府指导、市场化运作"的思路，借鉴前期试点经验，着力推动保障性住房再贷款政策落地见效，加快推动存量商品房去库存
6月	住房城乡建设部	召开收购已建成存量商品房用作保障性住房工作视频会议，指出收购已建成存量商品房用作保障性住房有利于推动已建成存量商品房去库存、助力房地产市场健康发展；要按照"政府主导、市场化运作"的思路，坚持以需定购，合理确定可用作保障性住房的商品房房源，提前锁定保障性住房需求；坚持规范实施，防范各类风险，并用好金融支持政策等

续表

时间	发布主体	主要内容
6月	住房城乡建设部、金融监管总局	联合召开保交付政策培训视频会议，强调各地要以高度的责任感和使命感，以时不我待、只争朝夕的紧迫感，压茬推进，有力有序有效推进保交房各项工作。同时，会议要求加强工作针对性，明确保交房工作的目标与标准，准确查找问题和不足。要统筹协调保交房工作，建立国家、省、市三级专班联动机制，加强政策统筹协调。此外，会议指出，为进一步发挥城市房地产融资协调机制作用，更好满足城市房地产项目的合理融资需求，要压实地方政府、房地产企业、金融机构各方责任；完善组成机制，健全项目推送反馈管理机制，加大项目修复力度；加强"白名单"的审核把关；指导银行做好融资支持；做好经验总结和经验推广
7月	中国共产党第二十届中央委员会第三次全体会议	发布《中共中央关于进一步全面深化改革 推进中国式现代化的决定》，要加快建立租购并举的住房制度，加快构建房地产发展新模式。加大保障性住房供给，满足工薪群体刚性住房需求。支持城乡居民多样化改善性住房需求。充分赋予各城市政府房地产市场调控自主权，因城施策，允许有关城市取消或调减住房限购政策、取消普通住宅和非普通住宅标准。改革房地产开发融资方式和商品房预售制度。完善房地产税收制度
7月	中共中央政治局会议	强调要防范化解房地产市场风险，要落实好促进房地产市场平稳健康发展的新政策，坚持消化存量和优化增量相结合，积极支持收购存量商品房用作保障性住房，进一步做好保交房工作，加快构建房地产发展新模式
8月	住房城乡建设部	宣布开展住房养老金试点，研究建立房屋体检、房屋养老金和房屋保险制度，构建全生命周期房屋安全管理长效机制等
9月	中国人民银行、国家金融监管总局	发布《关于延长部分房地产金融政策期限的通知》，将《关于做好当前金融支持房地产市场平稳健康发展工作的通知》中支持开发贷款、信托贷款等存量融资合理展期政策的适用期限延长至2026年12月31日；将《关于做好经营性物业贷款管理的通知》中有关政策有适用期限的，将适用期限延长至2026年12月31日。发布《关于优化个人住房贷款最低首付款比例政策的通知》，对于贷款购买住房的居民家庭，商业性个人住房贷款不再区分首套、二套住房，最低首付款比例统一为不低于15%
9月	中共中央政治局会议	要促进房地产市场止跌回稳，对商品房建设要严控增量、优化存量、提高质量，加大"白名单"项目贷款投放力度，支持盘活存量闲置土地。要回应群众关切，调整住房限购政策，降低存量房贷利率，抓紧完善土地、财税、金融等政策，推动构建房地产发展新模式
9月	中国人民银行	完善商业性个人住房贷款利率定价机制，固定利率商业性个人住房贷款借款人可与银行业金融机构协商，由银行业金融机构新发放浮动利率商业性个人住房贷款置换存量贷款；浮动利率商业性个人住房贷款与全国新发放商业性个人住房贷款利率偏离达到一定幅度时，借款人可与银行业金融机构协商，由银行业金融机构新发放浮动利率商业性个人住房贷款置换存量贷款

资料来源：纬房研究院整理。

表9　2024年以来房地产融资相关政策汇总（不完全统计）

时间	发布主体	主要内容
1月	中国人民银行、国家金融监督管理总局	发布《关于金融支持住房租赁市场发展的意见》，支持商业银行向房地产开发企业等各类主体依法合规新建、改建长期租赁住房发放住房租赁开发建设贷款；支持商业银行发行用于住房租赁的金融债券；支持住房租赁企业发行债券等
1月	住房城乡建设部、国家金融监督管理总局	在地级及以上城市建立城市房地产融资协调机制，及时研判本地房地产市场形势和房地产融资需求，协调解决房地产融资中存在的困难和问题；根据房地产项目的开发建设情况及项目开发企业资质、信用、财务等情况，按照公平公正原则，提出可以给予融资支持的房地产项目名单，向本行政区域内金融机构推送
1月	中国人民银行、国家金融监督管理总局	对规范经营、发展前景良好的房地产开发企业，全国性商业银行在风险可控、商业可持续的基础上，还可发放经营性物业贷款用于偿还该企业及其集团控股公司（含并表子公司）存量房地产领域的相关贷款和公开市场债券
2月	国家金融监管总局专题会议	为进一步部署落实城市房地产融资协调机制相关工作，会议强调要进一步提高对建立城市房地产融资协调机制重大意义的认识；各监管局要成立工作专班，主动加强与地方政府和住建部门协同配合，积极参与协调机制各项工作，及时掌握辖内各城市协调机制运行情况；各商业银行要主动对接协调机制，对推送的房地产项目名单要及时开展评审，加快授信审批，对合理融资需求做到"应满尽满"
2月	中国人民银行	国家开发银行、中国进出口银行、中国农业发展银行净新增PSL1500亿元
2月	中国人民银行	中国人民银行授权全国银行间同业拆借中心公布，2024年2月20日贷款市场报价利率（LPR）为：1年期LPR为3.45%，与前值持平；5年期以上LPR为3.95%，较前值下调25个基点
3月	国家金融监管总局党委扩大会议	要有力有序防范化解金融风险，牢牢守住不发生系统性金融风险的底线；促进金融与房地产良性循环，加快推进城市房地产融资协调机制落地见效，提高项目"白名单"对接效率，一视同仁满足不同所有制房地产企业合理融资需求
5月	中国人民银行	中国人民银行拟设立3000亿元保障性住房再贷款，鼓励引导金融机构按照市场化、法治化原则，支持地方国有企业以合理价格收购已建成未出售商品房，用作配售型或配租型保障性住房
5月	国务院政策例行吹风会	要进一步发挥城市房地产融资协调机制作用，满足房地产项目合理融资需求。城市政府推动符合"白名单"条件的项目"应进尽进"，商业银行对合规"白名单"项目"应贷尽贷"，满足在建项目合理融资需求

中国房地产形势分析、展望及政策建议

续表

时间	发布主体	主要内容
5月	国家发展改革委等部门	发布《关于做好2024年降成本重点工作的通知》，继续发挥贷款LPR改革效能和存款利率市场化调整机制的重要作用，在保持商业银行净息差基本稳定的基础上，促进社会综合融资成本稳中有降
6月	中国人民银行货币政策委员会	召开2024年第二季度例会，要继续精准有效实施稳健的货币政策，充分认识房地产市场供求关系的新变化，着力推动已出台金融政策措施落地见效，促进房地产市场平稳健康发展。加大对"市场+保障"的住房供应体系的金融支持力度，推动加快构建房地产发展新模式
7月	中国人民银行	中国人民银行授权全国银行间同业拆借中心公布，2024年7月22日贷款市场报价利率（LPR）为：1年期LPR为3.35%，5年期以上LPR为3.85%，较前值下调10个基点，为2024年以来的第二次调降
9月	中国人民银行授权	中国人民银行授权全国银行同业拆借中心公布，2024年9月20日贷款市场报价利率（LPR）为：1年期LPR为3.35%，5年期以上LPR为3.85%，以上LPR在下一次发布LPR之前有效
9月	中国人民银行	发布《关于优化保障性住房再贷款有关要求的通知》，提出对保障性住房再贷款有关事项进行调整优化，对于金融机构发放的符合要求的贷款，中国人民银行向金融机构发放再贷款的比例从贷款本金的60%提升到100%

资料来源：纬房研究院整理。

表10　2024年以来主要城市政策汇总（不完全统计）

发布日期	城市	主要内容
4月	成都	发布《关于进一步优化房地产市场平稳健康发展政策措施的通知》，自4月29日起，成都范围内住房交易不再审核购房资格，即今后成都买房不用再看社保、户口等购房资格，也不再限制购买套数。成都市商品住房项目不再实施公证摇号选房，由企业自主销售
5月	武汉	发布《关于进一步优化完善促进我市房地产市场平稳健康发展政策措施的通知》，出台强化住房公积金贷款、调整家庭首套住房贷款套数认定标准、推行"卖旧买新"交易新模式、优化房地产开发企业"白名单"管理等十条措施
7月	郑州	发布《关于取消商品住房销售价格指导的通知》，经市政府研究，住房保障部门不再对新建商品住房销售价格进行指导，开发企业按照自主定价进行销售、办理商品房预（销）售许可（备案）手续
9月	重庆	发布《关于调整优化房地产交易政策的通知》，涉及调整新购住房再交易管理、优化住房套数认定标准、支持住房"以旧换新"、加快存量商品房去化和加大住房租赁市场发展力度等五个方面内容。自2024年9月1日起，在重庆市中心城区新购新建商品住房和二手住房的（以网签备案时间为准），取得《不动产权证书》后即可上市交易

续表

发布日期	城市	主要内容
9月	合肥	发布《关于进一步优化房地产调控政策的通知》，提到"调整限购政策，在本市市区购买住房（含二手住房）的普通购房人，不再审核购房资格"
9月	济南	二套房最高贷款额度与首套房一致，统一最高贷款限额为：一人缴存住房公积金的职工家庭最高贷款额度50万元，两人及以上缴存住房公积金的职工家庭最高贷款额度80万元。二孩及以上家庭（至少一个子女未成年）在济南购买普通自住房申请公积金贷款的，最高贷款额度按家庭当期最高贷款限额上浮25%。购买高品质住宅申请公积金贷款的，最高贷款额度按家庭当期最高贷款限额上浮20%
9月	广州	发布《关于调整我市房地产市场平稳健康发展措施的通知》，本次限购政策调整后，本市户籍、非户籍居民家庭和单身人士在全市范围内购买住房的，不再审核购房资格，不再限制购房套数
9月	深圳	发布《关于进一步优化房地产市场平稳健康发展政策措施的通知》。10月1日起，深圳首套住房商业贷款最低首付比例调整为15%，二套住房商业贷款最低首付比例调整为20%。同时，个人住房转让增值税征免年限，由5年调整到2年，并取消商品住房和商务公寓转让限制，商品住房和商务公寓取得不动产权登记证书后，可上市交易
9月	上海	增值税5改2，满两年没有增值税；限购方面，外环外3改1，社保3年外地家庭同上海家庭；首套首付比例降为15%，二套首付比例降为25%；放开非普宅
9月	北京	降低存量房贷利率，引导商业银行稳妥有序将存量房贷利率降至新发放贷款利率附近。下调房贷首付款比例。将商业性个人住房贷款首套房贷最低首付比例由不低于20%下调至不低于15%，二套房贷由不低于35%（购买五环内住房）、不低于30%（购买五环外住房）统一下调至不低于20%。京籍二孩以上家庭购房的，公积金可贷款额度上浮40万元

资料来源：纬房研究院整理。

三 2025年房地产市场走势展望：核心城市有望筑底企稳，但仍需政策持续发力

（一）销售趋势：一揽子支持政策有效提振市场信心，核心城市2025年新房市场销售量有望回稳

2024年9月末，一揽子支持政策集中出台，市场信心逐渐恢复，国庆假期，核心城市新房项目到访量和认购量均有明显提升，部分项目假期平均认购量与9月全月基本相当甚至超过9月全月。从房企披露的销售数据来看，

房企销售额10月明显增长，市场预期有所改善。随着新政的逐步落地，四季度新房销售面积同比降幅或将有所收窄，预计2025年新建商品房销售面积或将回稳。分城市来看，核心城市持续出台政策放开各类限制，市场信心大幅提振，核心城市新房销售规模或将逐渐企稳恢复；而三、四线城市一直以来是人口净流出城市，房地产市场或难以在短期内恢复。

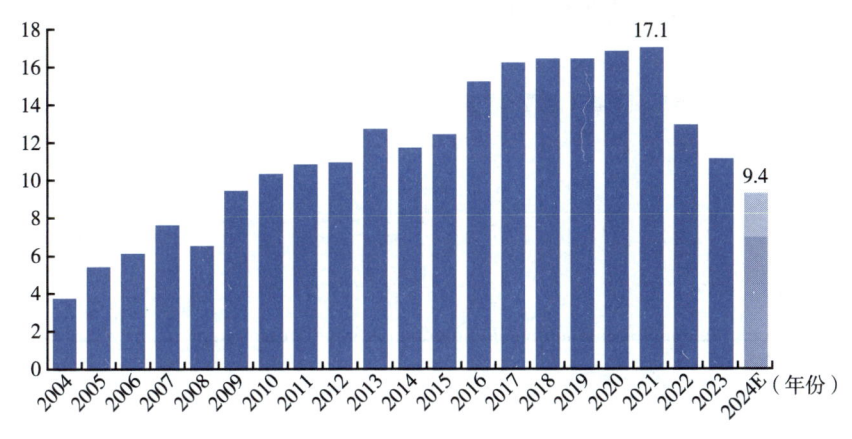

图11 2004~2024年全国新建商品房销售面积走势

注：2024年截至9月。
资料来源：国家统计局。

（二）价格趋势：房价预期改善，以一线城市为代表的核心城市房价有望"止跌回稳"

2024年9月以来，中央出台系列新政提振市场信心，包括"四个降低"，即降低住房公积金贷款利率、降低住房贷款的首付比例、降低存量贷款利率、降低"卖旧买新"换购住房的税费负担，这将会大大降低和减轻居民购房资金成本与还贷压力，房价降幅有望收窄，减缓下跌态势，2025年预计以一线城市为代表的核心城市房价或可实现"止跌回稳"。此外，近期主流房企推出"保价"计划，对新房价格预期的稳定也将起到积极作用。另外，财政部出台关于用专项债券收购存量商品房用作保障性住房的政策，对于稳房价、稳预期也会产生一定积极影响。

（三）开工趋势：土地成交量下滑，影响新开工规模

土地成交规模下滑态势仍在持续，或将持续制约新开工规模。2024年，全国土地成交面积持续下滑且尚未扭转，这将对新开工规模带来限制。同时，商品房市场销售规模持续走低，导致出清周期呈现持续上升态势，这将进一步加大市场库存压力，致使房企开工意愿走弱。

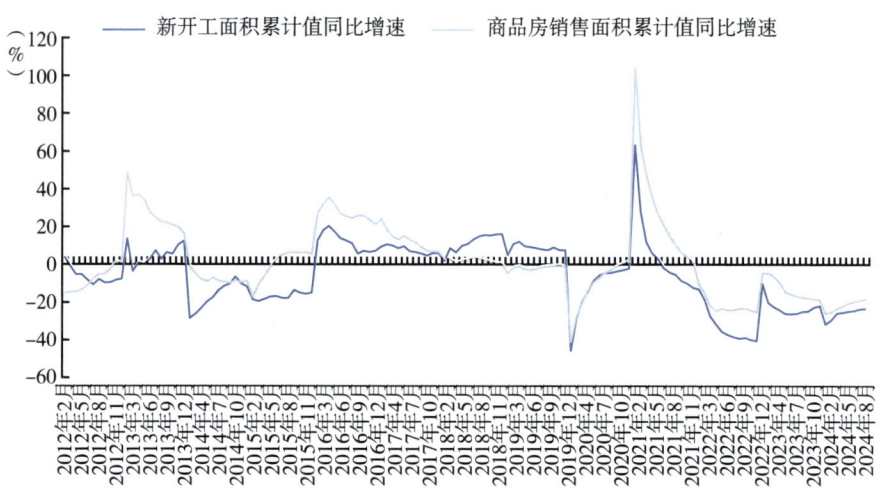

图12 全国房屋新开工面积累计值、商品房销售面积累计值同比走势

资料来源：国家统计局。

（四）投资趋势：供给端相比需求端恢复滞后，2025年投资或仍将走低

土地购置费与开发建筑工程投资是反映房企投资的最重要的指标，新开工面积、施工面积、竣工面积持续走低，而短期内新开工面积、施工面积走低的态势难以较快得到扭转，这将导致开发建筑工程投资或将持续低位运行。

此外，土地购置费持续低位运行，仍需持续修复。这也将是房地产开发投资持续低位运行的关键。

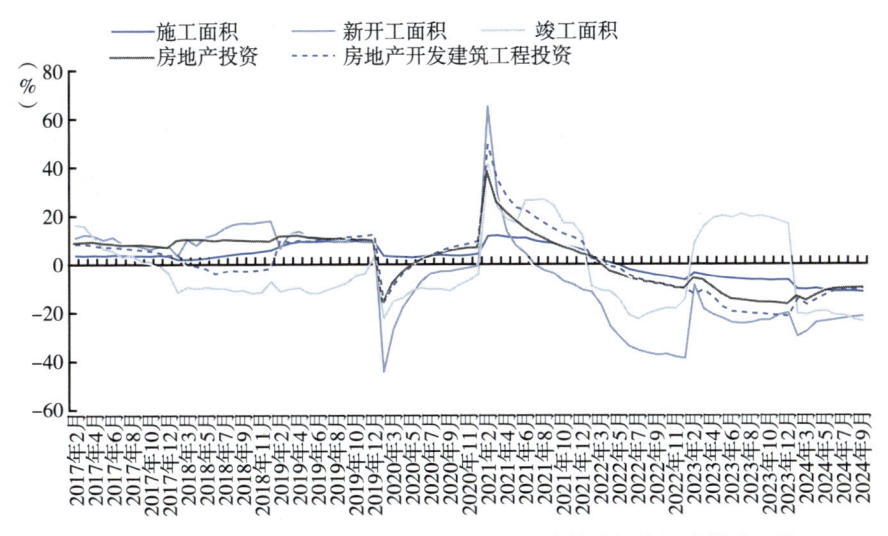

中国房地产形势分析、展望及政策建议

图13 施工面积、新开工面积、竣工面积和房地产投资、房地产开发建筑工程投资累计值同比增速

资料来源：国家统计局。

综上，房地产"一揽子"支持政策加速落地、中央对房地产市场"止跌回稳"的政策导向对提振市场信心起到显著效果，"银十"开局表现超预期，以一线城市为代表的核心城市的市场"回稳"态势明显。10月，各地按时间

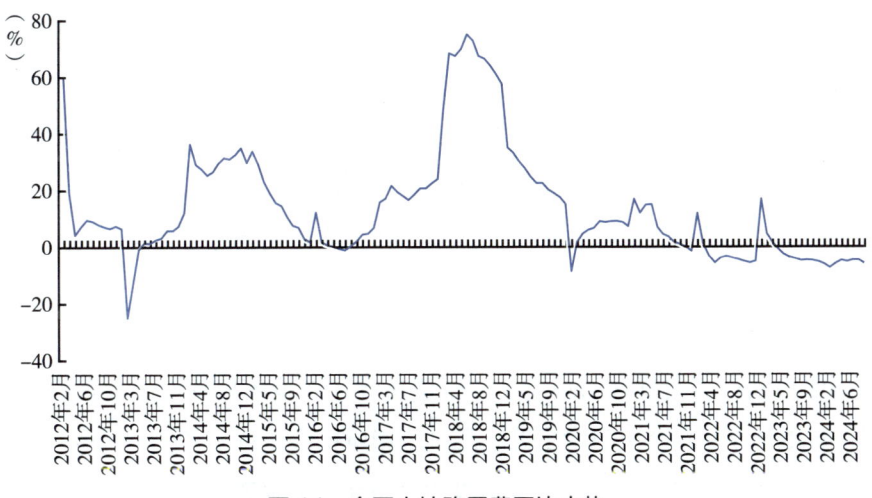

图14 全国土地购置费同比走势

资料来源：国家统计局。

153

表有序落实中央政策，市场销售呈显著增长。稳地产、稳预期的关键仍然是推动经济基本面加快复苏，越来越多的城市打出"组合拳"，加速房地产市场"止跌回稳"，相关配套政策密集出台。由于房地产市场体量巨大，稳定房地产市场仍需要政策的持续大力支持。房地产支持政策若能持续发力，将对2025年市场企稳起到较有力的支撑作用。

四　问题与建议

（一）主要问题

1. 房地产市场下行压力加大

当前，我国房地产市场供需关系已发生了根本性变化，从过去的供不应求和住房短缺发展到如今阶段性、结构性供给过剩和有效需求不足。自2021年下半年以来，市场经历持续收缩性调整，居民购房意愿大幅下降，市场量缩价跌，房地产预期发生改变，市场下行压力加大。在住房供给方面，存在明显的结构性失衡问题，一线和二线城市虽受到下行周期影响，但市场韧性相对较强，三、四线城市由于供给过剩、库存压力大，市场出现较大幅度下滑，持续低迷；城市核心区价格下行走势相对平缓，但远离主城区的楼盘或远郊区县楼盘空置率高、价格降幅大。在需求方面，经济增速放缓，居民收入增长压力大，尤其是年轻人群体就业率、收入增长等指标表现欠佳，导致对未来收入预期趋于保守，对负债购房消费行为更加谨慎，消费信心大幅下挫；同时，居民对未来房价下行预期增强，担心未来房价继续下跌导致资产缩水，观望情绪普遍存在；部分房企债务和期房烂尾问题引发居民对开发商的信任危机。

2. 房地产企业流动性危机仍未解除

在房地产成交低迷的环境下，全国房地产企业不同程度出现资金链紧张，房地产领域结构性风险上升，且外溢影响扩大。近年来中小房地产企业申请破产的数量增多，其原因多是负债过高导致资金链断裂等，头部上市房地产公司亏损面大幅上升，债务短期偿付压力加大，高债务房企风险有增无减。房地产企业流动性危机外溢影响扩大，首先房企的大量债务违约直接给上下游供应商和工程建设企业造成严重损失；其次，房企的流动性危机可能直接传导至金融部门，加大金融体系风险。此外，房企现金流偏差、民企拿地意愿不高，直接影响地方政府土地出让收入，导致地方政府债务风险升高。

3. 需求端支持政策推出，但需求可持续性有待观察

为促进房地产市场平稳健康发展，包括"四个取消""四个降低"在内的各类需求端支持政策不断推出，这些措施降低了购房成本和门槛，增强了市场信心，部分扭转了市场下行的趋势。但需求释放除了要考虑利率、首付比例、税费等外在影响因素外，还要考虑需求的刚性、偏好等内在影响因素，根据第七次全国人口普查数据，城镇家庭户人均住房建筑面积为38.62平方米，人均住房1.06间，在"不缺房"的时代人们购房需求已不再像过去那样迫切，市场"供不应求"状态早已彻底转变。人们一旦形成房价下降的普遍预期，短期政策调控也很难改变，即便政策持续宽松，也还是存在需求总量和价格下行的风险。

4. 市场分化，三、四线城市库存上升

近来各类房地产政策频出，一、二线城市市场出现了一些积极信号，但对于本来就人口净流出、产业支撑不足的三、四线城市而言，中长期市场有效需求少，当前的去库存政策，无论是棚改货币化安置还是收储土地和收购存量房，过去积累的大量库存短期内难消化。一些低线小城市房屋流动性减弱，房子卖不出去也租不出去。业主一方面背负着较高利率的房贷，成本且收益率极低；另一方面房价下行压力有增无减，使市场和消费信心更难提振。

（二）对策建议

促进房地产市场止跌回稳，防范房地产流动性风险拖累经济增长，需要进一步优化房地产供给结构，严控增量、优化存量、提高质量，激发市场有效需求，增强市场消费信心，加快构建房地产发展新模式。

1. 持续支持一、二线城市刚需和改善性住房需求，妥善化解三、四线城市市场风险

目前一线城市和重点二线城市稳增长仍然艰巨，但房地产市场初步有企稳迹象。而三、四线城市市场活跃度仍在极低位徘徊，短期内可能无法被激活。确保房地产市场止跌回稳，一方面要持续促进一、二线城市刚需和改善性需求释放；另一方面要解决三、四线城市去库存问题，加速市场出清、缩短市场恢复周期。在一、二线城市，要进一步加大金融支持合理住房需求的力度，进一步降低购房贷款利率，合理支持改善性二套房、换房需求，采取措施有效缓解居民换房带来的短期资金筹措压力，标准化、规范化交易流程，降低交易成本。在三、四线城市，要严格控制新增土地及商品房供应，防止存量问题继续加剧，采取减免房企成本、盘点资产化债、加强资金监管等手段，积极稳妥推进地方房企去杠杆和债务出清，落实保交房，扭转市场信心。利用专项债收储土地和收购存量房时，要着重考虑提升城市生活品质，留住人、引来人，带动住房需求增长。

2. 打好保交房攻坚战，对商品房供给进行跨周期调节，改善房企现金流，优化房企资产负债表，提振市场信心

进一步优化房地产市场供给，严控增量、优化存量、提高质量，在防范房企经营风险外溢的同时提振市场信心。首先必须解决烂尾楼问题，这也是解决房企信任危机问题，金融支持要持续跟进并落实保交房政策，加强对企业运营和资产流向的监管，保证房屋及配套设施交付品质。其次，要积极利用专项债收储闲置土地和收购存量商品房，核心是对商品房供给进行跨周期调节。但不同城市可以根据实际情况有所侧重，保障住房需求的同时可以考虑提升城市生活品质。此外，要重点关注房企资产负债表，改善房企现金流，通过支持"以旧换新"等需求方政策、资产证券化方式盘活房企沉淀资产、并购融资等金融支持手段，增加房企现金流，缓解房企债务压力。

3. 加快构建房地产发展新模式，促进房地产市场平稳健康发展

面对我国房地产市场供求关系发生重大变化的新形势，必须抓住历史机遇期，建立健全房地产健康发展长效机制，加快构建房地产发展新模式。把制度建设贯穿于发展新模式构建全过程，为房地产市场长期平稳健康发展提供内在支持，增强市场长期信心。加快构建房地产发展新模式，要推进住房供给结构、运营方式、监管机制等方面的改革。完善"保障+市场"的住房供应体系，实现租售并举、加强保障房建设。改革房地产开发融资方式，包括推进土地出让制度、商品房公摊制度、预售制度等改革，引导房地产企业健康发展和保护购房者权益。强化对新增和存量住房的安全监管，在市场下行周期特别要注意监督房企按标准、守底线安全交付。同时对于数量庞大的存量房，要研究建立房屋维护修缮、房屋退出等制度，提升居住品质，形成住房安全的长效机制。

参考文献

黄河、张红宇、梁尧等:《"认房认贷"政策放松对房地产市场影响效应分析——基于住房交易挤出的视角》，《中央财经大学学报》2024年第9期。

陈友华、杨慧康:《房地产去库存新政的制约因素与潜在风险研究》，《社会政策研究》，（网络首发）2024年10月10日。

刘相锋、廖文军、王岭:《住房限购、公众预期与房价调控——来自中国热点城市房地产市场的证据》，《经济科学》2024年第5期。

B.9 2024年中国股票市场回顾与2025年展望

李世奇　朱平芳*

摘　要： 2024年政策组合拳有效提振中国股票市场信心和投资活跃度，强监管防风险扎实推进，资本市场高质量发展不断向前，更好服务实体经济行稳致远，中长期资金持续入市取得阶段性成果，市场积极主动拥抱新质生产力发展。全球发达经济体进入降息周期，朝着经济"软着陆"迈进，中央深入挖掘内需潜力，稳定市场预期，增强发展信心，坚持支持性的货币政策立场和政策取向，着力释放总量政策效果。2025年要把握中长期资金入市的战略性机遇，重视并购重组对产业整合与提质增效的巨大价值，市场参与者在长期投资和价值投资理念的引领下，有更加充分的理由看多做多，我国资本市场的长期投资回报率有望稳步提升。

关键词： 中国股市　宏观经济　资本市场　科技创新

一　2024年中国股票市场回顾

2024年，在全球经济增速放缓和通胀压力减弱的背景下，主要发达经济体进入降息周期，国际金融市场流动性相对宽裕，全球主要股指呈现普涨态势，美国三大股指、英国富时100、德国DAX、法国CAC40、日经225和澳

---

* 李世奇，上海社会科学院数量经济研究中心副研究员，主要研究方向为宏观经济与政策量化评估；朱平芳，上海社会科学院数量经济研究中心主任、研究员，主要研究方向为计量经济学、宏观经济预测分析与政策评价、科技进步评价与分析。

洲标普 200 等指数均创历史新高。截至 9 月 30 日，中国香港恒生指数、中国台湾加权指数、美国纳斯达克指数和标普 500 等指数年内涨幅超过 20%；德国 DAX、日经 225 和道琼斯工业指数年内涨幅也超过 10%；上证综指报收于 3336.50 点，前三季度上涨 12.15%，振幅 24.32%；深证成指报收于 10529.76 点，前三季度上涨 10.55%，振幅 30.17%。

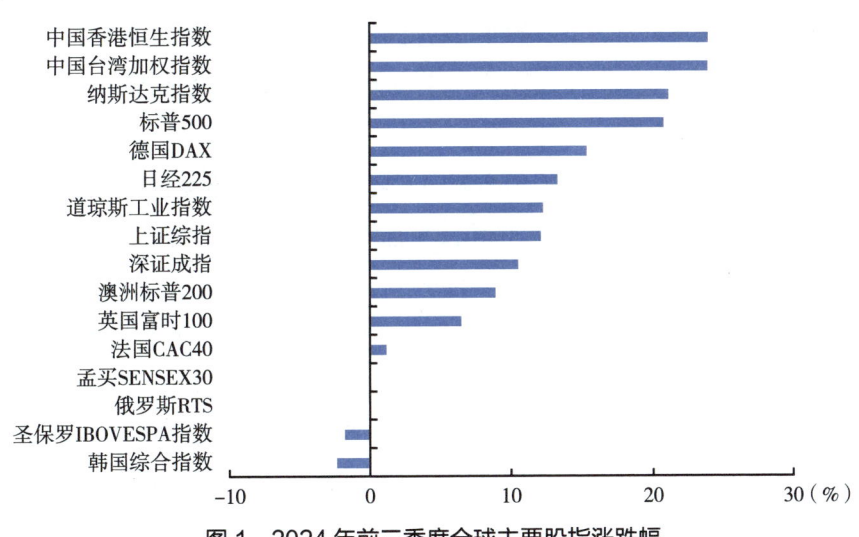

图 1 2024 年前三季度全球主要股指涨跌幅

资料来源：Wind 资讯。

（一）政策"组合拳"提振市场信心，更好服务实体经济行稳致远

2024 年以来，我国资本市场在强有力的密集政策的悉心呵护下，市场交易活跃度逐步走出谷底，投资者信心和市场流动性得到有效提振。面对有效需求不足、企业经营压力较大、重点领域风险隐患较多等诸多挑战，全社会风险偏好不断降低，A 股市场交投一度陷入低迷，5 月 7 日开始连续 97 个交易日成交额不足万亿元，7 月日均成交额降至 6554 亿元，8 月进一步降至不足 6000 亿元，其中 8 月 13 日成交额仅为 4797 亿元，为 2019 年 12 月以来的新低。政府主管部门果断采取一系列措施，1 月暂停限售股出借，优化转融券

机制，7月进一步全面暂停转融券业务，至9月底转融券余额正式清零。首次以规章形式发布的"减持"新规，进一步规范大股东的减持行为，全面封堵可能存在的规则漏洞，严格防范各类"绕道减持"行为，对违规减持采取责令购回并向上市公司上缴价差的措施，明确规定控股股东、实际控制人的减持与上市公司市场表现和分红情况挂钩，对技术性离婚减持、质押违约处置、协议转让赠予、转融通出借减持等各类"花式"减持，全面予以规制，大股东和高管集中减持对市场造成的冲击将得到有效缓解。"量化交易"新规进一步强化对程序化交易监管的适应性和针对性，降低程序化交易的消极影响，切实维护市场交易公平。

9月召开的中共中央政治局会议强调要促进房地产市场止跌回稳，努力提振资本市场。房地产政策持续优化，5月取消首套、二套住房贷款利率政策下限，首套房首付款比例调整为不低于15%，二套调整为不低于25%；9月进一步降低存量房贷利率，统一首套房和二套房的房贷最低首付比例至15%。中央多部门共同推进各地城市政府取消限购、限售、限价以及普通住宅和非普通住宅标准，降低住房公积金贷款利率、首付比例、存量贷款利率以及卖旧买新换购住房税费负担，新增城中村和危旧房改造规模以及"白名单"项目信贷规模，即"四个取消""四个降低""两个增加"。主管部门宣布创设证券、基金、保险公司互换便利以及股票回购、增持专项再贷款，首期额度分别为5000亿元和3000亿元，并在10月正式落地实施，支持符合条件的证券、基金、保险公司以债券、股票ETF、沪深300成分股等资产为抵押，从中国人民银行换入国债、央行票据等高等级流动性资产，引导金融机构向上市公司和主要股东提供贷款，分别支持其回购和增持上市公司股票，推动上市公司积极运用回购、股东增持等工具进行市值管理，通过创设新的货币政策工具支持股票市场稳定发展。在多部门协同发力下，政策"组合拳"为市场注入"强心剂"，9月24日以来，A股市场迅速回暖，在6个交易日内上证指数大涨近600点，9月30日A股成交额突破2.61万元，10月8日达到3.48万亿元，连续刷新历史最高纪录。

2024 年中国股票市场回顾与 2025 年展望

表 1　2024 年金融稳预期、强信心、活市场政策措施

部门	时间	政策措施
国务院	3 月 13 日	《推动大规模设备更新和消费品以旧换新行动方案》
国家发展改革委等	7 月 25 日	《关于加力支持大规模设备更新和消费品以旧换新的若干措施》
财政部	5 月 13 日	《关于公布 2024 年一般国债、超长期特别国债发行有关安排的通知》
中国人民银行	1 月 24 日	下调金融机构存款准备金率和支农支小再贷款、再贴现利率
	4 月 7 日	设立科技创新和技术改造再贷款
	5 月 19 日	《关于调整商业性个人住房贷款利率政策的通知》《关于下调个人住房公积金贷款利率的通知》
	9 月 24 日	宣布创设证券、基金、保险公司互换便利和股票回购增持再贷款
	9 月 27 日	下调金融机构存款准备金率
	9 月 29 日	完善商业性个人住房贷款利率定价机制，基于市场化原则自主协商、动态调整存量房贷利率
中国人民银行、国家金融监管总局	4 月 3 日	《关于调整汽车贷款有关政策的通知》
	5 月 17 日	《关于调整个人住房贷款最低首付款比例政策的通知》
	9 月 24 日	《关于优化个人住房贷款最低首付款比例政策的通知》
中国证监会	2 月 4 日	依法从严打击欺诈发行、财务造假等信息披露违法行为
	2 月 5 日	严惩操纵市场恶意做空，切实维护市场稳定运行 就股票质押有关情况答记者问 就"两融"融资业务有关情况答记者问 召开推动上市公司提升投资价值专题座谈会 召开支持上市公司并购重组座谈会
	2 月 6 日	就中央汇金公司增持公告答记者问 就"两融"融券业务有关情况答记者问
	4 月 12 日	《上市公司股东减持股份管理办法（征求意见稿）》 《上市公司董事、监事和高级管理人员所持本公司股份及其变动管理规则（修订征求意见稿）》《证券市场程序化交易管理规定（试行）（征求意见稿）》
	5 月 31 日	对恒大地产债券欺诈发行及信息披露违法案作出处罚决定
	6 月 6 日	就近期上市公司股票被实施 ST、退市情况答记者问
	6 月 16 日	就融券与转融券有关情况答记者问
	6 月 29 日	《关于进一步做好资本市场财务造假综合惩防工作的意见》
	7 月 5 日	严肃查处 5 起上市公司财务造假等信息披露违法案件
	7 月 10 日	就程序化交易监管进展情况答记者问 依法批准暂停转融券业务，进一步强化融券逆周期调节

续表

部门	时间	政策措施
上交所、深交所、北交所	4月12日	落实程序化交易管理规定相关要求，持续完善程序化交易监管安排
	6月7日	《程序化交易管理实施细则（征求意见稿）》

资料来源：公开政策文件。

总的来看，2024年前三季度A股每日平均成交额为7969亿元，相较于2023年同期的8910亿元和2022年同期的9462亿元的日均成交额进一步回落，区间换手率大幅下降至523.52%，创下2005年股权分置改革以来的新低。沪深两市总市值和流通市值较上年年末略有增长，分别达到84.3万亿元和76.3万亿元左右。新股发行速度大幅降低，募集资金规模也相应回落，截至2024年9月A股发行新股69只，低于上年同期的264只发行数量，上市公司总数达到5354家，新股募集资金总额从上年同期的3236亿元降至479亿元，占A股流通市值的比重从0.47%下降至0.063%。全面注册制下新股上市5个交易日平均涨幅为-10.54%，较上年同期的-5.08%进一步降低，"打新"的套利空间不断缩小。

表2 2019年至2024年前三季度股票市场融资统计

单位：家，亿元

年份	融资合计 募集家数	融资合计 募集资金	IPO 首发家数	IPO 首发募集资金	增发 增发家数	增发 增发募集资金	可转债 可转债家数	可转债 可转债募集资金
2024年前三季度	225	2316.42	69	478.68	103	1194.85	40	349.20
2023年	818	11344.30	313	3565.390	331	5789.512	138	1405.745
2022年	983	16881.88	428	5868.856	355	7229.238	153	2735.584
2021年	1219	18178.85	524	5426.430	527	9083.69	127	2743.850
2020年	1103	16776.04	396	4699.630	362	8341.37	206	2475.250
2019年	660	15424.31	203	2532.480	251	6887.70	106	2477.810

注：截至2024年9月30日。
资料来源：Wind资讯。

（二）强监管防风险扎实推进，资本市场高质量发展不断向前

党的二十届三中全会提出要健全投资和融资相协调的资本市场功能，防风险、强监管，促进资本市场健康稳定发展。继 2004 年和 2014 年"国九条"后，国务院再次出台资本市场指导性文件，资本市场迎来第三个"国九条"，为资本市场明确了发展目标，即在未来 5 年，基本形成资本市场高质量发展的总体框架，到 2035 年，基本建成具有高度适应性、竞争力、普惠性的资本市场，到 21 世纪中叶，资本市场治理体系和治理能力现代化水平进一步提高，建成与金融强国相匹配的高质量资本市场。新"国九条"严把发行上市准入关，严格上市公司持续监管，加大退市监管力度，加强证券基金机构监管，推动行业回归本源、做优做强，加强交易监管，增强资本市场的内在稳定性，大力推动中长期资金入市，持续壮大长期投资力量，进一步全面深化改革开放，更好服务高质量发展，推动形成促进资本市场高质量发展的合力，擘画了我国资本市场高质量发展的战略蓝图。

为贯彻落实新"国九条"精神，推动资本市场"1+N"政策体系形成和落地实施，主管部门围绕发行监管、上市公司监管、证券公司监管、交易监管、退市制度等多个方面制定出台配套政策文件和制度规则，"1+N"政策体系以强监管、防风险、促高质量发展为主线，以完善资本市场基础制度为重点。在发行监管方面，主板、科创板、创业板上市门槛均大幅提高，对申报科创板企业的研发投入金额、发明专利数量及营业收入增长率设置更高标准，强化衡量科研投入、科研成果和成长性等指标要求，进一步引导中介机构提高申报企业质量，凸显科创板"硬科技"特色。在证券公司监管方面，发挥上市证券公司推动行业高质量发展的引领示范作用，督促公司端正经营理念，把功能性放在首要位置，聚焦服务实体经济和居民财富管理等主责主业。在退市制度方面，加大对"僵尸空壳"和"害群之马"的出清力度，削减"壳"资源价值，严格强制退市标准，提高亏损公司的营业收入退市指标，加大绩差公司退市力度。

表3　2024年金融领域全面深化改革政策措施

部门	时间	政策措施
国务院	4月12日	《关于加强监管防范风险推动资本市场高质量发展的若干意见》
	6月15日	《促进创业投资高质量发展的若干政策措施》
	9月8日	《关于加强监管防范风险推动保险业高质量发展的若干意见》
中国人民银行等	1月24日	"债券通"债券纳入香港金融管理局人民币流动资金安排合资格抵押品名单
	3月15日	《征信投诉办理规程》
	4月17日	《关于进一步优化商业领域支付服务 提升支付便利性的通知》
	5月11日	召开绿色金融服务美丽中国建设工作座谈会
	6月28日	《关于扎实做好科技金融大文章的工作方案》
	7月26日	《境外机构投资者境内证券期货投资资金管理规定》
	7月9日	《非银行支付机构监督管理条例实施细则》
	8月5日	《关于开展学习运用"千万工程"经验 加强金融支持乡村全面振兴专项行动的通知》
	8月27日	《关于进一步做好金融支持长江经济带绿色低碳高质量发展的指导意见》
国家金融监督管理总局等	1月5日	《金融租赁公司管理办法（征求意见稿）》
	1月5日	《关于加强科技型企业全生命周期金融服务的通知》
	2月8日	《汽车金融公司监管评级办法》
	3月18日	《人身保险公司监管评级办法》《消费金融公司管理办法》
	3月22日	《银团贷款业务管理办法（征求意见稿）》
	4月11日	《反保险欺诈工作办法（征求意见稿）》
	4月3日	《关于深化制造业金融服务 助力推进新型工业化的通知》
	4月29日	《关于促进企业集团财务公司规范健康发展 提升监管效的指导意见》
	5月9日	《关于银行业保险业做好金融"五篇大文章"的指导意见》
	5月29日	《关于推进普惠保险高质量发展的指导意见》
	7月22日	《反保险欺诈工作办法》
	8月2日	《保险资产风险分类办法（征求意见稿）》
	8月16日	《金融机构合规管理办法（征求意见稿）》
	9月24日	《关于做好续贷工作 提高小微企业金融服务水平的通知》
	9月10日	《关于部分非银机构差异化适用公司治理等相关监管规定的通知》

续表

部门	时间	政策措施
中国证监会	3月15日	《关于严把发行上市准入关从源头上提高上市公司质量的意见（试行）》 《关于加强上市公司监管的意见（试行）》 《关于加强证券公司和公募基金监管加快推进建设一流投资银行和投资机构的意见（试行）》 《关于落实政治过硬能力过硬作风过硬标准全面加强证监会系统自身建设的意见》 《首发企业现场检查规定》 修订实施《首次公开发行股票并上市辅导监管规定》
	4月12日	《关于严格执行退市制度的意见》 修订《关于加强上市证券公司监管的规定》 《关于修改〈科创属性评价指引（试行）〉的决定》 《关于修改〈中国证监会随机抽查事项清单〉的决定》
	4月19日	《资本市场服务科技企业高水平发展的十六项措施》 《公开募集证券投资基金证券交易费用管理规定》
	4月26日	《证监会系统离职人员入股拟上市企业监管规定（试行）》
	6月7日	《中国证监会行政处罚裁量基本规则（征求意见稿）》
	6月14日	《香港互认基金管理规定（修订草案征求意见稿）》
	6月19日	《关于深化科创板改革 服务科技创新和新质生产力发展的八条措施》
	7月5日	召开资本市场做好金融"五篇大文章"专题座谈会
	9月24日	《关于深化上市公司并购重组市场改革的意见》 《上市公司监管指引第10号——市值管理（征求意见稿）》
	9月26日	《关于推动中长期资金入市的指导意见》
上交所、深交所、北交所	4月12日	《上市公司自律监管指引——可持续发展报告（试行）》 调整沪深港通交易信息披露机制 就加强IPO企业分红监管有关考虑答记者问
	4月19日	就扩大深沪港通ETF范围达成共识
	4月30日	发布《股票发行上市审核规则》等业务规则

资本市场更好服务科技创新、促进新质生产力发展的政策体系不断健全。主管部门从上市融资、并购重组、债券发行、私募投资等全方位提出支持性举措，建立融资"绿色通道"，支持科技型企业股权融资，加强债券市场的精

准支持，完善支持科技创新配套制度。特别是科创板设立并试点注册制以来，在支持高水平科技自立自强、促进完善资本市场基础制度等方面作出了积极贡献。为进一步积极发挥科创板"试验田"作用、促进新质生产力发展，将开展深化发行承销制度试点，优化科创板上市公司股债融资制度。上市公司并购重组改革不断深化，为进一步激发并购重组活力，上市公司向新质生产力方向转型升级将得到政策支持，鼓励上市公司加强产业整合，进一步提高监管包容度，提升重组市场交易效率，提升中介机构服务水平。

香港国际金融中心地位持续得到巩固，两地资本市场协同发展，沪深港通下股票 ETF 合资格产品范围进一步放宽，REITs 纳入沪深港通，人民币股票交易柜台纳入港股通，基金互认安排得到优化，内地行业龙头企业赴香港上市获得重点支持。为进一步优化沪深港通机制，保证市场整体信息披露的一致性，北向资金信息披露机制迎来调整，沪股通和深股通交易信息不再实时披露，单只证券沪深股通投资者合计持有数量及各香港结算参与者持有数量按季度公布。2024 年前三季度，沪股通和深股通累计净买入额总体维持在 18000 亿元左右的水平，"南下"资金规模保持稳定增长态势，港股通累计净买入额从 2023 年底的 28899 亿港元一路增长至 2024 年 9 月底的 33935 亿港元。

图 2 沪股通、深股通累计净买入额

资料来源：Wind 资讯。

（三）中长期资金持续入市，主动拥抱新质生产力发展

中长期资金持续入市取得阶段性成果，截至2024年8月底，权益类公募基金、保险资金、各类养老金等专业机构投资者合计持有A股流通市值接近15万亿元，较2019年初增长了1倍以上，占A股流通市值的比例从17%提高到22.2%，特别是全国社保基金保持增持态势，中央汇金公司也持续加大对主要股指ETF的增持力度，充分体现了国家投资机构对A股市场投资价值的高度认同。2024年前三季度，沪深300指数年内上涨17.10%，创业板指年内上涨15.00%。分行业看，28个行业指数中有16个上涨，其中"非银金融""银行""家用电器""通信""公用事业""交通运输""有色金属""汽车"等行业指数涨幅超过10%，而"综合""纺织服装""轻工制造""医药生物""计算机""农林牧渔"等行业指数跌幅超过5%。总体来看，在中长期资金入市的拉动下，银行等红利板块表现亮眼，房地产等板块呈现出"困境反转"态势，在增量资金跑步入场的加持下，消费、医药等机构重仓股有所起色，而在培育发展新质生产力的各项政策带动下，科技股估值水平也稳步提升。从估值来看，由于流动性和市场预期的好转，A股整体的市盈率（TTM整体法，下同）从2023年末的16.68倍升至18.47倍，而剔除金融板块的A股市盈率则从25.59倍降至24.99倍，沪深300的估值从10.85倍升至13.26倍，创业板的估值从46.54倍升至53.07倍，科创板估值从77.96倍升至97.79倍。

上证指数在2024年2月初一度跌破2700点后反弹至5月的3100点以上，而后一路阴跌，在9月中旬再次跌破2700点，而后迅速收复3000点和3200点整数关口。上证指数前三季度振幅创2021年以来的新高，以上证50为代表的大盘股表现明显好于以中证500为代表的中小盘股。股票型ETF发行份额从2023年末的1.37亿份增长至1.73亿份，资产净值从1.45万亿元增长至2.74万亿元，沪深300ETF首次出现单只规模超3000亿元的基金产品，上证50ETF和中证500ETF出现单只规模超1000亿元的基金产品，

科创50ETF、创业板ETF和中证1000ETF也出现单只规模超500亿元的基金产品。

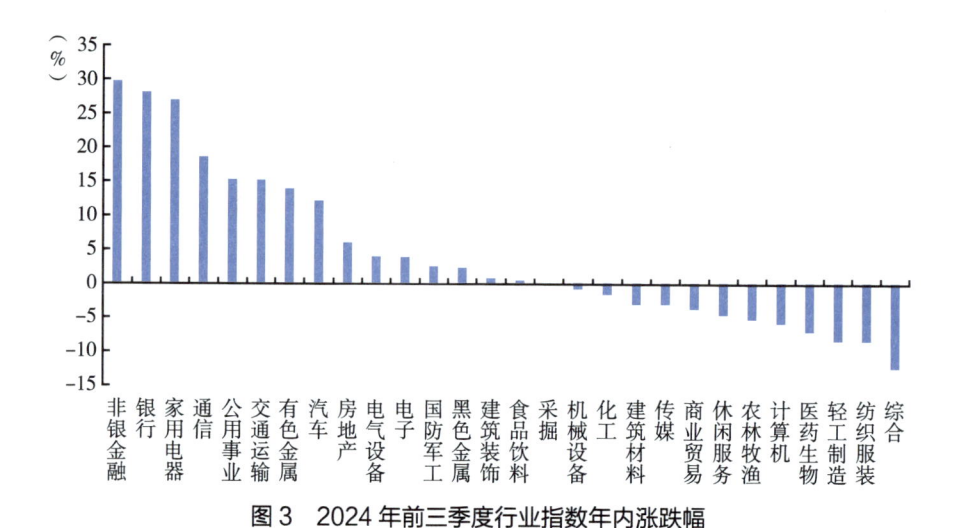

图3 2024年前三季度行业指数年内涨跌幅

资料来源：Wind资讯。

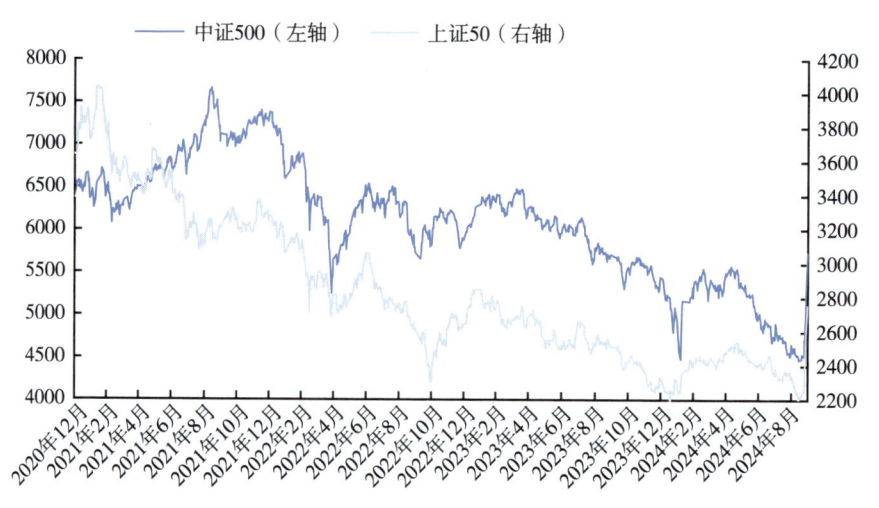

图4 2020年12月至2024年8月A股市场运行情况

资料来源：Wind资讯。

二 中国股票市场运行的宏观经济逻辑

（一）深入挖掘内需潜力，稳定预期增强信心

2024年我国经济运行开局呈现回升向好态势，2024年一季度GDP同比增长5.3%，其中二产增长6.0%，三产增长5.0%。但是外部环境变化带来的不利影响加大，国内有效需求不足，经济运行出现分化，重点领域风险隐患仍然较多，新旧动能转换存在阵痛，二季度GDP同比增长4.7%，其中二产增长5.6%，三产增长4.2%。在经济运行总体平稳、稳中有进的过程中，也出现了一些新的情况和问题，需要全面客观冷静予以看待，三季度GDP同比增长4.6%，其中二产增长4.6%，三产增长4.8%。总体来看，房地产市场和资本市场对于稳住社会预期和提振信心的重要性愈发凸显，特别是财富效应对于居民消费的影响加大，供给和需求的不平衡在外向型制造业和服务消费领域仍然较为突出，需要有效落实存量政策，加力推出增量政策。党的二十届三中全会明确指出必须完善宏观调控制度体系，统筹推进财税、金融等重点领域的改革，增强宏观政策取向一致性。

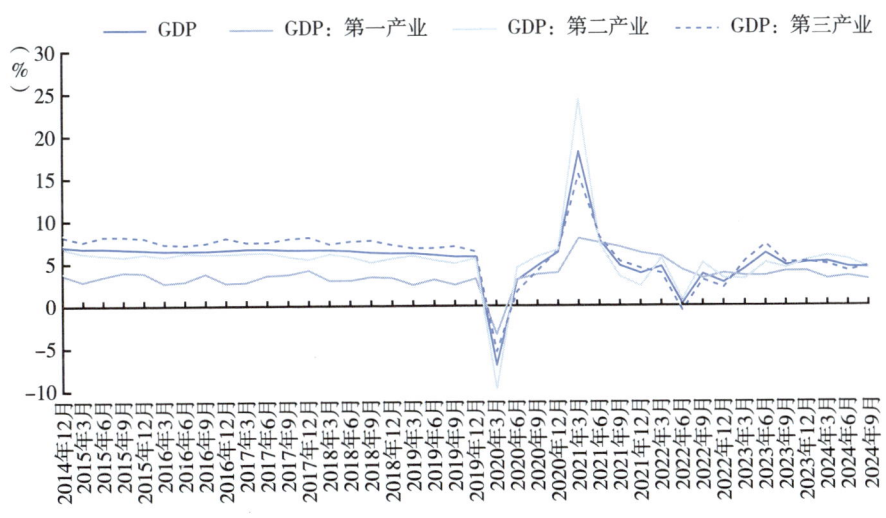

图5 2014年12月至2024年9月GDP增长率（当季同比）

资料来源：Wind资讯。

工业企业自2024年2月以来营收和利润增速呈现震荡下行态势，而库存增速则有所提升。PPI自2022年10月以来已连续24个月为负，考虑到2023年工业企业利润增速的基数较低，工业品出厂价格持续走低说明制造业总体面临较大的需求不足压力。民营企业表现总体好于国有企业，民营企业利润增速自2023年6月以来已连续14个月高于国有企业。9月PPI同比下降2.8%，降幅连续三个月走扩，工业企业利润总额累计同比增速从2月的10.2%降至8月的0.5%，2023年从2月的-22.9%升至8月的-11.7%，其中采矿业利润总额累计同比增速从2月的-21.1%回升至8月的-9.2%，制造业从17.4%降至1.1%，国有及国有控股工业企业从0.5%降至-1.3%，私营工业企业从12.7%降至2.6%。如果以利润总额累计值计算同比增速，1~8月国有及国有控股工业企业同比下降2.2%，私营工业企业同比增长1.3%。与累计同比增速相比，国有企业增速降低0.9个百分点，私营企业增速降低1.3个百分点，私营企业两者的增速差距相比2023年同期减少10.6个百分点，说明大中型民营企业的经营状况较上年有所好转。

工业企业杠杆率总体略有增加，8月制造业企业资产负债率升至57.1%，较上年同期增长0.2个百分点，但内部结构出现分化，国有及国有控股工业企业资产负债率为57.4%，较上年同期下降0.3个百分点；股份制工业企业为58.7%，较上年同期增加0.3个百分点；私营企业资产负债率为59.3%，较上年同期减少1个百分点。2024年降低实体经济企业成本工作持续推进，重点在于提高税费优惠政策的针对性、有效性，提升金融服务实体经济的质效，持续降低制度性交易成本，缓解企业人工成本压力，降低企业用地原材料成本，推进物流提质增效降本，激励企业内部挖潜。2024年以来，结构性减税降费政策效果显著，为新质生产力的发展提供了有力支撑，前八个月支持科技创新和制造业发展的主要政策带动减税降费及退税超过1.8万亿元。

居民部门的杠杆率上升速度连续第三年放缓。2024年前三季度，居民新增短期贷款0.40万亿元，新增中长期贷款1.54万亿元，居民新增贷款规模相比上年同期减少1.91万亿元，为2012年以来的新低。2024年2月和4月居民新增短期和中长期贷款均降为负值，说明居民提前还款的行为仍在继

图6 工业企业主要经营数据

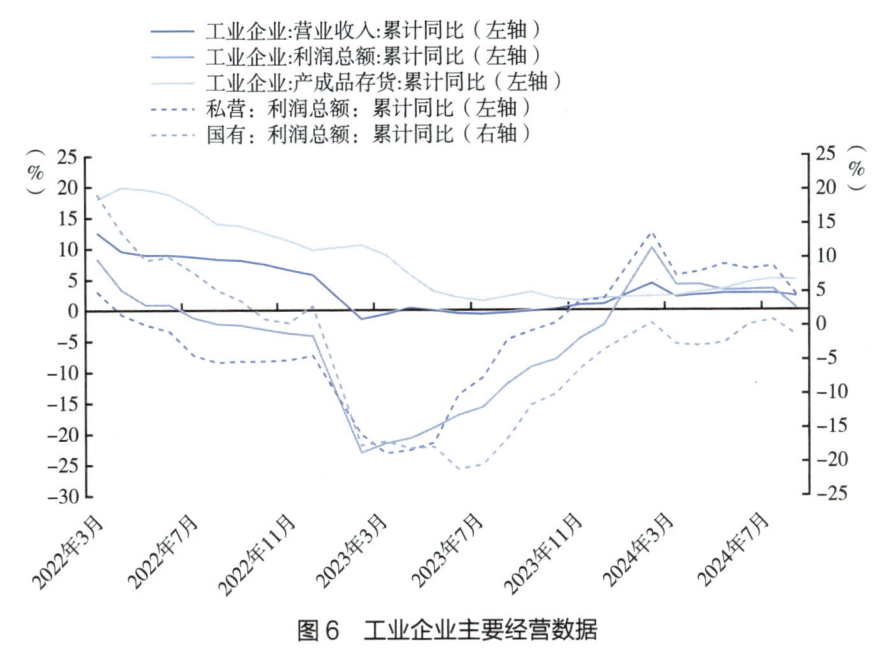

资料来源：Wind资讯。

续，二季度个人购房贷款余额减少4000亿元，为连续第五个季度下降。尽管房地产政策已经多次进行了调整和优化，各个城市纷纷取消限购、限售、限价以及降低房贷利率和首付比例，但构建房地产发展新模式仍需要一定时间，居民部门对于房价预期的扭转不是一蹴而就的。前三季度房地产开发投资同比下降10.1%，商品房销售面积同比下降17.1%，商品房销售额同比下降22.7%。提振社会消费的压力仍然较大，社会消费品零售总额当月同比增速在2月达到5.5%后持续下滑，连续七个月增速不及4%，8月一度降至2.1%，9月小幅回升至3.2%。前三季度城镇居民人均消费性支出实际累计同比增长4.8%，较上年同期的8.1%有明显下降，居民部门的消费意愿与消费能力均亟待提升。新能源汽车对消费的带动作用不断加大，前三季度新能源汽车累计销量达到832万辆，同比增长33.8%。猪肉价格在基数效应影响下，从5月开始不断走高，9月猪肉CPI同比增长16.2%，对CPI起到了关键的支撑作用，但剔除食品和能源的核心CPI同比增长仅为0.1%，连续7个月不足1%。

171

31个大城市城镇调查失业率从年初的4.9%震荡上行至8月的5.4%，9月降至5.1%，不含在校生的16~24岁就业人员调查失业率从年初的14.9%增长至8月的18.8%，9月降至17.6%，青年人就业压力依然较大。

（二）全球发达经济体进入降息周期，朝着经济"软着陆"迈进

2024年发达经济体在高利率的影响下，通胀水平得到控制，但失业率的不断攀升引起了市场对经济"硬着陆"的担忧，乌克兰危机对欧洲制造业以及能源价格的冲击逐步减弱，但中东地缘冲突的加剧对全球供应链和大宗商品价格带来扰动。美国经济增速保持在3%左右的水平，一季度和二季度GDP环比（折年）增长分别为2.90%和3.04%，失业率在前四个月保持在4%以内，而后不断走高，7月升至4.3%，8~9月尽管有所降低，但仍在4%以上。美国失业率连续5个月保持在4%以上，为2021年11月以来首次，而CPI则持续回落，从3月的3.5%降低至9月的2.4%，连续6个月稳步降低，并且从7月开始降至3%以内，为2021年3月以来首次。美国制造业景气指数震荡走低，美国供应商协会（ISM）制造业PMI在3月达到50.3后，一路降低至9月的47.2，连续6个月低于荣枯线水平。而美国服务业景气度则相对保持较高水平，但也出现个别月份低于荣枯线的现象，美国供应商协会（ISM）非制造业PMI在4月降至49.4，为2022年12月以来的新低，而后在6月又进一步降至48.8，上半年有两个月低于荣枯线，为2020年以来首次。欧洲经济有所企稳，作为欧洲经济的"火车头"，德国一季度和二季度GDP同比增速分别为-0.8%和0.3%，而同期欧元区GDP同比增速分别为0.2%和0.7%。欧元区9月调和CPI同比增长1.7%，为2021年6月以来首次低于2%，8月PPI同比下降2.3%，连续16个月同比下降。欧洲制造业景气度持续低迷，欧元区制造业PMI自2022年7月以来已连续27个月低于荣枯线水平，2024年前三季度制造业PMI平均仅为46.1，服务业景气度相对较好，自2024年2月以来连续8个月保持在荣枯线以上。

2024年3月21日，瑞士央行出人意料地宣布降息25个基点至1.50%，正式打响发达经济体降息"第一枪"。6月5日加拿大央行宣布降息25个基点，

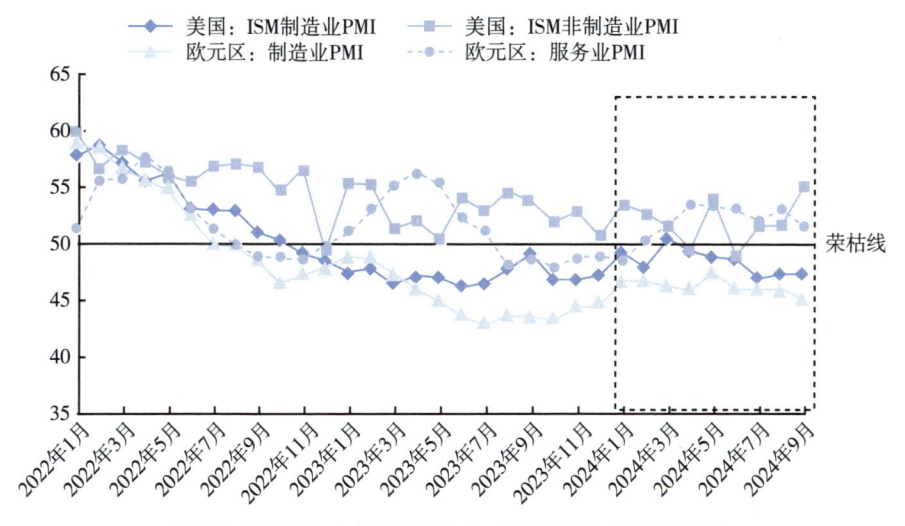

图7　2022年1月至2024年9月美国和欧元区PMI

资料来源：Wind资讯。

将基准利率由5%下调到4.75%，而后在7月24日和9月4日分别进行了年内第二次和第三次降息，降幅均为25个基点。欧洲央行紧随其后，在6月6日将欧元区主要再融资利率、边际贷款便利利率及边际存款便利利率等三大关键政策利率同时下调25个基点，标志着欧洲央行正式结束了持续两年的加息周期；9月12日欧洲央行年内第二次降息，主要再融资利率和边际贷款便利利率下调60个基点，边际存款便利利率下调25个基点；10月17日欧洲央行年内第三次降息，主要再融资利率、边际贷款便利利率及边际存款便利利率三大利率均下调25个基点，分别至3.40%、3.65%和3.25%。英国央行在8月1日宣布降息25个基点，基准利率下调至5%。新西兰央行8月14日宣布降息25个基点至5.25%，为2020年3月以来的首次，而后在10月9日再次宣布降息50个基点至4.75%。在新兴经济体中，墨西哥央行和秘鲁央行在8月和9月连续降息两次共计50个基点，智利央行也在9月降息25个基点。

美联储在2022年和2023年连续11次加息后，美国联邦基金目标利率在2023年7月上升至5.25%~5.50%，而后一直保持在2001年4月以来的最高水平上，但随着通胀的走低，特别是美国劳动力市场在7月和8月出现显著恶化，新增非农就业大幅下降，美联储在9月18日宣布降息50个基点，超过市场预期的25个基点，美国联邦基金目标利率降至4.75%~5.00%，预计年内还有一次25~50个基点的降息，2025年全年预计降息100个基点，2026年预计降息50个基点，疫情对美国就业和通胀的影响阶段正式结束。在资产负债方面，美联储维持缩表节奏不变，2024年前三季度缩表超6000亿美元。随着美国开启四年以来的首次降息，部分发展中国家也紧随其后，印尼央行在9月18日宣布将基准利率下调25个基点至6%，为2021年2月以来首次。南非央行在9月19日宣布将基准利率下调25个基点至8%，为2020年7月以来首次，同日，沙特央行也宣布将基准利率下调50个基点至5.5%，科威特、巴林、阿联酋、卡塔尔等海湾国家均不同程度地下调了基准利率。但是，仍有少部分国家选择逆势加息，日本央行在7月31日宣布加息15个基点，政策利率由0%~0.1%提高至0.15%~0.25%；巴西央行在9月18日宣布将利率上调25个基点至10.75%，为自2022年8月以来的首次加息。美国十年期国债收益率震荡下行，从4月4.70%的高点一路下行至9月中旬的3.62%，与中国十年期国债收益率的差距逐渐缩小，美元兑人民币汇率保持相对稳定，总体维持在7.10左右的水平上。

图8 2022年1月至2024年9月中美十年期国债收益率及美元兑人民币汇率走势

资料来源：Wind资讯。

由于全球经济发展前景仍不明朗，叠加降息周期，在金融属性、货币属性、避险属性和商品属性的共同作用下，黄金价格屡创历史新高，前三季度CMX黄金上涨27.12%，白银上涨30.47%，LME铜上涨15.26%，LME铝上涨9.27%，而能源市场表现出现分化，布伦特油下跌6.85%，纽约天然气上涨15.75%，纽卡斯尔动力煤上涨9.60%。波罗的海干散货指数大幅震荡，自2023年底的2100点快速下行至1月中旬的1357点，而后反弹至3月中旬的2392点，随后下滑至4月中旬的1587点，而后在1500~2200点之间震荡。上海出口集装箱运价指数从年初的1897点增长至7月的3734点，而后震荡下行至9月底的2135点。

（三）坚持支持性的货币政策立场和政策取向，着力释放总量政策效果

2024年央行坚持支持性的货币政策立场，加大货币政策调控强度，提高货币政策调控的精准性，合理把握信贷与债券两大市场的关系，把维护价格稳定、推动价格温和回升作为把握货币政策的重要考量，综合运用下调存款准备金率、降低政策利率、引导贷款市场报价利率下行等多种总量货币政策工具组合，营造良好的货币金融环境，支持实体经济稳定增长。央行在年内两次降准，2月和9月均全面下调存款准备金率0.5个百分点，加权金融存款准备金率降至6.6%左右，共释放中长期流动性超两万亿元。央行调整公开市场操作招标方式，强化公开市场7天期回购操作利率的主要政策利率属性，增加午后临时正、逆回购操作，引导市场利率更好地围绕政策利率中枢平稳运行。7天期逆回购操作利率在7月下调10个基点的基础上，9月继续下调20个基点至1.5%，中期借贷便利利率两次分别下调20个和30个基点至2%。货币市场短期资金成本持续下行，3个月Shibor从年初的2.55%下降至9月末的1.84%，银行间市场7天期回购利率（DR007）也从年初的1.9%左右下降至8月初的1.7%左右。央行年内三次引导贷款市场报价利率（LPR）稳步下行，2月5年期LPR单独下调25个基点至3.95%，7月1年期LPR和5年期LPR均下调10个基点，10月两者再次下调25个基点分别至3.10%和3.60%。

经济蓝皮书

6月新发放贷款加权平均利率为3.68%，同比下降51个基点，其中企业贷款加权平均利率为3.63%，同比下降32个基点，处于历史最低水平。面对债券市场的持续走强，特别是十年期国债收益率下半年来连破2.2%和2.1%的重要关口，创20年来新低，明显偏离合理中枢水平，央行在7月开展国债借入操作，维护债券市场稳健运行。

金融总量保持合理增长，9月末社会融资规模存量和M2同比分别增长8.0%和6.8%，前三季度新增贷款16万亿元，在规范"手工补息"和整治"资金空转"等金融数据"挤水分"的影响下，M1同比增速在4月转负，9月同比下降7.4%。

央行持续发挥货币政策的结构优化作用，加大科技金融支持力度，做好普惠金融工作，保持绿色金融领域支持力度，4月新设立5000亿元科技创新和技术改造再贷款，6月末，全国支农支小再贷款余额为2.38万亿元，碳减排支持工具余额为5478亿元，支持煤炭清洁高效利用专项再贷款余额为2194亿元。央行在5月设立3000亿元保障性住房再贷款，并在9月把中央银行资金的支持比例由原来的60%提高到100%，同时引导商业银行降低存量房贷利率，符合相应条件的存量住房贷款利率在10月25日统一调整为不低于

图9　2020年1月至2024年9月短期资金利率水平和产业债信用利差

资料来源：Wind资讯。

LPR 减 30 个基点，预计平均下降幅度在 0.5 个百分点左右，惠及 5000 万户家庭，每年减少家庭的利息支出约 1500 亿元。

三　2025 年中国股票市场展望

展望 2025 年，高质量发展作为新时代的硬道理，是全面建设社会主义现代化国家的首要任务，体现了中国式现代化的本质要求，中国资本市场只有服务好高质量发展这个大局，建立健全与经济高质量发展相适配的市场体系和制度机制，才能实现自身的高质量发展。资本市场在促进创新资本形成、助力产业转型升级、完善社会财富管理、稳定社会心理预期等方面发挥着独特而关键的作用。在纷繁复杂的国内外形势下，资本市场的风险管理不可忽视。在货币政策和财政政策的共同支持下，在 2024 年新"国九条"以及资本市场"1+N"系列政策文件的指引下，随着我国经济稳步回升向好，经济高质量发展势头不断巩固，投资者信心将不断增强，资本市场的活跃度也将迈上新的台阶。

从估值来看，2024 年 9 月底上证 A 股的市盈率（TTM，下同）为 14.77 倍，居历史月份第 278 位，处在历史数据 69.5% 的分位数位置；深证 A 股的市盈率为 35.18 倍，居历史月份第 243 位，处在历史数据 61.21% 的分位数位置；沪深 300 的市盈率为 13.26 倍，居历史月份第 110 位，处在历史数据 47.01% 的分位数位置；创业板的市盈率为 53.07 倍，居历史月份第 112 位，处在历史数据 62.22% 的分位数位置；科创板的市盈率为 97.79 倍，居历史月份第 9 位，处在历史数据 14.29% 的分位数位置。科创板和创业板已经逐步获得了资金的认可，估值水平较上年同期相比有较大提升，主板估值水平的抬升紧随其后，但均有较大的上升空间。总体来看，2025 年有望成为投资者近年来最为适宜的投资布局时机。

一方面，把握中长期资金入市的战略性机遇。随着居民财富管理、资产配置和养老投资需求的不断增加，中长期资金参与资本市场改革发展迎来难得机遇。围绕"长钱更多、长钱更长、回报更优"的总体目标，中长期资金

以多元化的资产配置与专业的风险管理，能够有效应对市场波动，为中国资本市场发展提供重要支撑。随着商业保险资金、各类养老金等中长期资金三年以上长周期考核机制的建立健全，中长期资金入市的各类堵点痛点将被打通。机构投资者作为理性投资、价值投资、长期投资的标杆性力量，发挥着市场运行"稳定器"和经济发展"助推器"的关键作用。宽基ETF等指数化权益类公募基金产品已经成为中长期资金入市的重要投资标的，特别是中证A500ETF的发行上市，为投资者提供了更加多元的投资组合。中证A500指数采用"三级行业全覆盖、一级行业再平衡"的编制方法，同时剔除ESG评级在C以下的证券并限制个股权重上限，汇集了各细分行业的大小龙头企业，使得指数行业权重分布更加接近于全市场行业分布。A500行业中性特征所带来的优势会在市场波动率放大或者板块轮动速度加快时进一步增强，中证A500指数成分股在盈利能力和成长性方面表现优异，具有高净资产回报率和高自由现金流的风格，使得指数拥有更强的可投资性。随着上市公司治理能力的提升以及分红、回购力度的加强，以中证A500ETF为代表的宽基指数型基金，在政策利好中长期资金持续入市的背景下，具有较高的投资价值。

另一方面，重视并购重组对产业整合与提质增效的巨大价值。并购重组对我国资本市场投融资协调发展具有重要意义，资本市场也是企业并购重组的最主要渠道。并购重组是企业应对新一轮科技革命和产业变革的有效策略，也是助推企业跨越式发展的关键战略，并购重组能够提升上市公司经营效率和盈利能力，实现产业结构升级与产能出清，为上市公司履行市值管理责任提供帮助。通过整合上下游企业或同一行业内的竞争对手，减少内部重复性投资、优化生产流程和供应链管理，实现资源配置优化和规模效应提升。在监管包容度、支付灵活性和审核效率方面，并购重组都得到了政策的有力赋能。为顺应产业发展规律，对并购重组形成的同业竞争和关联交易的包容度得到了适度提高，对突破关键核心技术的科技型企业并购重组也采用了"小额快速"等"绿色通道"审核机制。传统产业转型升级的并购重组以及新兴产业、未来产业培育发展的并购重组值得重点关注，特别是头部上市公司立足主业，加大对产业链上市公司的整合力度，能够通过同行业、上下游的吸收合并有效提升产业集中度，围绕产业转型升级、寻求第二增长曲线等需求开展符合商业逻辑的跨行业并购，加快向新质生产力转型步伐，有望获得增量资金的持续关注。科创板、创业板上市公司通过收购优质未盈利资产实现补链强链以及关键技术水平的提升，尤其是集成电路、生物医药、人工智能等硬科技领域，有望获得战略资本的青睐。

总体来看，随着市场底和情绪底的确认，2025年A股市场大概率将迎来政策面、资金面和基本面的共振，驱动市场中枢向上的力量正在逐步累积放大，通过合理有效的预期管理与风险管控，市场参与者在长期投资和价值投资理念的引领下，有更加充分的理由看多做多，我国资本市场的长期投资回报率有望稳步提升。

参考文献

《中共中央关于进一步全面深化改革 推进中国式现代化的决定》，https://www.gov.cn/zhengce/202407/content_6963770.htm，2024年7月18日。

国家发展改革委办公厅、工业和信息化部办公厅、财政部办公厅、中国人民银行办公厅：《关于做好2024年降成本重点工作的通知》，https://www.gov.cn/zhengce/zhengceku/202405/content_6953179.htm，2024年5月13日。

《国务院新闻办举行发布会 介绍金融支持经济高质量发展有关情况》，https://www.gov.cn/lianbo/fabu/202409/content_6976186.htm，2024年9月24日。

中国人民银行货币政策分析小组：《2024年第二季度中国货币政策执行报告》，2024年8月。

产业运行与高质量发展

B.10 2024年中国农业经济形势分析与2025年展望

张海鹏 全世文 乔慧 史雨星[*]

摘 要： 2024年，面对复杂严峻的外部环境，中国农业经济克服了黄淮罕见"烂场雨"、国际农产品价格下行等不利因素，延续稳中向好、稳中提质的发展态势。全年粮食再获丰收，产量预计将首次突破1.4万亿斤，"菜篮子"产品供应充裕，肉蛋奶生产稳定，农产品贸易逆差收窄。农产品价格稳中有降，畜产品价格止跌回稳，涉农产业平稳增长，冷链物流规模持续扩大。农民工就业形势好转，城乡居民收入差距进一步缩小，农村居民消费领域不断扩展。2025年，预计中国农业经济继续保持稳中有进的发展态势，粮食等重要农产品供给稳定，市场价格基本稳定，涉农产业增长动能

---

[*] 张海鹏，中国社会科学院农村发展研究所副所长、研究员，主要研究方向为农村发展、城乡关系、林业经济理论与政策等；全世文，中国社会科学院农村发展研究所副研究员，主要研究方向为食物经济管理、农业政策分析、农产品市场与价格等；乔慧，中国社会科学院农村发展研究所助理研究员，主要研究方向为食物经济；史雨星，中国社会科学院农村发展研究所助理研究员，主要研究方向为农业资源与环境经济。

结构性调整，农村居民福祉进一步提高。

关键词： 农业经济　农产品价格　涉农产业　农民收入

一　2024年中国农业经济形势与特征

2024年农林牧渔经济延续上年增速放缓趋势。前三季度，第一产业增加值5773.1亿元，按不变价同比增长3.4%，较上年同期回落0.6个百分点，对GDP的贡献率为4.6%，略低于上年同期水平，仍然高于2019年之前同期贡献率水平。前三季度，第一产业固定资产投资额累计增长2.3%，扭转了上年的负增长趋势。以上年同期为基准，一、二、三季度农产品生产者价格指数分别为96.1、97.1、102.4。三季度价格同比上升主要由猪肉和蔬菜价格上涨驱动。粮食等重要农产品价格下行压力较大。

（一）粮食和重要农产品供给充足稳定

2024年，全国各地各部门严格落实耕地保护和粮食安全党政同责，加大对粮食生产支持力度，深入实施粮油等主要作物大面积单产提升行动，稳住了粮食播种面积，强化了单产提升对粮食增产的支撑。各地各部门深入贯彻落实大农业观、大食物观，增强重要农产品的生产能力和调控能力，保障了重要农产品的稳定安全供给。

2024年预计全年粮食产量将首次突破1.4万亿斤。首先，夏粮获得丰收。2024年夏粮播种面积总体保持稳定，单产比上年增长2.5%，总产量为14977.9万吨（2995.6亿斤），增长2.5%。其中，小麦播种面积比上年增长0.1%，单产增长2.6%，总产量为13821.6万吨（2764.3亿斤），增长2.7%。夏粮单产增幅较大的原因有：一是气象条件总体有利，全国面上灾害偏轻发生；二是高标准农田建设推动生产条件持续改善；三是国家重点实施的小麦单产提升工程初见成效；四是河南、陕西上年受"烂场雨"影响较大，2024

年实现恢复性增长，对单产增长的贡献较大。其次，早稻生产保持稳定。2024年前三季度早稻播种面积增长0.5%，单产下降1.0%，总产量2817.4万吨（563.5亿斤），下降0.6%。早稻单产下降主要是因为6月以来湖南、江西等大部产区降雨偏多且持续时间较长，早稻遭遇"雨洗禾花"，且长期阴雨寡照天气不利于早稻生长，局部地区发生严重洪涝灾害，导致部分低洼田块成灾或绝收，对早稻生产造成不利影响。最后，秋粮增产的大局已定。截至10月24日，全国秋粮已收82.5%，大头丰收已经完成。从气象条件看，2024年虽然局部气象灾害较重，干旱和洪涝灾害在黄淮、华北以及东北等秋粮主产区频发，超强台风登陆对海南和广东南部影响较大，对局部地区秋粮产量形成负面影响，但是全国面上的农业灾情是近几年较轻的一年，绝大多数省份的秋粮增产，个别省份地区因灾减产。考虑到秋粮播种面积较上年稳中有增，预计2024年秋粮增产已成定局。综合判断，2024年粮食生产有望再创历史新高，将首次跃上1.4万亿斤的台阶。

全国"菜篮子"重点农产品供应充足。生猪产能有序调控。三季度末，全国能繁母猪存栏4062万头，相当于3900万头正常保有量的104.2%，处于产能调控绿色合理空间的上限，产能正常波动。前三季度，全国生猪出栏52030万头，同比下降3.2%；全国猪肉产量达到4240万吨，市场供给稳定充足。牛羊生产保持稳定，禽肉禽蛋产量增加。前三季度，全国牛肉产量532万吨，同比增长4.6%；羊肉产量356万吨，同比下降2.2%；牛奶产量2902万吨，同比略降0.1%。禽肉产量1915万吨，同比增长6.4%；禽蛋产量2642万吨，同比增长3.5%。油菜籽面积、单产、总产实现"三增"。蔬菜水果品类丰富、供给充足。

（二）农产品贸易结构持续优化

农产品进出口规模稳中略降，贸易逆差收窄。2024年国际环境更加复杂严峻，全球贸易保护主义抬头，主要市场增长动能弱、债务负担重，不确定、不稳定因素增多。中国农产品贸易呈现规模稳中略降、逆差有所收窄、结构持续优化的发展格局。前三季度，农产品进出口总额2386.9亿美元，同比下降 4.4%。其中，出口 734.7 亿美元，同比增长 1.9%；进口 1652.2 亿美元，同比下降 6.9%；贸易逆差 917.5 亿美元，同比下降 12.9%。

粮食进口量增长，进口结构呈现"小麦大豆略增、大麦高粱大增、玉米稻米下降"的格局。前三季度，粮食进口量 12713 万吨，同比增长 7.8%，出口量 154 万吨，同比下降 12.3%；进口额 555.2 亿美元，同比下降 10.5%，粮食进口额占农产品进口总额的 33.6%；出口额 10.1 亿美元，同比下降 16.2%，贸易逆差收窄 10.4%。小麦和大豆进口小幅增加，同比分别增长 5.5% 和 8.1%。大豆 8 月进口量达到 1214 万吨，创历史新高，9 月进口量继续保持高位，拉动前三季度进口量同比止降转增。全球大豆丰产导致国际价格下跌是大豆进口增长的主要原因。大麦和高粱进口量大幅增加，同比分别增长 63.3% 和 85.7%，延续年初高位进口态势。中国终止了对澳大利亚大麦的"反倾销、反补贴"政策，来自澳大利亚的大麦进口增加。玉米进口量同比下降 22.5%，主要是因为国内生猪存栏和饲料需求均处于低位，进口需求低迷，也有部分大麦和高粱的进口替代原因。稻谷及大米进口量同比下降 54.2%，主要是国际大米价格高位运行叠加部分国家出口限制措施所致。

肉类进口量下降，进口结构呈现"猪羊禽肉下降、牛肉增长"的格局。前三季度，中国肉类（含杂碎）进口 494 万吨，同比下降 13.4%，已经连续 14 个月同比下降。其中，猪肉及猪杂碎、羊肉和禽肉的进口量分别同比下降 20.5%、16.1% 和 46.0%。猪肉及猪杂碎、羊肉和禽肉进口低迷主要源自季节性需求低迷。牛肉及牛杂碎进口量同比增长 3.5%，主要是前 5 个月进口规模较大，在国内市场供给过剩导致价格下行的压力下，牛肉进口自 6 月以来连续 4 个月同比下降。

在其他重要农产品中，水产品进口下降、出口增长，蔬菜出口增长，水果出口大幅增长，食用植物油进口下降。2024 年前三季度，水产品进口 346 万吨，同比下降 6.4%；出口 293 万吨，同比增长 10.6%。蔬菜及食用菌出口 860 万吨，同比增长 15.5%。干鲜瓜果及坚果进口 623 万吨，同比增长 1.5%；出口 333 万吨，同比增长 41.0%。食用植物油进口 539 万吨，同比下降 24.1%。

（三）粮食价格稳中有降，主要畜产品价格止跌回稳

粮食价格整体小幅下降。需求偏弱是粮价下跌的主要原因。分产品看，玉米、小麦、大豆价格均有不同程度的下降，稻米价格稳中有涨。玉米价格整体震荡下行。春节前农户为变现积极售粮，但养殖需求减弱，玉米价格下跌；3月深加工企业增加库存，推动价格小幅上涨；4月进口玉米到港，供应宽松导致价格下跌；5~6月贸易商减少出货、深加工企业提价补库，价格持续回暖。三季度由于养殖业淡季需求疲软、贸易商库存高企，价格再度下行。小麦价格整体震荡下行。一季度因制粉需求低迷和库存高企，企业压价收购，小麦价格稳中有降；节后企业建库和天气因素导致价格短暂反弹，元宵节后因粮源充裕价格再度下跌。二季度面粉消费进入淡季，旧麦、新麦供应无缝衔接，供应宽松，小麦价格持续走低。三季度在雨热天气影响下粮商加速出货，叠加玉米价格走低、小麦饲用需求减弱，小麦价格保持低位；8月末因开学备货和中储粮收储，小麦价格有所提振，但秋粮上市后需求不足，价格持续疲软。稻米价格整体先稳后涨、波动运行。节前批发市场备货不及预期，部分米企停工，价格维稳；节后米企复工及团体需求增加推动米价小幅上涨，3月制粉旺季企业补库进一步推高价格。4月气温升高导致市场库存低，晚籼米、粳米价格平稳运行；但早籼米需求下降，价格回落。部分米厂提价收购使5月米价小幅上涨，但6月随库存消化米价回落。稻谷余粮减少支撑7月价格上涨，但随着学校放假，需求减弱，价格趋稳；8月中稻收获增加供应，价格走低；9月开学季需求回升，价格保持稳定。大豆价格震荡下行。一季度购销不活跃，节后东北产区大豆价格走低，南方受雨雪天气影响价格略偏弱；3月因农户加快销售和豆制品需求疲软导致价格下跌。二季度豆制品消费进入淡季，需求偏弱，价格稳定；5~6月陈豆供应收紧、库存消化，价格上涨。三季度大豆价格先涨后跌，7月因余货减少和补货需求抬高价格，8月新豆上市供应增加后价格下行。大豆价格整体承压，主要是进口量和国内产量双量齐增，但榨油和养殖需求低迷导致供过于求。

畜产品价格总体止跌回稳。畜产品价格指数在一季度下跌后逐渐回暖，三季度整体上行，总体与猪肉价格变动趋势一致。猪肉价格扭转跌势，整体震荡上涨。9月全国猪肉集贸市场均价27.13元/公斤，同比增长21.1%，年内增长34.4%。春节前后受季节性消费变动影响，猪肉价格迅速上涨后回落；二季度在产能调控、恶劣天气及二次育肥增加的背景下供应收缩，5月生猪市场价格大幅上涨。尽管此后终端肉类市场需求回落，但在产能调控和恶劣天气影响下，猪肉供应收紧支撑价格处于高位，直到9月出现回落。整体而言，猪肉价格上涨主要是因为处于去产能周期，产能调减到位，供应收紧支撑价格上涨，但消费仍低于市场预期。牛羊肉价格经历前两季度下降后，三季度止跌趋稳；鸡肉价格震荡小幅下降，保持稳定；生鲜乳价格持续下行，但跌幅有所收窄。

国内产地蔬菜价格先跌后涨，总体小幅上涨。蔬菜价格指数2月、9月为高点，6月为低点；截至9月底，年内均值为136.27点，同比上涨3.5%。供应收紧、种植成本提高以及节前需求释放带动2月前蔬菜价格上涨；节后需求回落，蔬菜价格下行。二季度蔬菜总体供应充足，且露天蔬菜占比增加拉低种植成本，且餐饮和居民消费均表现不佳，蔬菜价格持续走低。三季度受极端恶劣天气影响市场供应收紧，供需失衡叠加采收、保鲜等流通成本上升，推动蔬菜价格整体快速上涨。

（四）涉农产业平稳增长与结构调整并存

涉农工业行业间出现增速分化。前三季度，规模以上农副食品加工业、食品制造业、酒饮茶制造业增加值分别累计同比增长1.4%、5.6%和5.6%，食品工业增速整体呈放缓趋势，利润总额下降1.2%。前三季度，规模以上纺织业、造纸业和医药制造业增加值分别累计增长5.3%、9.6%和3.1%，只有木材业受房地产业下行影响，增加值累计增长处于0.3%的低迷状态，非食品工业利润总额提高4.0%。非食品工业产品产量保持增长，食品工业产品产量呈现下降趋势。前三季度，机制纸及纸板、蚕丝及交织机制物增长率分别为10.2%、3.7%，鲜肉、饮料、精制食用植物油、布产量同比增长率在0.2%~6%区间，乳制品、啤酒、饲料、中成药、纱产量同比下降率在0.4%~8.7%区间。

涉农工业国际需求显著复苏。前三季度，食品出口额增长2.6%，纺织原料、木材、纸浆出口量也有不同程度的增长；几乎所有涉农工业行业的出口交货值都维持了不同程度的增长，出口交货值较上年同期累计增长3.9%，70%的增量来自医药制造业、农副食品加工业和造纸业。国内需求方面，尽管9月猪肉价格有所回升，但前三季度食品价格总体同比下跌1.2%，加之衣服、木材家具、中药材市场价格持续低迷，显示出涉农产业有效需求不足的基本面并未改变。整体上，涉农工业产能利用相对不足，前三季度，食品制造业、纺织业、医药制造业的工业产能利用率累计值分别为69.5%、78.3%、75.1%，同比分别下降1.4个、0.8个、0.7个百分点，涉农工业产能利用率整体处在75%的警戒线附近。受需求不振影响，涉农工业对农产品原料的采购需求低迷，5月以来制造业PMI指数一直处于50%以下，原材料库存指数低于48%。

食物冷链物流规模持续增长。上半年，全国冷链物流总额3.22万亿元，同比增长3.9%，增速提高0.2个百分点；冷链物流市场规模2779亿元，同比增长3.4%，总体平稳增长但增速有所放缓。以4%的增速计算，预计2024年全年农产品物流总额超过5.5万亿元。上半年，冷链物流总额占社会物流总额的比重为1.9%，与上年同期基本持平；新能源冷藏车销量实现爆发式增长，同比增长292.72%。截至6月底，全国冷库总量为2.37亿立方米，同比增长7.73%。上半年全国冷库出租量超过2900万立方米，同比增长超过8%。分类别看，蔬果、肉类、水产、乳制品、速冻食品的冷链需求量比例为10∶3∶2∶1∶1。然而，由于缺乏规模统筹、行业规范程度不高、龙头企业市占率较低，冷链物流主体呈现"散、小、杂"的格局，部分过剩、冷库和冷藏车不合规的问题仍广泛存在。

涉农零售消费线上化和本地化趋势凸显。前三季度，限额以上单位粮油食品类、饮料类零售额增长9.9%，限额以上零售业单位中便利店、专业店、超市零售额同比分别增长4.7%、4.0%、2.4%，但传统商超经营困难的局面没有改善。前三季度，吃类实物商品网上零售额同比增长17.8%；乡村消费品零售额4.8万亿元，同比增长4.4%，增速高于城镇1.2个百分点；农村网络零售额同比增长8.3%,东北、中部和西部地区增速更快;农产品网络零售额同比增长18.3%,水果、奶类、水产品、肉禽蛋、蔬菜等生鲜产品的交易额占比小幅提高。上半年,食材消费规模为4.88万亿元,同比增长7.86%,占全国社会消费品零售总额的比例较上年提高0.8个百分点;其中,零售食材消费规模为3.83万亿元,餐饮食材消费规模为1.05万亿元,食材供应链中产地直采比例有所提高。

餐饮收入增速回落到低速区间。前三季度,餐饮收入39415亿元,同比增长6.2%;限额以上单位餐饮收入11038亿元,同比增长3.6%。2024年上半年,重点监测的在线餐饮平台销售额增长21.7%,其中,到店用餐占比提高至29.4%,餐饮食材消费规模为1.05万亿元。随着餐饮消费回归理性,餐饮行业净利润明显下降。9月餐饮业表现指数为47.95,行业整体处于持续小幅收缩态势,竞争日趋激烈。已经披露的2024年半年报的11家餐饮企业中,3家出现亏损,8家净利润相比上年同期有明显下降。各家企业财报均提到,成本上涨、价格战和同质化竞争是造成当前餐饮业"增收不增利"的主要原因。

(五)农民工就业形势好转、农村居民收入与消费支出继续提升

农民工就业数量与收入双增长。前三季度,外出务工农村劳动力总量19014万人,同比增长1.3%;外出务工农村劳动力月均收入实现不同程度的增长,第一季度涨幅最大,达到7.7%,第二、第三季度分别增长3.9%、3.3%。

农民工就业形势恢复,展现出较强韧性。毕业季摩擦性失业对失业率产生一定影响,8月全国城镇调查失业率上升至5.3%,较上月上升0.1个百分点。但受暑期旅游出行活动带动相关产业增长的影响,农民工就业形势较好。国铁集团数据显示,7~8月全国铁路共发送旅客8.87亿人次,同比增长6.7%,创暑运旅客发送量新高。全社会跨区域人员流动量累计约109.17亿人次,日均1.76亿人次,较上年同期增长3.8%。受相关产业增长带动,8月,在全国城镇调查失业率上升的情况下,外来农业户籍劳动力调查失业率为4.6%,低于全国城镇调查失业率。

农村居民收入延续向好态势，城乡居民收入差距持续缩小。前三季度，全国居民人均可支配收入30941元，实际增长4.9%。城镇居民人均可支配收入41183元，实际增长4.2%；农村居民人均可支配收入16740元，实际增长6.3%，增速高于城镇居民2.1个百分点。城乡居民收入比为2.46，比上年同期缩小0.06。三季度以来，受强降雨和洪涝灾害等负面因素影响，蔬菜减产、损耗较为严重，但由于市场供给减少，菜价保持快速上涨，基本上对菜农收入的影响不大。经济形势持续恢复激发了农家乐和民宿等农村第三产业的生机，农村居民第三产业经营活动展现出较强活力。

农村居民各项收入均稳步增长。前三季度，农村居民人均可支配工资性收入7750元，同比增长6.8%，占可支配收入的46.3%；人均可支配经营净收入4843元，同比增长6%，占可支配收入的28.9%；人均可支配转移净收入3708元，同比增长6.9%，占可支配收入的22.2%；人均可支配财产净收入439元，同比增长6.4%，占可支配收入的2.6%。

农村居民消费潜力继续释放，消费领域不断拓展。前三季度，全国居民人均消费支出20631元，比上年同期实际增长5.3%。城镇居民人均消费支出25530元，比上年同期实际增长4.8%；农村居民人均消费支出13839元，比上年同期实际增长6.2%，增速高于城镇居民1.4个百分点。城乡居民消费支出比为1.84，比上年同期下降0.03。前三季度，农村居民各项消费支出均增加，相较于生存型消费，发展享受型消费支出增加明显。其中，人均教育文化娱乐支出和交通通信支出增速最快，分别为10.8%和10.3%，支出比重与上年同期相比分别上升0.4个和0.5个百分点。

二 2025年中国农业经济形势展望

2025年是"十四五"的收官之年，也是党的二十届三中全会提出进一步全面深化改革的起步之年，强农惠农富农支持制度改革将迈出实质性步伐，财政支持农业的力度有望加大。伴随一系列农业改革措施的逐步落地，中国农业经济将延续稳中有进的发展态势。

（一）粮食和重要农产品生产形势继续向好

2025 年，种粮农民收益保障机制将加快健全，主产区横向利益补偿机制也会逐步建立，大食物观和多元化食物供给体系进一步完善。尤其是对于近年来出现的化肥农资价格上涨、大豆和植物油自给率低、生猪疫病频发、肉牛奶类价格低迷且需求不振等问题，相关部门及时出台了有针对性的措施和政策，2025 年可能会进一步强化、细化相关工作。目前，全国小麦的秋冬种已经开始且进展顺利，相关部门释放了提高小麦最低收购价的政策信号，制定发布了播种技术指导意见，并开展了"双晚"技术培训，关口前移落实防病虫措施，从播种环节着手落实大面积单产提升措施，夯实了 2025 年夏粮丰收的基础。

2024 年以来母猪生产效率持续提升，近几个月新生仔猪数量增长较快，按照 6 个月的育肥周期，这些仔猪将在 2025 年春节后的消费淡季育肥上市，上半年猪肉市场供应较为充足。综合判断，2025 年粮食和重要农产品生产形势持续向好。

（二）农产品进口贸易稳定增长

当前外部环境更趋复杂严峻，全球经济增速低于本世纪初前 20 年的平均水平，主要经济体持续增长动能不足。美联储、欧洲央行均调低了 2024 年各自的经济增长预期，全球需求低迷的态势预计会延续到 2025 年，不利于中国农产品出口扩大。相比之下，中国经济发展向好的基本面没有改变，尤其是房地产政策放松等政策信号有利于加快经济复苏，未来随着居民收入增速加快、消费能力提高，对国外多样化特色农产品的进口需求有望增加。2024 年以来，金砖国家合作机制首次扩员，高质量共建"一带一路"扎实推进，中国与东盟务实合作持续深化，这将在 2025 年给中国农产品贸易带来更多机遇，尤其是有利于进一步推动禽肉、水产品、热带水果、饲料粮等特色农产品进口增长。同时，随着全球稻米增产，印度放宽部分大米出口限制，2024 年一直处于超高位运行的国际稻米价格会逐步回归常态水平，稻米进口可能会明

显恢复。此外，由于2024年能繁母猪存栏逐渐回归合理区间，生猪出栏和饲用需求也会由过去几年的较大波动趋于较小变动，预计玉米、大豆、高粱、大麦等饲料粮以及畜产品的进口会由波动转为趋稳。综合判断，2025年农产品进口贸易规模可能继续增长，波动程度也会有所下降。

（三）农产品市场价格保持稳中有降

国内玉米价格或呈现先跌后涨走势。2024年主产区新玉米收获进度良好；新粮上市，叠加陈玉米库存量仍大，供应量明显增加。国内玉米期货价格大幅下跌，带来较强看跌预期，部分库存偏高企业停收；短期市场供大于求。美国新季玉米预期丰产，预计国际玉米价格低位运行，但与国内玉米价差收窄。总体来看，预计2025年初玉米价格将延续弱势。二季度加工和饲用需求回暖，供需基本面或将朝偏紧方向发展，价格主导权向供方转移，支撑玉米价格回弹。全年度供过于求状况或将小幅改善，支撑国内玉米价格小幅上行。

国内小麦价格将以稳为主。从供给端看，2024年夏粮丰收，国内小麦产量预估会持续增加；全球小麦增产使得供应充足，进口小麦价格或将保持优势，刺激小麦进口增加或保持高位；国内增产叠加国外进口，预计2025年小麦供应总体持平或再创新高。从需求侧看，国内制粉消费保持基本稳定，工业消费以稳为主，小麦饲用需求难有起色；预期全年小麦呈现供大于求格局，价格小幅下行，小麦最低收购价上调或将构筑价格底部支撑。但是，10月后受秋收秋播影响，农户售粮积极性或处于低位，粮商重心转向秋粮，小麦阶段性供应量低，价格或有上探可能。

国内稻米价格将震荡运行。2024年新季中晚籼稻和粳稻陆续上市放量，市场供大于求，稻米价格有承压走低风险；年末随着水分下降和各方适量收购、节前备货，稻米价格或小幅反弹。四季度稻米价格或稳中有降。2025年印度、泰国等主要出口国大米增产，全球大米产量预期增加；印度大米出口解禁，国际大米市场供应宽松，国际米价下行或刺激国内粮商转向稻米进口，压低国内稻米收购价格。国内供应充足叠加进口稻米冲击，预期2025年国内稻米价格总体承压走低风险较大。

国内大豆价格小幅下降。在大豆扩种和单产提升工程等政策引导下，国内大豆播面、产量稳步上升，预期2025年国产大豆供应继续增长。2025年美国、巴西大豆预期丰产，供给宽松；新季美豆上市后国际大豆价格或将走低，带动大豆进口增长，国产大豆价格承压走低风险较大。国内豆油压榨消费量已处高位，增速放缓或下跌；但猪肉行情回暖，带动饲用需求提高，或将对大豆价格形成一定支撑。此外，2024年大豆价格持续下行，新季大豆价格已接近农户种植成本，农户惜售或将支撑国内大豆底部行情。

预计猪肉全年均价小幅回落。2024年二、三季度能繁母猪存栏量持续环比上升，但补栏速度偏弱，预期2025年猪肉供应量增幅小于往年，但超过2024年；国内猪肉价格仍处低位，进口冲击预期较小。前期去产能叠加节前猪肉消费旺盛，到2025年初猪肉价格总体上行；节后是猪肉消费淡季，加之新增产能释放，猪肉价格可能会季节性回落，转入下行通道风险较高。受人口结构和膳食模式变化影响，2025年全年猪肉消费量或同比微降。综合来看，预期2025年猪肉小幅供过于求，猪肉价格或在春节前达到高位而后震荡下行，全年均价小幅回落。

（四）涉农产业增长动能延续结构性调整态势

从有利因素看，2025年涉农产业发展将受到三类新兴市场需求增长的拉动。首先，中国食品行业已经涌现出一批百亿级甚至千亿级企业，具备了拓展海外市场的能力。在国内预制菜市场扩张受阻的环境下，部分预制菜和餐饮企业开始面向华人华侨，开发中式预制菜海外市场，提升产品的供给质量。2023年，中国住宿和餐饮业对外投资达9.5亿美元，是2022年的96倍；2023年预制菜出口额已达到1732亿元，占全国农产品出口总额的27%。从发展趋势看，预计中药材、纸制品、酒饮茶等的国际需求保持持续增长。其次，国内居民的多元化食物需求成为涉农产业发展的新动能。受收入增速减缓影响，居民更加关注身体健康和自我幸福感，前三季度，限额以上单位食物和衣服零售额比重达到26.2%，比上年同期增长0.5个百分点。种类多样性和高性价比的食物需求形成"市集经济"，养生需求形成"中药经济"，获得便捷

和处理简单的食物需求形成"单身经济",基于美学和文化的食物需求形成"网红经济"。在2024年前三季度农产品生产者价格扭转跌势的基础上,若四季度农产品需求仍保持回升态势,2025年全年涉农产业增速有望显著提高。此外,县域涉农产业内生发展动力增强。2024年中央一号文件提出,优化县域产业结构和空间布局,构建以县城为枢纽、以小城镇为节点的县域经济体系,政策支持下的县域市场活力开始显现,越来越多的连锁超市、餐饮企业将门店下沉到县域。随着涉农产业内循环在县域层面得到强化,食材供应链中产地直采比例将不断提高,交易成本下降可能缓解净利润下滑带来的不利影响。

从不利因素看,涉农产业动能结构优化调整尚未完成,转型期内的涉农主体利益矛盾激烈,可能反过来限制一二三产业融合发展的整合效应。一方面,涉农产业倾向于转移而非内部化解市场风险。前三季度,居民食品价格同比下跌1.2%,食品工业生产者出厂价格指数同比下降0.9%,而农副产品类工业生产者购进价格同比下降高达4.2%,且对于农产品生产者价格波动不敏感。由于成本导向的产业竞争加剧,相当一部分涉农工业企业降低出厂价格清理积压库存的同时,进一步压低农副产品原材料价格。居民食品消费价格持续下降可能会重新分配涉农产业的利益格局,不仅会将小农户和小企业挤出市场,还会加剧食物零售企业及连锁餐饮企业的经营亏损,从而阻碍产业链整合和产业竞争力提升。另一方面,涉农资金部署与涉农产业高质量发展未形成紧密联动。涉农资金的合理部署是涉农企业壮大的"助推器",能够有效推动产业结构性改革、价值链升级,增强涉农产业的稳定性和抗风险能力。前三季度,国有资本是固定资产投资的重要动力,而农副食品加工业、食品制造业、纺织业的固定资产投资增长率分别为19.4%、23.5%、14.6%,不仅均高于上年同期水平10~20个百分点,而且也远高于制造业9.2%的平均水平。在居民食物消费价格和食物生产者价格"双低"的背景下,部分地方政府仍简单地扩大涉农工业产能,利用财政资金增加"产业振兴"的政绩表现,这与涉农工业满足市场多元化需求、实现高质量发展的宏观经济目标并不一致。

总体来看,2025年中国涉农产业运行可能面临一二三产业融合困难的压力,或造成动能转换过程中产业发展的阶段性波动。但是,随着多种需求潜力的充分释放，涉农产业整体将融入"双循环"发展格局，增速逐步进入高水平区间。

（五）农民工就业与农村居民增收形势继续向好

农民工就业形势将持续改善。固定投资对推动经济增长和扩大就业发挥着重要作用。2024年前三季度，全国固定资产投资（不含农户）378978亿元，同比增长3.4%，将为就业市场的稳定提供有力支撑。高技术产业投资同比增长10.0%，有利于培育新的就业增长点。但也需意识到在经济结构调整和产业结构优化过程中，农民工就业机遇与挑战并存，应当强化就业政策与产业政策之间的协同联动，为农民工就业形势持续改善提供重要保障。

农村居民收入将继续提升。工资性收入是农村居民最主要的收入来源，随着农民工就业形势持续改善，将为农村居民提供坚实的经济基础。得益于乡村旅游的发展、农产品需求的增加以及农村居民多元化经营策略的采用，在国民经济运行稳中有进、农业经济发展形势向好的背景下，预期农村居民收入将继续提升。

农村居民消费将进入存量优化与增量扩张同步阶段。农村居民物质消费增长体现为现有需求提质升级，精神文化消费增长则主要体现为新需求拓展。2024年7月，国家发展改革委、财政部联合发布了《关于加力支持大规模设备更新和消费品以旧换新的若干措施》，提出将统筹安排3000亿元左右超长期特别国债资金，加力支持大规模设备更新和消费品以旧换新。在政策激励下，全国各地开始部署消费品以旧换新工作，重点集中在汽车、家电、厨卫等领域。目前，农村居民的洗衣机、电冰箱、彩色电视机拥有量趋于饱和，家用汽车、微波炉、空调、排油烟机、计算机的拥有量较城镇居民有一定距离，具有较大的追赶空间。所以，此轮以旧换新促消费政策将从存量优化与增量扩张两个层面激发农村居民的物质消费需求。与此同时，精神文化消费需求正逐渐成为农村居民的主导性需求。乡村文化产业布局多围绕城镇居民精神文化需求而设计，目的在于通过生态康养、乡村旅游、研学旅行、文创产品销售等产业形式提振乡村文化消费市场、繁荣乡村文化经济。但是，这

种布局没有充分考虑农村居民的需求特点，农村精神文化产品和服务仍然存在供需不匹配问题，可能会抑制农村居民消费潜力的进一步释放。

三 政策建议

（一）推动粮食和重要农产品实现高水平供需平衡

推动国家粮食安全管理思维稳步转型。由传统的生产侧管理向现代化的兼顾生产、流通和需求的系统性管理转变，尤其要提升需求侧管理效能。在保障粮食和重要农产品稳定安全供给的基础上，将更高质量满足人民群众多元化食物消费和营养健康需求作为根本遵循。继续保持口粮供需平衡，重点改善饲料粮供小于求，警惕食物消费升级导致饲料粮自给率进一步下降。牢牢守住耕地保护的红线，加快健全种粮农民收益保障机制，增加优质稻米和强筋小麦供给，尝试通过需求侧管理降低大豆对外依存度。实质推进多元化食物供给体系构建，按照保能量底线、保蛋白发展、保全面营养的梯度调整农产品生产优先级。在保证口粮生产的基础上，优势增量资源应集中用于发展饲料粮、奶制品、肉类、水产品和水果，充分满足消费者的多元食物需求。另外，要重视食物需求研判工作，开展食物需求变化的监测、预警、预测和引导。扭转区域性食物供需关系错配的局面。

（二）深化农业对外开放，推动优势特色农产品出口贸易增长

完善高水平农业对外开放体制机制。依托我国超大规模市场优势和农产品生产大国地位，持续推动高水平农业对外开放。提升农产品的出口竞争力。推动农业科技创新，加快构建适应国际标准的可持续农业生产体系，扩大绿色生态有机农产品出口。加强农业品牌塑造，打造一批具有国际影响力的中国品牌。优化农产品出口市场布局，在巩固传统出口市场的基础上，积极开拓新兴市场，特别是东南亚、非洲和拉丁美洲等潜力市场。深化多边和双边农业贸易合作，推进高质量共建"一带一路"，强化与区域全面经济伙伴关系协定国家和金砖国家的农产品贸易合作，加快推动中国—东盟自贸区3.0版升

级议定书签署，促进中国和协定国家的农产品贸易增长。优化农产品出口结构。提升出口产品的多样性，在保证水产品、蔬菜、水果等传统优势产品出口增长的基础上，强化地理标志农产品等特色产品出口。推动农产品出口降本增效。优化海关通关流程，设立生鲜农产品通关出口特殊通道，提升通关便利化水平。完善农产品出口退税等政策工具，降低出口企业的资金和风险成本。

（三）构建重要农产品供给的跨周期调控机制

建立跨周期调控机制的目标是平抑市场波动，实现重要农产品的高质量稳定供给。在农产品过剩阶段，收紧对涉农企业的金融政策和土地政策，避免农业产能进一步扩张，同时实施政府采购、生态补贴、产能转型补贴、扩大出口等政策，为规模经营主体产能有序退出和预期调整创造时间。在农产品稀缺或紧平衡阶段，要有意地避免积极财政政策引发后续的政策性过剩风险。在引导产能提升的同时，要高度警惕投机资本无序涌入和低效率生产主体快速扩张。合理评估畜牧业杠杆率，提高预警名单中的企业贷款利率，避免投资过热。减少对地方政府涉农企业规模的考核权重，加强农产品质量安全监督力度。

（四）构建竞争导向的涉农产业政策体系与赋能性利益联结机制

调整涉农产业政策思路，从"重点扶持"的选择性产业政策转向"一视同仁"的竞争性产业政策，开展涉农产业竞争力提升行动。严查涉农产业扶持财政资金的使用情况，坚决打击"垒大户""拼政绩"的固定资产和生产规模盲目扩大行为，构建财政支持资金的竞争性申报制度。将财政资金用于市场环境建设和联农带农社会责任激励，完善环境保护、食品安全、损耗率、对抗垄断等方面的行业准则，依靠市场竞争筛选优势主体。同时，调整鼓励规模涉农产业主体发展的思路，促进赋能型利益联结机制构建。完善农村知识创新和培训体系，推动"创新创业乡村"行动，支持共享式农产品加工、流通和销售园区的发展，支持有能力的农户借助市场力量自主探索二、三产

业形式。深入挖掘农业多功能性，明确不同区域农业发展的独特优势，引导工商资本、龙头企业以开发地域性独特优势为核心，采取"政府支持、资本出钱、农民出点子"的创新模式，拓展一二三产业融合业态，例如菜市场"代炒"服务、基于本地食物的社区食堂等。发展县域循环的农业产业链，利用数字技术、地区市集、政府推介等多种方式，消除本地农产品优势未被本地市场认知的"灯下黑"现象。

（五）强化农民增收举措，稳定农村居民收入增长趋势

加快完善农业保险体系，降低农产品价格下行对农村居民收入的影响。鼓励地方创新农产品价格保险产品，开发涵盖农作物种植、畜禽和水产养殖等领域的农产品价格保险产品矩阵，对冲农产品市场价格波动给农业经营主体带来的风险。同时，结合新兴产业需求强化农民工职业技能培训，提升农民工人力资本水平。围绕新兴产业需求，如智能制造、新能源等领域，加快构建现代化职业教育体系，深入开展职业技能培训和专业技术认证，加快打造适应动能转换要求的新型劳动者队伍，保障农民工享受到经济转型和高质量发展的成果。另外，要尽快厘清农民以及农村集体经济组织对承包地、宅基地、经营性建设用地的物权关系，明晰土地权属。探索农村集体经济混合经营等多种形式，确保集体资产保值增值，促进农民财产性收入增长。

参考文献

《国务院新闻办就2023年前三季度农业农村经济运行情况举行发布会》，https://www.gov.cn/lianbo/fabu/202310/content_6911096.htm，2023年10月23日。

《国务院新闻办就2024年前三季度国民经济运行情况举行发布会》，https://www.gov.cn/lianbo/fabu/202410/content_6981446.htm，2024年10月18日。

B.11
2025年工业经济形势分析展望与政策建议

曲永义　张航燕[*]

摘　要： 工业是2024年我国经济运行中的一大亮点，前三季度工业增速高出GDP增速1个百分点，对经济贡献率接近四成。2025年我国工业发展过程中仍面临外部环境"乌卡"（VUCA）特征增强、中小企业生产经营困难等问题，但我国制造业仍具备全球竞争优势，特别是近期一揽子增量政策的出台实施，推动工业经济向好的积极因素不断累积。综合来看，2025年我国工业经济将承压前行，延续增长态势。为此，政策着力点在宏观层面应供需协同发力，形成与我国工业体量相匹配的市场容量和消费体系；在中观层面应完善产业竞争政策，净化市场环境，防止"内卷式"恶性竞争；在微观层面应强化预期管理，破解企业发展痛点难点，进一步激发市场主体活力。

关键词： 工业经济　制造业　PPI　PMI

一　2024年工业经济运行情况

（一）生产增速保持平稳

2024年前三季度，全国规模以上工业增加值同比增长5.8%，增速较一

---

[*] 曲永义，中国社会科学院工业经济研究所党委书记、研究员，主要研究方向为技术创新理论与政策、中小企业发展、区域经济和产业经济等；张航燕，中国社会科学院工业经济研究所副研究员，主要研究方向为工业经济运行、产业经济与国企改革等。

季度和上半年分别回落0.3个和0.2个百分点，整体保持平稳，如图1所示。三大门类中，制造业与电力、热力、燃气及水生产和供应业增加值同比分别增长6.0%和6.3%，增速高于全部规模以上工业0.2个和0.5个百分点；采矿业增长2.9%。9月，全国规模以上工业增加值同比增长5.4%，增速较8月加快0.9个百分点，在连续4个月回落后实现回升。分行业看，中游装备制造业的支撑效应显著，而上游原材料与下游消费品生产则呈现跌多于涨的局面。一是装备制造"压舱石"作用持续显现。受益于出口需求回升、国内技改需求释放、"两新"政策等因素支撑，前三季度，装备制造业增加值同比增长7.5%，增速高于全部规模以上工业1.7个百分点。装备制造业增加值占全部规模以上工业的比重达33.8%，已连续19个月保持在30%以上。主要装备行业中，电子行业增长12.8%，2024年以来均保持两位数增长，对全部规模以上工业增长的贡献率达21.0%，居工业各大类行业首位。二是原材料制造业行业分化明显。新能源、电动汽车、动力及储能电池等新兴产业快速发展拉动有色金属需求增长，一系列扩内需促消费政策助力有色金属消费持续提升。前三季度，有色金属冶炼和压延加工业增加值同比增长10.2%，增速高于制造业平均增速4.8个百分点。受建筑业和房地产业等下游行业需求不足等因素的影响，黑色金属冶炼和压延加工业、非金属矿物制品业增加值

图1　2023年2月至2024年9月规模以上工业增加值累计增速

增速放缓。前三季度，黑色金属冶炼和压延加工业、非金属矿物制品业增加值同比分别增长 3.1% 和 -1.3%，均远低于制造业平均增速。三是消费品制造业细分领域增加值增速仍处于较低水平。受国内消费复苏疲软等影响，前三季度，除造纸和纸制品业外，其余行业增加值增速均低于制造业平均水平。其中，文教、工美、体育和娱乐用品制造业，木材加工和木、竹、藤、棕、草制品业，纺织服装、服饰业的增加值分别同比增长 -0.2%、0.3% 和 0.4%。

（二）产业结构持续优化

高技术制造业持续发挥着引领增长的关键作用，彰显出国内产业升级转型的强劲动力。从投资看，2024 年前三季度，高技术制造业投资同比增长 9.1%，增速比全部制造业投资高 0.2 个百分点。其中，航空、航天器及设备制造业和电子及通信设备制造业投资分别同比增长 34.1% 和 10.3%。从生产看，前三季度，高技术制造业增加值同比增长 9.1%，增速较一季度和上半年分别加快 1.6 个和 0.4 个百分点。从出口来看，前三季度，高新技术产品出口额同比增长 4.2%，增速较一季度和上半年分别加快 4.4 个和 1.1 个百分点。外贸出口向"绿"向"新"趋势凸显。从效益看，1~8 月，高技术制造业利润同比增长 10.9%，高于规上工业平均水平 10.4 个百分点，拉动规上工业利润增长 1.8 个百分点。从研发看，上市公司半年报显示，2024 年上半年，电子、汽车、电力设备、计算机、医药生物、通信、建筑装饰 7 个行业的研发投入规模超过 500 亿元。其中，研发投入规模最大的是电子行业，研发投入总额高达约 930 亿元，同比增长约 8.53%；研发投入增长最快的是通信行业，上半年总投入金额约 530 亿元，同比增长逾 12%。从加大投资、拓展市场，到利润增长，再到扩大研发和制造，高技术制造业形成了良好的正向循环，体现出明显的高成长性。这些数据不仅映射出新兴技术的蓬勃兴起，也标志着产业升级的步伐稳健向前，新兴产业的强劲表现有效缓解了传统动能减弱对经济造成的下行压力。

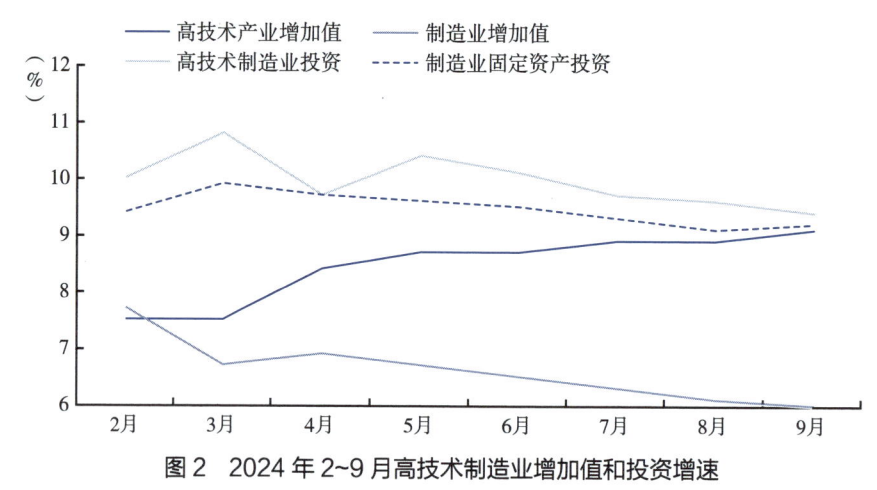

图2　2024年2~9月高技术制造业增加值和投资增速

资料来源：国家统计局网站。

（三）出口活力持续释放

2024年前三季度，我国货物贸易出口18.62万亿元，创历史同期新高，增长6.2%，比一季度和上半年分别加快1.7个和-0.2个百分点（见图3）。从产品结构看，前三季度，我国出口机电产品同比增长8%，占我国出口总值的59.3%。其中，高端装备、集成电路、汽车、家用电器出口分别增长43.4%、22%、22.5%、15.5%。从地区来看，市场多元化稳步推进。前三季度，我国对共建"一带一路"国家贸易总值15.21万亿元，同比增长6.3%，占比提升到47.1%；对RCEP其他成员国进出口9.63万亿元，同比增长4.5%，其中对东盟进出口5.09万亿元，同比增长9.4%。从企业性质来看，前三季度，进出口17.78万亿元，同比增长9.4%，占外贸总值的55%，比上年同期提升2.1个百分点。其中，出口11.76万亿元，同比增长9.3%，占我国出口总值的63.2%。在海外经济走弱情况下，我国出口保持较高增速，一方面，得益于全球电子产业复苏，带动我国智能手机、自动数据处理设备等产品出口回升；另一方面，汽车和钢材领域"抢出口"现象较突出，对出口形成较强支撑。需要注意的是，机械产品、化工产品等出口快速增长的产品呈现"量增价跌"

特征。前三季度，钢材、拖拉机、挖掘机、蓄电池出口量均同比增长，但出口额呈下降态势。

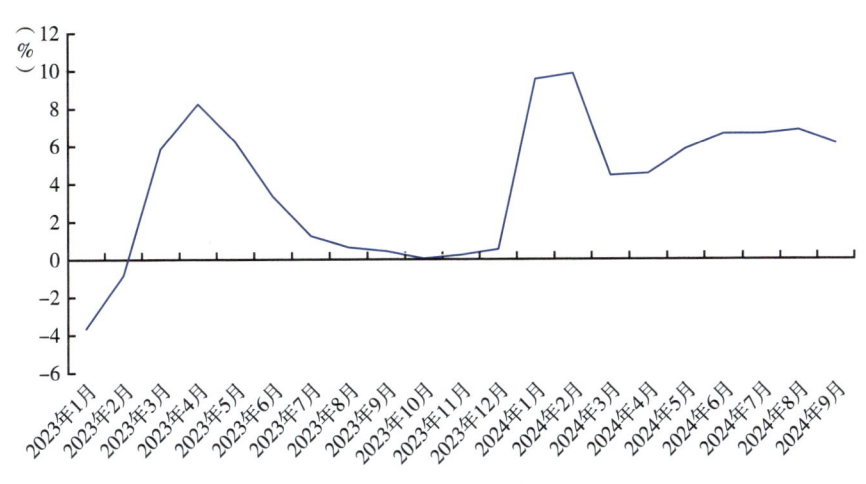

图3 2023年1月至2024年9月出口额累计增速

资料来源：海关总署网站。

（四）投资增速维持高位

制造业投资拉动作用比较明显。2024年前三季度，制造业投资同比增长9.2%，增速较一季度和上半年分别回落0.7个和0.3个百分点，但快于整体投资5.8个百分点。从具体行业看，前三季度，超五成制造业细分行业保持两位数增长。消费品制造业投资增长14.9%。其中，食品制造业，酒、饮料和精制茶制造业，农副食品加工业投资分别增长23.5%、20.1%和19.4%。装备制造业投资增长9.4%。其中，铁路、船舶、航空航天和其他运输设备制造业，通用设备制造业，计算机、通信和其他电子设备制造业，专用设备制造业投资分别增长31.8%、14.9%、13.1%、12%。原材料制造业投资增长8.8%。其中，有色金属冶炼及压延加工业投资同比增长24.8%。从民间投资看，前三季度，民间制造业投资同比增长11.6%，增速较一季度和上半年分别加快-0.3个和0.1个百分点，高出制造业投资增速2.4个百分

点。其中，铁路、船舶、航空航天和其他运输设备制造业，有色金属冶炼和压延加工业，通用设备制造业民间投资同比分别增长38.8%、15.4%和15.2%。部分行业投资高速增长得益于行业盈利能力持续改善。1~8月，有色金属冶炼和压延加工业，铁路、船舶、航空航天和其他运输设备制造业，计算机、通信和其他电子设备制造业利润总额同比分别增长64.2%、34.5%、22.1%。此外，大规模设备更新和消费品以旧换新政策（以下简称"两新"政策）持续发力，设备工器具购置需求大幅提高。2024年前三季度，设备工器具购置固定资产投资同比增长16.4%，高出上年全年增速近10个百分点。

（五）利润增速有所回落

2024年前三季度，全国规模以上工业企业利润同比下降3.5%。2024年以来，企业利润率处于历史较低位。2021年5月，规模以上工业企业利润率达到7.11%的历史高点，此后明显回落。2024年前三季度，工业企业利润率为5.27%（见表1），比上年同期低0.35个百分点，处于2011年以来同期低位。前三季度，规模以上工业企业每百元营业收入中的成本为85.38元，同比增加0.27元。随着社保费率的调整，企业用工成本呈现刚性上涨。中国机械工业联合会8月上旬的问卷调查数据显示，机械工业行业的用工成本增长不仅包括工资支出的增加，还包括社保、培训等其他相关费用的增加。成本刚性是企业营业收入利润率下降的直接原因，营业收入利润率下降的根本原因是需求不足导致价格低迷，企业缺乏产品议价能力，盈利空间缩小。从行业看，制造业企业盈利能力有弱化趋势。前三季度，制造业企业利润率4.36%是2019年有统计数据以来历史同期的低值，并且从表1可以看出，2022年以来，制造业企业与工业企业的利润率差距放大，由之前最大差距约0.4个百分点扩大到1个百分点左右。从企业类型看，私营工业企业盈利能力低于国有和外资企业。前三季度，私营企业利润率仅为3.9%，远低于国有企业（6.34%）和外商及港澳台投资企业（6.66%）。

表1 2019年9月至2024年9月工业企业、制造业企业、私营工业企业利润率

单位：%

时间	工业企业	制造业企业	私营工业企业
2019年9月	5.91	5.53	4.93
2020年9月	5.88	5.64	4.89
2021年9月	6.96	6.58	5.21
2022年9月	6.23	5.32	4.45
2023年9月	5.62	4.68	4.12
2024年2月	4.70	3.73	3.52
2024年3月	4.86	3.85	3.28
2024年4月	5.00	4.02	3.55
2024年5月	5.19	4.22	3.76
2024年6月	5.41	4.47	3.83
2024年7月	5.40	4.44	3.94
2024年8月	5.34	4.40	3.95
2024年9月	5.27	4.36	3.90

资料来源：Wind。

二 当前工业经济面临的突出问题

（一）内需不足抑制工业增长

消费需求不足。从需求端看，工业品消费需求复苏动力仍显不足。2024年前三季度，社会消费品零售总额累计同比增长3.3%，较一季度和上半年分别减少1.4个和0.4个百分点。其中，汽车、建筑及装潢材料类需求复苏动力不足。前三季度，汽车、建筑及装潢材料类商品零售总额同比分别下降2.1%、2.6%。居民对于未来收入和就业形势的不乐观，是影响消费需求的重要因素。居民对于当前收入和就业形势的感受及未来收入和就业形势的预期持续走低。中国人民银行城镇储户调查数据显示，2024年二季度收入感受指数和未来收入信心指数分别为46.6%和45.6%，较一季度均回落1.4个百分点；就业感受指数和未来就业预期指数分别为33.8%和43.4%，较一季度分别回落1.3个和1.8个百分点，

并且这四个指数自 2023 年一季度以来，均处于逐季走低态势。近年来，消费者更加理性，更加注重真实需求、"性价比"或"质价比"，不再盲目跟风"牌子"与"面子"，对"国货""环保""健康""智能"的兴趣日益浓厚。但在实际消费中，经常会遇到商品质量参差不齐、售后服务不尽如人意等问题，降低了消费者的消费意愿。从企业订单情况来看，在调研过程中企业普遍反映 2024 年订单相比上年有较大幅度的下降。景气指数显示，9 月中国制造业采购经理指数中的新订单指数和新出口订单指数连续 5 个月处于收缩区间。

投资需求不足。2024 年以来，投资增速持续放缓。前三季度，全国固定资产投资（不含农户）同比增长 3.4%，比一季度和上半年分别回落 1.1 个和 0.5 个百分点。其中，民间投资同比下降 0.2%。由于对未来增长预期不足，尤其是地方财政压力传导加剧民营企业的"现金压力"，持有现金而不愿投资成为企业的选择。此外，由于中美贸易摩擦尤其是美国对我国的极限打压，外向型企业对外部市场增长预期不明显，影响其加大投资的积极性。

从价格指数看，我国 CPI 增速持续低位，表明当前我国的消费需求不足。生产者价格指数 PPI 是生产环节供求关系的价格反映，PPI 持续低迷在很大程度上反映了实体需求不足的状况，如图 4 所示。自 2022 年 10 月以来，PPI 和

图 4　2023 年 1 月至 2024 年 9 月制造业新订单指数、新出口订单指数及 PPI

资料来源：Wind。

PPI 生产资料同比增速均已持续 24 个月为负。自 2023 年 5 月以来，PPI 生活资料同比增速也持续为负。

（二）部分行业"内卷式"竞争

当前部分光伏、新能源汽车等新兴产业的企业不考虑产业长远发展，为争取订单和市场份额，竞相压低价格。自 2023 年 10 月起，光伏行业经历"价格战"，硅料、硅片、电池、组件四大环节跌破行业现金成本，全产业链整体承压。根据光伏行业协会统计数据，2024 年上半年多晶硅、硅片价格均下滑超 40%，电池、组件价格均下滑超 15%，多环节价格跌破现金成本，行业亏损情况加剧。2024 年上半年光伏行业上市公司的业绩遭遇重创；硅片龙头隆基绿能和 TCL 中环分别亏损 52.4 亿元和 30.6 亿元，同比下降 157% 和 168%，硅料龙头协鑫科技和组件厂商晶澳科技分别亏损 14.8 亿元和 8.7 亿元，同比下降 127% 和 118%。"价格战"短期可以扩大销量、提高市场份额，但最终只能导致"无利润的繁荣"，阻碍技术创新和质量的提升。

（三）中小企业经营压力加大

从 PMI 看，2024 年以来仅 3~4 月中小企业 PMI 在荣枯线以上，其余月份均在荣枯线下方，表明中小企业持续面临压力（见图 5）。中国中小企业协会数据显示，8 月中小企业发展指数为 88.7，为 2022 年 1 月以来的最低位。机械工业联合会专项调查显示，截至 6 月下旬，中小微企业在手订单增长比例为 37%，均低于行业平均水平；从订单满足时间看，6 月下旬，55% 的中小微企业在手订单仅满足近一个月的生产，34% 的企业在手订单满足三季度的生产。

当前中小企业生存压力体现在两个方面，一方面中小企业规模较小、资金有限、技术储备不足等，在市场竞争中往往处于弱势地位。许多中小企业面临技术升级、成本增加、融资难等多重压力，尤其是融资难问题成为影响中小企业长期稳定发展的重要因素。另一方面中小企业受到"涨价潮"和

"价格战"双重夹击。受全球采矿业和国际资本影响，2024年上半年，铝、铜、锌等大宗商品价格上涨10%~20%，中小企业在市场中缺乏话语权、定价权，企业在原材料采购上的成本显著增加。而受终端市场竞争激烈影响，一些企业甚至掀起新一轮的"价格战"，中小企业由于议价权较弱难以将原材料涨价造成的成本上涨转嫁到下游。

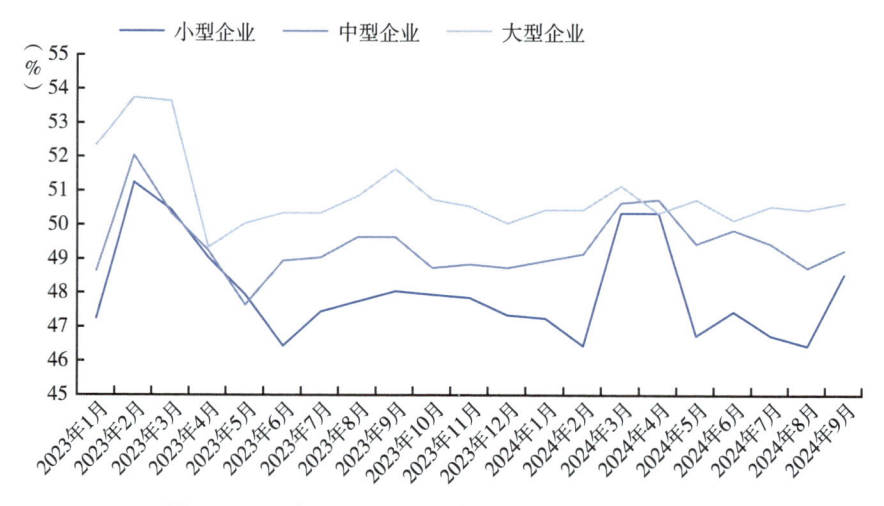

图5　2023年1月至2024年9月大中小型企业PMI

资料来源：Wind。

（四）外部环境不确定性增加

2024年前三季度净出口对GDP的拉动从上年的-0.6个百分点上升至1.1个百分点，在国内有效需求不足的情况下，出口成为中国经济实现稳中有进的关键支撑。随着中国外贸环境的易变性（Volatility）、不确定性（Uncertainty）、复杂性（Complexity）、模糊性（Ambiguity），即"乌卡"（VUCA）特征进一步增强，2024年四季度以及2025年外贸要保持增长将面临严峻挑战。8月，加拿大宣布自2024年10月1日起，在6.1%关税基础上，对中国产电动汽车征收100%的附加税；自10月15日起，对产自中国的钢铁及铝产品征收25%的附加税。9月，美国宣布采取多项措施对贸易漏洞实施

"堵缺"，约70%的中国纺织品和服装进口面临301条款关税；自9月27日起，对中国制造的电动汽车的关税税率上调至100%，太阳能电池的关税税率上调至50%，电动汽车电池、关键矿产、钢铁、铝、口罩和岸边集装箱起重机的关税税率上调至25%，而包括半导体芯片在内的其他产品的关税上调政策也将在未来两年内生效。据商务部统计，截至2024年9月6日，我国产品共遭遇来自25个国家和地区发起的111起贸易救济调查，较2023年全年增长34.48%。此外，全球经济复苏动力不足、地缘政治风险较高、航运价格波动以及美国大选后贸易政策的不确定性也将给我国外贸带来一定压力。中国机械工业联合会数据显示，1~7月，拖拉机、挖掘机、锂离子电池出口量均同比增长，但出口额均呈两位数下降。

此外，"两新"政策实施尚存在优化空间。一是调研了解到，受市场信心不足、企业利润下降、账款回收难、补贴力度小等影响，有更新改造需求的企业"不敢更新"。据经销商反映，多数消费者的旧车尚未达到报废年限，或即便消费者有报废更新意愿但资金压力较大。二是政策执行"最后一公里"问题。机械工业联合会专项调查显示，只有22%的被调查企业申请过设备改造相关政策；1/3的企业表示当地没有相关配套政策，1/3的企业表示不清楚当地政策。此外，部分地区"以旧换新"政策适用范围较窄，补贴资金不能及时到位以及手续过于复杂等问题也影响了政策实施效果。

三 2025年工业经济增长预测

从外部环境看，全球经济增长依然乏力。2024年10月国际货币基金组织（IMF）发布的《世界经济展望报告》中下调了2025年全球经济增长的预期，预计2025年全球经济增长3.2%，比7月的预测值低0.1个百分点，并指出全球经济仍面临以下风险：货币政策对经济增长的冲击超出预期；新兴和发展中经济体主权债务压力加剧；气候冲击、战争和地缘政治紧张局势导致食品和能源价格再度飙升。2024年9月，全球制造业PMI为48.8%，较上月微幅下降0.1个百分点，已连续6个月低于荣枯线。从主要经济体来看，美国消费者信心有所趋弱，美国经济衰退风险仍未完全消除。9月，美国制造业PMI为47.2%，已连续6个月处于荣枯线下。欧洲经济仍面临地缘政治冲突和区域内需求不足的内外交困压力。欧盟2024年9月经济景气指数为96.2，自2022年6月以来持续处于100临界值以下。德国、法国和意大利制造业PMI均在50%以下，德国制造业PMI已经降至40%附近。日本经济增长也可能维持在较低水平。IMF将2024年日本经济增长预期下调至0.3%，与2024年7月发布的预期值相比下调0.4个百分点。新兴经济体经济增长预计会保持一定的活力，但受到全球贸易保护主义、金融市场波动等因素的制约。

从国内发展看，2025年将进一步筑牢经济恢复向好基础。2025年是"十五五"开局之年，"十五五"时期是我国加快社会主义现代化建设、向2035年基本实现社会主义现代化目标迈进承上启下的关键期，是推动高质量发展的攻坚期。2024年9月26日，中央政治局召开会议，分析研究当前经济形势，部署下一步经济工作，围绕加强宏观政策逆周期调节、扩大国内有效需求、加大助企帮扶力度、推动房地产市场止跌回稳、提振资本市场等方面，加力推出一揽子增量政策，将对2025年工业经济运行形成有效支撑。比如，加力支持地方开展债务置换，化解债务风险。降低存款准备金率，支持国有大型商业银行补充核心一级资本，为经营主体投融资、宏观政策实施等创造更好的金融环境。制定全国统一大市场建设指引、发布新版市场准入负面清单、建立未来产业投入增长机制、健全促进实体经济和数字经济深度融合制度、出台健全社会信用体系的意见、修订扩大鼓励外商投资产业目录，加快推动重大改革举措落地。抓紧完善土地、财税、金融等政策，加快构建房地产发展新模式。把促消费和惠民生结合起来，促进中低收入群体增收，实施提振消费行动，增强供给侧对中高端需求的适配性。推进"两重"（国家重大战略实施和重点领域安全能力建设）和"两新"工作，加快形成实物工作量。综合来看，2025年宏观政策通过创新政策工具和强化协同配合，将进一步筑牢经济恢复向好基础。

当前及2025年，我国工业运行过程中仍面临外部环境"乌卡"特征增强、中小企业生产经营面临困难、部分行业企业"内卷式"恶性竞争等问题，但我国工业依然具备产业体系完备、产业链配套齐全、综合制造成本较低的全球竞争优势，塑造新优势的能力、产业发展接续性与竞争力、科技创新能力、市场拓展与抗风险能力不断提升，特别是近期国家加力推出一揽子增量政策，创新政策工具和强化协同配合，将进一步筑牢工业经济企稳回升、高质量发展的基础。综合上述分析，2025年我国工业经济将承压前行，延续增长态势。

四 推动工业经济高质量发展的政策建议

（一）宏观层面：供需协同发力，形成工业增长的长效机制

一方面着力扩大有效需求。一是着力提振消费。完善税制、增加转移支付、加快农村土地市场化流转，进一步改善国民收入分配结构。加快财政支出结构从以"物"为主转向以"人"为主，兜牢"三保"底线。加快推进农民工市民化进程，稳定农民工预期，提高边际消费倾向。可考虑给近年来毕业的尚未就业和失业的大学毕业生以及城乡中低收入人群发放部分补贴，提高其抗风险能力和消费能力，维护社会稳定。二是扩大有效投资。以新基建、新产业、新制造"三新"为重点方向，挖掘工业领域高增长、高回报和长期性投资新领域，加大工业投资力度。政府产业基金引导鼓励社会资本投资专精特新工业项目，加强工业企业绿色化、数字化、服务化转型改造相关研究和示范应用。全面梳理适宜民间资本参与的项目清单，进一步打通制约民间投资的堵点难点；同时，强化专项债券资金使用管理，着力提高投资效率。三是培育外贸新动能。稳固欧美传统经济大国的市场基本盘，积极拓展与亚洲、非洲、拉美、东欧的经贸往来，稳定大类产品的国际市场占有率，以自主品牌为重点，形成新的出口增长点。加强与周边国家基础设施互联互通，以自贸区和自由贸易港为依托增强国际市场渠道建设和运营能力，打通国际循环堵点卡点。加快跨境电商发展，支持跨境电商探索运用新一代信息技术建立更为高效的线上综合服务平台，并优化国际供应链管理，立足重点市场，建设覆盖全球的海外仓网络。

另一方面深化供给侧结构性改革。一是积极发展新兴产业，扩大创新型供给。大力发展科技含量高、发展基础好、带动作用大、经济效益好的战略性新兴产业。实施一批重大专项工程，如集成电路发展工程、应急疫苗创新重大工程、智能制造装备研制专项工程、高性能稀土材料研制创新重大工程、新能源汽车质量提升工程等，加快培育发展一批标志性的战略性新兴产业和产业集群，提高新产品、新服务的供给能力，引领新产品、新服务成为投资与消费的"新宠"甚至"爆款"。发挥新型举国体制优势，顺势而为、因势利导，前瞻性地加快布局未来产业。在长三角、粤港澳大湾区和京津冀等地区率先孵化培育发展一批未来产业，培育壮大未来产业集群，引领和主导世界未来产业发展的方向和潮流，创造和引领未来创新型需求。二是改造提升传统产业，扩大升级型供给。适应消费需求绿色化、智能化、健康化、便利化和投资需求高端化、绿色化、数字化、智能化的发展要求，提升供给体系对需求结构的适配性，分产业类型实施改造提升策略，加快传统产业的数字化、智能化、绿色化、融合化升级改造，提高优质产品生产能力和供给能力，更好地满足改善性需求和输出性需求。

（二）中观层面：完善产业竞争政策，破解部分行业"内卷式"竞争

加快产业政策转型，规范地方政府优惠政策。在新兴产业发展初期，对于新技术应用、新产品产能投资的相关补贴有其合理的一面，但在新技术大规模应用、新兴市场基本形成之后，对于产能投资的大量补贴，会带来过度投资、"内卷式"恶性竞争。此时，产业政策的重点应转为支持基础技术、共性技术的研发与扩散，严格限制对企业产能投资的各类优惠政策。制定规范地方政府优惠政策的法规或条例。明确规定地方政府各类优惠政策实施的范围、方式、名目及优惠程度，要为地方政府的各类优惠政策划底线、设上限，设定各项招引政策支持的"综合最高比例"，原则上要禁止"超常规优惠"政策并清理违反公平竞争原则的各类优惠政策。畅通低效产能、低效企业的市场化退出渠道。低效产能、低效企业不能及时被市场淘汰，也是导致

"内卷式"竞争的重要原因。要禁止地方政府以各类补贴、优惠政策救助本地低效、落后企业，禁止通过行政手段帮助低效企业获取银行贷款，禁止行政干预企业债务法律纠纷与企业破产相关司法过程为低效企业及其产能强行"续命"。

优化和细化"两新"政策。一是根据行业、企业情况的不同制定差异化的设备更新政策。大规模设备更新应围绕行业、企业核心技术能力及竞争优势的提升展开，不可为"更新"而"更新"，也不可脱离企业现实情况一味追求设备的先进。对于技术能力强、财务状况好的行业龙头企业，鼓励并支持其采用先进的装备，或与设备制造商共同研发更为先进的装备以实现领先。对于技术能力、财务基础相对较差的中小企业而言，则应当支持其根据自身条件循序渐进地更新设备或对现有设备进行技术改造和升级。以标准提升来推动设备更新时，应根据行业和企业的实际情况来制定标准，执行新标准时也需要给企业留有足够的缓冲期，避免在经济下行压力较大的情况下给行业企业运营带来困扰。二是强化政策执行。督促地方政府尽快出台配套实施细则，优先支持技术先进的自主品牌，开展"国货国用"专项行动。将设备更新作为调结构的重要抓手，探索建立支持设备更新改造长效机制，将有关措施延续实施三年以上，尽量减小短期刺激政策产生的市场波动。加大对"两新"政策体系的宣贯力度，尤其是对地方政策的宣传解读，提高行业企业和社会公众对政策的知晓率和参与度。公开申请渠道，及时兑现政策资金，推动政策惠及更多的用户和消费者。

（三）微观层面：破解难点痛点，推动大中小企业融通发展

加大《保障中小企业款项支付条例》《商业汇票承兑、贴现与再贴现管理办法》《清理拖欠企业账款专项行动方案》等的落实力度。加大项目到位资金和施工进展的督查力度，避免形成新的拖欠。鼓励企业讲诚信、完善重大工程容错机制，国企、央企要带头，优先解决一批资金拖欠问题。重点关注对就业具有重要支撑作用的制造业行业市场主体的生存问题。加强对市场主体的普惠性支持，进一步降低市场主体的税费水平。对钢铁、有色等高耗能

行业超低排放改造、低碳冶金技术应用、"卡脖子"材料研发、数字化智能化升级等项目给予金融支持。完善融资增信、风险分担、信息共享等配套措施，更好地满足中小微制造业企业融资需求。

加强对大企业，特别是国有大型企业的引导，切实推动相关产业链的龙头企业当好"链主""链长"，引导重点产业的大中小企业融通发展。提升中小企业竞争实力，增强中小企业生态系统意识，主动融入大企业重大项目的"揭榜挂帅"，围绕细分领域打造专精特新企业。以市场需求为导向，强化企业基础研究、前沿技术、试验发展和成果转化等重大公共科研平台建设与服务供给。深化大企业与中小企业对接服务，通过举办对接会、创业赛事等各种形式的活动，打造大中小企业融通发展生态圈。大力发展促进大中小企业融通合作的专业化服务机构，为大中小企业融通发展搭建桥梁，提高大中小企业融通合作的成功率和效率。加强对大中小企业融通发展的要素支持。设立专门的引导基金，实施大中小企业融通发展计划。在国家科技计划、产业化发展计划等政策项目中构建有效机制，鼓励和支持大中小企业联合申报、共同承担。以制造业领军企业、"链主"企业等为基础，建立供应链融资核心企业库，鼓励核心企业整合上下资源建立基于供应链的融资服务平台，大力发展供应链金融，实现大中小企业互利共生。

参考文献

中国社会科学院工业经济研究所"我国发展的新战略机遇与风险挑战研究"课题组等:《现代化进程中的中国工业：发展逻辑、现实条件与政策取向》,《中国工业经济》2024年第3期。

史丹、张其仔、郭朝先:《中国产业转型升级取得里程碑式进步》,《中国经济学人（中英文）》2024年第2期。

中国社会科学院工业经济研究所"扩大内需战略研究"课题组等:《论高质量供给引领和创造新需求》,《经济学动态》2023年第11期。

B.12
中国绿色发展形势分析、展望与政策建议

王沐丹 张永生[*]

摘 要： 2024年，以光伏、新能源汽车为代表的新能源产业快速发展，是我国培育壮大绿色新质生产力、驱动经济社会全面绿色低碳发展的重要引擎。当前，我国新能源及其产业延续增长势头，产品产量稳步提升，光伏装机规模持续扩大，新能源汽车渗透率突破50%，行业发展表现出较强韧性，但新能源发展仍面临产业链供应链的协调性有待提升、贸易壁垒复合叠加等挑战。为驱动绿色增长和实现新能源产业高质量发展，应科学规划布局、加强产业链协同、构建公平健康协调的产业生态，合理引导新能源产业回归平衡有序发展，以技术创新为核心驱动力推动新能源产业"质""量"双升，进一步挖掘释放新能源市场潜力，优化调整出海战略，打造本土化产业链供应链体系，深入国际交流对话，积极妥善应对复合叠加的外贸风险和挑战。

关键词： 绿色发展 新能源产业 生态文明

2024年是新中国成立75周年，我国生态文明建设取得重要成就。在制度层面，国内生态文明体制基本框架已经形成，党的二十大开启了中国生态文明建设的崭新篇章，党的二十届三中全会胜利召开对深化生态文明体制改

---

[*] 王沐丹，中国社会科学院生态文明研究所助理研究员，主要研究方向为资源与环境经济政策等；张永生，中国社会科学院生态文明研究所所长、研究员，主要研究方向为生态文明、发展经济学、绿色发展、资源与环境经济学等。

革作出重要部署，为我国未来生态文明建设指明了方向。在产业层面，以光伏、新能源汽车等为代表的新能源产业延续增长势头，我国绿色供给能力不断增强，绿色成为新质生产力的鲜明底色。在国内绿色转型加速、国际环境复杂多变的背景下，需持续重视培育绿色新质生产力，推动实现高质量发展。

一 我国绿色发展取得显著成就

（一）生态文明体制基本框架已经形成

党的十八大以来，以习近平同志为核心的党中央高度重视生态文明建设，建立了生态文明体制的"四梁八柱"。党的二十届三中全会审议通过的《中共中央关于进一步全面深化改革 推进中国式现代化的决定》（以下简称《决定》）对深化生态文明体制改革作出重要部署。

目前，中国生态文明体制已形成基本框架，包括将生态文明纳入党章和宪法，作为"五位一体"总体布局和"五年规划"的重要组成部分，制定《中共中央 国务院关于加快推进生态文明建设的意见》《生态文明体制改革总体方案》及几十项具体改革方案等，建立了包括自然资源资产产权、国土空间、资源节约、生态补偿、环境治理体系、生态保护市场体系、绩效评价考核和责任追究制等在内的生态文明制度体系。与此同时，中国的生态环境发生了历史性、转折性、全局性变化，实现了由重点整治到系统治理、由被动应对到主动作为、由全球环境治理参与者到引领者、由实践探索到科学理论指导的重大转变。

（二）党的二十届三中全会关于生态文明和绿色发展的决策部署

2024年7月15~18日，党的二十届三中全会胜利召开，审议通过的《决定》从人与自然和谐共生的高度，清晰指明了聚焦美丽中国建设的总目标，对进一步深化生态文明体制改革和绿色发展作出重要部署。

聚焦建设美丽中国，加快经济社会发展全面绿色转型，健全生态环境治理体系，推进生态优先、节约集约、绿色低碳发展，促进人与自然和谐共生。

三大重点任务：一是完善生态文明基础体制；二是健全生态环境治理体系；三是健全绿色低碳发展机制。

（三）中国绿色转型优势突出，新兴绿色产业全面发力"换道超车"

首先，绿色发展理念、愿景和推动经济社会发展全面绿色转型，成为中国转向绿色发展的关键。在推动绿色低碳发展方面，中国具有独特的优势，包括完整准确全面贯彻新发展理念、政府的强大执行力、宏观政策的稳定性和连续性、统一大市场建设、产业体系完备和配套能力强等。中国于2020年正式提出碳中和目标后，逐步形成了推动绿色低碳发展的普遍市场预期，由此创造了大量绿色转型需求和投资机会。反观西方发达国家，虽然在推动绿色转型上各有优势，但都存在明显的短板。

其次，中国新兴绿色产业全面发力"换道超车"，在全球具有领先地位。目前，我国已建成具备国际竞争优势的新能源全产业链体系，在新能源、智能电动汽车、5G、工业机器人、互联网经济等代表未来绿色经济的产业方面，中国产业竞争力雄厚，有些甚至具有压倒性优势。近十年来，我国推动全球风电和光伏发电平均度电成本累计降幅分别超60%和80%，为世界贡献了70%的风电设备和超80%的光伏组件，产品远销全球200余个国家和地区，为全球绿色转型、应对气候变化作出了重要贡献。同时，我国清洁能源装机规模和消费比重明显提升，新能源发电装机首次超越煤电，国内经济发展"含绿量"更足。

二 新能源及其产业运行情况

（一）新能源产业为我国经济发展注入绿色动能，呈"东部领先、中西部跟跑"的产业格局

以光伏、新能源汽车为代表的新能源产业是培育壮大绿色新质生产力、驱动经济社会全面绿色低碳发展的重要引擎。当前，国内新能源产业集聚于东部地区，中西部正加速新能源产业布局步伐，为我国绿色发展带

来新活力。①

依托资源、技术、科研、产业基础等多重优势条件，东部省市为新能源产业蓬勃发展营造了良好的环境，新能源产业综合优势明显。胡润研究院报告显示，2023年，以江苏、山东、浙江为代表的华东地区在新能源产业优质企业集聚度、中小企业集聚度和投资热度集聚度评价中遥遥领先，新能源产业集聚度综合排名前五十的城市中半数处于华东，华南、华北地区次之，其余地区新能源产业聚集度较低。②在行业发展潜力方面，东部和南部地区新能源产业发展潜力更大，特别是长三角地区表现突出，目前我国新能源潜力百强企业中近六成位于华东，其中江苏、上海、浙江分别有19家、16家、8家，华南地区和华北地区企业数远低于华东，分别有17家、12家。③

新能源产能及企业呈"东密中西疏"分布格局。从新能源汽车来看，2024年1~8月全国新能源车产量达713.4万辆，东部、中部、西部产量占比分别为62.6%、14.3%、23.0%，中部、西部生产增长强劲，分别同比增长58.1%、53.9%，在全国的占比较上年分别提高近1.8个百分点、2.3个百分点，而东部占比下降4.2个百分点。其中，广东、黑龙江、陕西、江苏、重庆等地产量居全国前列。从光伏来看，根据企查查数据，国内现有光伏相关企业约88.47万家，主要分布在经济科技实力较强的东部沿海省市和自然资源丰富的西北地区，企业高度集中于江苏和浙江，在陕西、河北、江西、广东和四川等地也有所分布。维科网产业研究中心报告显示，2023年我国光伏产业链上市企业前五十强中近八成聚集于东部地区，其中江苏和浙江约有30家企业，前十强中有6家位于东部。④从氢能产业来看，我国氢能企业密集分布于京津冀、长三角、粤港澳大湾区等区域，超60%的企业位于东部省市；约80%的氢气产能分布在山东、河北等东部地区以及内蒙古、陕西等西北地区，山东、

---

① 本部分对全国东部、中部和西部的划分依据来自国家统计局，其中东部地区包括北京、天津、河北、辽宁、上海、江苏、浙江、福建、山东、广东和海南，中部地区包括山西、吉林、黑龙江、安徽、江西、河南、湖北和湖南，其余省、自治区、直辖市属于西部地区。
② 胡润研究院：《2023胡润中国新能源产业集聚度城市榜》，2023年6月。
③ 胡润研究院：《2024胡润中国新能源潜力企业百强榜》，2024年7月。
④ 维科产业研究中心：《2023年中国光伏产业链上市企业百强榜》。

内蒙古、陕西规上企业氢产能居全国前三位，合计占全国规上产能的32.4%。

区域性特色新能源产业集群加速形成。为促进中小企业高质量发展，自2022年以来，工信部在全国范围内积极开展国家级中小企业特色产业集群培育认定工作。2022~2024年，工信部每年培育认定100个产业集群，目前国内已有三批共计300个国家级中小企业特色产业集群。经粗略统计，2022~2023年，新兴产业和传统产业集群数量所占比重分别为46.3%、53.7%，新能源电力设备、新能源汽车等新能源产业集群约有27个，其中东部约有14个，远超中部地区（6个）和西部地区（7个）。2024年9月，工信部公布的新一批中小企业特色产业集群中有8个为新能源产业集群，主要分布于内蒙古、新疆等西部地区，"新三样"产业均有所涉及。总体来看，我国已经形成了比较稳定的以天津、江苏、广东为代表的东部新能源汽车产业集群，以新疆、内蒙古为核心的西北风光装备产业集群，以及由川渝引领的西南锂电产业集群。

（二）光伏行业呈现出良好的发展韧性

1. 国内光伏产品产量稳步提升

2024年，光伏产能持续释放，主要环节产量逐步提升。2024年1~2月、3~4月和上半年，全国多晶硅产量分别达33万吨、37万吨和106万吨，同比增长87.5%、76.2%和74.9%。相较于上游原料产品快速平稳增长，产业链中下游环节生产较前者增长偏缓，且增速波动明显。2024年1~2月、3~4月和上半年，硅片产量分别达130GW、190GW和402GW，同比增长82.6%、115.7%和58.6%；晶硅电池产量分别达100GW、140GW和310GW，同比增长60.8%、75.2%和38.1%；晶硅组件产量分别达76GW、120GW和271GW，同比增长39.4%、61.9%和32.8%。但与应用端相比，同期国内光伏新增装机增速回落，这意味着光伏行业仍将在一段时间内面临供需失衡压力。

2. 国内光伏装机及发电规模持续扩大，区域异质性显现

非化石能源应用是构建多元清洁、安全韧性的新型能源体系的着力点，是推动生产及消费模式绿色低碳变革的重要抓手。近年来，国内新能源增长势头强劲，随着以沙漠、戈壁、荒漠为重点的新能源大基地建设深入推进，

经济蓝皮书

2023年以来地方政府在分布式能源发展方面发力，2024年"分布式新能源"首次被写入《政府工作报告》，我国新能源装机规模持续扩大，发电量稳步提升，赋能电力绿色化和新型能源体系建设。

截至2024年8月末，全国新增光伏发电装机139.9GW，同比增长23.7%，增速比2023年上半年放缓7个百分点。2024年1~6月，光伏发电新增并网容量102.5GW，同比增长31%。其中，分布式光伏并网52.9GW，同比增长29.1%，工商业光伏和户用光伏分别占70.03%、29.97%，[1]工商业光伏表现亮眼，同比增长90.5%；集中式光伏并网49.6GW，同比增长32.4%。相较于2023年同期，全国光伏新增装机及并网容量增长有所放缓。从累计装机来看，截至2024年8月底，全国光伏发电累计装机752.4GW，占全国发电总装机的24.1%，同比增长48.9%（见图1）。2024年1~6月，国内光伏累计并网容量712.9 GW，其中集中式光伏占56.6%，新能源发电装机首次超过煤电。

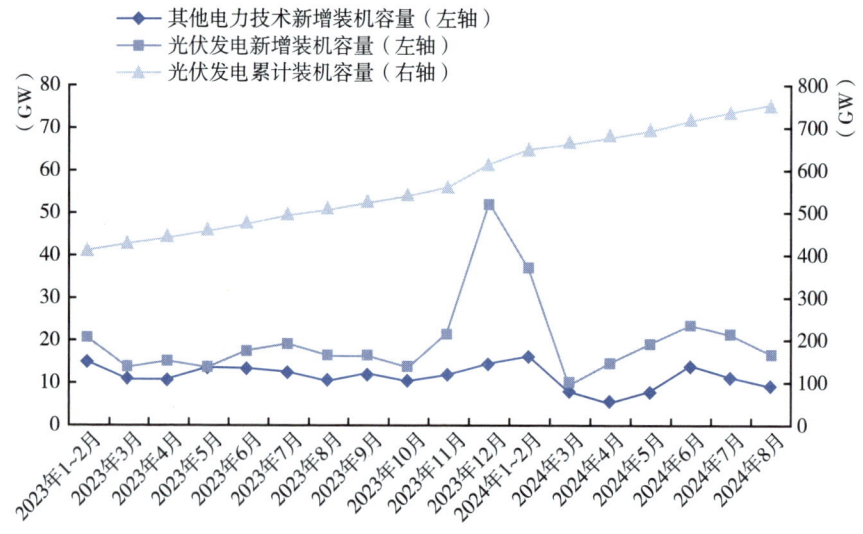

图1 2023年1月至2024年8月中国光伏发电装机容量增长趋势

资料来源：国家能源局。

---

[1] 《国家能源局：2024年上半年光伏新增装机102.48GW》，http://www.chinapower.com.cn/tynfd/hyyw/20240729/255381.html，2024年7月29日。

分地区而言，东部、西部地区并网累计光伏装机分别占全国的39.8%、34.3%。其中，东部分布式光伏规模最大，占全国的60.2%；中部占32.6%；西部集中式光伏装机优势明显，占全国的55.1%，东部、中部地区差异不大。新增装机主要来自东部和西部地区，东部、西部地区新增装机分别占全国的41.4%、36.3%，其中东部地区新增分布式光伏占全国的58.4%，西部地区新增集中式光伏占全国的60.5%。从发电情况来看，截至2024年8月底，全国规模以上电厂光伏发电量达2695.1亿千瓦时，同比增长26.6%，占全国的4.3%，比重较上年同期提高1.1个百分点。

3. 光伏产品出口带动外贸向好，"量增价减"趋势较突出，出口市场趋于多元化

近年来，太阳能电池、新能源汽车、锂电池等"新三样"持续领跑外贸出口，为我国贸易提质量、优结构注入了绿色动能。在光伏行业阶段性供需错配、技术加速迭代及贸易市场不确定性等多重因素影响下，光伏出口"量增价减"特征比较突出。截至2024年8月底，我国硅片、光伏电池和光伏组件三类光伏产品分别出口（按美元计价）15.7亿美元、17.6亿美元和209.1亿美元，同比下降58.9%、45.2%和29.2%，总额达242.4亿美元，同比下降33.7%。其中，2024年一、二季度，我国光伏产品出口总额分别达98.0亿美元、91.5亿美元，同比下滑32.4%、37.7%（见图2）。尽管出口额有所下降，但光伏电池、光伏组件出口量仍呈快速增长势头，展示出我国优势新能源产业具有较强的发展韧性。根据中国机电产品进出口商会数据，2024年上半年，我国光伏电池、光伏组件分别出口27.9 GW、146.5 GW，同比增长38.7%、33.7%。

从出口市场来看，得益于我国光伏品牌效应显现、综合优势突出及"全球建全球卖"战略布局等多方面优势，我国光伏电池及光伏组件出口继续朝着多元化的市场模式拓展，虽然对传统第一大市场欧洲出口萎缩，但对亚洲出口呈明显增长态势。2024年一季度，亚洲已取代欧洲成为我国光伏产品出口的第一大市场。截至6月底，我国对亚洲、欧盟分别出口光伏产品87.4亿美元、67.1亿美元，同比下降13.2%、49.7%，其中对亚洲组件出口62.8亿美元，

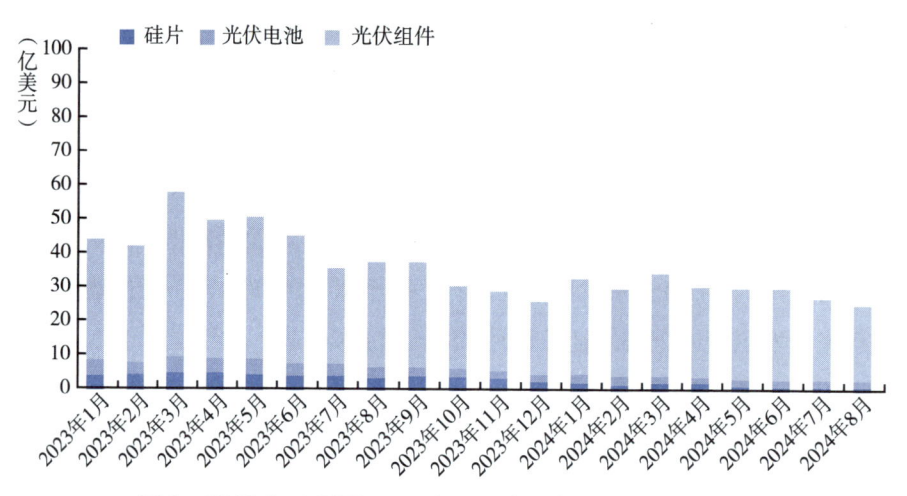

图2 2023年1月至2024年8月中国光伏行业出口额情况

资料来源：中国海关总署。

同比增长26.8%，对欧盟组件出口66.4亿美元，同比减少49.5%。国产光伏组件的三大出口目的地分别为荷兰、巴基斯坦和巴西，约占我国光伏组件出口总额的36%，巴基斯坦、印度及沙特阿拉伯等南亚和中东国家成为我国光伏出海的新兴市场。

（三）新能源汽车延续增长势头

1. 新能源汽车产销量稳步上升，市场渗透率首次超过50%

2024年，我国经济发展延续向好态势，汽车消费作为稳定国内经济、带动产业链高质量发展的关键一环，激发国内新能源汽车市场活力成为国内扩内需、促消费宏观政策的重要着力点，新能源汽车产销总体延续向好态势但同时存在增速放缓、消费动力不足等问题。

2024年一季度，国内汽车产销量分别达660.6万辆、672万辆，实现2019年以来同期的最高纪录。尽管春节、年初汽车"价格战"、消费预期偏弱等多重因素复合叠加，国内新能源汽车仍然延续快速增长态势，2024年一季度新能源车产销分别达211.4万辆、208.9万辆，同比增长28.1%、31.8%，市场占有率为31.1%。二季度以来，国家密集出台了系列支持政策，4月商务部等七部门印发《汽车以旧换新补贴实施细则》，随后财政部发布通知就汽车以旧换新补贴资金作出具体安排，地方性补贴政策相应跟进，5月国务院《2024—2025年节能降碳行动方案》对新能源车限购有序松绑、便利新能源车通行等给予支持，2024年新能源汽车下乡活动启动，助力新能源汽车市场潜力进一步释放。2024年二季度，国内新能源汽车产销分别达281.4万辆、285.4万辆，同比增长31.7%、32.2%，增速较一季度小幅提升。7月以来"以旧换新"政策加码，新能源乘用车补贴提高至2万元，叠加地方限购局部放宽、新车型投放、车展活动密集等因素，1~8月新能源汽车产销总体向好（见图3），产销量分别达700.4万辆、703.3万辆，同比增长28.9%、30.9%，较往年增速明显放缓（2022年、2023年同期销量增速分别为110%、39.5%）。7月，新能源乘用车零售量超燃油车，渗透率历史上首次突破50%，达51.1%；8月新能源车零售环比增长17%，显示出以旧换新政策初步见效，渗透率连续两个月突破50%。但同时要注意到，新能源汽车市场低价竞争、增速放缓等问题凸显，传统的高速增长模式将逐渐向市场环境公平化、技术路线多元化、行业数字化智能化高端化的高质量发展模式转变。

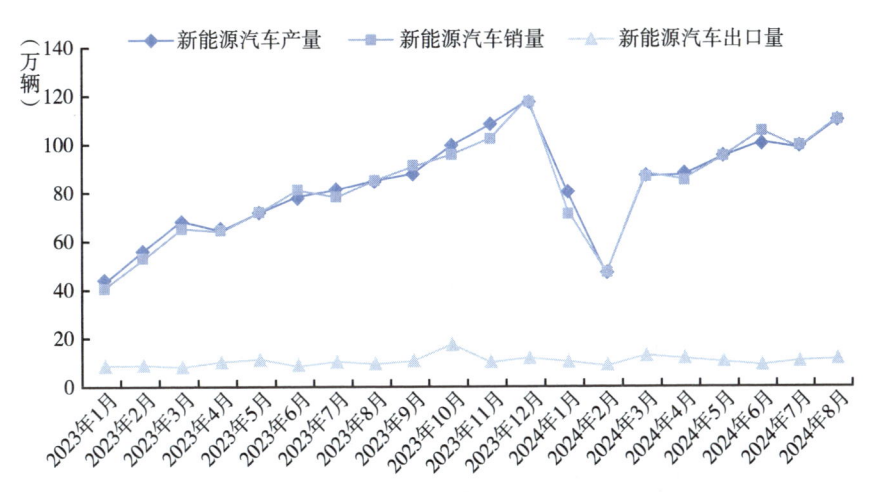

图3 2023年1月至2024年8月中国新能源汽车产销量和出口量情况

资料来源：中国汽车工业协会。

2. 纯电动汽车增速趋缓，插电式混合动力汽车成为新能源汽车增长强引擎，新能源汽车行业正步入技术路线多元化发展阶段

2024年以来，国内新能源汽车市场表现出不同于起步阶段以纯电动汽车增量为主的新增长结构，在续航里程焦虑、充换电设施完善升级尚需时日、消费需求多样化、价格波动等多重因素影响下，叠加《汽车行业稳增长工作方案（2023—2024年）》鼓励混合动力路线、部分地方政府给予混动车上牌倾斜等政策因素，纯电动汽车"一家独大"的绝对优势地位有所动摇，增速呈放缓趋势，插电混动汽车加速增长，带动新能源汽车行业进入技术路线多元化的新发展阶段。

2024年一、二季度和1~8月，纯电动汽车销量分别达130.4万辆、171.4万辆和421.5万辆，同比增长13.2%、9.4%和9.3%，增速较2023年同期（普遍超20%）显著放缓。2024年一、二季度和1~8月，纯电动汽车销量占新能源汽车销售总量的比重逐渐下降，分别达62.4%、60.1%和59.9%，市场份额较上年明显萎缩。相比之下，插电混动汽车因兼具续航能力、动力性能、灵活性、价格、政策等多方面综合优势，日渐受到消费者青睐，展现出强劲的增长潜力。2024年一、二季度和1~8月，我国插电混动汽车销量分别达78.4万辆、113.8万辆和281.4万辆，同比大幅增长81.2%、92.4%和86.0%，延续了上年的高速增长态势。从市场占比来看，2024年以来插电混动汽车市场份额稳步提升，1~8月累计销量占新能源汽车销售总量的比重达40.0%，较上年同期大幅提高近12个百分点。

3. 新能源汽车出口增长强劲，外部环境波动影响逐渐显现

新能源汽车出口增长强劲，持续领跑我国出口。2024年一、二季度，中国新能源汽车出口量分别达30.7万辆、29.8万辆，同比增长23.8%、4.2%，与上年同期出口倍增的情况形成了鲜明对比，新能源汽车出口增速明显回落，不及同期超25%的汽车总体出口增速，外部环境复杂对我国新能源汽车出口的影响有所显现。2024年1~8月，国内新能源汽车出口总计81.8万辆，同比增长12.8%，增速较上年同期降低近15个百分点。从出口占比来看，2024年新能源汽车出口在全国汽车总出口中的占比保持在20%以上，1~8月新能源汽车出口量占全国汽车出口总量的 21.7%，同比下降约 3 个百分点。从出口结构来看，插电混动汽车出口强势增长。2024 年一、二季度和 1~8 月，插电混动乘用车分别出口 5.9 万辆、6.8 万辆和 17.3 万辆，同比增长 256.8%、132.8% 和 179.8%；纯电动乘用车分别出口 24.2 万辆、22.2 万辆和 62.3 万辆，同比增长 9.6%、降低 11.1%、降低 2.7%[①]。从出口市场来看，2024 年上半年我国新能源汽车全球市场占有率约达 60%，出口排前三的市场分别为巴西、比利时和英国，约占我国新能源汽车出口总额的 40%，对欧盟出口同比下降近 18%，对东盟出口同比提升约 88.2%。

三 新能源及其相关产业发展面临的挑战与趋势展望

（一）新能源产业需警惕非理性竞争风险

近年来，国内光伏、新能源汽车等代表性新能源产业急速扩张，规模不断扩大，2021~2023 年光伏行业新注册企业数年均增长 21.7%，国内现存光伏相关企业 88.47 万家；新能源汽车行业新增企业数增长率从 2019 年的不足 10% 激增至 2021 年的近 120%，2023 年大幅回落至 25%，[②] 非理性投资下行业高速扩张、无序竞争、低质重复的不利影响逐渐显现，需警惕非理性竞争风险。

进入 2024 年，光伏行业呈现出阶段性增长动能不足、产能增速放缓、开工率低、企业减产停产等特征。中国光伏行业协会数据显示，2024 年上半年国内多晶硅、硅片、光伏电池及组件环节开工率仅 50%~60%，投产、开工、规划的光伏项目数较 2023 年同期减少超过 75%，20 余个项目宣布终止、中止或延期；产品价格大幅下滑，甚至低于成本，多晶硅、硅片降价超 40%，光伏电池及组件价格降幅超 15%（组件价格从 2023 年初的 1.9 元/瓦跌至 2024

---

① Wind 数据库。
② 企查查：《2023 年我国现存新能源汽车相关企业 92.68 万家 一年暴增 30 万家》，https://www.199it.com/archives/1669535.html#:~:text=%E4%BC%81%E6%9F%A5%E6%9F%A5%EF%BC%9A2023。

年二季度的0.8元/瓦），严重挤压了企业盈利空间。结合企业半年报来看，在供需错配和价格下跌的背景下，光伏行业亏损严重，隆基绿能、协鑫科技等龙头企业大幅亏损，业内20家主流企业中16家合计亏损超200亿元，而4家盈利企业总利润仅30亿元。

新能源汽车行业同样遭遇"价格战"冲击。据统计，2024年一季度新能源汽车平均降价1.6万元，远超上年同期（0.67万元）。乘联会数据显示，2024年前五个月超136款车型降低售价，这一降价规模已超过2023年降价规模的九成，并超过了2022年全年降价规模。理想、极氪、广汽、上汽等企业半年报披露净利润或毛利率大幅下滑，民营企业总体表现优于国企。此外，2024年预计有百余款新车型投放市场，新能源汽车行业竞争或将进一步升级。"价格战"无益于新能源汽车行业维持健康生态，比亚迪等具有全产业链优势的大型企业能够顶住降价压力，更多的中小型企业则面临利润下降甚至亏损从而只能破产退市，价格波动的影响还会通过产业链传导至上下游环节，对行业整体的可持续发展造成冲击。

（二）新能源出口面临绿色贸易壁垒叠加本土产业保护新挑战

2023年以来，欧美发达经济体对我国光伏、新能源汽车等出口的封锁围堵呈现趋严、趋紧、趋频特征，贸易制裁手段从传统的反倾销、反补贴等关税或非关税措施向"绿色贸易壁垒叠加本土产业保护"的方向转变，其将贸易问题政治化、打压我国新能源产业优势、维护本土产业利益的险恶意图昭然若揭。

2024年二季度以来，欧盟"强迫劳动法案"，美国对东南亚四国光伏"双反调查"，美国《通胀削减法案》新能源汽车补贴措施，欧盟、加拿大、美国提高对华电动车、光伏等产品关税税率等传统贸易限制性手段密集出台。与此同时，欧盟、瑞典、日本、韩国等推出了以"碳足迹"、"碳标签"或碳边境调节机制等为核心的绿色贸易壁垒，针对我国新能源产品出口提出基于全生命周期的碳足迹标准及碳定价规则，具有信息申报条目繁多、数据信息要求精细、细则流程仍存在不确定性等特征，不仅会直接增加我国优势新能源产品出口"绿色成本"，而且可能引发市场优势削弱、产能转移回流、数据安全隐患、碳规则碳定价话语权不足等负面冲击，威胁国内产业及经济安全。

2024年下半年以来，我国新能源产业继续因贸易环境波动承压。9月，欧盟表示将引入明确标准支持当地绿色氢能项目中本土设备的使用；美国太阳能产业协会（SEIA）出台了一项涉及可追溯性要求的行业标准草案，中国光伏被列入不符合美国海关和边境保护局（CBP）法规的区域来源产品；自9月27日起，美国对华电动汽车、太阳能电池和电动汽车电池的关税税率大幅上调25%~100%；欧盟拒绝中国提交的新能源汽车价格承诺方案，于10月4日投票通过对我国进口纯电动汽车征收反补贴税，我国电动汽车对欧盟出口最高关税税率约45%。

随着国际贸易格局频繁波动，我国优势新能源产业面临歧视性、复合叠加、强度升级的贸易壁垒，这种形势短期内难以改变，需密切关注外部环境风险。

（三）区域发展不平衡影响新能源高质量发展

目前，我国新能源产业发展呈现"东密中西疏""东部领跑中西部跟随"的特征，东部省市在新能源产业集聚度、技术先进性、市场成熟性与活跃度等方面具有绝对领先优势，中西部地区与之相比存在较明显的差距，国内新能源产业发展区域不平衡的现象比较突出，不利于构建全国统一大市场。

东部新能源产业形成了生产端应用端协同发力的良好局面，在技术研发创新方面也具有明显优势。例如，长三角经济科技实力雄厚，资源禀赋和地理位置优越，不仅成功培育了上海市松江区新能源电力装备产业集群、无锡市锡山区电动车及零部件产业集群、常州市新北区新能源汽车电气设备产业集群等多个国家级中小企业产业集群，打造了江苏、浙江等具有全产业链优势的光伏大省，而且积极开发风光资源，打造综合能源基地，据赛迪顾问统计，长三角地区累计光伏装机容量实现了从2019年的4186.9万千瓦增长到2023年的10797.2万千瓦的数量级跨越，是区域新能源产业与应用市场互促互进的良好案例。相比之下，中西部虽是我国风光等自然资源丰富地区，却

受到产业链及产业体系不健全、产业布局零散、市场开发滞后、基础设施不完善、投资压力大等因素影响，新能源产业活力未得到充分挖掘和释放。如果不对新能源产业区域不平衡性予以重视，可能导致不同地区产业发展在技术、人才、产业链、市场等方面的差距越来越大，进而造成在新能源产业分工、竞争地位、绿色增长动能等方面的区域差异日渐悬殊，不利于全国新能源产业乃至经济社会的高质量发展。

（四）新能源产业形势展望

近年来，中国积极推动经济社会全面绿色转型，我国新能源产业的蓬勃发展为全球应对气候变化作出了重要贡献。长期来看，我国新能源产业具有政策指引科学、产业体系完善、创新实力强、超大市场规模等多重优势，具有广阔的发展前景和市场潜能。

我国新能源产业发展有科学政策的指引。针对产能同质化、供需失衡、非理性竞争等当前新能源产业发展中的突出问题，我国正陆续出台系列政策措施来规范行业发展秩序，引导新能源行业构建良性有序的健康市场格局。7月，中共中央政治局会议强调，强化行业自律，防止"内卷式"恶性竞争。强化市场优胜劣汰机制，畅通落后低效产能退出渠道，为新能源产业高质量发展作出了重要部署。以光伏行业为例，2024年行业层面高质量发展座谈会和防止行业"内卷式"竞争座谈会等会议陆续召开，《光伏制造行业规范条件》已公开征询意见，中国光伏行业协会强调组件价格低于成本投标中标将涉嫌违反《中华人民共和国招投标法》等，为光伏供给侧非理性竞争、落后产能等痛点堵点开出药方，释放鼓励兼并重组、畅通退出机制、打击恶性竞争、规范行业秩序等政策信号。在新能源汽车方面，国家正持续加大政策支持力度，预计将新开展3场以上新能源汽车下乡活动，新增公共领域车辆全面电动化试点，抓紧研究制定新能源汽车换电模式指导意见，旨在进一步激发新能源汽车市场需求。

我国新能源产业体系完备、产业基础牢固。经过十余年"苦练内功"，我国已在光伏、新能源汽车、锂电池等新能源领域长期占据制造能力领先地位，拥有全球范围内最大最完整的新能源产业链。目前，我国光伏组件产量已连续16年、新能源汽车产销量已连续9年占据世界首位，2023年太阳能新增装机与2022年全球太阳能新增装机规模相当。目前，我国供给了全球80%的光伏组件、70%的风电设备，新能源汽车销量占全球总量的60%，反映出我国新能源产业的国际认可度高、市场竞争力强，对世界各国绿色低碳转型意义重大。我国新能源产业链供应链完备，有益于生产制造、技术研发及转化、降本增效、市场应用等方面的优势集成，为我国新能源行业高质量发展提供了有力的支撑。

我国新能源产业创新综合实力强。近年来，我国新能源产业创新研发活力持续释放，创新水平不断提升。从专利数量来看，过去十年来，中国风电专利申请数居世界首位，其间多个年份申请量是排第二位国家或地区的十倍；我国光伏相关专利申请数年均增速达23.1%，截至2023年底我国光伏专利申请总量、有效专利总量和有效发明专利总量分别达16.8万件、7.3万件、2.2万件，均列全球首位。[1] 从创新成效来看，我国新能源产业以创新为核心驱动力，加速推进行业提质增效、竞争力提升。比如，隆基绿能加大研发资金和人员投入，其西安电池工厂已应用智能搬运机器人和机械臂以提高作业效率及精度，单片光伏电池下线仅需0.8秒。2023年，全球装车量排前十位的动力电池企业中有6家来自中国，同年宁德时代第一代钠离子电池电芯首发，广汽埃安智能生态工厂入选代表全球制造业智能制造和数字化最高水平的"全球灯塔网络"，成为全球唯一新能源汽车"灯塔工厂"[2]。2024年，全国首套大容量钠离子电池储能系统成功研制，当年新增全球"灯塔工厂"22家中有13家来自中国，其中三一重工韶山工厂是全球首家风能设备的"灯塔工厂"。上述一系列亮眼成就显示出我国新能源产业强大的科研创新实力，是我国新能源行业高质量发展的不竭动力。

---

[1]《我国光伏全产业链专利申请总量位居全球首位》，https://cn.chinadaily.com.cn/a/202401/30/WS65b9024ca31026469ab16dcf.html，2024年1月30日。

[2] "灯塔工厂"代表着当今全球制造业智能制造和数字化的最高水平，新晋21座"灯塔工厂"中有12座在中国。

我国新能源产业发展具有国内超大市场规模和积极开展国际合作的市场优势。一方面，超大的市场规模有助于我国新能源产业实现要素资源优化配置和高效利用、供需协同、产业生态平稳安全、应用场景多元拓展，增强我国新能源行业发展的可持续性和稳定性。另一方面，中国是全球气候治理的参与者、贡献者和引领者，积极推动应对气候变化领域的国际合作。近年来，我国新能源企业不断优化出海战略，从"产品出海"向"生态出海"、从"走出去"向"走上去"持续发力，加速开展对外合作，推进多元化的产能、研发、供应链等布局，积极融入全球新能源产业链价值链，为全球应对气候变化、实现绿色增长贡献了中国力量。

四 政策建议

（一）合理引导行业回归平衡有序发展

科学规划布局。优化产业发展顶层设计，根据产业链主要环节特征、产业布局的区域异质性，以资源共享、优势互补、效率提升为目标，结合"有效市场"和"有为政府"，因地制宜合理制定地方性、区域性新能源产业发展规划，避免低端化同质化产能重复建设，破除地方保护，推动新能源产业布局优化。

加强产业链协同。鼓励引导上下游企业充分对话交流，提高产业链供应链各环节的信息透明度，以战略联盟、技术合作等形式构建长效深度合作机制，借助物联网、大数据、云计算等信息技术，强化全产业链供应链上下游各环节的统筹管理，促进全产业链供需协同、定价合理、预期稳定，提升全产业链的灵活性、联动性、协同性。

构建公平健康协调的产业生态。加大监督管理力度，完善细化产业准入、招商引资、知识产权保护、奖惩退出机制等多方面的制度设计，规范招商引资和资金供给，加强对市场价格、产品质量、产能和需求、营商环境等的监测调控和预警，严厉惩处不正当竞争、扰乱市场秩序等行为，优化新能源产业发展环境，引导产业回归理性发展。

（二）以技术创新为核心驱动力激发新能源市场活力

加快科学技术创新研发。科学研判国内外新能源产业形势，精准识别我国新能源产业重大技术攻关中的难点痛点堵点，以响应新能源产业和市场需求、追赶引领行业前沿技术为目标，持续推进产业技术短板和关键核心技术攻关，加大对产业"卡脖子"风险点、前瞻技术、先进产能/生产线等方面研发创新的政策、资金、人才培养等综合性支持保障力度。

加快构建以企业为主体的产学研体系。以制造业绿色转型、"两新"、"两重"等国家战略为契机，以市场实际需求为导向，充分发挥企业，特别是业内领军企业、骨干企业在精准识别行业需求、集聚资源要素、组织协同能力等方面的显著优势，聚焦当前及未来重大应用场景，联合高等院校、国家科研机构及地方政府，推进产业关键技术研发创新及应用转化，推动产业差异化、高品质、高质量发展。

促进智能化数字化升级，鼓励引导新能源产业与人工智能、大数据、5G、物联网等新一代信息技术深度融合，以资源、技术、信息、数据等高效配置利用提质增效，依托数字化、智能化技术培育衍生新业态新模式，优化设施配套体系及服务。以技术创新驱动新能源产业"质""量"双升，进一步挖掘和释放新能源市场潜力。

（三）积极妥善应对复合叠加的外贸风险挑战

优化新能源产业出海战略。跟踪国际需求变化，准确把握海外政策、文化和准入机制，以公平、开放、互信、稳定等为基本原则，积极拓展海外市场，探索在非洲、中东、东南亚等新能源新兴市场上加强新能源产业相关经贸合作，建立深入、稳定、平等的多元合作伙伴体系，规避出口过度集中导致的贸易风险。

打造本土化产业链供应链及服务体系。在绿色贸易壁垒叠加本土产业保护的新挑战下，我国新能源产业可考虑从"产品出海"逐步向重要产能、生产配套、服务保障等"生产体系出海"转变，可更好满足各国的差异化需求，

提升产品供给精准度，有利于合理规避贸易壁垒，为产业海外发展提供便利，提高产业出海综合保障和服务能力。

深化国际交流对话，以世界各国绿色增长、实现碳中和为共同的出发点和落脚点，积极参与并推动国际贸易标准、碳规则的制定和互认，为新能源产业构建公平开放包容的国际经贸环境。加快构建国内新能源产业碳足迹背景数据库，推进产品碳足迹核算等管理体系建设工作，建立健全产业贸易风险监测预警体系，提升新能源产业贸易风险综合应对能力。

B.13
国际能源市场形势分析、展望与建议

王蕾 史丹[*]

摘 要： 2024年以来，全球原油天然气供需形势总体宽松，能源价格相比2023年略有下降，但受局部军事冲突影响，短期震荡幅度较大。清洁能源投资依然能够保持高速增长态势，全球能源转型进程稳步推进。展望2025年及以后国际能源市场，国际油价仍然处于长周期的上升阶段，但是由于世界经济增长进入平台期，新能源汽车渗透率不断提升，未来国际油价总体将处在中高位，并且随着国际政治局势的变化呈现短期震荡态势。世界新能源产业竞争日益加剧，涉及矿产资源、技术、制造全产业链。全球能源市场的博弈将拓展到新能源以及与新能源密切相关的产业和矿产领域。面对未来可能形成的全球能源新格局，我国不仅要防范传统能源市场的安全风险，尤其是油价剧烈波动对我国经济带来的冲击，更要锚定"双碳"目标，专注于国内新能源产业高质量发展，提高新能源产业韧性，保障产业安全。

关键词： 国际能源市场 能源安全 新型能源体系

一 世界能源市场供需特点

2024年以来，全球原油天然气供需形势总体宽松，能源价格相比2023

---

[*] 王蕾，中国社会科学院工业经济研究所副研究员，主要研究方向为能源政策、能源效率和能源转型等；史丹，中国社会科学院学部委员、工业经济研究所原所长，主要研究方向为能源经济、低碳经济、产业发展与产业政策。

年略有下降，但受局部军事冲突影响，震荡幅度较大。清洁能源投资依然能够保持高速增长态势，可再生能源和电网投资超过化石能源投资。

（一）"欧佩克+"联盟减产不及预期

2024年，国际原油市场仍然由"欧佩克+"与非欧佩克主导。从供给来看，2024年1月以来欧佩克原油产量在2660万桶/天的基础上小幅增减，相比2023年整体产量下降。但是与"欧佩克+"宣布的减产计划相比，实际减产规模不及预期。尽管9月"欧佩克+"又一次宣布，8个欧佩克和非欧佩克产油国将原定9月底到期的日均220万桶的自愿减产措施延长至11月底。但2024年以来，"欧佩克+"实际原油产量持续增长。IEA统计数据显示，"欧佩克+"8月石油产量为日均4149万桶。其中，欧佩克最主要成员沙特则并没有严格执行减产计划，1月以来，沙特产量稳定地保持在900万桶/天左右。国际货币基金组织预测，沙特将在2024年下半年逐步恢复其石油产量，2024年底前将产量恢复至接近每日950万~1000万桶的水平。此外，由于阿联酋、伊拉克、俄罗斯等国超产幅度较大，2024年以来"欧佩克+19"国产量超过配额（见图1）。基于对国际旅游业持续强劲带来的利好，"欧佩克+"保留根据市场情况暂停减产或增产的可能性，并宣布从12月初开始逐月回撤减产力度，并视市场情况把握回撤减产节奏。但是，近期以色列与黎巴嫩冲突导致中东地区紧张的地缘形势可能很大程度影响"欧佩克+"年底是否增产。

除了欧佩克之外，非欧佩克国家原油产量也保持小幅增长态势。由于美国页岩油产量进入平稳期，美国原油产量稳步上涨，并维持在高位，2024年1~7月，始终在1300万桶/天以上，继续保持其在国际能源市场的份额。虽然受到欧美的多轮制裁，但俄罗斯原油产量和出口总量并未受到过大影响，仍然保持2022年以来的"东走"趋势。2024年1~6月中国和印度在俄罗斯原油出口中占比从2021年的25%迅速增长至86%，尤其是印度从1%增加至48%。2024年以来，俄罗斯原油产量小幅下降更多的是原油基础设施受军事袭击导致的小部分产能关停所致。因此，俄罗斯的原油供给仍然受到局部军

图 1　2022 年 8 月至 2024 年 8 月"欧佩克+"和欧佩克产量与配额差

资料来源：根据 Wind 金融终端数据整理绘制。

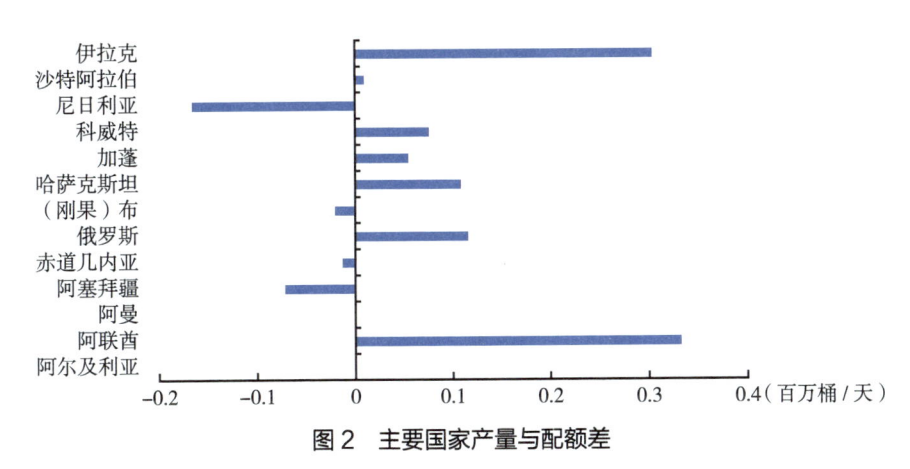

图 2　主要国家产量与配额差

资料来源：根据 Wind 金融终端数据整理绘制。

事冲突的影响。从供给情况来看，由于"欧佩克+"的减产计划不及预期，主要产油国产量仍然稳定在高位，国际石油价格从 4 月起就在震荡中下调，在全球经济衰退的预期下，"欧佩克+"宣布延长减产计划亦未能让国际油价出现反弹。

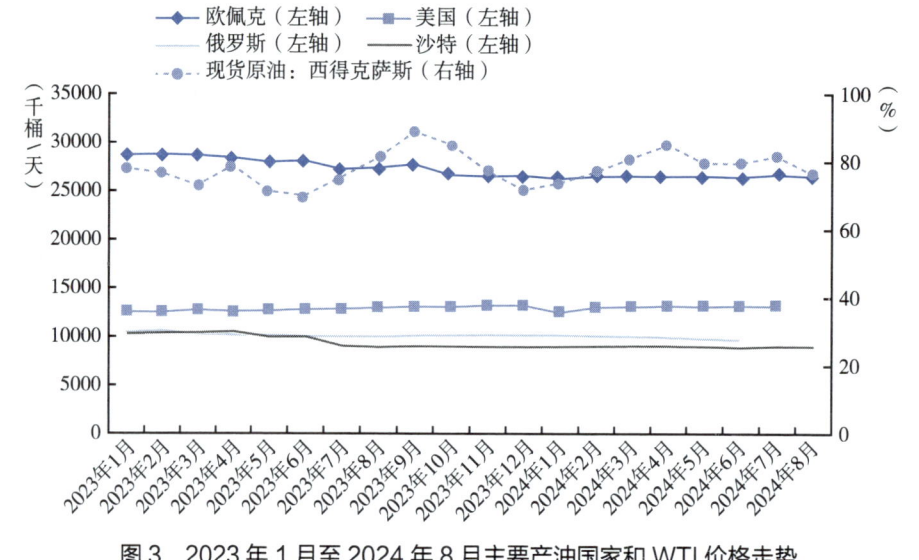

图3 2023年1月至2024年8月主要产油国家和WTI价格走势

资料来源：油价数据来自IMF，产量数据来自欧佩克、EIA。

（二）天然气市场供需格局总体宽松

2024年以来，国际气价总体延续2023年的下降趋势。1~10月，国际天然气价格"窄幅高频"波动（见图4），波动幅度明显小于2023年。美国天然气价格继续稳定在3美元/百万英热单位以下区间，欧洲市场由于需求总体较弱，进口供应相对充足，储气库库存保持在高位，气价维持在较低水平，且震荡幅度明显变小。截至10月，荷兰TTF现货均价为10美元/百万英热单位，同比下降20%。亚洲市场气价总体小幅上涨，且与欧洲气价的联动进一步增强。普氏日韩指标JKM现货均价为13美元/百万英热单位，重新超过欧洲市场，继续保持"亚洲溢价"。

从供需情况来看，天然气市场趋向短期平衡。2024年1~6月消费量同比增长0.5%。从区域看，欧洲天然气需求持续下降，北美地区增速放缓，亚太地区需求仍然保持增长态势。一是欧洲地区，由于经济增长缓慢，工业用气下降，2024年以来的供需相对宽松，市场调整趋向稳定。美国取代俄罗斯成为欧洲第一大LNG供应国。2024年1~6月，欧盟天然气需求同比下降4%。

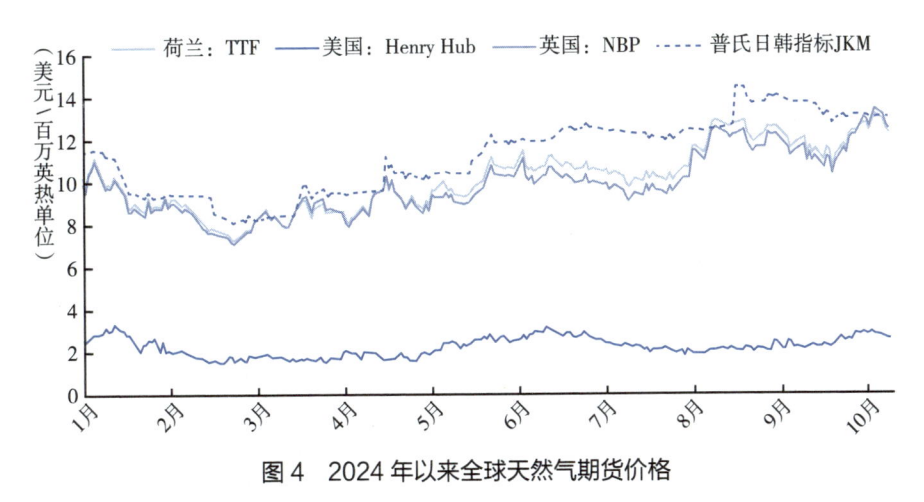

图4 2024年以来全球天然气期货价格

资料来源：https://sc.macromicro.me/charts/39414/global-natural-gas-prices。

二是北美地区，天然气消费量相对稳定，同比增速0.44%。其中，美国消费量4702万立方米，同比增长1.47%。三是亚太地区天然气需求显著增长，1~6月天然气消费量同比增长2.3%，增量主要来自中国和印度。除了经济企稳之外，国际气价回落也是推升亚洲等地区的市场需求的因素。2024年以来我国天然气需求继续回升，LNG进口增加。1~8月，我国表观需求量2811.01亿立方米，同比增加9.7%。LNG进口4477万吨，同比增加6.5%。从LNG进口来源国看，澳大利亚仍然是我国最大进口来源国，1~8月进口量为1722万吨，同比增加10%；其次为卡塔尔，进口LNG1158万吨，同比增加7.2%。四是北美产量持续增加，创新高，中东地区保持稳定，俄罗斯产量持续下滑。根据OPEC统计数据，1~6月北美供给量同比增长4.6%。其中，美国天然气产量依然维持较高水平，LNG出口回升。根据EIA统计数据，1~6月，美国天然气总产量为5312亿立方米，同比增长0.8%。天然气出口436亿立方米，同比增加6.32%，LNG出口量逐步回升，出口量为5.1亿桶，同比增加6%。中东地区供给量同比增长0.8%。俄罗斯供给量继续下滑，同比下降4%。

从贸易格局来看，全球天然气贸易格局延续了2023年以来的变化态势。全球天然气贸易增速持续放缓。管道气贸易量下降，而LNG贸易量持续增加。根据BP统计数据，2023年，全球天然气贸易量约9369亿立方米，同比下降

2.7%，其中区域间管道气贸易量同比下降8.3%，LNG贸易量持续增长，同比增加1.84%。从出口流向看，由于欧洲市场需求放缓，2023年以来美国出口欧洲市场LNG增速放缓，而出口亚洲LNG增速略有回升。俄罗斯天然气出口欧洲管道气大幅下降，而持续流向中国和印度等亚洲市场。

（三）短期因素导致煤炭消费震荡

2023年全球煤炭消费同比增速2.6%，消费总量达到历史峰值，增量部分主要来自中国和印度。2024年以来国际煤炭市场需求总体维持相对稳定状态，未出现剧烈震荡。各区域煤炭需求出现差异。受需求放缓影响，欧洲与东北亚地区煤炭进口量将进一步下滑，尤其是动力煤在日本、韩国、中国台湾、德国及欧盟等市场的需求萎缩。2023年欧盟煤电发电量同比下降25%，2024年上半年继续下降，预计全年煤电发电量同比下降超过20%。2024年以来，由于美国电力需求增加，煤炭消费量降幅收窄，但总体下降趋势没有改变。

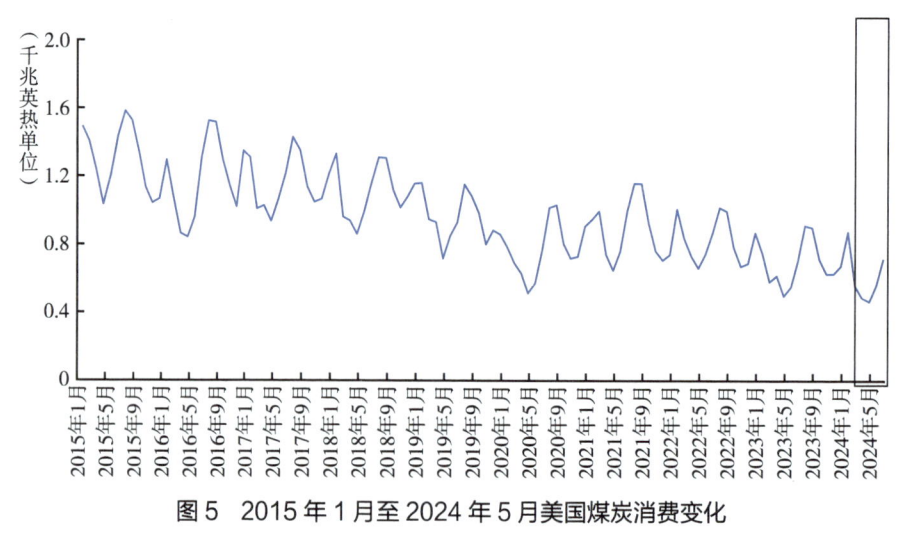

图5 2015年1月至2024年5月美国煤炭消费变化

资料来源：根据EIA数据整理绘制。

主要煤炭消费国家中国和印度短期内煤炭需求受极端天气因素影响较大，进口量也稳步上扬。2024年以来，中国煤炭消费量仍然占全球的一半以上。

受极端天气因素影响，8月中国煤炭消费因电力需求激增而出现大幅增加。印度1~6月由于极端热浪和水电发电量下滑，煤电发电量总体水平相比同期明显增加，随后天气恢复常态，煤炭需求增速逐步放缓。

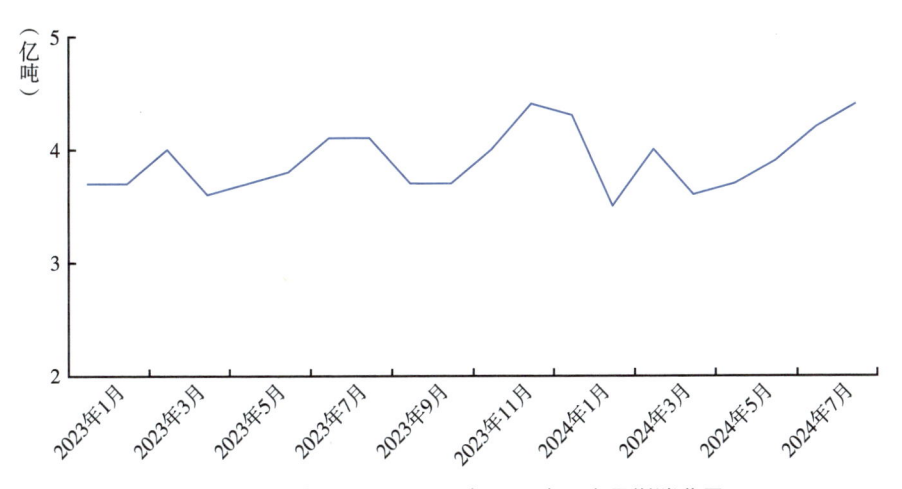

图6 2023年1月至2024年7月中国商品煤消费量

资料来源：根据中国煤炭市场网数据整理绘制。

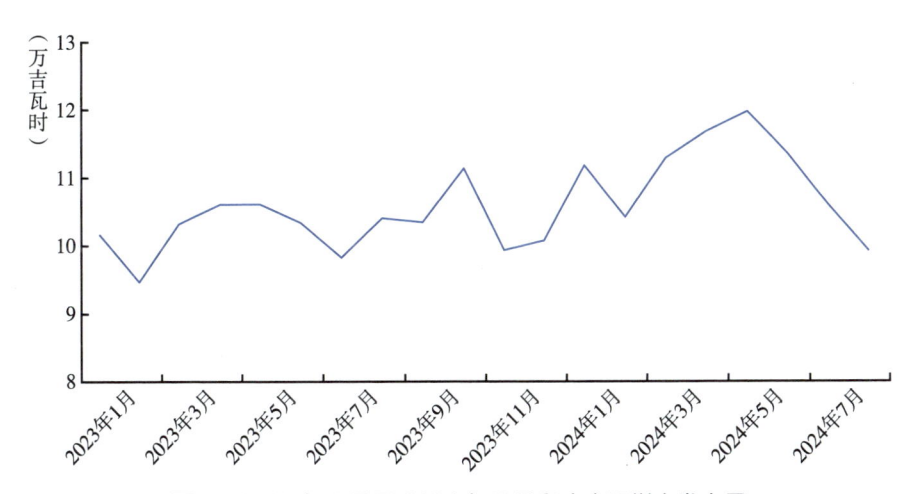

图7 2023年1月至2024年7月印度实际煤电发电量

资料来源：根据印度中央电力管理局数据整理绘制。

从产量来看，2024年1~6月，全球煤炭产量同比下降0.7个百分点，主要是受美国、德国等国家产量下降的影响。主要煤炭生产国中德国、美国、加拿大、哈萨克斯坦、波兰、俄罗斯、中国煤炭产量同比分别下降13.8%、13.7%、12.3%、7%、2%、1.8%、0.3%。蒙古、印度、印度尼西亚分别增长32.3%、8.6%、3%。在能源转型大趋势下，各国煤炭需求大幅增长的动力不足，国际煤炭市场供需处于相对宽松状态，煤炭价格总体水平相比2023年下降，震荡区间也有所收窄。

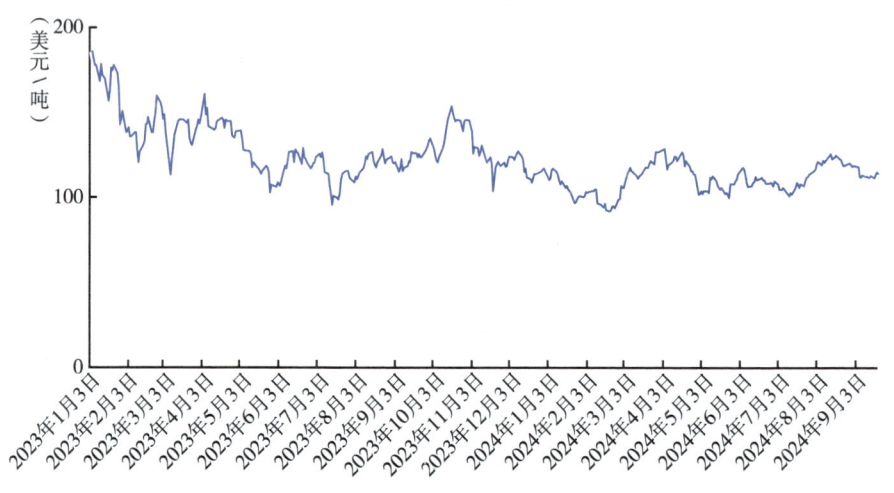

图8　2023年1月3日至2024年9月3日欧洲三港6000大卡动力煤CIF价格

资料来源：根据Wind金融终端数据库数据整理。

长期来看，能源转型趋势下，欧美主要发达国家继续坚持去煤化的能源转型方向。英国、德国、法国、美国煤炭消费已经处于下降阶段。中国和印度煤炭消费仍然处于增长阶段。由于新能源的快速发展，我国煤炭消费预计到2025年达峰，而后在平台期随着季节因素周期性波动。

（四）清洁能源投资依然高速增长

2024年以来，全球清洁能源投资仍然保持较高的增长速度。根据国际能源署发布的《世界能源投资2024》报告，预计2024年全球能源投资总额将首次超过3万亿美元，其中约2万亿美元将用于清洁技术，包括可再生能源、电动汽车、核能、电网、储能、低排放燃料、能效改进和热泵等。其余投资略高于1万亿美元，主要用于煤炭、天然气和石油等。2023年，可再生能源和电网的总投资首次超过化石燃料，预计2024年全年可再生能源和电网总投资接近后者的2倍。

可再生能源和电气化交通仍然是最主要的投资领域。根据彭博新能源财经统计数据，2023年，全球能源转型投资达到1.769万亿美元，同比增长17%。其中，电气化交通投资首次超过可再生能源，达到6340亿美元，同比增长36%；可再生能源投资6230亿美元，同比增长8%；作为能源转型重要基础设施，电网投资3100亿美元，保持稳步增长态势。值得注意的是，氢能、储能及CCS领域投资，延续高速增长势头，2023年投资总额分别达到104亿美元、360亿美元、111亿美元，同比增速分别达到300%、76%、100%。

从国家和区域来看，中国在能源转型领域的投资仍然居世界首位。2023年总投资额6759亿美元，占全球投资总额的38%。其中，2023年中国风能新增装机容量比上年增长66%，太阳能光伏新增装机容量相当于2022年全球太阳能光伏新增装机容量。预计到2028年中国将占全球新增可再生能源发电量的60%。目前，全球光伏产业近90%的产能在中国。中国风电设备出口也呈快速增长态势。全球市场约60%的风电设备产自中国。

美国的能源转型速度也在加快，能源转型总投资3031亿美元，创美国新兴清洁能源投资纪录，同比增长22%。其中能源转型供应融资与化石燃料供应融资比为2:1。欧盟27个成员国的能源转型投资总额3410亿美元，超过美国。英国的能源转型投资为739亿美元。法国、巴西、西班牙、日本和印度的能源转型投资也都超过300亿美元。根据测算，如果要实现《巴黎协定》的净零排放目标，2024~2030年，全球能源转型投资平均每年需要达到4.84万亿美元。

图 9　全球能源转型投资情况

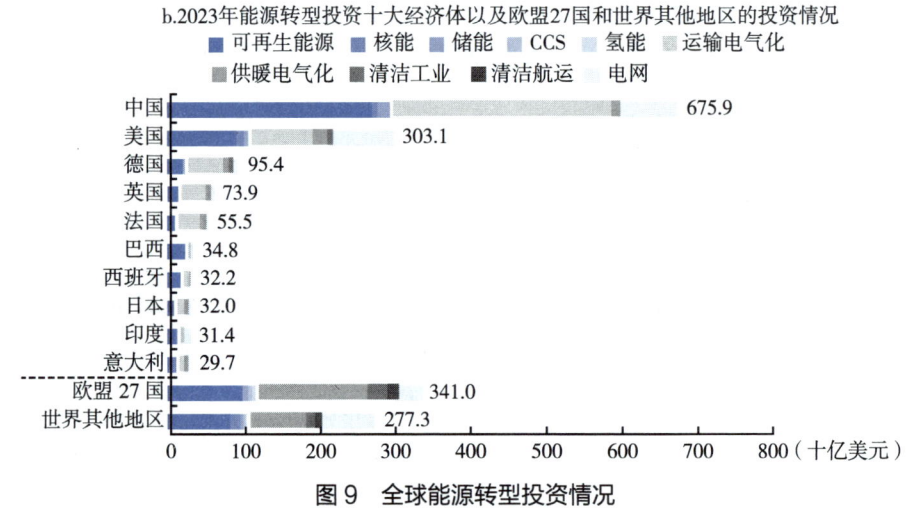

注：各部门数据的起始年份不同，但从 2020 年起所有部门数据齐全。核能数据从 2015 年开始统计，电网数据从 2020 年开始统计。CCS 是指碳捕获和封存。

资料来源：引自彭博新能源财经《2024 年能源转型投资趋势》。

二　国际能源市场展望

未来国际能源市场仍然面临不确定的政治和经济因素。世界经济增速放缓、新能源汽车渗透率不断提高，长期来看原油需求缺乏基础性支撑。复杂动荡的国际政治局势将导致国际能源价格震荡频次更加频繁。与此同时，随着新能源产业链的全球化布局，世界各国在新能源领域的竞争日益加剧。

（一）世界经济增长进入平台期

2024年以来，世界经济复苏动力不足，主要经济体高债务、高通胀，乌克兰危机、黎巴嫩和以色列冲突等政治风险给世界经济增长造成更多不确定性。尤其是在大国博弈背景下，世界经济仍然在逆全球化，全球产业链和供应链缺乏足够的稳定性。联合国、世界银行、IMF等权威组织和机构对全球未来经济形势并不乐观，认为2024年全球GDP增速将低于2023年，而且在此后的几年内，世界经济增长将进入平台期。

但是，主要国家和经济体经济增长也有差异。新兴市场和发展中经济体经济将保持相对高的增速，是世界经济增速维持在3%以上的主要支撑。受逆全球化和能源供给中断的影响，欧洲经济很难快速复苏，仍然维持低速增长。根据IMF预计，欧元区经济增长维持在2%以下的低速，低于世界平均增速，甚至有负增长的风险。

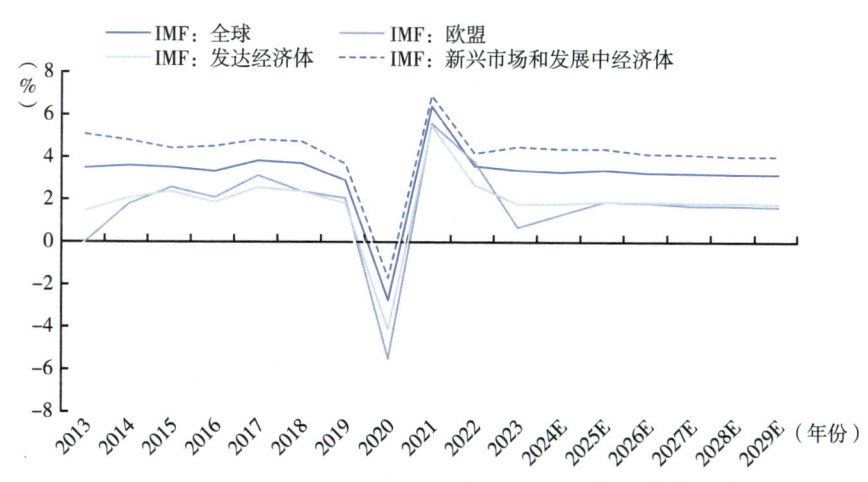

图10 2013~2029年全球和主要经济体经济增长情况及预测

资料来源：根据IMF预测数据绘制。

中国经济在 2025 年仍将面临诸多挑战。国际军事冲突导致全球经济回暖充满不确定性，外部需求增长缺乏稳定支撑，美欧针对我国"新三件"出口的遏制对出口造成一定的负面冲击，如近期欧盟针对中国电动车加征关税。国内消费与企业投资信心还需要进一步提振。

当前石油天然气仍然是世界重要的能源，石油天然气消费仍然未达到峰值，经济增长仍然依赖于石油天然气。但是，从主要发达经济体石油消费数据来看，石油消费占比较高的美国等 OECD 国家石油消费占比为 44%，总量消费已经进入平台期，石油消费弹性系数较低，再加上经济增长放缓，全球石油消费已经缺乏长期高速增长的需求支撑。虽然未来中国等新兴经济体经济加快复苏后，全球石油消费可能会有短期的增长，但是随着新能源汽车快速发展，电气化进程加快，增长不会长期持续。综合来看，在全球经济回暖乏力且存在不确定性的情况下，全球石油天然气消费增速将放缓并逐渐达峰。

（二）国际能源价格中高位震荡

从长周期来看，当前油价仍然处于上升周期的初始阶段。1971 年以来国际石油价格大致经历了两个完整周期。第一个周期 1971~1998 年，第二个周期 1999~2020 年。1998 年亚洲金融危机导致国际油价直接下降到 23.77 美元/桶（2023 年价格），随后世界经济复苏，石油价格快速上涨，至 2011 年 150.71 美元/桶（2023 年价格）的历史峰值后开始下跌，一直持续到 2020 年新冠疫情暴发，石油价格经历完整的周期历时 21 年。决定石油价格周期波动主要是供给和需求。从供给来看，石油领域投资决定了下一期的供给。从世界能源领域投资来看，2014 年全球油气上游投资达到峰值，投资额 7000 亿~8000 亿美元，2019 年由于油价持续下跌，油气上游投资减少到不足 5000 亿美元，2020 年受疫情影响，进一步下降到 3000 亿美元，不足峰值的一半。2023 年油气上游投资逐步恢复到 5500 亿美元，但这部分产能在未来 3~5 年才能释放。因此，总体来看，未来 2~3 年，国际石油市场供给曲线仍然保持在相对较高的位置，即"短缺"状态。此外，全球石油库存仍保持低位，国际油价仍然会处在长周期的中高位。市场需求波动将对国际油价具有更显著的影响，影响需求的诸多不确定因素更易造成国际石油价格的剧烈震荡。

图 11　1971~2023 年国际原油价格

注：以 2023 年价格为基期。
资料来源：根据 EI-statistic-Review-All-Data 数据整理绘制。

从长期需求看，新能源汽车的快速发展是影响国际石油需求的重要因素。近年来电动汽车渗透率不断提高，新能源汽车市场渗透率已经突破 20%。2023 年全球新能源汽车同比增长 35.4%，市场份额增加到 16%，增量部分主要来自中国、美国和欧洲市场。其中欧洲市场 2023 年同比增速达到 48%。预计 2030 年全球新能源汽车渗透率将达到 30%，保有量达到 2.5 亿辆，这对国际石油市场具有非常深远的影响。因此，国际石油价格在未来 2~3 年缺乏冲高的需求基础。

从短期因素来看，国际地缘局势导致的供给短期中断及市场预期仍然是国际石油价格短期震荡的最重要原因。2024 年以来，1~4 月巴以冲突导致布伦特月均价格从 79 美元/桶上涨至 89 美元/桶。近期中东地缘政治局势恶化，以色列黎巴嫩军事冲突升级，美英空袭也门胡塞武装，朝鲜半岛局势紧张，俄乌持续袭击能源基础设施，俄罗斯炼油能力一度损失超 15%。2024 年以来，国际石油价格历次大幅震荡都是由军事冲突导致的（见图 12）。可以预计未来 2~3 年，国际石油价格将会在中高位出现幅度较大的震荡。

经济蓝皮书

图 12　2024 年部分地缘冲突事件对国际油价的冲击

资料来源：根据 Wind 金融终端数据库整理绘制。

（三）国际能源贸易格局不断深化

乌克兰危机以来，国际能源贸易流向将出现根本性变化。美国、中南美、非洲等重要原油生产地原油出口开始向欧洲市场增量。而受到西方制裁，俄罗斯、伊朗等原油生产大国原本流向欧洲市场的原油逐步向亚洲地区出口。从当前国际形势判断，未来十年国际能源贸易格局大致是：美国主导，美国、中东和非洲为主要出口地，欧洲为主要市场的原油贸易，俄罗斯—亚洲为主的原油贸易，并且重建"影子船队"、打造船运保险与再保险体系、探索贸易去美元化等。

在新的能源贸易格局形成过程中，也将形成两个平行的区域性能源市场。欧洲进口原油逐步与俄罗斯脱钩，出口到欧洲市场的美国原油规模大幅度提高，从 2020 年的 5790 万吨提高到 2023 年的 8037 万吨。非洲原油出口欧洲市场，从 2020 年的 9754 万吨提高到 2023 年的 11450 万吨。

俄罗斯原油出口"向东走"的程度在加深。2023 年全年流向欧洲和亚洲市场的原油，从 2022 年的 135 万桶/天、195 万桶/天分别下降到 36 万桶/天、提高到 310 万桶/天，基本实现了由欧洲市场向亚太市场的转移。需要关注的

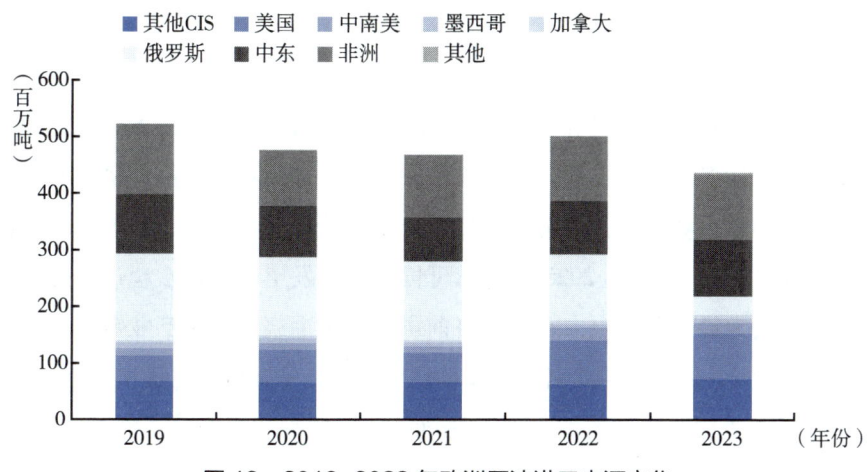

国际能源市场形势分析、展望与建议

图13 2019~2023年欧洲原油进口来源变化

资料来源：根据EI-statistic-Review-All-Data数据整理绘制。

是，以政治因素为主形成的区域性能源市场的成熟度和持续性则取决于国际政治局势的走向。

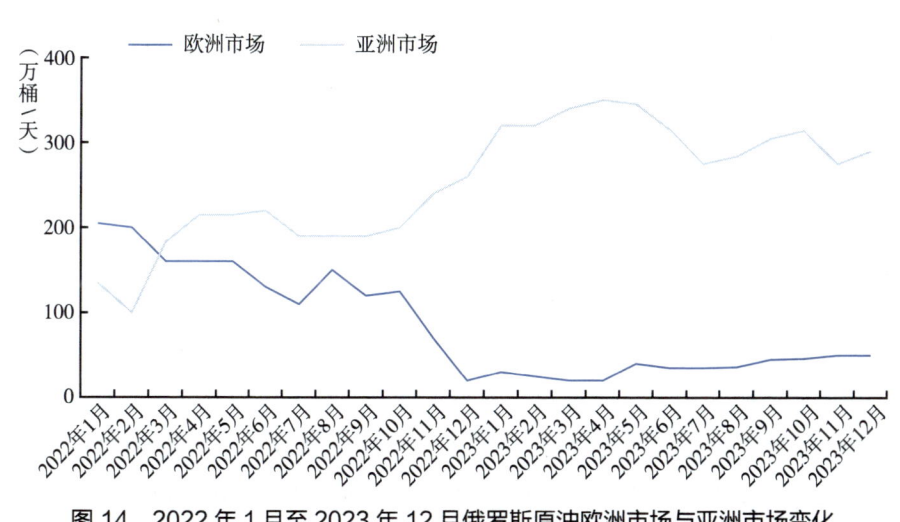

图14 2022年1月至2023年12月俄罗斯原油欧洲市场与亚洲市场变化

资料来源：根据公开数据整理绘制。

（四）新能源产业竞争日益加剧

新能源产业是当今世界主要国家大力发展的战略性新兴产业。新能源产业发展带动诸多产业链发展，不仅能够为社会创造就业，提高经济效益，而且能够在全球市场中抢占优势地位。随着全球能源转型加快，新能源消费比重不断提高，IEA 预测，2025 年全球可再生能源发电量将首次超过燃煤电厂发电量，成为最主要的电力来源。目前世界各国围绕新能源产业链供应链的竞争已经展开，并呈加剧之势，主要体现为原料之争、科技之争和制造之争。

一是以美国为主导的西方国家通过组成联盟构建关键矿产资源供应链。全球能源转型导致关键矿产资源需求持续上升，加剧各国对战略性矿产资源的争夺。根据国际能源署的测算，2020~2040 年，新能源产业对矿产资源的需求至少翻一番。近年来，美国、欧盟、澳大利亚和日本等主要发达经济体不断开展局部范围的双边、多边合作，成立区域性矿产联盟，对内实施关键矿产供应链本土化，保障其成员国关键矿产资源稳定供应，对外则主导全球关键矿产供应链，实施所谓"去中国化"战略。

以美国为代表的国家，积极联合其他一些国家建立矿产联盟，打造"去中国化"的关键矿产资源供应链，力图主导制定全球采矿行业环境、社会和治理标准。比如，美国、澳大利亚等 10 个国家和地区构建"矿产安全伙伴关系"；加拿大主导，联合美国、澳大利亚、法国、德国等 7 国组建"可持续关键矿产联盟"。此外，各国还积极实施关键矿产战略。比如，美国的《关键矿产战略》《确保关键矿产安全可靠供应的联邦战略》《美国实现清洁能源转型的供应链保障战略》《美国国家创新路径》等，欧盟的《"REPowerEU"计划》《关键原材料行动计划》等，英国的《英国技术关键的战略性矿产与金属的关键性评估》《未来的恢复力：英国关键矿产战略》等，澳大利亚的《关键矿产战略》《澳大利亚地球科学战略 2028》《澳大利亚全球资源战略》《关键矿产和高科技金属战略》《关键矿产加速倡议》《新未来勘探计划》《关键矿产战略 2023—2030》等，日本的《稀有资源保障战略》《新国际资源战略》等。

二是各国的新能源科技竞争日益加剧。2023年4月，美国白宫科技政策办公室、能源部、国务院联合发布《美国国家创新路径》，旨在加快推进清洁能源关键技术创新，在2035年实现电力领域零碳排目标，2030年实现50%零排放汽车销售目标，2050年实现净零排放目标，主要包括：先进电池，先进核能，先进太阳能，碳捕集、利用与封存（CCUS），碳去除，聚变能，氢能，长期储能，清洁重型车辆，净零建筑，海上风电，可持续航空燃料等领域。2024年6月，欧盟《净零工业法案》正式生效。该法案与《关键原材料法案》《电力市场改革方案》一起被称为欧盟"绿色新政工业计划"三大关键立法，旨在部署加速欧盟迈向气候中和所需关键技术，增强欧洲工业竞争力和能源系统弹性。其中《净零工业法案》确认了太阳能光伏和太阳热能技术、陆上风能和海上可再生能源技术、电池和存储技术、热泵和地热能技术、电解槽和燃料电池技术、可持续沼气/生物甲烷技术、碳捕集和存储技术、电网技术等8项战略净零技术。2024年5月，日本新能源产业技术综合开发机构和经济产业省资源能源厅基于《第六次能源基本计划》《2050年碳中和绿色成长战略》《清洁能源战略中期报告》《GX基本方针》《能源使用合理化及向非化石能源转换的相关法律》等法案，制定了《节能与非化石能源转换技术战略2024》，新增并汇总了对节能和非化石能源转换有重大贡献的关键技术以及相关技术路线图，还在技术路线图中公布了技术研发、实证和投入应用的时间规划。

三是美国继续主导新能源产业链"去中国化"。近年来中国在新能源产业领域的竞争力不断提高。电动汽车、锂电池、太阳能电池凭借强大的出口竞争力实现出口产品的新旧更替。而美欧不断通过小院高墙、脱钩断链、关税壁垒等手段打压中国新能源产业，以实现其本国市场新能源产业链的"去中国化"。

2022年开始，美国在电池供应链上"去中国化"节奏不断加快。2022年8月，美国众议院通过《通胀削减法案》，规定从2024年起，有中国电池组件的电动汽车在美国市场上将不再有资格获得任何补贴。2023年12月美国通过《2024财年国防授权法案》将禁止美国国防部采购六家中国电池企业生产的电池。2024年6月美国众议院提案《脱离外国敌对电池依赖法》，禁止国土安全部从六家中国公司采购电池，并推动美国与其供应链脱钩。2024年9月，美国能源部计划向14个州的25个电池制造业项目拨款30亿美元，促进先进电池和电池材料的国内生产，并遵循美国电动汽车税收抵免规则，将电池生产和关键矿物从中国转移出去。2024年，美国贸易代表办公室发布声明，9月27日起，中国制造的电动汽车的关税税率将上调至100%，太阳能电池的关税税率将上调至50%。

欧盟推动新能源产业链本土化趋势也十分明显，陆续发布《关键原材料弹性》《欧盟再电气化计划》等行动计划，鼓励本土新能源产业链投资，建立相对独立的供应链体系。2023年3月欧盟公布的《净零工业法案》规定，到2030年欧盟至少40%的清洁技术需求将由本土生产满足。2023年初，欧盟在《绿色协议工业计划》中提出，投入2700亿美元为投资零碳技术的企业减免税收。2024年10月，欧盟投票通过向从中国进口的纯电动汽车征收关税，以保护本土产业。

（五）国际石油贸易货币多元化

美元与石油的挂钩始于20世纪70年代。当时，由于全球政治和经济格局的变化，石油输出国组织为了稳定石油价格，选择与美元挂钩，不仅保障了石油交易的稳定，也进一步提升了美元的国际地位。近年来，受新冠疫情、地缘冲突、能源转型等诸多因素叠加影响，国际能源贸易开始趋向采用多元化货币组合。世界不少国家在努力用美元以外的货币进行贸易结算。中东石油大国沙特在2023年1月就声称，可以考虑美元以外货币结算石油贸易。目前，沙特可以使用包括人民币、欧元、日元等在内的不同货币出售石油。此外，俄罗斯、伊拉克、伊朗、委内瑞拉、印度等多个国家也都提出用其他货币替代美元购买石油。早在2016年，俄罗斯就已经开始与中国部分石油进口时使用人民币结算。委内瑞拉、伊朗也在与中国进行石油贸易时积极尝试使用人民币结算。2022年4月，俄罗斯推出"卢布结算令"，对"不友好国家"的天然气贸易实施卢布结算，同时，愿意与"友好国家"进行币种多样化、支付灵活的石油和天然气交易。2023年7月底，伊拉克和伊朗通过"油换气"协议，伊拉克直接用原油换取伊朗的天然气。2023年6月，印度石油公司开始使用人民币购买俄罗斯石油。

三　政策建议

面对未来复杂的国际能源市场可能产生的主要风险，我国不仅要防范传统能源市场的安全风险，尤其是油价剧烈波动对我国经济带来的冲击，更要锚定"双碳"目标，面向未来新型能源体系，专注于国内新能源产业高质量发展，提高新能源产业韧性，保障产业安全。

（一）积极应对国际油价剧烈波动风险

2024年以来，乌克兰危机持续、巴以冲突升级是全球油气供应短缺、价格振荡的主要原因。从我国石油进口多元化格局看，虽然对外依存度达到77.63%，但安全风险总体可以控制。而由于缺乏国际能源市场的定价权和套期保值的金融手段，频繁的油价震荡是当前一段时期影响我国经济安全稳定运行的重要因素。国际油价波动导致我国在进口原油时付出超额成本，进而抬高国内中下游产业生产成本。而且我国的原油储采比较低、石油天然气战略储备制度尚不完善，在应对突发事件导致的价格剧烈波动方面能力较弱。面对复杂的国际经济政治局势导致的油价波动风险，一是要积极发挥大国作用，坚定做世界的和平力量、稳定力量、进步力量，坚定致力于缓和局势、推动停火止战，稳定国际能源市场。二是要积极发挥世界经济大国、世界能源消费大国的作用，推动形成保护大多数国家利益的、互惠共赢的国际能源市场。三是要积极运用套期保值、期货交易和金融衍生品等金融工具应对国际油价波动，规避油价波动带来的风险，确保经济稳定运行。四是要通过国际合作和政策调整来增强对油价波动的应对能力。加强与主要产油国的合作，稳定原油产业链、供应链，强化油气商品属性，确保价格合理稳定。同时，利用金融工具如外汇储备进行干预，以管理市场预期和稳定油价。五是提升

国内原油期货市场的国际影响力，提高中国在国际油价形成中的话语权。提升上海原油期货在国际油价中的影响力，通过政策引导，吸引更多原油销售企业参与上海原油期货市场，形成反映亚洲市场供需的定价基准。

（二）推动人民币进入世界石油贸易体系

充分发挥中国石油消费大国的作用，坚持互惠共赢原则，鼓励石油贸易人民币计价结算，推动石油与人民币挂钩进入世界石油贸易体系。一是鼓励石油交易中使用人民币结算。继续推动与沙特阿拉伯、俄罗斯等主要进口国在原油进口上使用以人民币作为结算货币，逐步建立石油与人民币挂钩的石油贸易体系。二是签署货币互换协议。通过与多国签署货币互换协议，降低交易成本和风险，促进人民币在国际结算中的使用，为人民币在国际石油交易中的使用奠定基础。三是开展跨境人民币结算业务。支持中国石油企业积极开展跨境人民币结算业务。如中国海油与ENGIE在上海石油天然气交易中心的国际液化天然气交易平台达成一笔以人民币结算的国际液化天然气交易业务。四是完善贸易融资体系。提供多层次的贸易融资支持，包括可转换贷款、次级贷款、票据融资、股票融资等，以促进石油企业在国际市场上的竞争力提升。五是通过提高人民币的国际地位，逐步推动人民币在跨境贸易和投资中的广泛使用。

（三）不断提升新能源产业链竞争优势

加快打造新能源产业体系，不断提升新能源产业链竞争优势，是当前复杂的国际局势和能源转型背景下保障能源安全和占据未来产业制高点的战略举措。一是加强新能源产业前沿技术战略性研究，提前布局符合未来能源系统要求的新能源产业链。比如，与可再生能源相结合的储能、氢能，与电力系统相结合的智能电网等。二是坚持自立自强与技术创新。在美西方国家试图在新能源领域"脱钩断链"的情况下，组织科研力量攻坚能源领域的"卡脖子"技术、核心元器件、高端原材料、基础工艺等关键环节，坚持新能源技术的产业目标导向，加强创新性技术应用，超前规划布局关键技术，防范产业链关键技术风险。三是促进新能源产业链集群发展，提高产业链韧性。通过吸引高端制造业，促进新能源产业链供应链本土化，包括关键领域环节的本土化战略。同时，促进产业链上下游企业的集聚，形成完整的产业体系，提高整体竞争力，保障产业安全稳定。四是加强国际合作与多元化供应链，以应对美欧等国在新能源产业的"脱钩断链"。在保障自身供应链安全的同时，积极参与国际合作，拓宽供应链的合作范围，减轻对单一市场的依赖，降低因"脱钩断链"而带来的风险。

（四）建立安全稳定的矿产资源供应链

随着新能源产业的发展，关键矿产资源在今后国际能源市场中的地位愈发重要。矿产资源的供需格局加剧了各国对资源的争夺。以美国、加拿大、澳大利亚为代表的关键矿产资源大国通过组成联盟构建关键矿产资源供应链，不断强化其供应优势，并屡次将涉及新能源产业的关键矿产资源上升至地缘政治层面，泛安全化，试图进行关键矿产供应链的"去中国化"。因此，为应对关键矿产资源领域可能出现的风险，一是要完善关键矿产清单，加强战略储备。根据不同品种矿产资源元素的关键性，进行分类储备。重点储存我国资源禀赋较差、供需缺口较大、对外依存度较高的铁、铜、铬、镍、钴、锆、锂、铝等战略性矿产资源。对于稀土、萤石、石墨等一些优势矿产资源，则根据其重要性和战略意义进行部分矿区封存或者商业储备等分类处置。加快建立战略性矿产资源"产、供、储、循、替"新体系，提升调控市场供应、应对突发事件和保证资源供应安全能力。二是要加强与主要矿产资源国家的合作。顺应全球矿产资源供给多元化发展格局，加强与共建"一带一路"国家在矿产资源领域的合作。深入探讨共同规划、合作开发、互利共赢的模式。坚持关键矿产资源不应成为国际政治和外交工具的主张，反对矿产资源泛安全化和有违自由贸易规则的所谓"矿产资源俱乐部"，推动形成合理的国际矿产资源价格形成机制和国际贸易规则。三是鼓励核心企业重点投资国家紧缺的战略性矿产。依托国内大型矿产公司构建协同上下游企业的产业平台，推动建立多渠道的自主可控的国际供应链体系，保证国家资源安全。与此同时，

重视战略性矿产资源的二次资源回收利用。采取财税、金融等政策工具鼓励大企业协调资源回收利用等配套企业发展，提升关键材料二次回收利用能力，支撑新能源产业相关材料的可持续发展。

参考文献

段兆芳、张晓宇、吴珉颉等：《2023年国内外天然气市场回顾与2024年展望》，《国际石油经济》2024年第3期。

高国伟、王永中：《大国博弈下的全球新能源产业链竞争与应对》，《国家治理》2023年第17期。

刘刚：《未来5年全球可再生能源将迎来快速增长期》，《人民日报》2024年1月17日。

陆如泉、段艺璇、刘佳：《中国能源企业在全球能源治理中的角色研究》，《国际石油经济》2024年第S1期。

史丹、王蕾：《全球能源市场格局新变化与中国能源的安全应对》，《中国能源》2022年第11期。

唐金荣、张宇轩、徐利等：《全球关键矿产稳定供应研究的新趋势、新热点与未来展望》，《中国地质》（网络首发）2024年9月30日。

王蕾、史丹：《全球能源格局演变与中国能源安全：影响与应对》，《中南林业科技大学学报》（社会科学版）2023年第5期。

王林：《国际能源贸易呈现"去美元化"趋势》，《中国能源报》2024年6月24日。

王利宁、刘凯雷、韩冰等：《加速调整变革的国际石油市场》，《国际石油经济》2024年第5期。

卓贤：《增强韧性是保产业链供应链稳定的关键》，《经济日报》2020年10月20日。

B.14
中国服务业发展形势分析、展望及政策建议

刘玉红[*]

摘　要： 2024年以来，服务业经济实现平稳较快增长，对经济增长的贡献持续提升，服务需求加快释放，新兴服务业快速成长，市场预期总体向好。但是我国服务业新动能供给仍然不足，优质高效的服务业新体系尚未完全建立，服务业发展的质量和效率仍需继续提升。要进一步深化服务业改革，一方面要优化服务提质扩容，完善服务业体制机制，增加有效供给；另一方面，要提高有效服务需求，夯实服务业发展基础，以此形成推动经济高质量发展的强大动力。

关键词： 服务业　消费　服务贸易

一　当前我国服务业持续恢复，新动能发展稳定向好

2024年以来，服务业经济实现平稳较快增长，对经济增长的贡献持续提升，服务需求加快释放，新兴服务业快速成长，市场预期总体向好。

（一）服务业继续向好，拉动作用不断增强

服务业经济稳步增长。2024年前三季度，服务业增加值530651亿元，同比增长4.7%。服务业增加值占国内生产总值的比重为55.9%，比上年同期

---

[*] 刘玉红，国家信息中心经济预测部产业研究室副主任、副研究员，主要研究方向为宏观经济分析、服务业。

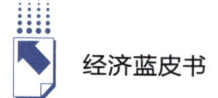

上升0.3个百分点，对经济增长的贡献率为53.9%，拉动国内生产总值增长2.6个百分点。三季度，服务业增加值181005亿元，同比增长4.8%，服务业增加值占国内生产总值的比重为54.4%，对经济增长的贡献率为56.6%，拉动国内生产总值增长2.5个百分点。

企业生产经营状况持续好转。2024年前三季度服务业生产指数累计增长4.9%，9月，服务业生产指数同比增长5.1%，比8月加快0.5个百分点，其中，信息传输、软件和信息技术服务业，租赁和商务服务业，金融业生产指数分别增长11.4%、9.7%、6.5%。企业生产经营收入增速加快，1~8月，全国规模以上服务业企业营业收入同比增长7.7%，比1~7月提高0.3个百分点，比上年同期提高0.5个百分点，其中租赁和商务服务业等行业保持较快增长；35个行业大类中有33个行业实现盈利，行业盈利面94.3%，比1~7月提高2.9个百分点。从行业看，1~8月，规模以上高技术服务业企业、战略性新兴服务业企业营业收入同比分别增长9.5%和7.8%，增速分别高出全部规上服务业企业1.8个和0.1个百分点；规模以上科技服务业企业、科学推广和应用服务业企业营业收入同比分别增长8.3%和11.6%。

高技术服务业投资增势良好。2024年前三季度，高技术服务业固定资产投资同比增长11.4%，高出全部服务业固定资产投资12.1个百分点，占全部服务业固定资产投资的比重为4.8%。其中，电子商务服务、科技成果转化服务、研发与设计服务固定资产投资同比分别增长14.8%、14.8%和13.7%。服务业继续成为国外对华投资的热点领域，前三季度服务业实际使用外资4022.2亿元，占全部使用外资额的69.3%。

企业生产预期明显改善。受一揽子增量政策影响，资本市场、房地产市场信心有所增强。9月，沪深股市股票成交量和股票成交额分别由8月的同比下降15.3%和31.0%转为同比增长32.7%和4.9%；9月，房地产业生产指数同比下降2.2%，降幅连续5个月收窄。9月，服务业业务活动预期指数为54.6%，其中零售、铁路运输、航空运输、邮政、电信广播电视及卫星传输服务、货币金融服务等行业业务活动预期指数位于55%以上较高景气区间，企业对近期行业发展较为乐观。

表1　2024年1~9月服务业生产经营相关统计指标

单位：%

时间	增加值	固定资产投资	规上企业营业收入	生产指数	商务活动指数
1月					50.1
2月		1.2	12.0	5.8	51.0
3月	5.0	0.8	8.5	5.0	52.4
4月		0.3	8.2	3.5	50.3
5月		0.0	8.5	4.8	50.5
6月	4.6	−0.2	7.2	4.7	50.2
7月		−0.7	7.4	4.8	50.0
8月		−0.8	7.7	4.6	50.2
9月	4.7	−0.7		5.1	49.9

资料来源：根据统计局数据整理，部分数据尚未公布；服务业增加值、固定资产投资和规模以上企业营业收入增速为累计增速，其他指标为同比增速。

（二）新动能引领作用凸显，服务消费蓬勃发展

现代服务业活力不断释放。2024年前三季度，信息传输、软件和信息技术服务业，租赁和商务服务业，金融业增加值同比分别增长11.3%、10.1%和5.2%，共拉动服务业增加值增长2.4个百分点。三季度，信息传输、软件和信息技术服务业，租赁和商务服务业，金融业增加值同比分别增长10.0%、10.8%和6.2%，共拉动服务业增加值增长2.4个百分点。9月，信息传输、软件和信息技术服务业，租赁和商务服务业，金融业生产指数同比分别增长11.4%、9.7%和6.5%。

消费结构升级明显加快。2024年以来，我国服务消费市场潜力持续释放，前三季度，服务零售额同比增长6.7%，比同期商品零售额增速高3.7个百分点，其中餐饮收入3.94万亿元，同比增长6.2%。全国居民人均服务性消费支出同比增长7.6%，占居民人均消费支出的比重为47.0%，比上半年提高1.4个百分点，其中，居民人均教育文化娱乐消费支出、交通通信消费支出同

比分别增长10.1%和10.0%。三季度，全国营业性演出（不含娱乐场所演出）场次17.33万场，同比增长16.27%；票房收入208.10亿元，同比增长41.10%；观众人数5736.65万人次，同比增长17.51%。文旅消费热力十足，国庆节假日7天，全国国内出游7.65亿人次，按可比口径同比增长5.9%，较2019年同期增长10.2%；国内游客出游总花费7008.17亿元，按可比口径同比增长6.3%，较2019年同期增长7.9%。

新兴领域增势良好。数字技术创新消费场景，与实体经济的融合不断深化，促进市场销售增长。2024年前三季度，线上消费快速增长，实物商品网上零售额同比增长7.9%，增速快于社会消费品零售总额4.6个百分点，占社会消费品零售总额的比重为25.7%，比1~8月提高0.1个百分点。直播带货、即时零售等电商新模式快速发展，拉动线上消费增长的作用明显。1~8月，规模以上集成电路设计、互联网生产服务平台企业营业收入同比分别增长30.0%、18.3%。三家基础电信企业积极发展IPTV、互联网数据中心、大数据、云计算、物联网等新兴业务，前三季度共完成业务收入3252亿元，同比增长9.4%，占电信业务收入的24.7%，拉动电信业务收入增长2.2个百分点。

（三）我国服务贸易在持续扩大开放中向新、向"智"发展

服务贸易呈量增质优的良好态势。2024年，中国开始实施全国版和自贸试验区版跨境服务贸易特别管理措施，标志着首次在全国范围内对跨境服务贸易建立负面清单管理模式，形成了跨境服务贸易梯度开放体系。相关负面清单对境外服务和服务提供者采取的特别管理措施涵盖跨境交付、境外消费、自然人移动等服务提供模式，对境内外服务提供者在跨境服务贸易方面一视同仁、平等准入，具有开放力度大、透明度高、风险可控性强等特点，推动中国服务贸易发展迈向更高水平。1~8月，服务进出口总额48865.6亿元，同比增长14.3%。其中，服务出口20058.4亿元，同比增长13.3%；服务进口28807.2亿元，同比增长15.1%；服务贸易逆差8748.8亿元。

表2　2024年2~8月我国服务贸易相关情况

单位：亿元，%

时间	服务进出口总额 绝对值	增速	服务出口总额 绝对值	增速	服务进口总额 绝对值	增速
2月	11910.7	22.8	4861.7	17.9	7049	26.5
3月	18167.4	14.7	7442	9.4	10725.4	18.7
4月	24319.6	16.8	9846.9	11.0	14472.7	21.2
5月	30219.6	16.0	12195.6	11.0	18024	19.6
6月	35980.3	14.0	14675.8	10.7	21304.5	16.4
7月	42301.8	14.7	17325	12.4	24976.8	16.4
8月	48865.6	14.3	20058.4	13.3	28807.2	15.1

注：所有数据均为累计指标。
资料来源：根据商务部相关数据整理。

知识密集型服务贸易成为中国服务贸易向新向"智"发展的重要动能。以电信计算机和信息服务、金融服务、保险和养老金服务、知识产权使用费等为代表的知识密集型服务贸易继续保持快速增长。1~8月，知识密集型服务进出口18973.7亿元，同比增长4.4%，占服务进出口总额的比重为38.8%。其中，知识密集型服务出口10772亿元，同比增长3.1%，增长较快的领域有个人文化和娱乐服务、知识产权使用费，增幅分别为13.8%、10%；知识密集型服务进口8201.7亿元，同比增长6.2%，增长较快的领域有个人文化和娱乐服务、其他商业服务，增幅分别为35%、12.7%。

中国旅行服务活力正在释放。自2023年底以来，中国进一步加大旅游领域对外开放力度，已陆续对法国、德国、意大利等多个国家实施免签入境政策，同安提瓜和巴布达、新加坡、泰国等国签署互免签证协定，并对50多个国家实施72小时或144小时过境免签政策，免签国"朋友圈"持续扩容，外籍人员入境便利度不断提升，带动中国旅行服务实现快速增长。1~8月，旅行服务进出口13336.4亿元，同比增长45%，是持续保持增长最快的服务贸易领域。

服务外包彰显活力和韧性。服务外包是服务贸易的重要表现形式，2024年以来，我国服务外包快速发展，成为生产性服务出口的主要实现途径，在

经济蓝皮书

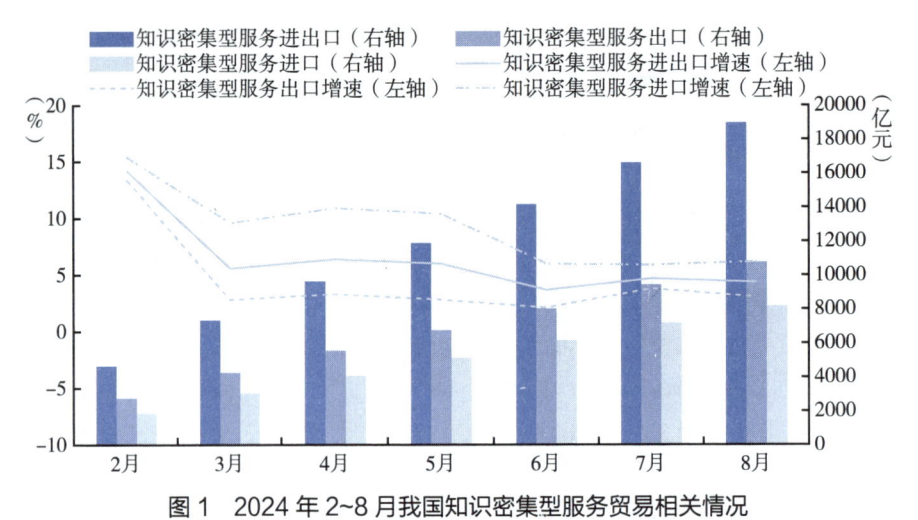

图 1　2024 年 2~8 月我国知识密集型服务贸易相关情况

注：所有数据均为累计指标。
资料来源：根据商务部相关数据整理。

全球价值链中的地位不断提升。2024 年 1~8 月，中国企业承接服务外包合同额 15766.9 亿元，执行额 10924.1 亿元，同比分别增长 7.9% 和 14.4%。其中，承接离岸服务外包合同额 8739.9 亿元，执行额 5993.8 亿元，同比分别增长 3.3% 和 12.4%。从区域分布看，长三角地区承接离岸服务外包合同额 4972.8 亿元，执行额 3209.4 亿元，同比分别增长 12.5% 和 15.9%，分别占全国总额的 56.9% 和 53.5%。京津冀地区承接离岸服务外包执行额 622.2 亿元，同比增长 23.7%。中国内地离岸服务外包来源地排前三位的是美国、中国香港、欧盟，执行额分别为 1166 亿元、1095.3 亿元和 793.4 亿元，同比分别增长 6.8%、2.2% 和 13.3%，合计占离岸服务外包执行总额的 51%。

二　服务业重点行业运行情况分析

国家对服务业发展的支持力度不断加大，促进信息通信业、金融业和交通运输业的快速发展和创新，同时，数字化转型也在推动服务业重点行业的进一步发展。

（一）信息通信赋能作用持续彰显，新动能新优势不断集聚增强

信息通信业平稳向好。一季度、上半年和前三季度，我国信息传输、软件和信息技术服务业增加值增速分别为 13.7%、11.9% 和 11.3%，增速分别高于上年同期服务业增速 8.7 个、7.3 个和 6.6 个百分点。9 月，信息传输、软件和信息技术服务业生产指数增长 11.4%，高于上年同期服务业生产指数 7.2 个百分点。电信业务收入增速小幅回升，前三季度，电信业务收入累计完成 13152 亿元，同比增长 2.6%，按照上年不变价计算的电信业务总量同比增长 10.7%。信息传输、软件和信息技术服务业固定资产投资增长较快，前三季度实现 7.2% 的增长速度，高于上年同期服务业增速 7.9 个百分点。

新兴业务收入延续高速增长态势。固定互联网宽带业务收入稳中有升，前三季度，三家基础电信企业完成互联网宽带业务收入为 2044 亿元，同比增长 4.2%，在电信业务收入中占比为 15.6%，占比较前 8 个月提升 0.1 个百分点，拉动电信业务收入增长 0.6 个百分点。新兴业务收入持续较快增长，三家基础电信企业积极发展 IPTV、互联网数据中心、大数据、云计算、物联网等新兴业务，前三季度共完成新兴业务收入 3252 亿元，同比增长 9.4%，占电信业务收入的 24.7%，拉动电信业务收入增长 2.2 个百分点。其中云计算和大数据收入分别同比增长 9.4% 和 61.8%，物联网业务收入同比增长 13%。

信息通信能力稳步提高。光缆线路总长度稳步增长，截至 9 月末，全国光缆线路总长度达到 7183 万公里，比上年末净增 751.4 万公里，其中接入网光缆、本地网中继光缆和长途光缆线路所占比重分别为 60.8%、37.7% 和 1.6%。千兆网络服务能力不断提升，截至 9 月底，我国累计建成开通 5G 基站总数达 408.9 万个，5G 用户普及率达 69.6%，千兆宽带用户达 1.96 亿户，具备千兆网络服务能力的 10G PON 端口数达 2732 万个。行业应用已覆盖 76 个国民经济行业大类，"5G+ 工业互联网"项目超过 1.5 万个，累计间接带动总产出约 14 万亿元。

经济蓝皮书

表3 2024年2~9月信息传输、软件和信息技术服务业相关数据

单位：%

时间	增加值	生产指数	固定资产投资	电信业务收入	新兴业务收入占比（电信业务）
2月		10.4	12.9	4.3	25.9
3月	13.7	12.7	14.2	4.5	26.5
4月		10.8	16.1	4.0	25.5
5月		12.9	19.4	3.7	25.1
6月	11.9	13.5	15.7	3.0	25.5
7月		12.6	8.3	3.0	25.0
8月		12.1	8.5	2.7	24.7
9月	11.3	11.4	7.2	2.6	24.7

注：根据统计局、工信部各月月报整理，部分指标有缺失，其中信息传输、软件和信息技术服务业生产指数为当月增速，其他指标均为累计增速。

（二）金融资产业务结构优化，服务实体经济可持续性增强

金融业平稳运行。2024年一季度、上半年和前三季度，我国金融业增加值增速分别为5.2%、4.8%和5.2%，前三季度增速高于上年同期服务业增加值增速1.4个百分点。9月金融业生产指数增长6.5%，高于上年同期服务业生产指数7.2个百分点。上半年，商业银行累计实现净利润1.3万亿元，同比增长0.4%；保险业原保险保费收入35480.91亿元，同比增长5.05%。银行业和保险业总资产保持增长，截至二季度末，银行业金融机构本外币资产总额433.1万亿元，同比增长6.6%；保险公司和保险资产管理公司总资产33.8万亿元，较年初增加2.3万亿元，增长7.4%。

积极推动普惠金融发展。2024年二季度末，普惠小微贷款余额32.38万亿元，同比增长16.9%，增速比各项贷款高8.1个百分点，上半年增加2.99万亿元。涉农贷款持续增长，2024年二季度末，本外币涉农贷款余额50.67万亿元，同比增长12.1%，增速比各项贷款高3.8个百分点，上半年增加3.96万亿元，其中，农户生产经营贷款余额10.16万亿元，同比增长14.6%。助学贷款余额2085亿元，

同比增长23%。全国脱贫人口贷款余额1.2万亿元，同比增长10.1%。

科技产业支持力度加大。2024年二季度末，获得贷款支持的科技型中小企业26.17万家，获贷率46.8%，比上年同期高0.1个百分点。科技型中小企业本外币贷款余额3.1万亿元，同比增长21.9%，增速比各项贷款高13.6个百分点。其中，获得贷款支持的高新技术企业25.76万家，获贷率为55.6%，比上年同期高1.1个百分点。高新技术企业本外币贷款余额16.02万亿元，同比增长11.2%，增速比各项贷款高2.9个百分点。

商业银行风险抵补能力提高。信贷资产质量总体稳定，2024年二季度末，商业银行不良贷款余额3.3万亿元，较上季度末减少272亿元；商业银行不良贷款率1.56%，较上季度末下降0.03个百分点。2024年二季度末，商业银行贷款损失准备余额为7万亿元，较上季度末增加1040亿元；拨备覆盖率为209.32%，较上季度末上升4.78个百分点。2024年二季度末，商业银行流动性覆盖率为150.7%，较上季度末下降0.14个百分点；净稳定资金比例为125.92%，较上季度末上升0.59个百分点；流动性比例为72.38%，较上季度末上升3.72个百分点。2024年二季度末，保险业综合偿付能力充足率为195.5%，核心偿付能力充足率为132.4%。其中，财产险公司、人身险公司、再保险公司的综合偿付能力充足率分别为237.9%、185.9%、259.3%，核心偿付能力充足率分别为210.2%、115.7%、226.9%。

表4　2024年2~9月金融业相关数据

单位：%

时间	增加值	生产指数	固定资产投资	商业银行不良贷款比例	保险业核心偿付能力充足率
2月		8.2	15.1		
3月	5.2	5.8	7.7	1.59	130.3
4月		5.4	12.0		
5月			10.4		
6月	4.8		5.7	1.56	132.4
7月		5.1	0.0		

续表

时间	增加值	生产指数	固定资产投资	商业银行不良贷款比例	保险业核心偿付能力充足率
8月		5.7	-2.0		
9月	5.2	6.5	-0.8		

注：根据国家统计局、中国人民银行各月月报整理，部分指标有缺失或尚未公布，其中金融业生产指数为当月增速，增加值和固定资产投资为累计增速，商业银行不良贷款比例和保险业核心偿付能力充足率为期末值。

（三）交通运输经济运行持续向好、总体平稳

货运量和港口货物吞吐量小幅回升。2024年前三季度，完成营业性货运量416.3亿吨，同比增长3.3%。分方式看，完成公路货运量306.6亿吨，同比增长3.1%；完成水路货运量71.6亿吨，同比增长4.8%。前三季度，完成港口货物吞吐量129.7吨，同比增长3.4%。分结构看，内贸吞吐量同比增长1.7%，外贸吞吐量同比增长7.6%。完成集装箱吞吐量2.5亿标箱，同比增长7.7%。

人员流动量均保持稳定增长。2024年前三季度，完成跨区域人员流动量490.9亿人次，同比增长5.4%。分方式看，完成公路人员流动量450.0亿人次，同比增长4.7%；完成水路客运量2.1亿人次，同比增长1.1%。城市客运方面，前三季度完成城市客运量794.5亿人次，同比增长7.3%。公共汽电车、出租汽车、城市轨道交通和城市客运轮渡分别完成客运量287.1亿人次、267.7亿人次、239.2亿人次和5855万人次，分别同比增长3.5%、增长8.0%、增长11.3%和下降7.1%。

物流需求结构不断优化。2024年前三季度，全国社会物流总额258.2万亿元，按可比价格计算，同比增长5.6%。从构成看，农产品物流总额4.2万亿元，按可比价格计算，同比增长3.4%；工业品物流总额227.7万亿元，同比增长5.6%；进口货物物流总额13.7万亿元，同比增长4.2%；再生资源物流总额3.5万亿元，同比增长10.1%；单位与居民物品物流总额9.1万亿元，同比增长7.6%。

三 我国服务业良好发展的基础不断夯实

随着各项已有政策和一揽子增量政策效应不断显现，服务业发展的活力和动力将进一步释放，市场信心有望继续增强，服务业经济平稳运行的基础将不断夯实。

（一）政策的外溢效应给服务业稳定发展提供有利契机

2024年以来，"两新"政策、调整优化房地产政策，以及发行使用超长期特别国债和地方政府专项债等一系列宏观调控举措陆续出台，且力度超预期，市场信心显著提振。预计未来宏观经济将呈现逐步复苏与结构性调整并行的态势，国内经济有望继续保持平稳增长，国内经济复苏的基础不断巩固，内需回暖成为重要的增长动力，居民收入水平持续提升，为服务业发展夯实基础。

（二）城乡融合发展为服务业发展提供广阔前景

党的二十届三中全会通过的《中共中央关于进一步全面深化改革 推进中国式现代化的决定》，对完善城乡融合发展体制机制作出重要战略部署。习近平总书记指出，现阶段城乡差距大最直观的是基础设施和公共服务差距大。未来，将以加快补齐农村民生短板为重点，持续推动城乡基础设施一体化和公共服务均等化。大力提升以进城农民工为主的新市民在保障性住房、教育、医疗、社保、养老等方面的基本公共服务水平，这将为服务业发展带来广阔的市场。

四 亟须创新服务路径和提升服务质量

在高质量发展阶段，服务业有效供给和居民需求之间仍然存在一些痛点难点，拖累服务业高质量发展。

（一）服务需求升级与服务供给不足之间的矛盾

一是高质量服务供给不足。总体来看，服务供给普遍化、大众化、同质化，尚未形成高质量、个性化、多元化的服务供给体系。从供给规模看，服务行业总体供不应求，特别是劳动密集型的服务消费行业面临的劳动力供给不足、劳动力成本快速上升的压力越来越大。例如，随着老龄化、少子化程度加深，"一老一少"需求增长较快，家政服务、养老照护、康复陪护、育婴托育等与老百姓息息相关的行业，普遍存在服务人员短缺、门槛较高、供给水平不高等问题。高层次服务消费如文化、艺术、娱乐、体育等，也存在供给不足、高端人才缺乏、服务质量待提升等问题。从供给结构看，高端服务产品供给严重不足。医疗康养、职业教育、心理咨询等领域的标准化、规范化、品牌化不足，定制化、个性化服务不足，部分消费流向国际市场。

二是服务供给存在严重同质化现象。目前我国服务业相关法律法规不够完善，特别是新兴服务业等新业态还处于摸索发展阶段，行业内尚没有具体的标准和模板，出现相互模仿导致产品同质化的现象。部分服务行业市场准入门槛较低、监管不严，导致市场参与主体之间恶性竞争，企业之间通过不断降低成本来争夺市场，产品同质化严重、"价格战"频发，进一步缩减了企业的利润空间。服务业供给体系创新不足，滞后于消费体系的升级，导致产品在流通环节无法对需求潜在价值进行深入挖掘，服务产品层次低、领域窄、品种单一。

三是服务消费环境有待优化。服务消费领域缺乏统一的服务标准和规范，影响服务品质的稳定性和可靠性。基础设施供给短板仍然较多，农村流通基础设施建设依然存在"最后一公里"的短板，农村基础设施建设相对滞后。部分领域新型消费有赖于数字技术应用推广和数字基础设施建设水平，但各领域数字化转型进展不一，部分领域数字化转型成本高、困难多，对新型消费造成一定制约。部分政策堵点犹存，影响居民消费潜力释放，地摊经济、烟火经济、夜市经济等消费场景受限于城市管理而难以发展，免税店的特许经营牌照抑制消费的高端升级需求。新业务、新模式缺少政策规范指导，缺乏行业统一标准。新型消费多是新兴的融合型新业务和新模式，在具体操作中，往往缺乏政策规范和参考，在行业层面也缺少统一标准和强制性约束，不利于产品和服务高质量发展。

（二）居民的消费需求和消费能力之间的矛盾

一是资产负债表恶化削弱居民消费能力。一方面，居民收入增长乏力，2024年前三季度，全国居民人均可支配收入实际增长4.9%，快于GDP增速0.1个百分点，但从构成看，城镇居民人均可支配收入实际仅增长4.2%，低于GDP增速0.6个百分点，作为消费市场的主力，城镇居民收入增长低于经济增长，会拉低收入增长预期，进而抑制未来消费。另一方面，居民负债规模持续上升。2017年至2024年三季度，我国居民新增贷款高达40.7万亿元，截至2024年三季度，住户贷款余额81.3万亿元，较2017年扩大了1倍。2024年三季度末，个人住房贷款余额37.8万亿元，占个人消费贷款的63%，居民偿债压力不断加大。在居民资产增长放缓或收缩的状态下，部分居民通过提前还贷来应对未来的不确定性，特别是那些面临刚性债务支出而收入减少的居民，不得不通过减少消费支出来应对债务偿还，严重削弱了居民的消费能力。

二是居民谨慎性预期加剧限制消费意愿。企业盈利水平下降，不得不采取裁员或者降薪等方式来控制成本，从而影响居民就业水平。2024年以来，我国非制造业从业人员指数持续走低，9月份非制造业从业人员指数仅为44.7%，是除2020年2月和2022年12月疫情特殊节点以外，该指标自统计以来的最低值。从构成看，建筑业和服务业从业人员指数分别为44.7%和45.5%，均处于2023年以来的低点，反映出建筑业和服务业用工市场的疲软。就业形势严峻降低了居民收入预期，2024年二季度收入信心指数为45.6%，比上季度下降1.4个百分点。居民存款持续走高，前三季度人民币存款增加16.62万亿元，其中，住户存款增加11.85万亿元。

三是成本约束拉低居民消费倾向。一方面，居民消费升级态势日趋明显，消费需求普遍呈现品质化、多元化、个性化、便利化等特征。另一方面，居民资产负债表恶化，收入预期减弱，导致我国居民在消费支出上更加精打细算，消费性价比成为首选，消费倾向明显降低。以旅游为例，2024年以来，"网红城市"成为热门，但从公布数据看，对拉动城市经济增长乃至文旅产业增收的作用并不太明显。2024年前7个月，哈尔滨市累计接待外地游客1.9亿人次，但上半年GDP为2492.6亿元，增量40.97亿元，名义增长率1.67%，在全国15个副省级城市中GDP增量和名义增长率排名靠后。从"五一"和国庆消费市场表现看，2024年人均旅游消费支出分别为566元和916元，虽然高于2023年，但与2019年同期的604元和937元相比，分别下降6.3%和2.2%。

（三）服务业高质量发展与制度环境不畅之间的矛盾

一是政策支持需加强。随着近年来营商环境建设的持续推进，越来越多的企业在意政策的公平性。服务业公平使用生产要素的保障程度较低，服务业和制造业在税收、融资、要素价格方面还面临较大的政策差异。例如，制造业企业剥离设立生产性服务业企业后，因财务核算变动、进项无法抵扣等情况，税费负担增加；服务业企业用地价格明显高于工业企业。服务业经常涉及多个领域和部门，部门之间的政策法规缺乏有效的衔接和协调，导致政策执行过程中出现漏洞和矛盾。与经济高质量发展的要求相比，我国服务业市场准入制度还不完善，仍有不少显性或隐性准入壁垒，同时，原有的一些政策已不适应发展需要，各类监管从严，相应的支持政策较少，甚至还有一些限制性措施，在一定程度上影响了服务业的发展。

二是标准的引领性作用不明显。服务业优质高效发展离不开高标准的引领，支撑标准是国际服务贸易规则的重要内容，是参与和引领全球治理的重要载体。当前，我国服务业面临服务业标准有效供给不足、更新周期较长、对国际标准制定缺乏深度参与等问题。服务业新场景、新业态不断涌现，但行业标准和制度建设滞后，在用工要求、服务内容、业务流程、费用收取等方面缺乏全国统一标准，新业态新领域准入规则不明确。服务业统计问题是许多国家转向高质量发展阶段所面临的共性问题，美国服务业就业比重超过50%以后，将以农业、工业为主导的统计体系逐步改进为以服务业为主的统计制度。但是目前我国的统计体系仍然以工业数据为主，服务业数据体系不健全，统计数据来源不足，统计方法滞后，难以为服务业高质量发展提供数据支撑。

三是监管效率有待提升。我国服务业监管体系建设滞后，监管能力不足、监管手段落后等问题尤为突出。随着数字经济的深入发展，服务行业跨界融合发展趋势明显，只要业务涉及的范围，就要接受相关部门的监管，因此存在企业要同时接受多个部门监管的情况，容易造成政出多门甚至监管政策相互抵触的情况。

五　政策建议

加快服务业优质高效发展的根本在于进一步深化改革，以此形成推动经济高质量发展的强大动力。

（一）优化服务提质扩容，激发服务消费内生动力

一是增加优质服务供给。建立完善的服务标准，确保服务流程、服务质量、人力资源配置等方面的统一性和规范性，提升服务效率，确保服务的稳定性和可靠性。完善服务人才培育和发展机制，支持职业院校开设与服务行业相关的专业，培养具有专业知识和技能的服务人才。完善服务行业职业技能等级认定制度，规范职业技能等级认定机构的遴选和考核认定，为服务人才提供清晰的职业晋升路径，激励其强化职业技能，提升服务专业性。持续推进服务业与虚拟现实、增强现实、人工智能、云计算、物联网等新技术融合发展，推动服务业数字化转型，提高服务消费的可及性和扩展性。

二是丰富消费场景。鼓励各地因地制宜，根据自身特色资源和条件创新消费场景。深化行业融合发展，创新服务内容和形式，打造一批具有强大引领作用和高知名度的消费体验场景。充分利用人工智能等尖端技术实现基础型服务消费的改造升级，打造虚拟消费空间，推进现实与虚拟融合，满足消费者互动性、沉浸式消费需求。培育壮大数字消费新场景，加快推进数字消

费建设，围绕居民吃穿住用行等传统消费和服务消费，培育一批带动性广、显示度高的消费新场景，推动消费新业态、新模式、新产品不断涌现。加强绿色消费金融创新，推行绿色消费激励政策，制定推广积分制度和消费者采购补贴政策，建立低碳绿色消费税制，以税收杠杆推动绿色消费，充分发挥价格机制的调控效应。开发丰富、多元的绿色金融产品，有效提升绿色消费需求。

三是优化消费环境。加强交通、通信、物流等传统基础设施建设，以及宽带网络、5G通信、数据中心等数字基础设施建设，搭建数字化服务平台，为服务消费整合线上线下资源提供技术支持。强化县域商业服务建设，推动城乡消费环境均衡发展，提高农村地区的服务消费品质和消费体验。通过财政补贴、奖励、研发补助、税收优惠和贴息贷款等优惠政策，降低服务行业准入门槛、运营和融资成本，支持服务行业发展。建立健全服务业跨部门联合监管模式，加大服务业重点领域及高风险环节监管力度，规范服务市场秩序。加强服务行业监管，建立完善的消费者投诉和纠纷解决机制，确保市场秩序和消费者权益。

（二）着力提高有效服务需求，挖掘服务消费更大潜能

一是切实提高居民收入水平。发挥初次分配中市场化机制的决定性作用，加大对要素市场歧视性做法、垄断行为的监管力度，提高劳动报酬在初次分配中的比重。完善税收、社会保障和转移支付等机制，合理调节和缩小行业、地区、城乡人员收入分配差距。将扩大财富增量与调节财富存量相结合，多渠道增加城乡居民财产性收入。稳定制造业作为就业"压舱石"的作用，最大限度获取"技能偏向型技术进步"带来的高质量岗位创造、技能劳动者收入增长等数字红利。丰富服务业多样化就业吸纳渠道，大力发展电子商务、科技服务、信息服务、金融服务、法律服务等人力资源型服务业和大数据服务、人工智能服务等前瞻性服务业，激发就业潜力、挖掘就业机会。增强创业与就业高效互动，重点围绕青年群体、返乡创业群体、再创业群体等，完善创业带动就业保障制度，优化创业服务，提升创业质量，进一步放大创业

对就业的倍增效应和对经济增长的推动效应。

二是推进节假日制度调整优化。鼓励探索弹性工作制，允许优化地方性放假。探索配套支持积极生育的休假政策。在保障职工休息权前提下，鼓励有条件的企业、单位和地方，探索弹性灵活的工作模式。制定更具可操作性的制度安排和具体落实办法，落实各类人员带薪休假制度，对带薪休假制度落实情况进行执法检查和评估督导，追究不落实的违法责任。

三是加大服务消费支持力度。鼓励各地结合节假日、消费季等活动发放服务消费券。扩大消费补贴政策的支持范围，进一步涵盖金额较小、具备黏性的服务类消费。使消费补贴政策与其他政策联动，支持"消费券+"创新，促进消费券与社会政策、产业政策等有效结合，发挥政策合力，在提高政府资金使用效率的同时，定向支持特定行业，实现经济发展和鼓励创新的目标。

（三）完善服务业机制体制，增强服务业高质量发展新动能

一是营造宽松的准入环境。消除服务业和制造业在税收、融资、要素价格之间的政策差异，促进资源高效配置。允许符合条件的生产性服务业企业享受增值税加计抵减政策。有序放宽服务业准入限制，对不涉及国家安全和社会稳定、可以依靠市场充分竞争提升供给质量的服务业领域逐步取消准入限制。对涉及重要民生领域的教育、卫生、体育等，稳妥放宽准入限制，破除跨地区经营行政壁垒。完善动产融资服务体系，健全覆盖质量、标准、品牌等要素的融资增信体系，支持金融机构推出适合中小服务业企业的金融产品。建立统一高效、开放包容、多元共治的服务业监管体系，创新事中事后监管，推广信用评价结果应用，在坚持包容审慎原则的同时，强化对市场主体经营和竞争行为的监管。

二是构造规范的制度环境。加快完善服务业法律法规和制度体系，重点推动新兴服务业立法，形成促进规范发展的法律法规和制度环境。加快新兴服务领域标准研制，及时修订调整已有标准，促进各层级标准相协调，加大法律法规引用标准的力度。实施企业标准领跑者制度，加强新兴服务领域的标准化建设，进一步完善品牌保护体系，更加注重安全、环保、技术等标准，

以更好引导服务质量提升、品牌培育和模式创新。推进服务领域信用体系建设，加强信用信息采集，鼓励信用服务机构开展服务企业信用评价和应用。完善服务业统计调查制度，调整生产性、生活性服务业统计分类，建立生产性、生活性服务业统计信息定期发布制度。推动服务业企业入库纳统，丰富统计数据来源。

三是打造高水平的开放环境。充分发挥我国在发展跨境电商、移动支付、电商服务等数字化前沿业务方面的优势，积极主动对接国际服务经贸新准则，倡导有利于我国的国际经贸合作新规则，进一步增强中国对服务贸易新准则的参与权、话语权和治理权。合理缩减外资准入负面清单，扩大鼓励外商投资产业目录，推动电信、互联网、教育、文化、医疗等领域有序扩大开放。完善促进和保障对外投资的体制机制，加强对服务企业"走出去"的指导服务，增强其全球布局及资源配置能力。

参考文献

《彭永涛：服务业运行稳中向好 现代服务业作用彰显》，https://www.stats.gov.cn/sj/sjjd/202410/t20241018_1957059.html，2024年10月18日。

《赵同录：前三季度我国经济运行总体平稳 高质量发展扎实推进》，https://www.stats.gov.cn/sj/sjjd/202410/t20241018_1957066.html，2024年10月18日。

《于建勋：消费市场总体平稳增长》，https://www.stats.gov.cn/sj/sjjd/202410/t20241018_1957054.html，2024年10月18日。

《2024年第二季度中国货币政策执行报告》，http://www.pbc.gov.cn/goutongjiaoliu/113456/113469/5427706/index.html，2024年8月13日。

需求、就业与收入

B.15
2024年中国投资形势分析、展望与建议

杨萍 杜月*

摘　要： 2024年，在超长期特别国债、地方政府专项债、中央预算内投资等政策工具支持下，投资增速较2023年有所提高，但低于2022年及其以前年份的投资增速。从行业看，制造业投资增速较快，基础设施投资相对平稳，房地产投资继续下降。从空间看，东、中、西及东北地区投资均实现正增长。2025年，随着一揽子增量政策的持续发力，全面深化改革举措的加快落实，投资信心和预期有望进一步改善，但外部环境不确定性增加会对投资增长带来一定影响。建议进一步用好各项投资政策工具，完善消费和投资良性互促机制，拓展新质生产力投资空间，稳定房地产市场预期，提升民间投资积极性，推动有效投资进一步扩大，为经济社会高质量发展提供更好支撑。

关键词： 固定资产投资　民间投资　投资政策

---

* 杨萍，中国宏观经济研究院投资研究所所长、研究员，研究方向为投资理论与实践；杜月，中国宏观经济研究院投资研究所副主任，主要研究方向为政府投融资、宏观经济政策、创业投资等。

一 2024年固定资产投资形势

2024年，在发行超长期特别国债、扩大中央预算投资和地方政府专项债规模、实施大规模设备更新和消费品以旧换新等稳投资扩内需政策支持下，我国固定资产投资增速较2023年有所提高，但仍低于2022年及以前年度水平。同时，投资结构分化特征明显，基础设施和制造业投资增长保持韧性，房地产投资继续以10%左右的速度负增长。

（一）投资增速保持平稳，较2023年有所提高

2024年前三季度，全国固定资产投资（不含农户）378978亿元，同比增长3.4%，高于2023年同期增速0.3个百分点，但低于2022年同期2.5个百分点。从全年情况看，投资增速呈现"前高、中降、后稳"态势。一季度投资同比增长4.5%，为全年最高值，上半年、前三季度增速分别为3.9%和3.4%，预计四季度将实现3.5%左右的增长。

从投资构成看，前三季度建筑安装工程投资、设备工器具购置、其他投资分别增长3.5%、16.4%、-3.3%，较2023年同期上升1.1个、9.1个、-6.4个百分点。设备工器具购置增速明显高于建筑安装工程投资增速，并且是"十三五"以来的较高增长水平。究其原因，一方面受益于大规模设备更新政策产生的引导带动作用，另一方面也适逢设备工器具正在进入新一轮更新周期。近年来，建筑安装工程投资增速较低、设备工器具购置投资增速较高的投资增长格局变化非常明显。

从建设性质看，前三季度新建、扩建、改建投资增速分别为-1.4%、39.3%、-2.7%，分别较2023年同期下降9.3个、上升30.3个、下降4.7个百分点，反映了企事业单位随市场需求变化，在原有生产能力基础上增建车间、分厂、生产线或扩建业务型用房等方面的投资需求快速增加，而新建和改建需求疲弱，相关投资呈负增长。

（二）制造业投资较快增长，基础设施投资保持韧性，房地产投资继续低迷

制造业投资增长动力较强。2024年以来，在大规模设备更新、加快发展新质生产力等政策推动下，制造业投资增速始终保持在9%以上，其中，前三季度同比增长9.2%，高于全部投资增速5.8个百分点，高于2023年同期3.0个百分点。从具体的制造业领域看，2024年以来，制造业投资增长主要由消费和设备领域相关制造业投资带动。1~9月，消费品制造业投资增长14.9%，农副食品加工业和食品制造业投资分别增长19.4%和23.5%，装备制造业投资增长9.4%。另外，除电器机械和器材制造业投资增速有所下降外，其他领域设备制造投资增速均超过整体投资，铁路、船舶、航空航天和其他运输设备制造业投资增长30%以上；通用设备制造业，专用设备制造业，计算机、通信和其他电子设备制造业投资增速均高于10%；汽车制造业投资增长超过5%。从建设性质看，2024年，制造业技术改造投资增长较快，前三季度同比增长9.5%，增速高于全部制造业投资0.3个百分点，高于2023年同期5.8个百分点。

高技术产业投资发挥引领作用。2024年前三季度，高技术产业投资增长10.0%，增速比全部投资高6.6个百分点，连续7个月保持两位数增长。同时，高技术制造业投资和高技术服务业投资增速分别为9.4%和11.4%，分别高于制造业和服务业投资0.2个和12.1个百分点。其中，航空、航天器及设备制造业投资与专业技术服务业投资均增长30%以上，电子及通信设备制造业、科技成果转化服务业、电子商务服务业投资均增长10%以上，高技术产业领域的投资持续活跃。

基础设施投资平稳增长。2024年以来，在中央预算内投资、超长期特别国债和地方政府专项债等资金的引导带动下，基础设施投资（含电力、热力、燃气及水生产和供应业）较快增长，1~9月同比增长9.3%，高于全部投资增速5.9个百分点，高于上年同期0.6个百分点。其中，不包括电力、热力、燃气及水生产和供应业的基础设施投资同比增长4.1%，高于全部投资增速0.7

个百分点，低于2023年同期2.1个百分点。此外，不同基础设施部门的投资增速在2024年出现明显分化，水利管理业投资增长37.1%，航空运输业投资增长17.9%，铁路运输业投资增长17.1%，均实现快速增长；同期，道路运输业、公共设施管理业投资呈负增长，增速分别为-2.4%、-3.5%，可以说是"冰火两重天"。

房地产开发投资继续负增长。2024年是房地产开发投资负增长的第三个年头，房地产开发投资下调幅度仍在10%以上。前三季度，房地产开发投资同比下降10.1%，大于2023年同期降幅1.0个百分点。与此同时，商品房销售面积和销售额分别同比下降17.1%和22.7%，降幅较2023年明显扩大。房屋新开工面积和施工面积分别同比下降22.2%和12.2%。可见，房地产市场仍处于深度调整中，房地产市场止跌回稳，既需要房地产存量政策的进一步优化完善，也需要适时推出符合市场发展规律的房地产增量政策。

（三）民间投资增速同比下降，行业分化明显

2024年以来，民间投资增速持续下滑，由年初0.4%左右的正增长转为8月以来的负增长，充分反映了民营经济的预期不稳和信心不足。前三季度，民间投资同比下降0.2%，降幅较2023年同期收窄0.4个百分点，低于全部投资增速3.6个百分点。随着负增长局面的持续，民间投资占比下降至50.4%，与2023年的占比相当，再次处于2012年有民间投资统计数据以来的最低值。以上情况说明民间投资动力仍然不足，促进民营经济发展、民间投资的相关政策仍需进一步优化完善，相关工作仍需进一步加强。

除增速由正转负外，民间投资增长的行业分化也十分明显。1~9月，扣除房地产开发投资后的民间投资增长6.4%，低于2023年同期2.7个百分点，但仍高于整体民间投资增速6.6个百分点。从行业大类看，制造业和基础设施民间投资增长较快，且均较上半年增速有所回升，其中，制造业民间投资同比增长11.6%，铁路、船舶、航空航天和其他运输设备制造业民间投资同比增速超过40%，整体基础设施民间投资增长4.7%，水利管理业民间投资增长20%以上。

（四）四大区域投资均实现正增长，17个省份的投资增速跑赢"大盘"

2024年1~9月，东部、中部、西部和东北地区投资分别同比增长2.5%、4.5%、1.0%、3.8%，与2023年同期相比，中部、西部、东北地区投资增速明显提升。此外，31个省（自治区、直辖市）中，17个省份投资增速高于全国平均水平。其中，西藏、内蒙古、北京、上海、河南、河北、新疆、湖北8个省份投资增速超过6%。广东、广西、云南3个省份因增长动力走弱、属于12个重点化解地方政府债务风险地区等，投资呈负增长。居前六位的经济大省中，仅有2个省份的投资增速高于全国平均水平，这一现象值得关注。位居前六的经济大省的投资增速如下：江苏为2.4%，浙江为3.3%，山东为3.9%，河南为6.7%，广东为-3.4%，四川为1.9%。

二 2024年投资面临的主要问题

（一）地方政府财政支出压力大，拖累整体政府投资

2024年出台了发行超长期特别国债、扩大中央预算投资和地方政府专项债等政策，但由于房地产市场供求关系发生变化、土地出让收入大幅下降、GDP平减指数为负、现价GDP增速低于GDP实际增速、地方财政困难程度加重，越来越多的基层财政面临"三保"压力，地方政府难以从自身的能动性出发，与中央扩投资政策形成合力，因此，中央政府投资政策效应不及预期。从资金来源看，2024年前三季度国家预算内资金同比增长1.8%，2023年同期为16.5%，可见，尽管有积极的财政政策、有利的货币政策和投资政策，但是受地方政府收支压力影响，国家预算内资金增长十分乏力。2024年以来各地开展投资项目建设，从资金来源讲，主要是申请地方政府专项债、超长期特别国债资金等中央资金的支持。另外，调研中部分地方反映，即使申请到中央资金的支持，也经常拿不出配套资金，影响投资项目建设进度，出现

"报大建小"等问题。此外，在现行地方政府债务管理制度下，地方财政收入增速放缓，进一步强化了债务约束条件，在一定程度上影响了地方政府扩大投资的积极性。

（二）投资政策工具管理机制仍待完善，发行使用进度偏慢

2024年地方政府专项债发行进度明显偏慢。1~6月，地方政府新增专项债券累计发行1.49万亿元，同比少发8000多亿元，仅相当于全年可用额度的36%。三季度以来专项债发行进度加快，但专项债发行使用中存在的机制性问题依然存在。一是符合收益要求的项目减少。当前，地方政府专项债余额已超过26万亿元，各地有收益的项目数量日益减少，绝大多数项目不符合专项债券发行的制度规定。《地方政府专项债券发行管理暂行办法》规定，地方政府专项债券是指省、自治区、直辖市政府（含经省级政府批准自办债券发行的计划单列市政府）为有一定收益的公益性项目发行的、约定一定期限内以公益性项目对应的政府性基金或专项收入还本付息的政府债券。二是财政偿付压力加大。目前，部分地区已出现由于项目收益无法平衡甚至无法覆盖利息，只能用其他财政资金垫付的情况，进一步加大了财政压力。三是续建项目的建设资金来源难以接续。此外，尽管开辟了续发项目申报地方政府专项债的绿色通道，但仍然存在大量续建项目审核通不过的情况，建设资金无着落，项目只好停工，既无法形成实际投资工作量也容易导致"半拉子"工程。

同时，超长期特别国债的发行和使用进度相对滞后，前三季度形成的实物工作量相对有限。由于超长期特别国债的资金管理和偿还机制等相关制度规定尚未完全明确，与投向、规模相关的政策文件传达的层级和范围相对有限，地方对超长期特别国债项目的理解和把握需要逐步深入，初期存在较为明显的理解有偏差、把握不到位的情况，加之部分领域的项目储备和前期工作的深度不够，一定程度上影响了超长期特别国债资金的审核和下达使用效率。

（三）企业效益不佳叠加预期偏弱，民间投资增长乏力

2024年，民间投资增长仍相对乏力。民间投资增速始终在0.5%以下，并在8月开始转负。民间投资在整体投资中的比重由1~2月的52.5%降至1~9月的50.4%，与2023年全年持平。

民间投资下降的主要原因有，一是行业竞争加剧，导致部分行业"内卷"现象突出。二是利润率下降，民间投资主体特别是大量中小企业面临经营难、利润薄等问题。例如在工业领域，企业亏损数量持续增加。1~8月，工业企业亏损单位数比上年同期增加5348家，同比增长3.9%，比1~2月上升7.4个百分点。调研中多家企业反映，虽然2024年的出货量有所增加，但受成本上升、工业品出厂价格双重挤压，企业效益不佳。1~9月，全国规模以上工业企业实现利润总额同比下降3.5%，其中采矿业、制造业企业利润分别下降10.7%和3.8%。三是预期趋弱影响企业投资意愿。2024年5月以来，制造业PMI始终低于枯荣线，一定程度上反映了企业部门的预期趋弱。受国内外经济复苏形势不及预期影响，企业新订单情况不乐观，9月，PMI新订单指数、在手订单指数、采购量指数、从业人员指数等也低于荣枯线，生产方面景气程度仍相对偏弱。

此外，应收账款的持续增长使民营企业资金端承压，影响其投资意愿和能力。1~8月，工业企业应收账款同比增长8.4%，仍处于高位。调研发现，很多民营企业仍存在大量来自上游企业的应收账款，其中包括与政府、国企之间形成的多方债务关系。资金不足，叠加部分领域涉企执法、涉企收费问题突出，进一步影响了民营经济的投资意愿。2024年10月，中共中央办公厅、国务院办公厅印发《关于解决拖欠企业账款问题的意见》，该项政策的落地实施将有力推动民营企业的良性发展。

三 2025年投资形势及展望

（一）投资政策工具优化加力，有望缓解地方资金压力

一是政府投资工具将积极发力并持续完善。中央决定自2024年连续几年

发行超长期特别国债，专项用于国家重大战略实施和重点领域安全能力建设，预计2025年将发行不少于1万亿元的超长期特别国债，并且中央预算内资金、地方政府债券也将继续发力，三大投资政策工具协同发力，共同对整体投资增长形成托底作用。同时，各项投资政策工具的管理机制将进一步完善。目前，有关部门正在研究完善地方政府专项债券发行使用相关规定，包括：扩大地方政府专项债券使用范围，适当扩大地方政府专项债券用作资本金的领域、规模，开展地方政府专项债券项目审核自主权试点，实施续建项目"绿色通道"等。

2024年10月，国新办举行新闻发布会介绍"加大财政政策逆周期调节力度、推动经济高质量发展"有关情况，财政部宣布将在近期陆续推出一揽子有针对性的增量政策举措。其中之一，就是叠加运用地方政府专项债券、专项资金、税收政策等工具，支持推动房地产市场止跌回稳，包括：允许地方政府专项债券用于土地储备，用好地方政府专项债券来收购存量商品房用作各地的保障性住房，及时优化完善房地产相关税收政策等。在宏观调控政策不断优化完善下，2025年，地方政府专项债券发行使用效率有望进一步提升，超长期特别国债资金管理和偿还机制有望加快推出，地方在项目申报和资金使用效率上有望提高，将会形成更多的实物工作量。

二是地方政府"化债"及"三保"压力将有所缓解。2024年以来，经履行相关程序，已经安排1.2万亿元债务限额支持地方政府化解存量隐性债务和消化政府拖欠企业账款。根据2024年10月的国新办新闻发布会披露的信息，2025年，我国将加力支持地方化解政府债务风险，除每年继续在新增专项债限额中专门安排一定规模的债券用于支持化解存量政府投资项目债务外，拟一次性增加较大规模债务限额置换地方政府存量隐性债务，这项政策是近年来出台的支持化债力度最大的。这项政策虽然并不直接带来增量需求，但一方面将大大减轻地方政府化债压力，使其腾出更多的资源发展经济，缓解基建投资增速边际下行趋势；另一方面可以缓解地方政府平台企业上下游产业链经营主体的现金流压力，提振经营主体发展信心。同时，对于地方"三保"问题，将通过持续加大中央对地方财力性转移支付力度、强化库款调度、继续在年度新增地方政府专项债务限额中安排一定额度用于补充政府性基金财力、加强动态监测等措施，筑牢兜实基层"三保"底线。

（二）多项政策持续发力，房地产市场下行压力有望缓解

2025年房地产市场信心在政策加持下有望缓慢恢复。2024年9月召开的中央政治局会议提出，要促进房地产市场止跌回稳，对商品房建设要严控增量、优化存量、提高质量，加大"白名单"项目贷款投放力度，支持盘活存量闲置土地。要回应群众关切，调整住房限购政策，降低存量房贷利率，抓紧完善土地、财税、金融等政策，推动构建房地产发展新模式。即将推出的一揽子增量政策中，也将通过允许专项债券用于土地储备、支持收购存量商品房用作保障性住房、及时优化完善税收政策等方式，推动房地产市场平稳发展，上述政策效果将逐步显现。另外，从9月以来的数据看，房地产开发投资、新建商品房销售等主要指标降幅继续收窄，北上广深等一线城市的新房看房量、到访量、签约量明显增加，二手房的交易量也持续上升，房地产市场信心在有利的政策环境下正在发生向好变化。

中长期看，房地产投资的结构性需求潜力仍然存在。当前，我国常住人口城镇化率为66.2%，与美国、英国、德国、法国、日本等发达国家相比仍有15个百分点以上的差距。同时，我国户籍人口城镇化率仅为48.3%，与常住人口城镇化率相差近18个百分点，我国的城镇化仍然在路上。因此，新型城镇化过程中的刚性住房需求将进一步释放。同时，随着人均收入水平的提升，人民对改善型住房的需求仍然较大。

（三）增量政策和改革举措效能持续显现，社会预期有望进一步改善

2024年9月以来，针对经济运行中日益凸显的需求不足问题，党中央、国务院推出一揽子既利当前又利长远的增量政策。这些增量政策围绕加大宏观政策逆周期调节、扩大国内有效需求、加大助企帮扶力度、推动房地产市场止跌回稳、提振资本市场等方面，统筹财政、金融、消费、投资、房地产、

股市、就业、民生等各领域政策，强化政策合力，针对经济运行过程中存在的需求不足、经济下行、企业困难等具体问题，创新运用各方面政策工具，有利于扭转市场预期，提振对中国经济长期稳定向好的信心。尤其是针对当前一些企业生产经营困难问题，通过加快解决企业欠账问题，解决涉企违规异地执法和趋利性执法以及乱罚款、乱检查、乱查封等问题，向民营企业进一步开放国家重大科研基础设施和核电项目等重大项目等措施，帮助企业渡过难关，提振民营经济活力。

同时，党的二十届三中全会审议通过的《中共中央关于进一步全面深化改革 推进中国式现代化的决定》（以下简称《决定》）明确提出未来一段时间需要完成的300多项重要改革举措，进一步推动形成高水平社会主义市场经济体制，形成中国式现代化的重要保障，因此，2025年经济回升向好的制度基础将进一步夯实，社会预期和市场信心将随之进一步提振。

（四）外部环境不确定性增加，制造业投资维持高增长难度加大

2024年的投资增长很大程度上得益于制造业投资的较快增长，但从纷繁复杂多变的国际发展环境看，2025年制造业能否继续保持较快增长存在不确定性。一是市场外部需求不确定，企业扩大投资决策可能进一步谨慎。2025年预计外部环境的复杂性严峻性不确定性进一步上升，美国新一届政府的对华政策尚不明朗，若出口表现不如预期，则可能对制造业投资形成拖累。市场前景不明将降低制造业企业，尤其是外贸企业的新增投资意愿。企业可能优先选择维持现有产能，放缓扩大投资步伐。

二是部分企业出海投资意愿增强，或对国内制造业投资形成分流。全球产业链供应链分工模式加快重构，美国、欧洲、日本等经济体积极推动关键产业链区域化、本土化，吸引汽车、电子信息等制造业回流，欧美客户要求国内生产企业加大海外布局力度。同时，越南、印度、印尼、泰国、柬埔寨等南亚和东南亚国家，借助劳动力成本优势和关税优势积极承接我国劳动密集型产业转移，部分产业外迁趋势加剧。从调研的情况看，部分制造业企业海外布局的意愿增强，可能影响国内投资和生产扩大。

（五）预计2025年投资增速略高于2024年

随着稳投资政策措施的落地见效，预计2024年四季度投资增速将继续企稳，扭转前三季度投资持续下行趋势，增速有所回升。2025年，如果不发生较大的外部冲击，预计投资增速在4%左右，略高于2024年水平，主要判断依据如下：一是随着政策效应逐步释放，经济持续恢复、国内消费不断回暖、民间投资预期和信心有望进一步提振，物价水平也将有所回升。二是政策工具优化将对提振社会信心、增强地方投融资能力发挥积极作用。三是根据模型测算，"十四五"固定资产投资的潜在增速在4%~4.5%，一般情况下，2025年投资增速将向潜在投资增速趋近。

四　政策建议

（一）用好各项投资政策工具，持续提高政府投资效益

一是优化地方政府专项债券管理机制，提高专项债券使用效率。尽快出台优化地方政府专项债券管理使用的相关政策措施。优化地方政府专项债券投向清单管理，最大限度扩大使用范围，支持地方政府使用专项债券回收符合条件的闲置存量土地、收购存量商品房用作各地的保障性住房。增加地方政府专项债券用作项目资本金的领域，研究支持地方政府专项债券用作纳入国家规划的城市轨道交通、经营性高速公路、省市级产业园区基础设施等项目资本金，并参照租赁住房和保障性住房建设要求，允许地方政府专项债券用于城中村改造项目和产业园区等工业用地的土地储备，以有效解决上述项目建设资金来源不足问题。允许地方政府专项债合理支持前瞻性、战略性新兴产业基础设施建设，推动新质生产力发展。优化地方政府专项债券项目审核机制，探索建立常态化审核机制。

二是完善超长期特别国债发行使用机制，更好支持重点领域重大项目。完善"自上而下"项目安排机制，对已纳入国家重大战略、重大政策、重大规划且前期工作相对成熟的项目，可简化审核程序予以支持。加强对

地方申报项目工作的指导培训，在严防泄密的前提下，尽可能向地方明确"两重"领域项目支持细化方向、申报条件和审核要求，提高申报、审核、发行等工作效率。完善超长期特别国债发行使用管理机制，优先支持建设需求迫切、投资效果明显、前期工作比较成熟的项目，推动尽快形成实物工作量。

三是加强政策储备和统筹，推动形成政策合力。加强中央资金统筹，统筹用好超长期特别国债、中央预算内资金等政策工具。优化地方政府债券发行结构，适当调节专项债和一般债发行规模。进一步优化完善固定资产投资管理体制机制，推动在政府和社会资本合作新机制下更多的项目落地。适时重启使用新一轮政策性开发性金融工具。顺应人口流动规律，建立健全财政资金和建设用地增加与吸纳农业转移人口落户数量、城镇人口流入流出数量挂钩机制。

（二）助企帮扶与优化投资环境相结合，充分释放民间投资活力

一是积极帮助企业解决具体问题。在解决应收账款清欠问题方面，加快落实《关于解决拖欠企业账款问题的意见》，完善欠款常态化预防和清理机制，督促国有企业规范和优化支付管理制度，优化拖欠中小企业账款投诉管理机制。在着力解决扰企执法、创收执法问题方面，加大对乱收费行为的惩戒力度，细化涉企收费违法违规行为认定标准，完善常态化问题线索收集机制，建立涉企收费监测点，整治违规涉企执法行为。在支持企业融资方面，优化无还本续贷政策，发挥好支持小微企业的融资协调工作机制，完善金融系统尽职免责制度，帮助经营主体缓解资金周转困难。

二是更好发挥政府投资对民间投资的引导带动作用。破除不合理的市场准入壁垒，推进基础设施竞争性领域向经营主体公平开放，完善民营企业参与国家重大项目建设的长效机制，放宽民间投资限制，加大政策补贴和支持力度，清理重大项目招标中针对民营企业的隐性壁垒，为民营企业参与重大科技创新项目、重大补短板项目、重大示范项目等提供有效路径，放大政府

投资的"挤入效应"。

三是继续优化营商环境。尽快落实党的二十届三中全会通过的《决定》中关于民营经济发展的各项改革举措，持续破除市场准入壁垒、全面落实公平竞争政策、完善社会信用激励约束机制、完善民营企业融资支持政策制度、加快建立民营企业信用状况综合评价体系，健全民营中小企业增信制度、支持引导民营企业完善治理结构和管理制度，充分调动民间投资积极性，推动民营企业敢投资、愿投资。

（三）着力稳定房地产市场投资预期，释放高质量房地产投资潜力

促进房地产市场企稳回升，有效减轻其对整体投资增长的拖累。落实好各项房地产调控政策，即充分赋予城市政府调控自主权，调整或取消各类购房的限制性措施，取消限购、取消限售、取消限价、取消普通住宅和非普通住宅标准；降低住房公积金贷款利率，降低住房贷款首付比例，降低存量贷款利率，降低"卖旧买新"换购住房的税费负担；通过货币化安置等方式，新增实施100万套城中村改造和危旧房改造，并加大"白名单"项目贷款投放力度，支持开发商正常合规的融资需求等。

针对改善性、高质量住房需求，积极鼓励高品质房地产开发投资。鼓励地方政府采取规划用途调整、容积率奖励等措施，积极支持高品质住宅建设，引导房地产开发企业加大"好房子"投资力度。同时，及时总结创新性产品设计理念，形成示范效应。顺应房地产发展的阶段性及住房需求新变化，建立与存量提升相适应的土地、税收、金融等政策支持体系与建设管理体系，广泛吸引各类社会资本和资源进入城市更新赛道，积极引导并赋予房地产投资新内涵。

（四）积极拓展产业和创新投资空间，因地制宜发展新质生产力

顺应新一轮科技革命和产业变革深入发展趋势，引导社会投资投向产业链供应链关键环节和创新领域，因地制宜发展新质生产力。找准突破口，加强在核心基础零部件、关键基础材料、先进基础工艺、产业技术基础以及工

业软件等方面的基础能力建设，补强产业链供应链薄弱环节。加快新一代信息技术、人工智能、量子科技、生物科技、新能源、新材料等领域的科技创新投资，培育发展新兴产业和未来产业。加大对应用新技术改造提升传统产业的投资，推动传统产业高端化、智能化、绿色化。支持天使投资、创业投资、私募股权投资市场发展，引导金融资本投早、投小、投长期、投硬科技。

（五）完善消费和投资良性互促机制，着力扩大国内需求

一是增强消费对投资的拉动作用。落实好大规模设备更新和消费品以旧换新等政策，促进消费市场加速回暖，通过国内超大规模市场需求的释放提升企业投资内生动力。加大政府采购支持中小企业力度，加强政府投资和政府消费对民间投资的引导拉动作用。二是增强投资对培育消费增长的积极作用。加大对新消费模式、新消费场景的投资力度，加强对传统商业设施的改造，推动线上线下消费融合发展，提升消费的便捷性。加大消费物流投资，发展农产品冷链物流，加大农产品分拣、加工、包装、预冷等一体化集配设施建设支持力度，改造提升农村流通基础设施。加大对消费相关基础设施的投入，加强新能源汽车充电桩和城市停车场建设，推动重点商贸街巷改造升级。

参考文献

丛书编写组编著《合理扩大有效投资》，中国计划出版社，2020。

中国宏观经济研究院投资研究所：《固定资产投资形势分析、跟踪和预测》，中国宏观经济研究院常规课题，2024。

杨萍、杜月等：《"十五五"时期扩大高质量投资总体思路研究》，中国宏观经济研究院重点课题，2024。

盛磊、应晓妮等：《扩大有效益的投资研究》，中国宏观经济研究院重点课题，2024。

吴有红、赵惠等:《提高投资转化效率研究》,中国宏观经济研究院重点课题,2023。

邹晓梅等:《适度超前开展基础设施投资研究》,中国宏观经济研究院重点课题,2022。

中国宏观经济研究院投资研究所:《投资重点变动的机理与政策研究》,中国宏观经济研究院专项课题,2022。

B.16
2024年消费市场形势分析和2025年展望

王微 王念[*]

摘 要： 2024年是消费市场从疫后回补转向常态化稳定增长之年，从总量看，消费市场保持稳定增长态势，最终消费发挥稳定支撑经济发展的基础性作用，消费市场规模持续稳步扩大，消费市场运行总体平稳，消费品以旧换新政策有力。从结构看，消费结构变化呈现出新特征，主要体现在服务消费引领消费市场扩容、数字技术赋能消费渠道创新、基本消费占比有所提升、社会集团消费增长势头放缓、一线城市消费市场格局加快调整等方面。从居民消费能力和意愿看，虽然居民收入较快增长且结构改善、劳动者就业形势总体稳定，但是消费者信心仍处在低位、居民家庭财富持续缩水、政府民生支出的挤入效应减弱，总体呈现稳中有忧的局面。展望2025年，乐观的预期、韧性的信心、稳定的产业、活跃的创新、有力的政策为消费持续稳定增长创造了积极的条件，社会消费品零售总额预计实现4%左右的增长。

关键词： 消费形势 结构特征 能力意愿

一 消费市场保持稳定增长态势

（一）最终消费稳定支撑经济发展

2024年以来，消费需求总体延续恢复态势，消费继续发挥对经济增长

---

[*] 王微，国务院发展研究中心市场经济研究所原所长、二级研究员，研究方向为消费、商贸流通；王念，国务院发展研究中心市场经济研究所研究室副主任、副研究员，研究方向为消费和流通。

的基础性支撑作用。前三季度，最终消费支出对GDP增长的贡献为49.9%，最终消费支出拉动GDP增长2.4个百分点，比资本形成总额、货物和服务净出口分别高1.1个和1.3个百分点。分季度来看，随着出口形势好转和投资回升，消费支出对经济增长的拉动作用相对减弱，三季度比二季度、一季度分别低10.6个和23.8个百分点（见图1）。随着2023年疫情后消费快速回补基本完成，2024年消费对国内生产总值的贡献率正在恢复常态，这也意味着消费已经进入稳步发展的新阶段。

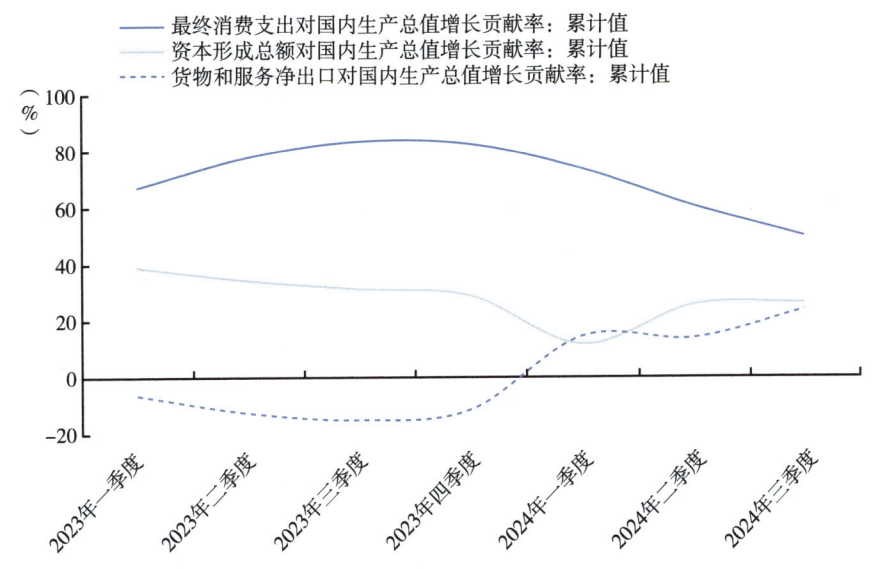

图1 2023年一季度至2024年三季度三大需求对GDP增长的累计贡献率

资料来源：国家统计局。

（二）消费市场总规模稳步扩大

2024年前三季度，消费市场规模持续稳步扩大。前三季度社会消费品零售总额达到35.4万亿元，累计同比增长3.3%。随着消费市场从疫后回补进入稳步发展阶段，社会消费品零售总额月均增速有所回落，但是增长态势更加稳定。特别是三季度以来，消费增速逐渐企稳回升，带动社会消费品零售总额月度同比增速呈现出"U"形走势。1~9月，社会消费品零售总额月均增速为3.1%，比上年同期下降4.5个百分点，增速的波动范围在2%~5.5%，相比上年2.5%~18.4%的波动范围明显收窄，消费增速更趋稳定（见图2）。

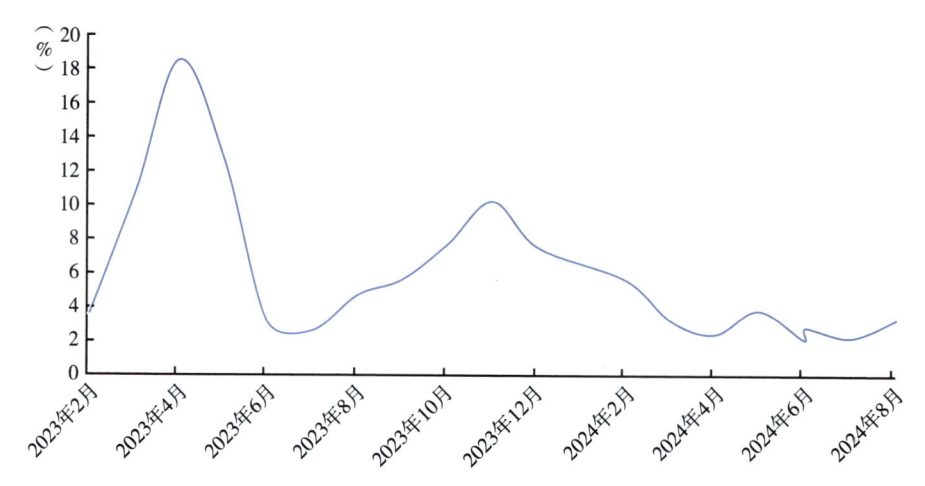

图2 2023年2月至2024年8月社会消费品零售总额当月同比增速

资料来源：国家统计局。

（三）消费市场运行总体平稳

2024年国内消费市场供求关系总体宽松，居民消费价格低位运行。前三季度，CPI同比上涨0.3%，二季度以来各月的CPI同比涨幅基本维持在0.3~0.6个百分点的低位水平。与此同时，不包括食品和能源价格的核心CPI呈现出同比涨幅逐月收窄的趋势，并且自7月开始低于CPI的同比涨幅，显示居民消费价格持续低位运行的压力增加。全国货运物流有序、人员流动活跃，供需之间循环畅通。1~8月，货物周转量和跨区域人员流动量的月均同比增速分别为4.8%和5.3%，均高于社会消费品零售总额的月均同比增速（见图3）。

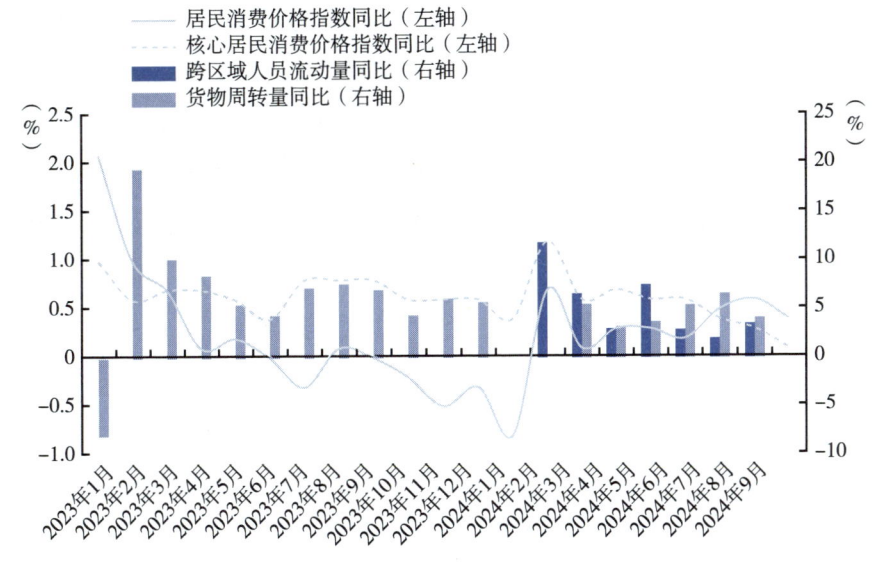

图3　2023年1月至2024年9月消费价格运行、物流和人员流动情况

资料来源：国家统计局，交通运输部。

（四）促消费政策密集且精准有力

近年来，党中央、国务院高度重视扩大消费需求，先后出台了一系列促消费政策。特别是2024年7月和9月中央政治局会议之后出台的一系列增量政策，对提振消费信心、释放消费潜力发挥了重要作用。随着人民对美好生活的向往更加强烈，我国居民的消费品存量更新换代需求不断提升，耐用品消费进入新购和换新并重的发展阶段。其中，最为突出的是消费品以旧换新政策。2024年3月，国务院发布《推动大规模设备更新和消费品以旧换新行动方案》，推动新一轮消费品以旧换新。随后，各部门和地方政府相继出台政策实施细则，推动政策加快惠及消费者。7月，国家发展改革委、财政部联合印发《关于加力支持大规模设备更新和消费品以旧换新的若干措施》，安排3000亿元左右超长期特别国债支持"两新"政策落实。加大了财政补贴力度，扩大了受支持的产品类别，提升了地方政府的主动性和创造性，政策效应开始显现。9月，限额以上单位汽车类零售额同比增长0.4%，扭转了连续6个

月下降的态势；家用电器和音像器材类零售额增长20.5%，增速比上月大幅加快17.1个百分点，其中高能效等级和智能家电零售额均实现两位数增长。此外，自2023年底开始实施的降低存量房贷利率政策效果初显。2023年10月下调存量房贷利率70个基点，惠及5000万户1.5亿人，每年减少借款人利息支出达1500亿元，对提高消费能力和释放消费潜力发挥了一定的助力作用。

二 消费结构变化呈现出新特征

（一）服务消费引领消费市场扩容

服务消费较快增长，继续引领消费市场扩容。2024年前三季度，服务零售额同比增长6.7%，增速高于同期社会消费品零售总额3.4个百分点（见图4）。居民服务性消费支出占居民消费支出比重达到47.0%，较上年同期上升0.9个百分点，占比连续两年回升，且基本稳定在疫情前的水平之上（见图5）。服务消费市场创新活跃，文旅消费新增长点快速涌现。旅游消费方面，2024年居民旅游需求旺盛，带动前三季度交通出行、文化娱乐等相关支出较快增长，人均交通费、文化娱乐支出分别增长21.5%和16.3%。国庆期间，全国国内出游7.7亿人次，游客出游总花费7008.2亿元，按可比口径分别同比增长5.9%和6.3%，较2019年同期分别增长10.2%和7.9%。[①] 文化消费方面，国产单机3A游戏《黑神话：悟空》上线，激发全球游戏消费者对中国文化的热情。截至9月末，销量已达到2100万套，销售额破70亿元，相当于其他全球顶级3A游戏数年的销售额。文旅消费融合互促效应进一步显现，《黑神话：悟空》带动前三季度国产游戏海外市场实际销售收入达51.69亿美元，同比增长20.75%[②]，带动十一假期山西大同、朔州、临汾等目的地订单同比增长超30%[③]。

---

① 数据来源：文化和旅游部数据中心。
② 中国音数协游戏工委与伽马数据：《2024年第三季度中国游戏产业季度报告》。
③ 数据来源：携程旅行。

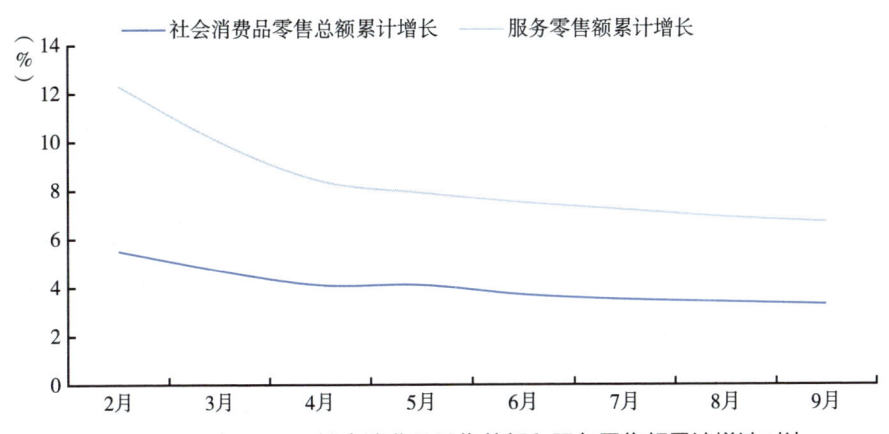

图4　2024年2~9月社会消费品零售总额和服务零售额累计增速对比

资料来源：国家统计局。

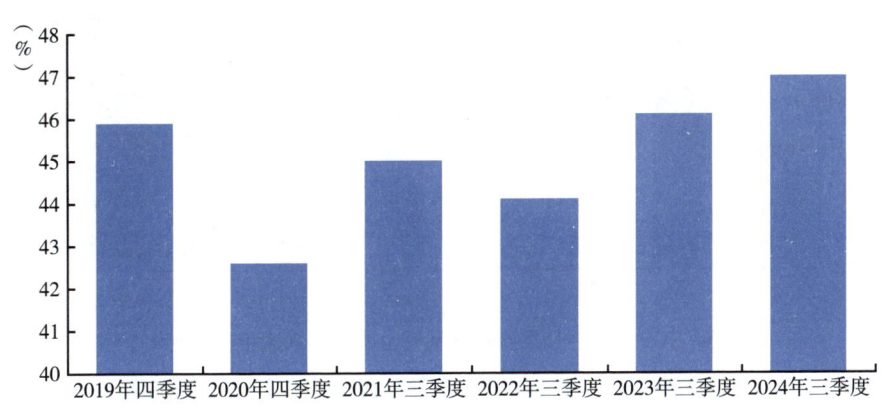

图5　2019年四季度至2024年三季度居民服务性消费支出占居民消费支出比重

资料来源：国家统计局。

（二）数字技术赋能消费渠道创新

线上消费仍发挥引领消费增长的作用。2024年前三季度，实物商品网上零售额同比增长7.9%，增速比社会消费品零售总额快4.6个百分点，占社会消费品零售总额的比重达到25.7%（见图6）。2024年6月以来，线上消费增速从两位数增长进入个位数增长，累计增速与上年同期相比下降1个百分点，线上线下消费增速差逐步收窄，线上消费占比趋于稳定。数字技术不再仅仅是推动线上消费增长，正在加快向线下消费赋能，带动线下消费新业态新模式不断涌现。在大数据要素、数字设备和智能分析技术的推动下，线下渠道迅速捕捉不断变化的消费者需求，支撑会员店、零食折扣店模式快速增长，带动线下消费增长提速。以销售"大规格""质价比"商品为特色的会员店模式，成为传统大型零售创新转型的有效路径，2024年上半年会员店销售额同比增长达到40%。零食折扣店也吸引了大批青年消费者，2024年上半年销售额同比增长达到48%，且在省会城市和地级市的销售额占比已经高于传统渠道。①

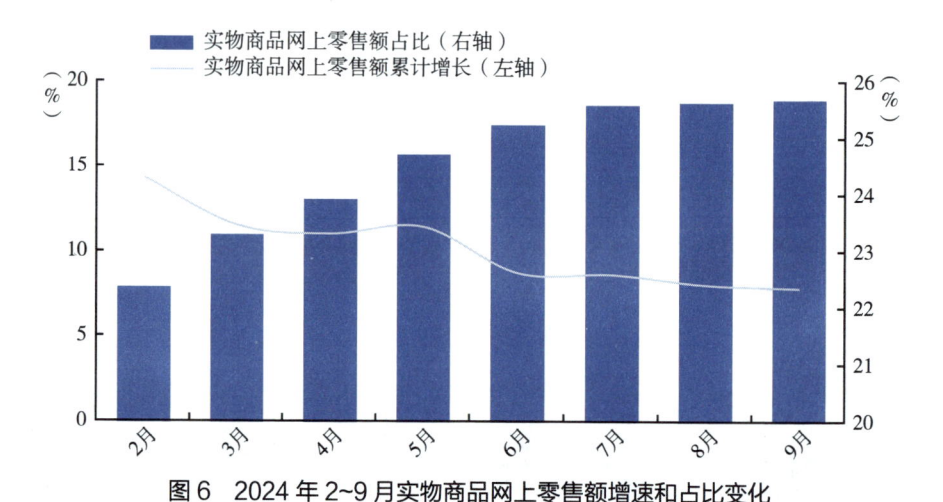

图6 2024年2~9月实物商品网上零售额增速和占比变化

注：实物商品网上零售额占比＝实物商品网上零售额累计值/社会消费品零售总额累计值×100%。
资料来源：国家统计局。

（三）基本消费占比有所提升

以食品消费为代表的基本消费的收入弹性较低，支出具有一定刚性，其在总消费支出中的占比变化通常反映消费结构升级的情况。2024年以来，基本类消费占比有所上升，显示消费结构升级的压力增加。从市场销售的角度看，食品类商品零售额在限额以上企业商品零售总额中的占比从3月的16.6%

---

① 凯度：《驾驭加速变革的渠道新蓝海》，2024年10月。根据全国一线至五线城市截至2024年6月的销售额计算。

提升到 9 月的 18.7%，提高 2.1 个百分点。从居民支出的角度看，食品消费在人均消费支出的占比与上年同期相比也有所提高，前三季度各季度分别高于上年同期 0.7 个、0.3 个和 0.4 个百分点（见图 7）。这可能是由于疫情带来的疤痕效应尚未完全消除。根据课题组测算，疫情以来基础类消费的边际消费倾向提升、升级类消费的边际消费倾向下降，在短期内表现为"降级"。

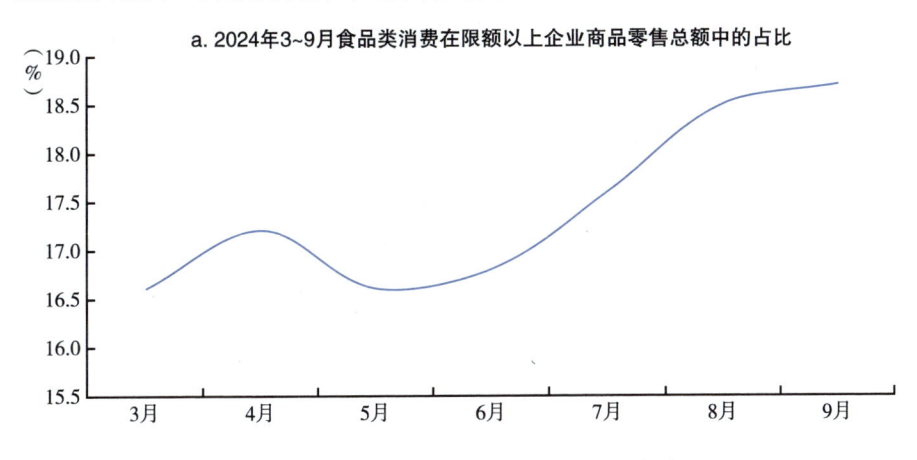

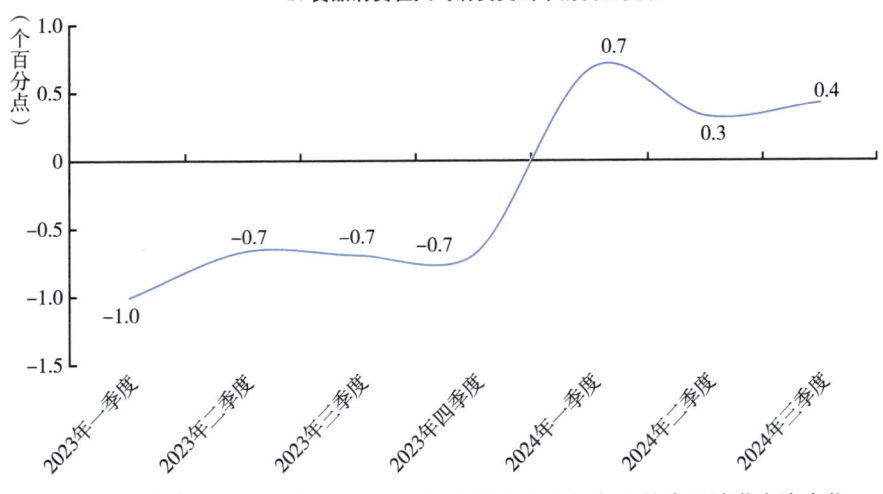

a. 2024年3~9月食品类消费在限额以上企业商品零售总额中的占比

b. 食品消费在人均消费支出中的占比变动

图 7　2023 年一季度至 2024 年三季度销售和支出视角下的食品消费占比变化

注：食品类消费 = 限额以上企业粮油、食品类零售额 + 饮料类零售额 + 烟酒类零售额。食品消费在人均消费支出中的占比变动 = 当季食品消费在人均消费支出中的占比 - 上年同期食品消费在人均消费支出中的占比。

资料来源：国家统计局，笔者测算。

293

2020~2023年与2017~2019年相比,衣着、食品、居住等的边际消费倾向分别提升28.3%、11.3%和11%,交通通信、教育文娱、医疗等的边际消费倾向分别下降76.4%、24.6%和24.1%。①

(四)社会集团消费增长势头放缓

社会集团消费在社会消费品零售总额中的占比约三成。2023年社会集团消费增长势头强劲且快于居民消费,2024年以来增速放缓并低于居民消费。前三季度,居民人均商品消费支出累计同比增长3.9%,比社会消费品零售总额累计增速高0.6个百分点,差值主要源于社会集团消费拖累(见图8)。多方数据也印证了这一趋势。从消费内容上看,文化办公用品销售额中社会集团的消费占比通常较高,1~8月文化办公用品类零售额累计同比下降4.9%,增速在18类商品中最低。从企业销售费用数据看,1~7月规模以上工业企业的销售费用累计增速为0.4%,比2023年全年增速低2.6个百分点;上半年非工业部门上市公司的销售费用增速为1.4%,比2023年全年低3.8个百分

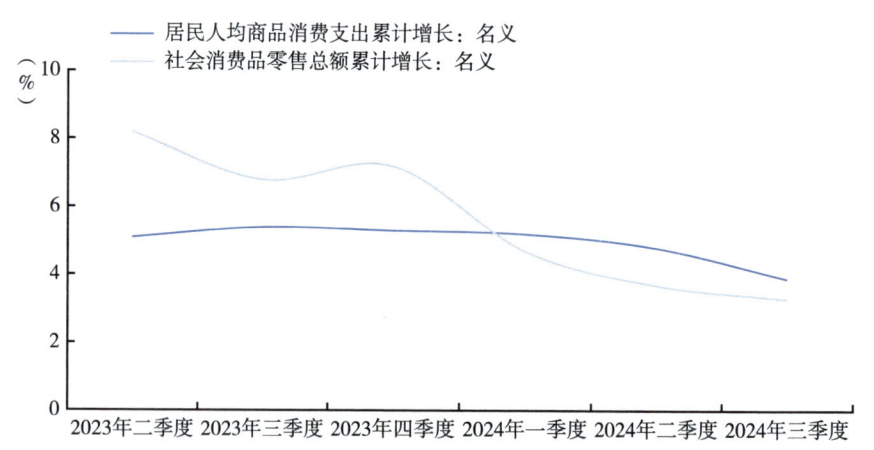

图8 2023年二季度至2024年三季度销售和支出视角下的消费占比变化

资料来源:国家统计局,笔者测算。

---

① 感谢北京大学程丹旭、董燕飞、陈思宇博士的测算。

点；二季度广告业头部企事业单位广告收入增速降至-2.1%，低于一季度的13.6%，也低于2023年全年的17.5%。①

（五）一线城市消费市场结构加快调整

2024年以来，一线城市居民消费增速与全国城镇居民消费增速之间的差距拉大。1~8月，全国城镇社会消费品零售总额月均同比增速为2.9%，市场规模温和扩张。与之相对的是，同期北京、广州、上海等一线城市的社会消费品零售总额月均增速为负，商品消费增长势头相对弱于全国城镇（见图9），主要原因有，一是一线城市服务消费增长加快。其中，北京前三季度服务性消费额增长7.1%，高于北京社会消费品零售总额8.7个百分点，高于全国服务零售额近1个百分点；前三季度上海网络购物交易额同比增长11.5%，其中服务类网络购物交易额同比增长15.8%，高于7.9%的网上商品零售额增速近8个百分点。②二是疫情后一线城市消费外流的速度超过消费回流速度。消费外流方面，以奢侈品消费为例，5月、6月中国消费者的海外奢侈品消费分别比2019年同期高32%和22%。③这也反映在离岛免税销售额的变化上，2024年10月1~7日，海口海关共监管海南离岛免税购物金额7.85亿元，与上年中秋、国庆"双节"8天假期期间13.3亿元的销售金额相比出现较大回落。④消费回流方面，以北京市为例，1~9月全市接待入境游客人次、实现旅游外汇收入较2023年同期分别增长207.8%和168.5%，但也只恢复到2019年同期的82.0%和74.7%。⑤三是从中长期来看，与一线城市居民家庭存量债务规模较大、家庭资产价格下降、财产性收入增速下降等因素有关，居民家庭消费更趋谨慎。

---

① 数据来源：国家市场监管总局；华创证券：《销售费用为何走低？——经济微观察系列五》，2024年9月。
② 复旦大学消费市场大数据实验室：《今年1至9月上海网络购物交易额1.34万亿元！》，东方网，2024年10月31日。
③ 麦肯锡：《中国市场简报：中国消费市场的真相》，2024年10月。据报告，疫情前中国消费者的奢侈品购买有60%发生在海外，疫情阻断了消费外流，如今这一趋势正迅速回升。
④ 数据来源：海口海关。
⑤ 数据来源：北京市文旅局。

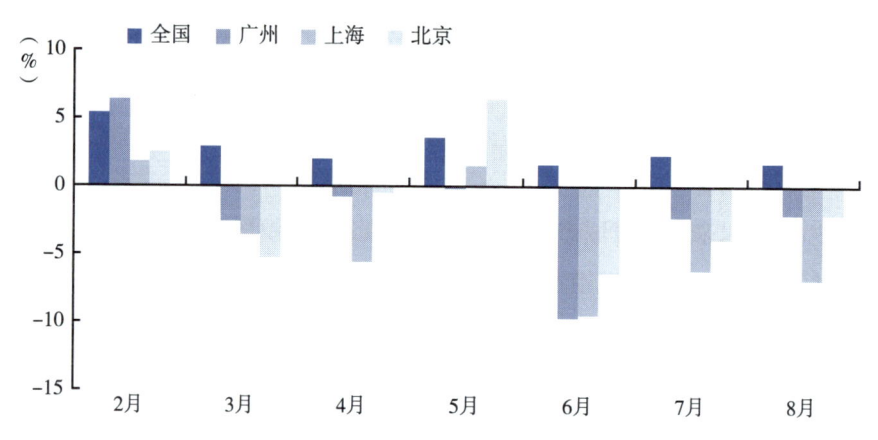

图 9　2024 年 2~8 月全国以及一线城市社会消费品零售总额同比增速

资料来源：国家统计局和地方政府统计局。

三　居民消费能力和意愿"稳中有忧"

（一）居民收入较快增长且结构改善

2024 年以来，居民收入增速高于 GDP 增速，支撑消费能力持续稳步提升。前三季度，居民人均可支配收入累计实际增长 5.2%，比国内生产总值累计实际增速高 0.4 个百分点。其中，工资性收入在居民可支配收入中占比最大，占 50%~60%，是居民消费能力的最主要支撑。前三季度，全国居民人均工资性收入 17696 元，增长 5.7%，高于人均可支配收入增速 0.5 个百分点[①]，带动工资性收入的占比稳定在 57% 左右的较高水平，比上年同期高 0.3 个百分点。居民收入分配格局也有所改善，对总体上提高消费能力产生了积极作用。前三季度，全国居民人均可支配收入中位数 25978 元，增长 5.9%，高于人均可支配收入增速 0.7 个百分点[②]（见图 10）。

---

① 此处为名义增速。
② 此处为名义增速。

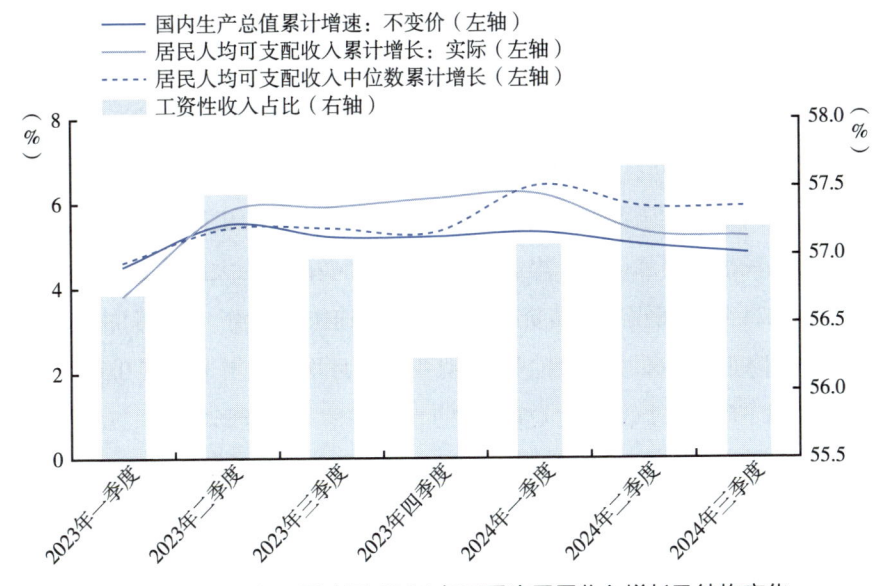

图10　2023年一季度至2024年三季度居民收入增长及结构变化

资料来源：国家统计局。

（二）劳动者就业形势总体稳定

就业是消费能力和信心的重要支撑。2024年以来，就业总量方面虽然有压力，但就业形势总体稳定。1~9月全国城镇调查失业率平均值为5.1%，比上年同期下降0.2个百分点。各月失业率保持在5.0%~5.3%，波动幅度为0.3个百分点，比上年同期减少0.3个百分点。也要看到，当前就业的结构性矛盾仍然比较突出，主要体现在以高校毕业生为主的青年群体就业压力仍然较大。2024年高校毕业生规模再创历史新高，7月、8月高校毕业生集中离校求职，青年失业率季节性上升。党中央、国务院高度重视高校毕业生就业工作，各地区各部门通过整合优化吸纳就业补贴和扩岗补助，延续实施国有企业招聘高校毕业生增人增资，强化供需对接和重点帮扶等政策措施，全力促进高校毕业生就业创业。9月，随着2024届毕业生工作逐步落实，不含在校生的16~24岁、25~29岁劳动力失业率环比均有所下降。

（三）消费者信心仍处在低位

消费信心回暖是消费意愿提高、消费倾向回升的前提条件。当前，我国消费者信心指数仍在 90 以下的历史较低水平徘徊。3 月以来，消费者信心指数从 89.4 的年内高点持续下滑，8 月降至 85.8，接近 85.5 的历史最低水平。信心不足也使得居民消费更加谨慎，提前消费、超前消费的行为大幅减少。从消费信贷来看，2024 年居民短期消费贷款月均同比增速快速下滑，在 5 月由正转负，8 月进一步降至 -2.6%。1~8 月，居民消费贷款月均同比增速只有 0.6%，较上年同期大幅下降 8.4 个百分点（见图 11）。消费信心不足影响下，三季度居民消费倾向为 68.9%，比上年同期低 0.9 个百分点。消费者投诉较快增长，消费环境仍有提升空间。此外，消费环境和秩序不稳也在一定程度上影响消费信心回升。上半年，全国消协组织共受理消费者投诉 78.3 万件，同比增长 27.21%，其中质量、虚假宣传、安全问题投诉比重上升，售后服务、价格、人格权益问题投诉比重下降；投诉解决率为 72%，较上年下降 9 个百分点。[①]

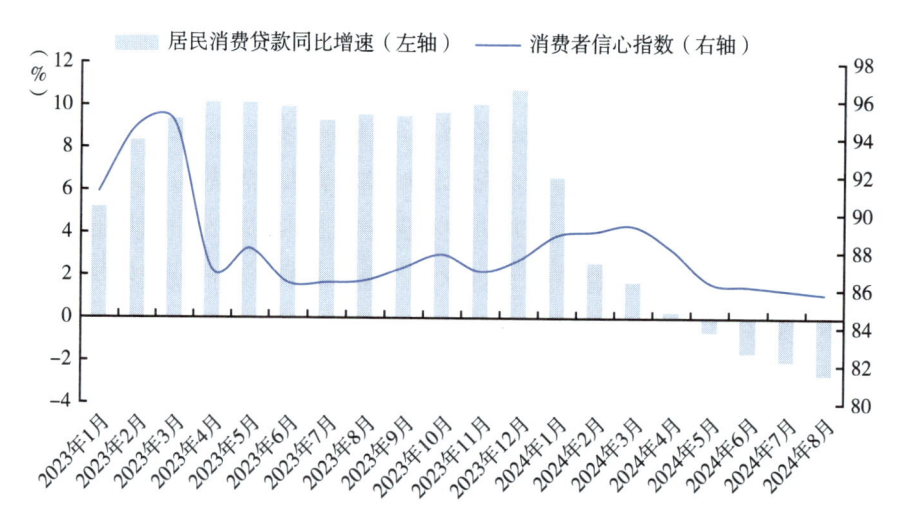

图 11　2023 年 1 月至 2024 年 8 月消费信心和消费贷款增速变化

资料来源：国家统计局，Wind。

---

① 中国消费者协会：《2024 年上半年全国消协组织受理投诉情况分析报告》，2024 年 8 月。

（四）居民家庭财富持续缩水

我国居民在经济发展过程中已经积累了一定规模的财富，是消费能力和信心的重要保障。2024年以来，居民家庭财富延续了过去几年的下行趋势。[①] 从住房财富看，前三季度70个大中城市新建商品住宅、二手住宅房屋销售价格指数当月同比增速始终为负，降幅逐月扩大，1~9月月均增速分别为-4%和-7%。从股票资产看，沪深股市股票流通市值同比增速大幅下降，1~8月的月均增速为-6.9%（见图12）。资产价格下降也在一定程度上反映为居民财产性收入增速下降。前三季度，全国居民人均财产性收入为2585元，仅比上年同期增长1.2%，增速比上年同期低2.5个百分点。也要看到，目前也出现了一些家庭财富逐渐趋稳的积极信号。例如，9月房地产销售面积、销售金额、房地产开发企业本年到位资金增速尽管仍在下降，但降幅分别连续4个月、5个月、6个月收窄，10月沪深股指也较9月出现较大幅度的上涨。

图12　2023年1月以来房价和股市市值变化

资料来源：国家统计局，Wind。

[①] 根据2024年BCG全球财富模型测算，2022年中国居民资产为低个位数增长，2023年居民资产基本与2022年持平。过去五年间，以房产为代表的居民实物资产占比下降，最近一年绝对值下降；权益资产在2021年后绝对值下降。

（五）政府民生支出的挤入效应减弱

政府的民生支出有利于降低居民实际生活负担、增加居民安全感，对居民消费形成积极的"挤入效应"。2024年以来，财政在民生方面的支出增速有所下降。教育和卫生健康支出增速低于全国一般公共预算支出增速。教育支出同比增速总体呈现下行趋势，卫生健康支出同比增速更是由正转负，1~8月累计同比增速大幅下降12.6个百分点。只有社会保障和就业支出增速高于全国一般公共预算支出增速，但增幅与上年相比也出现了明显下降（见图13）。财政支出增速放缓，一定程度上也反映为居民转移净收入增速下降。前三季度，全国居民人均转移净收入5721元，增长4.9%，增速比上年同期增速低0.9个百分点。

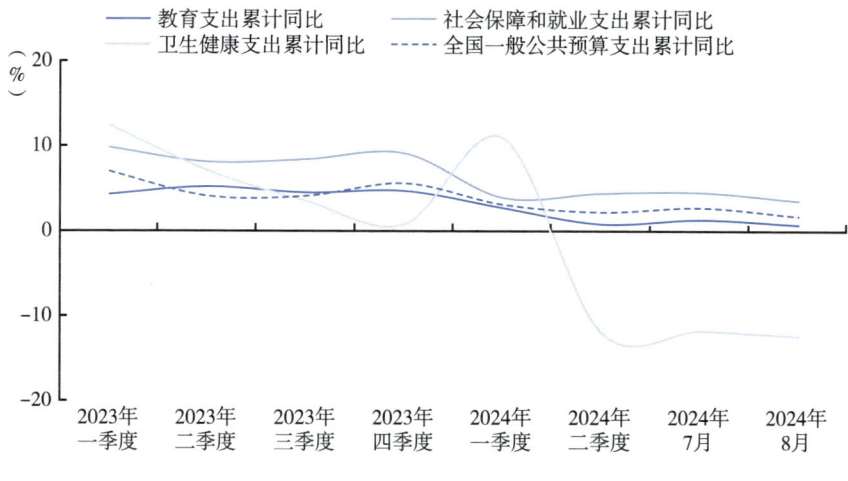

图13 2023年以来政府民生类财政支出变化

资料来源：财政部。

四 趋势展望和政策建议

（一）2025年消费形势展望

从近期经济形势的边际变化来看，支撑2025年消费市场的积极因素正在积累和显现。一是2025年经济增长预期比较乐观，为消费持续稳定增长奠定了基础。近期，国际货币基金组织（IMF）、经济合作与发展组织（OECD）、世界银行（World Bank）分别预计中国2025年经济增速为4.5%、4.5%和4.1%，分别高出全球经济增速1.3个、1.3个和1.4个百分点。[①]二是居民消费具有韧性，具备企稳回升的条件。据麦肯锡对全球消费者信心的调查，接近六成的中国消费者预计经济将在未来2~3个月出现反弹，占比分别要比美国、英国和日本高出18个、29个和46个百分点[②]。三是服务业加快发展，为居民稳就业、增收入拓展了空间。自2023年以来，非制造业商务活动指数、业务活动预期指数始终位于50的荣枯线以上。2024年第三季度，服务业占GDP的比重是54.4%，比上年三季度提升了0.4个百分点，吸纳就业的能力增强。四是新赛道和新需求加快涌现，为消费提质注入新活力。2024年5个国际消费中心城市首店的引入数量持续增加，国际大牌和大量的新国货品牌落地实体经济，低空经济、自动驾驶、无人配送等的创新发展也在不断拓展新的消费场景。五是一揽子促消费政策持续发力，吸引消费回流加快提速。我国大力开放旅游市场，免签入境国家数量快速增长，市内免税店政策优化完善，国际游客持续增长将为国内消费市场注入更加多元化的发展活力。综合判断，2024年消费增长的"U"形走势将更加明显，全年社会消费品零售总额预计同比增长4%左右，2025年社会消费品零售总额增速将与2024年基本持平。

（二）政策建议

一是以服务业为重点促进居民就业和增收，持续提升消费能力。发挥服务业稳就业的核心作用，加大服务业发展的政策支持力度。有序推进养老、文化、体育、医疗等服务领域进一步对社会资本开放。优化服务业发展专项资金使用，重点支持旅游、教育、餐饮、交通运输等就业带动力强的劳动密集型服务行业。完善多渠道灵活就业、创业带动就业的补贴等保障制度。大力支持青年就业，继续整合优化吸纳就业补贴和扩岗补助、延续实施国有企

---

① IMF、World Bank为10月数据，OECD为9月数据。
② 麦肯锡ConsumerWise全球信心数据，2024年8月。

业招聘高校毕业生增人增资、强化供需对接和重点帮扶等政策措施,针对学生群体加大奖优助困力度。

二是改善居民财富增长预期,切实提振消费信心。改善消费类企业上市融资政策环境,进一步增强资本市场制度的包容性、适配性和精准性,打通制度执行"最后一公里",推动更多优质科技型消费企业发行上市、并购重组等案例落地。加快推动中长期资金进入股市,适时设立股市平准基金,提升资本市场的内在稳定性。以新市民、青年人为重点,大力发展保障性租赁住房和公租房,以"一张床、一间房、一套房"等方式,让新市民、青年人进得来、留得下、住得安、能成业。

三是加大消费创新政策支持力度,积极扩大消费。加快国际消费中心城市试点扩围,建设一批区域性、有特色的消费中心城市,形成支持消费新业态新热点大范围涌现的政策创新网络。以消费新业态新热点培育为抓手盘活城市商业中心闲置物业,引导租金适当下降,打造更多文化创意空间、博物馆、亲子服务设施。清理一批不合时宜的、具有明显收缩效应的监管政策,缩短"双新"审查时间。通过调整考核导向等方式探索体制机制创新,增强各地商务、文旅体教、宣传、科技等部门支持消费创新的合力。

四是完善基础设施和消费政策,不断优化消费环境。以新一轮以旧换新为契机,推动完善流通基础设施和消费市场治理的基础性制度。规划和建设一批城市综合物流中心、专业配送中心及电商物流节点,完善城市物流配送停靠、装卸等作业设施,统筹推进回收网点和集中储运点建设,完善农村地区销售、配送和售后综合服务体系。进一步完善产品全生命周期的管理制度和行业标准,逐步加强回收行业制度建设,引导回收企业和个体经营者逐步纳入统一管理。用好专项资金、贷款贴息等工具,完善商贸流通体系,改善消费环境。

五是进一步深化改革,加快完善扩大消费的长效机制。党的二十届三中全会审议通过的《中共中央关于进一步全面深化改革 推进中国式现代化的决定》指出,完善扩大消费长效机制,减少限制性措施。为此,要更好把握消费变革新趋势,重点清除阻碍扩大内需的体制政策障碍,为释放需求潜力创造良好的体制政策环境。一方面，要完善劳动者工资合理增长、支付保障机制，多渠道增加居民财产性收入，有效增加低收入群体收入，稳步扩大中等收入群体，增强居民消费能力和意愿。另一方面，要着力消除供给侧的制度障碍，特别是解决教育、文化、体育、娱乐、医疗、养老等生活性服务供给方面的问题，加快形成供求相互促进、高效匹配的消费创新发展格局，为高质量发展提供强大的内生动力。

B.17
中国外贸和利用外资形势分析、展望及政策建议

臧成伟　高凌云*

摘　要： 2024年，我国贸易与投资依然保持稳定发展。其中，我国货物贸易进出口增长较为强劲，呈现出传统市场回归、出口结构加速升级、高新技术产品贸易加速发展、贸易主体更具活力的特点，但同时也存在内需相对不足、劳动密集型产业增速放缓、竞争加剧和国外市场环境恶化等问题。而在外资领域，虽然外商投资企业数目逐步上升，但投资金额持续下降，且全球投资环境也有所恶化，发达国家投资限制和安全审查逐年增加。为进一步稳固外贸良好势头，扭转外资下行势头，本报告建议：以新质生产力培育新兴出口增长点，进一步扩大内需，优化竞争环境以引导企业由价格竞争向质量竞争迈进，防止贸易摩擦进一步升级，加快海外多元化布局，引导外资由"在中国制造"向"在中国销售"的模式转型，在国际经贸规则中倡导投资便利化和明晰安全边界，畅通与美双向投资的新通道，优化国内制度环境以提振外资信心。

关键词： 对外贸易　吸引外资　结构优化

2024年，我国面临的国内外局势依旧严峻。国内经济复苏压力增大，国际地缘冲突风险依然严重，逆全球化措施频出，全球产业链加速调整，经贸

---

* 臧成伟，中国社会科学院世界经济与政治研究所助理研究员，主要研究方向为国际投资与国际贸易；高凌云，中国社会科学院世界经济与政治研究所研究员，主要研究方向为国际投资与贸易。

中国外贸和利用外资形势分析、展望及政策建议

碎片化风险加剧，"超级选举年"更增加了国际局势的不确定性。但是，在以习近平同志为核心的党中央坚强领导下，我国坚持稳中求进工作总基调，加大宏观调控力度，着力深化改革开放、扩大国内需求、优化经济结构，有效落实存量政策，加力推出增量政策，1~9月国民经济运行总体平稳，外贸与外资保持稳定发展。整体来看，2024年我国货物贸易进出口增长较为强劲，外资数量持续上升，但金额呈下行态势。本报告分别论述2024年前三季度外贸和利用外资情况，全面分析其演进态势、特点、问题及未来展望，并为进一步促进外贸外资发展提出政策建议。

一　外贸篇

（一）2024年前三季度我国对外贸易基本情况

2024年以来，我国进出口贸易呈现"震荡上升"走势（见图1），波动性较大。整体来看，2024年1~9月累计进出口贸易总额323252亿元人民币，比上年同期增长5.3%；其中，出口186147亿元人民币，同比上升6.2%；进口137104亿元人民币，同比上升4.1%。四季度预计继续保持正增长，实现全年进出口的较快增长。

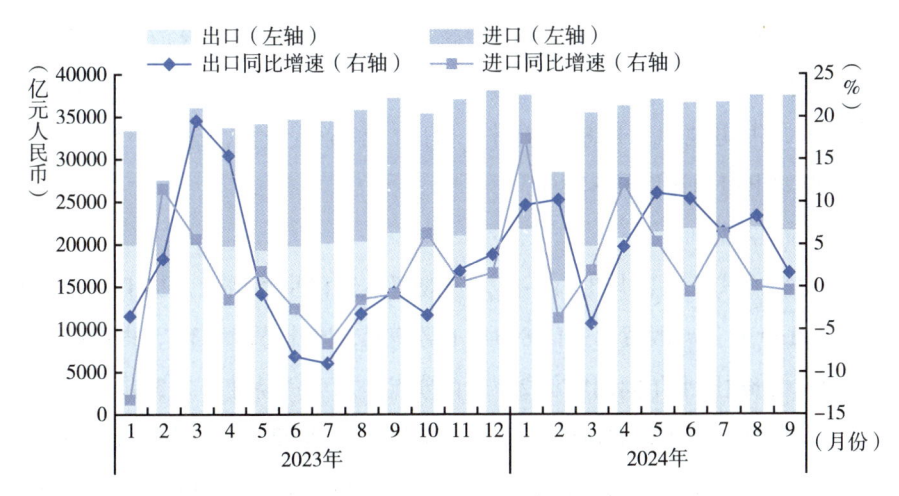

图1　我国进口、出口贸易额与增速变动

资料来源：海关总署。

1. 出口方面

从贸易方式上看，一般贸易实现正增长，且增速相比上年大幅提升；加工贸易与上年基本持平，略有上升。1~9月，一般贸易出口121804.9亿美元，同比上升7.1%，占出口总额的65.4%，份额比上年同期增加0.5个百分点；加工贸易出口36462.4亿美元，同比上升0.8%，占出口总额的19.6%，份额比上年同期减少0.9个百分点。

从市场分布上看，对日本、韩国之外的主要贸易伙伴出口普遍实现正增长。1~9月，东盟、欧盟、美国、中国香港、日本、韩国分列我国内地出口市场前六位，分别为30196.1亿元人民币、27354.2亿元人民币、27106.0亿元人民币、15111.5亿元人民币、7930.2亿元人民币、7680.7亿元人民币。对东盟、欧盟、美国的出口呈正增长，增速分别为12.3%、2.7%、4.6%；对日本、韩国的出口呈负增长，同比增速分别为-4.0%、-1.4%。受上年高基数影响，对俄罗斯出口增长有所放缓，但仍然同比增加3.8%。

从商品结构上看，机电产品依然是支撑出口增长的主要力量，高新技术产品也维持高增长，部分传统密集型产品持续下降，"新三样"出口分化，船舶出口成为亮点。1~9月，我国机电类产品同比增长8.0%，成为拉动出口的重要力量。传统劳动密集型产品，如箱包、服装、鞋靴、帽类、玩具分别下降1.4%、0.3%、4.4%、1.1%、1.3%。高新技术产品增长6.1%，证明出口结构依然在持续优化。"新三样"方面，电动车依然保持22.9%的高速增长，太阳能电池、锂电池出口数量在提升，但出口额呈负增长，分别下降30.2%、8.5%。船舶出口同比增长84.8%。

2. 进口方面

从贸易方式上看，与出口不同，一般贸易进口呈负增长，加工贸易实现正增长。1~9月，一般贸易进口86047.1亿美元，同比下降0.3%，占进口总额的62.8%，份额比上年同期增加2.6个百分点；加工贸易进口21371.1亿美元，同比增长9.1%，占出口总额的15.6%，份额比上年同期减少0.7个百分点。

从市场分布上看，进口增长出现分化，对欧盟、日本进口呈下降趋势，对东盟、韩国、美国等进口呈上升趋势。1~9月，东盟、欧盟、中国台湾、韩国、美国、日本分列中国大陆进口市场前六位，分别为20700.7亿元人民币、14468.6亿元人民币、11149.1亿元人民币、9388.5亿元人民币、8764.8亿元人民币、8035.5亿元人民币；其中，对东盟、中国台湾、韩国、美国同比增速分别为5.4%、10.4%、13.9%、2.7%，实现正增长；对欧盟、日本同比增速分别为-2.3%、-2.8%，呈现负增长。

从商品结构上看，机电产品和高新技术产品进口恢复明显，大宗能源、原材料进口依然稳固，农产品进口普遍下降，受国内生产替代影响，汽车、船舶等产品进口下降。大宗能源、原材料进口普遍呈上升趋势，1~9月，金属矿及矿砂、原油、成品油、天然气、铜、铝分别同比增长10.7%、2.1%、13.6%、5.7%、13.1%、38.7%，表明我国制造业生产依然强劲。机电产品进口恢复明显，同比增长9.6%；高新技术产品同比增长13.9%，其中计算机与通信技术进口的恢复较为引人瞩目，同比增速达37.4%。农产品同比下降5.1%，各农产品普遍呈下降趋势。受国内生产替代的影响，电动汽车、船舶等产品进口显著下降，同比分别下降22.1%、66.8%。

（二）2024年我国对外贸易的特点

2024年以来，面对复杂严峻的外部环境和国内多重困难挑战，我国货物贸易进出口平稳运行，对于拉动宏观经济增长起到重要作用，并呈现出如下四大特点。

一是传统出口市场需求复苏，新开拓市场维持稳定。2023年，我国对美国、欧盟市场出口增速显著下降，分别同比下降8.1%和5.3%，对我国出口整体增长起到主要的拖累作用，最终导致出口总额同比增长仅0.6%。2024年以来，我国对上述经济体出口显著回升，截至9月，对美、欧出口同比增速分别由负转正至4.6%和2.7%，分别拉动我国出口增长0.68个和0.41个百分点。证明我国产品对欧美市场仍然具有无可比拟的优越性，短时间内仍无法替代。世贸组织数据显示，2024年1~6月，我国出口的全球份额同比提升0.9个百分点，达到14.6%，在全球市场的地位依然稳固。同时，新开拓市场的出口维持稳定，对俄罗斯、印度等市场依然保持正增长，对共建"一带一路"

国家进出口15.21万亿元，同比增长6.3%，占比提升至47.1%，新兴市场进出口所占比重同比提升0.7个百分点。

二是出口产品持续升级，机电产品和电动汽车、船舶制造等先进制造业成为新的增长亮点。目前我国传统劳动密集型产品增速逐年下降，机电产品对出口的拉动作用日益提升。2024年1~9月，机电产品出口占比达59.2%，同比增长8%，拉动出口增长3.6个百分点，成为拉动出口的主要力量。并且，机电产品对出口的拉动作用呈上升趋势，相比上年全年，机电产品占出口比重提升0.71个百分点，对出口的拉动作用提升0.18个百分点。此外，电动汽车在连续几年保持高速增长的基数之下，2024年1~9月依然保持22.9%的高速增长，船舶出口同比增长84.8%，成为新的增长亮点。这一从传统劳动密集型产品为主向机电产品与先进制造业为主的出口结构演进，体现了我国产业结构升级带动出口结构优化的特点。

三是受人工智能进步影响的全球科技周期，带动我国集成电路等高新技术产品进出口贸易的发展。近年来，美西方鼓吹"去风险"，美国采取"小院高墙"措施，加强对华高科技产品的出口管制，但随着人工智能等领域的科技进步，全球对芯片的需求量显著提升，我国提升芯片自主生产能力，抓住科技周期带来的机遇，顶住美西方出口管制压力，支撑起高新技术产品贸易的稳定发展。2024年1~9月，我国高新技术产品出口增速达6.1%，进口增速达13.9%，其中集成电路出口增速达22.0%，进口增速达13.5%，体现出我国在高新技术产品全球产业链循环中的枢纽作用。

四是贸易主体动力更加充盈，民营经济和外资发挥着重要作用。中国始终坚持"两个毫不动摇""三个没有变"，推动民营经济和外资经济同步持续健康发展。2024年以来，我国出台了一系列优化营商环境、培育市场活力的政策，为民营企业、外资企业参与全球贸易提供良好的政策环境，加大对企业特别是中小微企业的支持力度，极大地提升了贸易主体活力。2024年1~9月，具有经营灵活度高、市场适应性强等优势的民营企业进出口17.78万亿元人民币，同比增长9.4%，占我国外贸总值的55%，比上年同期提升2.1个百分点，比 2023 年全年提升 1.5 个百分点（见图 2）。此外，外商投资企业进出口达 9.53 万亿元人民币，止跌企稳，同比增速达到 1.1%，连续两个季度同比增长。

图 2　不同贸易主体进出口情况

资料来源：海关总署。

（三）2024年我国对外贸易面临的主要问题

2024 年以来，受贸易保护主义抬头、全球产业链重组等因素影响，我国外贸面临诸多问题和风险挑战。9 月中国制造业采购经理指数（PMI）中的新出口订单指数从 8 月的 48.7 跌落至 47.5，仍处于收缩区间，进口指数从 8 月的 46.8 下降至 46.1，也处于收缩区间，反映出当前对我国外贸正面临来自国内外多重不利因素冲击的担忧在上升。

第一，受内需不足影响，进口相对疲软。1~9 月，我国贸易顺差达 49043 亿元人民币，同比扩大 11.4%。一方面体现出我国在全球市场中显著的竞争优势；另一方面也体现出进口增长相对不足，需要进一步挖掘进口潜能。国内房地产市场下行，抑制了钢铁等大宗商品进口；企业利润和工资增速放缓

影响了对消费品的进口，我国进口结构依然以生产为主。内需不足使我国对外贸依赖程度过高，加剧了经济风险。

第二，全球贸易保护主义抬头。2024年以来，欧美国家纷纷采取措施对中国加征关税。2024年5月，美国总统拜登宣布针对中国的301调查复审已经结束，美国将维持对华加征关税，并且对电动汽车、太阳能电池等产品加征新的301关税，其中电动车的关税税率达到100%。8月，加拿大也宣布对华电动车加征100%关税。2024年，欧盟酝酿对中国电动车的反补贴调查，并最终落地对华加征反补贴税，其中未配合调查的车企加征税率高达37.6%，比亚迪、吉利的加征税率分别达到17.4%、19.9%。全球贸易保护势力抬头提升了中国出口风险，9月中国对欧盟出口增速下降，证明其对我国贸易的负面影响已经初现端倪。

第三，价格竞争加剧，部分产业出口利润下降。在中国海关公布的1~9月出口产品清单中，共有127个产品出口量提升，其中有32个产品出口量提升，但出口额下降，其中包括"新三样"中的太阳能电池、锂电池，出口量同比分别提升27.4%和4.6%，但出口额下降39.2%和8.5%。这体现出部分企业扩大产能，竞争加剧，大打"价格战"，虽然带来出口量提升，但也压缩了企业利润空间，对企业长期发展或许会带来负面影响。

第四，地缘政治风险叠加短期不稳定因素。2023年，乌克兰危机和巴以冲突显著加剧了全球地缘政治紧张。2020年10月至2022年2月，地缘政治风险指数[①]平均值为87.9。乌克兰危机使地缘政治风险指数大幅提升，于2022年3月1日达到峰值542.7，2022年5月至2023年10月，其均值也持续维持在116.6的高位，10月7日起，巴以冲突再次将地缘政治风险指数的月度平均值提升到262.17。截至2024年9月，地缘政治风险指数月度平均值依然高达105.2。此外，2024年还有一些短期不稳定因素共同拉高了我国出口的风险，包括台风等极端天气的影响、全球海运不畅、美国东海岸码头工人罢工等，对9月企业出口节奏带来一定干扰。

---

① 地缘政治风险指数（GPR）由美联储经济学家Dario Caldara和Matteo Iacoviello编制，统计1900年以来国际报纸杂志上讨论的负面地缘政治事件或威胁的比例。

第五，产业外迁风险依然存在。我国在全球出口市场中的份额依然稳固，但产业外迁的压力依然存在。一方面，劳动密集型产业出口增速放缓，证明我国在这类产品中的比较优势在被竞争对手持续追赶；另一方面，我国出口在美国、欧盟的份额依然呈下降趋势，而对东南亚、墨西哥的出口增速较快。美欧新一轮对华加征关税，将使更多的产业为规避关税成本而外迁。

（四）2025年我国对外贸易展望

世界百年未有之大变局加速演进，全球经济增长面临挑战，我国对外贸易发展需要应对新的挑战，也面临新的战略机遇。

1. 挑战

外需仍然具有放缓风险。2024年外需对我国出口提供了有力支持，尤其是对欧美地区的出口的拉动作用有所恢复。但未来全球经济增长依然面临较大压力。根据IMF的预测，2024年全球GDP增速可能为3.2%，2025~2026年则分别为2.6%和3.2%；根据世界银行的预测，2024年全球GDP增速为2.6%，2027年为3.2%；根据OECD的预测，2024年全球GDP的增速为2.7%。因此，预计全球经济增长在2025年可能与2024年持平，地缘政治风险提升、全球

图3 主要国际组织对未来全球经济增速的预测

资料来源：根据各国际组织报告整理。

经贸碎片等因素对全球经济的拖累作用依然存在,未来我国外贸仍然需要面对外需相对疲软的风险。

全球贸易保护主义态势加剧。美、欧对我国加征关税,可能会对其他国家形成效仿效应,从而威胁我国新能源产业在全球的布局。拜登政府正在酝酿加大出口管制力度、加大实体清单等;特朗普在竞选时宣称对中国加征60%关税,美国国会在酝酿通过法案取消我国的永久正常贸易关系,即对我国的最惠国待遇。这些因素均加剧了未来我国的出口风险。

2. 机遇

一系列利好政策支撑我国经济复苏。随着"9·24"新政的推出,中国释放出强劲的稳经济信号与决心,并出台了一揽子刺激经济的政策,包括央行的降息、降准措施,发改委、财政部酝酿的财政政策支持等。这一系列措施提振了对经济的信心。2024年10月,制造业采购经理指数由9月的49.8提升至50.1,5个月以来第一次进入扩张区间,体现出市场对政策前景的信心。预计未来我国经济的复苏将会有力支撑出口,同时创造更多的进口需求。

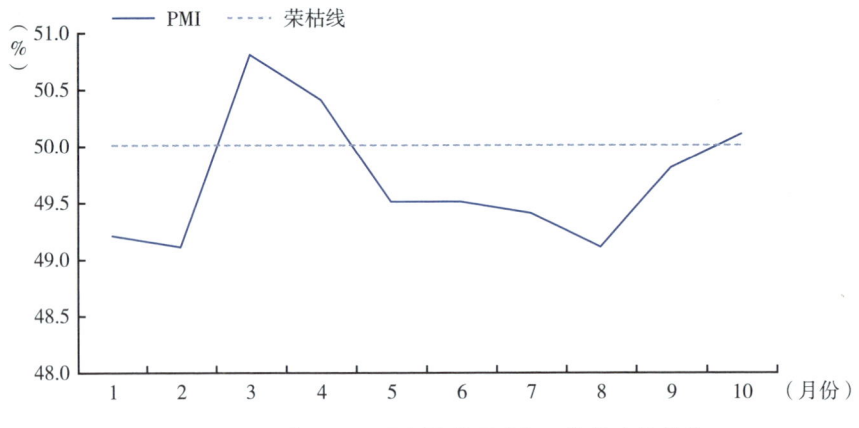

图4 2024年1~10月制造业采购经理指数变化趋势

资料来源:国家统计局。

发展中国家合作机制为我国进出口贸易提供新机遇。近年来,"一带一路"倡议、金砖国家峰会等发展中国家的合作机制持续发展,全球南方在国际经贸中的比重日益提升,为我国打破与欧美的贸易僵局提供了新的可能。通过与全球南方国家的深度合作,可以优化资源配置,同时为中国企业开拓新的市场,形成对欧美需求的有力替代。

数字化、绿色化、智能化等新质生产力领域的科技进步为我国产业转型和贸易升级提供机遇。目前全球竞争的焦点是科技竞争,围绕人工智能、数字经济、绿色生产等领域的竞争决定了国际经贸的基本格局,我国在相关产业的自主化、国产化水平较高,在国际上也已经具备较强优势,一旦科技周期到来,将会释放巨大需求和形成贸易支撑。

根据国际货币基金组织2024年最新的《世界经济展望》预测,即2024年、2025年全球经济分别增长3.2%、3.3%,中国国内生产总值分别增长4.8%、4.5%;结合2023年前三季度我国国内生产总值同比实际增长4.8%,以及经合组织、世界银行等国际机构近期对我国经济增长做出的预期;基于时间序列模型和贸易引力模型,预计2025年全年我国进出口总额同比上升5.6%~6.3%,仍将保持中速增长。

二 外资篇

(一)2023年以来国际投资环境的变化

1. 投资流量

全球外商直接投资流入和流出均有所下降,跨国并购的下降尤为明显。在全球经贸格局加速分化、各国投资限制性措施升级的背景下,2023年国际投资的流入量和流出量均显著下降。具体而言,在外商直接投资的流出上,无论是发达经济体还是发展中经济体,都下降约10%;同样,在外商直接投资的流出上,2/3的发达经济体和1/3的发展中经济体均显著下降。

从流出角度看,发达经济体仍然是全球投资的主要流出国,2023年共

1.1万亿美元，其中美国、日本是排名前二的投资流出国；剔除管道国家资金流的影响之后，发达国家投资流出同比下降10%。发展中经济体的投资流出量2023年达到4910亿美元，其中除中国排名第三之外，巴西、墨西哥、阿联酋等国的投资流出排名较靠前，发展中经济体的投资流出整体下降11%。

从流入角度看，流入发达经济体的外商直接投资小于流入发展中经济体的。2023年流入发达经济体的直接投资达4640亿美元，美国是最大FDI流入国，剔除管道经济体资金影响之后，发达经济体FDI流入量下降15%。流入发展中经济体的投资规模达8670亿美元，中国仍然是全球第二大FDI流入国，发展中经济体FDI流入同比下降7%。

排名较为靠前的地区的FDI流入、流出及增速情况见表1。

表1 排名前20的FDI流入地区、流出地区情况

单位：十亿美元，%

	FDI流入					FDI流出			
排名	国家和地区	绝对值 2022年	绝对值 2023年	同比增速	排名	国家和地区	绝对值 2022年	绝对值 2023年	同比增速
1	美国	332	311	−6	1	美国	366	404	10
2	中国大陆	189	163	−14	2	日本	162	184	14
3	新加坡	141	160	13	3	中国大陆	163	148	−9
4	中国香港	110	113	3	4	瑞士	−74	105	—
5	巴西	73	66	−10	5	中国香港	106	104	−2
6	加拿大	46	50	9	6	德国	146	101	−31
7	法国	76	42	−45	7	加拿大	83	90	8
8	德国	27	37	37	8	法国	53	72	36
9	墨西哥	36	36	0	9	新加坡	52	63	21
10	西班牙	45	36	−20	10	瑞典	62	47	−24
11	阿联酋	23	31	35	11	韩国	66	35	−47
12	澳大利亚	63	30	−52	12	西班牙	43	30	−30
13	瑞典	45	29	−36	13	巴西	32	30	−6
14	波兰	31	29	−6	14	俄罗斯	12	29	142

续表

排名	FDI 流入 国家和地区	绝对值 2022年	绝对值 2023年	同比增速	排名	FDI 流出 国家和地区	绝对值 2022年	绝对值 2023年	同比增速
15	印度	49	28	-43	15	中国台湾	16	25	56
16	比利时	12	23	92	16	阿联酋	25	22	-12
17	阿根廷	15	23	53	17	马耳他	25	21	-16
18	印度尼西亚	25	22	-12	18	沙特阿拉伯	27	16	-41
19	日本	34	21	-38	19	丹麦	6	15	150
20	智利	17	21	24	20	印度	15	13	-13

资料来源：联合国贸发会议（UNCTAD）。

从投资类别看，跨国并购下降明显，绿地投资成为国际投资的新增长点。2023年，全球跨国并购交易额同比下降46%，但绿地投资项目额提升5%、项目数提升2%，在全球投资普遍下滑的背景下起到重要的支撑作用。其中，来自亚洲的新能源领域投资是绿地投资的重要组成部分。国际项目融资和跨国并购受到重挫，交易额分别同比下降26%和46%；但跨境绿地投资创有记录以来最高水平，项目数同比增长2%，项目额同比增长5%，对全球国际直接投资形成有力支撑。

2. 投资政策

全球投资政策进一步分化，发达国家限制类措施增加，发展中国家鼓励类措施增加。

2023年，全球新出台的投资政策达到137项，同比下降25%，但仍然高于疫情前的水平。其中，限制类措施由2022年的53项下降至38项；鼓励类措施由2022年的123项降低至99项，但鼓励类措施的占比提升至72%，已经恢复到疫情前的水平。

发达国家是限制类措施的主要来源。2023年，全球新设立的限制类措施中，有2/3来自发达经济体。发达经济体主要通过新设立或者扩大安全审查制度来限制投资流动，2023年，比利时、爱沙尼亚等4国新设立安全审查制度，从而进行投资安全审查的国家提升至41个。

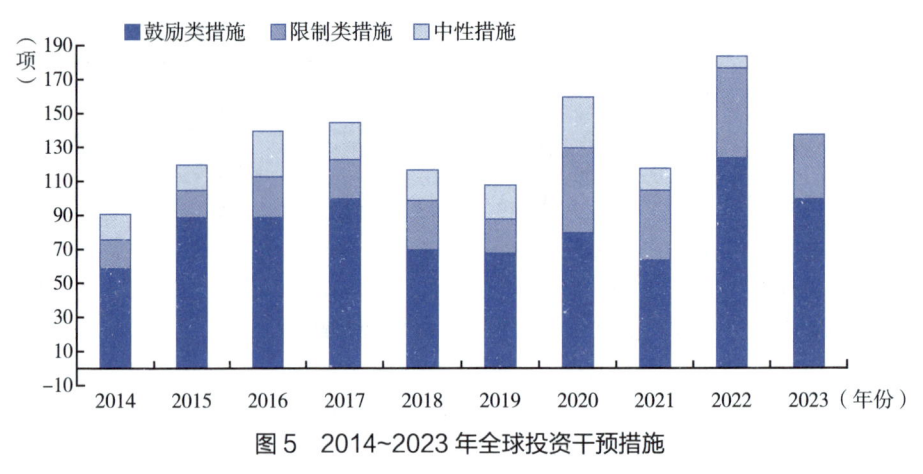

图 5　2014~2023 年全球投资干预措施

资料来源：联合国贸发会议（UNCTAD）。

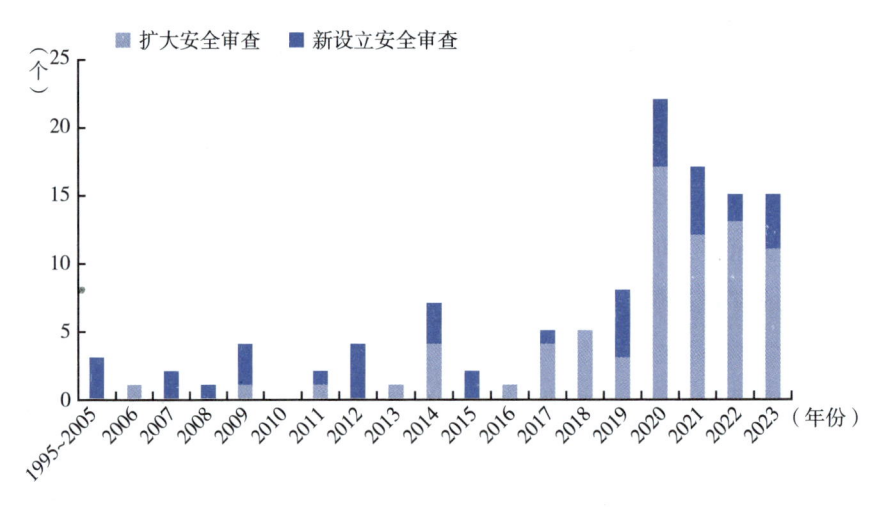

图 6　1995~2023 年全球投资安全审查

资料来源：联合国贸发会议（UNCTAD）。

发展中经济体是鼓励类措施的主要推动者。发展中经济体鼓励类措施的比重稳定在80%以上，2023年达到86%，发达国家鼓励类措施的比重则只有43%。发展中国家的鼓励类措施集中为投资便利化，2023年占比达到39%，体现出全球疫情恢复期，各国尤其是发展中国家，更希望通过引进外资来促进本国经济复苏与发展。

（二）2023年以来中国吸引外资情况

我国近年来引进外资呈下降趋势。2023年，我国新设外商投资企业为53766家，同比增长39.7%；但实际使用外资规模为1632.5亿美元，同比下降13.7%。2024年1~9月，全国新设立外商投资企业为42108家，同比增长11.4%；但实际使用外资金额为6406亿元人民币，同比下降30.4%。实际利用外资的下降趋势更加明显。

分行业看，2023年外商直接投资主要集中在制造业（占比27.9%），科学研究和技术服务业（占比18.0%），租赁和商务服务业（占比16.2%），信息传输、软件和信息技术服务业（占比10.1%），房地产业（占比7.2%），批发和零售业（占比6.1%），金融业（占比4.1%）等7个行业。高新技术产业新设立外资企业13758家，实际利用外资金额609.8亿元，2024年1~9月，我国制造业实际使用外资1792.4亿元人民币，服务业实际使用外资4461.3亿元人民币。高技术制造业实际使用外资771.2亿元人民币，占全国实际使用外资的12%，较上年同期提高1.5个百分点。医疗仪器设备及仪器仪表制造业、专业技术服务业、计算机及办公设备制造业实际使用外资分别增长57.3%、35.3%和29.2%。

从投资来源地看，2023年，我国内地外资主要来源于中国香港（占比68.1%）、新加坡（占比6.9%）、英属维尔京群岛（占比4.2%）、荷兰（占比3.3%）、日本（占比2.4%）、开曼群岛（占比2.2%）、韩国（占比2.2%）、英国（占比2.1%）、美国（占比2.1%）、阿联酋（占比1.3%）等地区。其中，欧盟、东盟在华投资呈上升趋势，美国、日本呈下降趋势。2024年1~9月，德国、新加坡对华投资增长较快，分别同比增长19.3%、11.6%。

（三）我国吸引外资中遇到的问题

一是经济处在疫后恢复期，外资企业预期降低。尤其是近两年，我国经济正处于恢复期，稳增长压力较大，外资企业普遍在经济潜力、营商环境、

地缘关系等领域的预期降低，开始加速调整全球布局。

二是"去风险"、产业外迁带走部分投资。近年来，欧美等发达国家鼓吹"去风险"，推动供应链向"回岸""近岸外包""友岸外包"等方向调整。"回岸"主要体现在通过产业政策补贴本土制造业，通过投资优惠吸引外资进入本国市场。如美国先后推出总额近2万亿美元的三大产业政策，即《基础设施法案》《芯片与科学法案》《通胀削减法案》，以吸引制造业回流。"近岸外包"指把生产带到消费市场附近以减小供应链风险，如大量服务于美国市场的产能转移至墨西哥等拉美国家。"友岸外包"（或"盟岸外包"）指将供应链转移至有所谓"共同价值观"的国家或盟国，以降低供应链在政治上的脆弱性。在这一调整过程中，部分外资迁出中国，流向东南亚、墨西哥等地。

三是逆全球化的负面影响。目前欧美等发达国家均以"国家安全"的名义，对投资施加限制，同时对我国采取"小院高墙"的出口管制。由于贸易与投资之间、双向投资之间具有协调互动的关系，经贸领域的这一逆全球化趋势对我国吸引外资产生较大不利影响。尤其是欧美对我国的"霸凌"，可能引起外资企业出于谨慎的考虑规避在华投资风险，甚至引起其他国家的效仿对我国施加更多限制。

（四）我国吸收外资问题的展望

全球国际直接投资下降趋势可能有所缓和。根据UNCTAD的预测，2024年，国际直接投资有望实现温和增长。本报告也认可这一观点，首先，跨国投资仍然能够为企业带来利润，出于利润考虑，企业仍有动力推动跨国投资；其次，过去两年为抑制通货膨胀，发达国家央行开始加息，高利率环境不利于投资，未来发达国家陆续进入降息周期，融资条件将得以改善。虽然国际投资领域还面临安全审查扩大、地缘冲突等不利因素，但总体而言，未来一年国际投资会有所恢复。

国内吸引外资的条件将大幅改善。一是经济基本面向好，正如上文的分析，在下半年一揽子刺激经济政策的支持之下，我国经济增速将有所提升，有助于稳定外资信心。二是稳外资政策持续发力，2023年以来，我国出台了一系列政策吸引外资，如对部分国家试行签证便利化、进一步缩小负面清单、优化营商环境等。从贸易的数据看，2024年外资企业的出口增长明显，体现出这些政策的积极作用。随着这些政策的持续发力，其对外资的吸引作用将逐渐升级。

目前我国制造业在全球仍具备绝对优势，欧美很难与我国完全脱钩，短期的产业外迁无法动摇我国在全球供应链体系中的位置。随着刺激经济增长、优化营商环境政策的持续落实，未来我国仍将是全球投资的最大目的国。

三 结论与政策建议

（一）贸易领域

当前，我国外贸形势相比上年大幅好转，进出口增速提升较快，传统欧美市场有所恢复，新开拓市场也持续稳固，贸易结构加速优化，呈现出良好态势；但同时也存在内需相对不足、劳动密集型产业增速放缓、过度竞争、国外市场环境恶化等问题。

首先，重视制造业在国民经济中的地位，进一步推动新质生产力发展，带动产业升级，在人工智能、数字经济、绿色经济等优势产业上加强自主创新能力，突破欧美国家技术限制，形成全球竞争力，培育新的经济增长点。同时通过智能化、数字化转型，化解劳动力成本上升问题，维持在传统劳动密集型产品领域的出口优势。

其次，在经济刺激政策中更加注重扩大内需，通过加强社会保障、增加劳动者收入等方式拉动需求。一方面有助于扩大进口，平衡贸易顺差；另一方面也有助于通过内循环减小外部风险。

再次，鼓励出口企业有序竞争，引导企业由价格竞争向质量竞争迈进，实施更加精准化的产业补贴政策，以优化淘汰落后产能。在出口中可以鼓励高质量产品企业适时提升价格，不仅有助于提高出口企业利润，也可以防止

进口国以反倾销、反补贴为借口，限制我国企业出口。

又次，提前部署应对有可能升级的经贸摩擦与出口管制。通过谈判协商将加征关税的影响控制在一定范围之内，尤其要防止欧美等国家对我国优势产品带头加征关税并引起其他国家效仿。

最后，在通过东南亚、墨西哥发展通道贸易的同时，为防止美国通过原产地规则向我国在墨西哥企业加征关税等行为，需要加快海外多元化布局，依托"一带一路"倡议、金砖国家机制、"全球南方"合作等平台，在广大发展中经济体广泛布局，以规避风险，形成对欧美传统贸易市场的补充替代。

（二）投资领域

当前我国外资引进放缓情况较为严峻，引进外资额连年下降，且美国投资下降得尤为明显。要进一步稳固外资，恢复中国吸引外资的强劲势头。

首先，引导外资由"中国生产—出口国外"模式向"中国生产—中国消费"模式转型。改革开放初期，我国吸引外资的主要拉动力量是廉价而高质量的劳动力，目前我国的劳动力优势与东南亚等经济体相比差距缩小，为此，可以依托国内超大规模市场，通过巨大的市场需求吸引外资，让来华建厂的外资直接服务于中国市场，同样使他们获得较高收益，并且与我国建立更加密切的耦合关系，在产业链的上下游均与我国紧密联系与合作，有助于防止投资领域的脱钩。

其次，依托WTO的多边平台，在全世界倡导减少投资限制，明确"安全边界"。在《投资便利化协定》的基础上，进一步全面倡导各国尤其是发达国家减少投资领域的限制，在国际规则层面批判"泛安全化"，倡导明晰安全边界，防止发达国家以国家安全的名义限制我国合理投资。

再次，与美国协商加大绿地投资，畅通两国双向投资渠道。目前美国正在加大安全审查力度，甚至开始对投资流出也施予限制。而美国各地出于就业、税收考量，仍然欢迎中国的绿地投资。我国应加快推动对美国绿地投资，同时注意合规性和良好的国际形象，以此为契机打开中美双向投资的新通道。

最后，进一步优化制度环境，缩减在投资领域尤其是服务业领域的负面清单，在投资便利化、国民待遇等领域加快开放，提升法律的透明度和政策的清晰度，以稳定外资预期，并不断吸引新的高质量外资。

B.18
2024年劳动力市场分析及未来展望

都 阳[*]

摘　要： 2024年我国劳动力市场运行总体平稳，主要调控指标在目标范围内运行，但青年就业问题依然突出。在劳动力市场形势复杂多变的情况下，要优化劳动力市场监测体系，更全面地认识就业形势的变化。从我国人口形势变化和国际经验看，青年就业问题可能在相当长的时期较为突出，要从战略高度重视青年就业并制定解决方案。要更好地统筹经济发展与就业的关系，在短期内以更大力度弥补需求缺口，在长期解决好就业的结构性问题，为经济可持续增长创造条件。

关键词： 就业形势　青年就业　就业优先政策

2024年我国劳动力市场运行总体平稳，主要调控指标均在目标范围以内。主要群体的就业稳定是居民收入增长的基础，也为居民消费水平提高和经济的可持续发展蓄积了动力。与此同时，在经济运行和劳动力市场的不确定性因素增多的情况下，要从多个维度更全面地认识劳动力市场形势，提高就业优先政策的针对性。青年群体的就业困难仍然较为明显，也需要着力加以解决。展望2025年，要从战略高度着眼，从宏观经济政策与劳动力市场政策的协调着手，继续做好促增长、稳就业、保民生工作，为经济高质量发展创造更有利的环境。

---

[*] 都阳，中国社会科学院人口与劳动经济研究所所长、研究员，研究方向为人口与劳动经济。

一 2024年劳动力市场运行情况

从2024年前三季度劳动力市场运行情况看，主要监测指标在调控目标下运行。1~9月，城镇调查失业率月度平均值为5.14%，[①]较2023年同期的均值5.28%下降0.14个百分点。前三季度失业率的最高值为5.3%，低于5.5%的调控目标。主要群体的就业率在低位运行，前三季度30~59岁劳动力月度平均失业率在4%左右。城镇新增就业也达到预期的增长水平。

劳动力市场总体稳定是城乡居民收入增长的基础。2024年前三季度，城镇居民人均可支配收入达到41183元，同比名义增长4.5%，实际同比增长4.2%；农村居民人均可支配收入16740元，同比名义增长6.6%，实际增长6.3%。2024年二季度和三季度，外出农民工总量分别达到18997万人和19014万人，同比增长1.6%和1.3%，达到历史高位。一季度和二季度，农村外出务工人员月均收入分别为4853元和4828元，名义收入较之2023年同期分别增长7.7%和3.9%。劳动力市场稳定发展和居民收入增长为扩大消费需求蓄积了动力，也是支撑经济增长的重要基础。

2024年，劳动力市场政策及改革举措也值得关注。2024年5月，中央政治局就促进高质量充分就业进行第十四次集体学习。习近平总书记在主持学习时强调，促进高质量充分就业，是新时代新征程就业工作的新定位、新使命。要坚持以人民为中心的发展思想，全面贯彻劳动者自主就业、市场调节就业、政府促进就业和鼓励创业的方针，持续促进就业质的有效提升和量的合理增长，不断增强广大劳动者的获得感幸福感安全感，为以中国式现代化全面推进强国建设、民族复兴伟业提供有力支撑。这一论断不仅明确了就业在新时代新征程的定位，也为今后促进高质量充分就业工作提供了基本遵循。

2024年7月党的二十届三中全会审议通过的《中共中央关于进一步全面深化改革　推进中国式现代化的决定》（以下简称《决定》）对新一轮深化改

---

① 除特别注明以外，本文的数据均来源于国家统计局。

革进行了全面部署，提出完善就业优先政策，健全高质量充分就业促进机制的系统改革方案。2024年9月颁布的《中共中央 国务院关于实施就业优先战略促进高质量充分就业的意见》则是对改革方案的进一步落实。2024年9月，延迟退休改革方案正式出台，通过"弹性""自愿"原则渐进地延迟法定退休年龄，既避免了对相关群体形成冲击，也有利于养老金体系持续运转。

需要注意的是，在就业形势总体稳定的情况下，部分群体的就业问题仍然突出，青年就业困难叠加短期的周期性因素与中长期的结构性矛盾，需要着力加以解决，后文将对此进行更详细的分析。

二 全面准确地认识劳动力市场形势

在劳动力市场总体稳定的格局下，也要看到近年来经济发展过程中不确定性因素增多，给劳动力市场的运行带来了较大的影响，也给判断就业形势带来了更多的困难。从就业工作的角度出发，以一两个指标作为衡量就业形势的标准和执行就业工作的目标，有利于明确工作方向，集中行政资源解决关键问题。但在就业形势复杂多变的情况下，仅仅以个别指标来反映劳动力市场运行的态势不仅难以反映劳动力市场运行全貌，不利于形成更加综合的政策体系治理失业，也容易出现就业指标所反映的就业形势与人们对劳动力市场的主观感受不相符的情况。在劳动力市场运行的复杂性、不确定性增加的情况下，更加全面地反映就业形势需要注意以下几个方面的工作。

首先，经济的就业创造能力是衡量经济运行和劳动力市场态势的最基础的内容，因此，需要把高频的非农就业总量数据纳入及时反映经济活动和劳动力市场运行的基础指标。非农就业总量反映了全部人群中从事非农经济活动的人口数量，体现了整个经济体利用劳动力资源的程度，对经济活动的周期性变化较为敏感。例如，在经济收缩阶段，由于非农经济活动减弱，进城务工人员可能由于就业机会的减少返回农村。在这种情况下，仅仅以城镇失业率作为调控指标，将难以捕捉农民工就业的实际变化，但非农就业总量会因农民工的返乡行为而减少。2023年我国外出农民工总量达到1.77亿人，占城镇就业总量的 37.5%，因此，使用非农就业总量指标有利于对农民工返乡等周期性因素导致的就业形势变化有更好的把握。

此外，随着我国人口老龄化加速演进，退出劳动力市场的人数可能会增加，并对非农就业总量产生负面影响，在这种情况下更需要一个直接的指标反映我国人力资源利用的总规模。而"城镇调查失业率""城镇新增就业"都不能反映上述变化趋势。

其次，即便是失业率指标，也需要结合其他指标才能更全面地反映就业与失业的变化，在劳动力市场面临复杂形势时更是如此。劳动参与率和失业率是紧密关联、相互影响的指标，但劳动参与率和失业率变化之间的方向却不是稳定的关系。一般而言，经济运行良好时，就业机会充分，劳动参与程度高，失业率也会低位运行。但在就业机会严重不足时，劳动者往往因为"沮丧工人"效应，放弃参与劳动力市场，此时，劳动参与率会明显下降，但失业率不一定会显著变动。因此，要将劳动参与率和失业率指标配合起来使用，才能更全面、更准确地监测劳动力市场变化。

除就业统计体系需要进一步完善外，对就业指标的进一步分析，形成具有参考性的分析性指标，也应该成为高质量充分就业工作机制的重要内容。在现代经济管理体系中，短期需求管理如果要瞄准劳动力市场指标，就必须把握短期失业的性质及其构成，这样，宏观调控政策才能做到有的放矢。其中，区分自然失业和周期性失业并测度其比例关系是重要的决策依据。

最后，在人口老龄化加速演进的情况下，要关注充分就业和劳动生产率提升的双重目标。从总体上看，随着人口老龄化程度不断提高，劳动年龄人口数量不断下降。尤其是中国经济在跨越刘易斯转折点后，劳动力短缺成为经济发展中的常态。由于老龄化进程加速，在当前和今后相当长的时期内，未富先老都将是中国的重要国情。在这种情况下，一方面需要更加充分地利用劳动力资源，实现充分就业，另一方面还需要致力于不断提升劳动生产率，继续为积极应对人口老龄化等筹措经济资源。因此，劳动统计体系要关注劳动力资源利用的充分性，即就业的数量和水平，也要更及时地衡量就业质量。

对于任何就业形式而言，劳动生产率与工资率的变化是反映就业质量的重要内容。在经济发展新阶段，我国对就业工作已经提出了"高质量充分就业"的总体发展目标，实现就业量的提升和质的扩容是并行不悖的两个方面，因此，需要有相应的指标体系对就业的两个维度进行度量。

总之，构建更加丰富、立体的劳动力市场指标体系，不仅便于把握劳动力市场变化的全貌，更清晰地反映劳动力市场态势与国民经济运行的变动关系，也有助于主管就业的政府职能部门以及宏观经济管理部门，更好地认识就业形势并协调相关政策，实现就业优先的发展目标。

三 着力解决青年就业问题

国家统计局公布的城镇调查失业率显示，在使用新的青年失业统计口径后，2024年8月，16~24岁人口的失业率攀升至18.8%，同比上涨1.7个百分点。青年就业困难，尤其是大学毕业生的失业率高企，已经成为当前就业的主要矛盾，必须秉持战略性、长期性思维，着力加以解决。

（一）解决青年就业问题具有战略性和长期性

认识问题是解决问题的基础。青年就业问题严峻在社会各界已有充分的讨论，但相对于青年就业问题带来的巨大挑战而言，各项政策的反应力度尚显不足。因此，既要在积极就业体系中针对性地解决大学毕业生就业难问题，也要在教育体制深化改革中着力解决其技能问题。要进一步明确青年就业已经成为就业问题中的主要的、长期的矛盾，在战略上考虑青年就业对于促进新质生产力发展和化解当前主要社会矛盾的关键作用，把实现青年群体的高质量充分就业作为积极就业政策的主要目标，在体制和机制上采取更加切实的举措。

首先，从人口结构的变化看，青年人口持续增长在较长时期内从供给侧给这一群体的就业平衡带来压力。从总体上看，我国人口转变已经进入了新的发展阶段，人口老龄化在未来相当长的时期内将加速演进，少子化也将成为一定时期内人口发展形势的重要特征，而人口总量下降将从需求侧和供给侧同时影响经济发展。但容易忽视的一个特点是，由于历史人口的因素，青年人口规模在未来十年仍然持续增长。根据人口仿真与就业监测实验室的人口预测数据，16~24岁人口将在未来一段时期内保持增长。如图1所示，该年龄段的人口从2024年的1.37亿人不断增长到2033年的1.61亿人，达到峰值，随后开始以较快的速度下降，在达到峰值以后，2037年前后回落至2024年的水平。

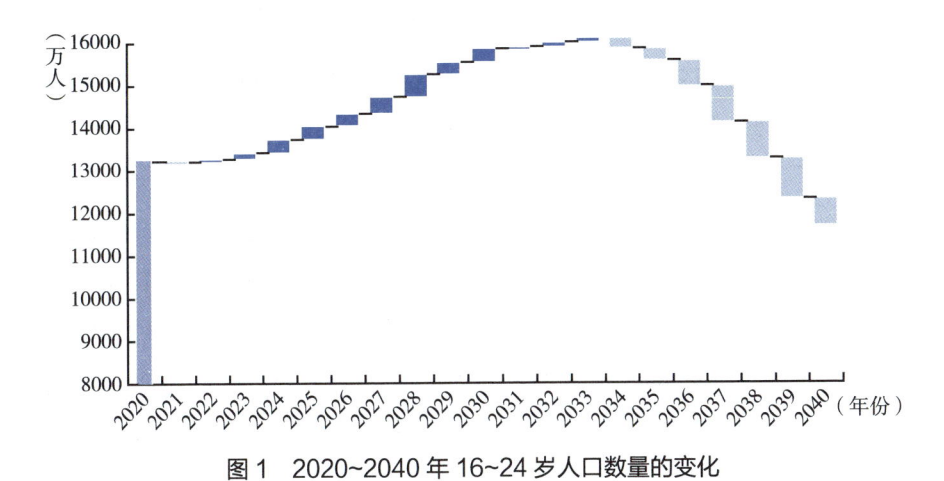

图1　2020~2040年16~24岁人口数量的变化

资料来源：中国社会科学院人口仿真与就业监测实验室。

如果以16~29岁定义青年就业人口，如图2所示，也将经历大约十年的增长，该年龄组的人口数量由2024年的2.15亿人增长到2034年的峰值2.41亿人。由于上述人口结构性特征的变化，即便不考虑大学毛入学率提高等因素，按照当前大学毕业生占16~24岁人口的比重计算，高校毕业生的规模也将在这一时期持续增长。因此，青年劳动力供给形成的就业压力不容忽视。

其次，青年就业困难在其他国家普遍存在，这也意味着青年就业困难具有长期性，不能预期通过经济的周期性恢复自动解决青年的就业困难。国际劳工组织数据库和OECD数据库都提供了不同年龄组的失业率信息，前者包含了不同收入水平的100多个国家，后者则反映了OECD成员国（主要是发

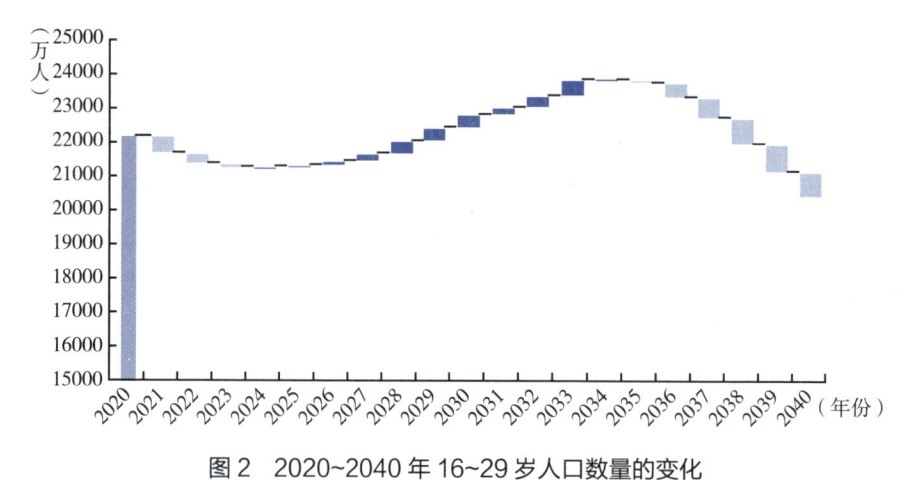

图 2 2020~2040 年 16~29 岁人口数量的变化

资料来源：中国社会科学院人口仿真与就业监测实验室。

达国家）的情况。如图 3 所示，无论是包含不同收入水平的国家，还是高收入国家，15~24 岁青年群体的失业率和 25~64 岁其他群体的失业率的比值都随着时间的推移呈上升趋势。青年就业问题在中低收入国家表现得更加突出。ILO 数据显示，1998~2019 年样本区间的均值为 2.74，在同样的时间区间内，OECD 数据的均值为 2.24，OECD 国家 1998~2023 年的均值为 2.25。可见，如

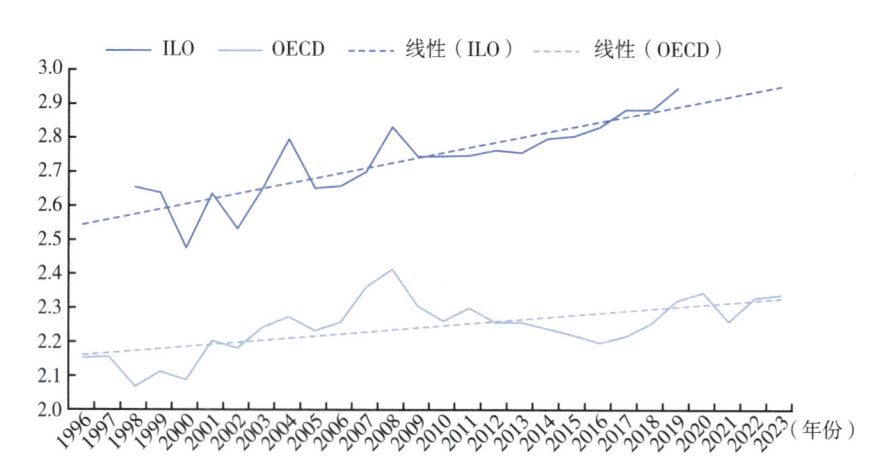

图 3 跨国数据反映的青年失业率与其他群体失业率的比值

资料来源：根据 ILO 和 OECD 数据库计算。

果在 ILO 数据中剔除高收入国家的样本，青年群体和其他群体的失业率比值会更高。但两个数据已经表明了共同的特征，即从更大的空间看，青年就业困难具有普遍性，从更长的时间看，也不仅仅是短期的周期性现象。因此，要对青年就业问题有更长远的、战略性的政策准备。

最后，解决好青年就业是应对未来十年人口老龄化的特殊挑战的基本保证。未来十年是始于 1962 年、为期十余年的"婴儿潮"一代进入退休的时期，将对养老金支付体系造成巨大的压力。[①] 尽管已经采取了延迟退休等改革举措，但维持养老金支付体系的平衡仍然面临严峻挑战，需要多措并举加以应对。在人口抚养比迅速攀升、人口红利渐行渐远的情况下，维持养老金体系的根本之策在于更充分地挖掘现有劳动力的潜力，通过提高就业者的劳动生产率为应对老龄化筹资。而这一切都依赖于青年群体实现高质量充分就业。如果在未来十年青年就业困难与老龄化压力叠加，将加剧经济社会发展挑战，统筹不同群体之间的就业与分配关系因而具有战略性意义。

（二）影响青年就业的主要因素

既然青年就业问题具有长期性、战略性，青年就业困难具有普遍性，促进青年就业就需要从影响青年就业的关键因素入手。结合青年就业的一般特征和中国的实际情况，解决好青年就业要综合考虑以下几个方面的因素。

首先，周期性因素对青年群体产生了更明显的影响。16~24 岁青年群体有很多是刚刚踏进劳动力市场的劳动者，因此，他们的就业状况对新产生的就业岗位非常敏感。以往我们针对中国近年来的周期性失业与青年失业率关系的分析也表明，16~24 岁青年群体的失业率与周期性失业呈正相关的关系。[②] 从劳动力市场上岗位动态调整的一般规律看，也比较容易理解为什么周期性因素对青年群体产生更大的影响。当经济运行进入紧缩周期，企业往往在减

---

① 都阳：《中国劳动力市场分析、展望与政策建议》，载谢伏瞻主编《2023 年中国经济形势分析与预测》，社会科学文献出版社，2022。
② 都阳、程杰：《"婴儿潮"一代退休对养老金体系的冲击与应对》，《中国社会科学评价》2022 年第 2 期。

少现有岗位之前，先停止新的招聘。因此，经济的周期性紧缩对新进入劳动力市场的劳动者的影响要大于在岗的劳动者。

其次，新一轮技术革命的特点，使其对青年就业可能产生更明显的影响。以人工智能为代表的新一轮技术进步，因其具有通用技术的特征将可能在今后对劳动力市场产生较为明显的影响。与以往的历次新技术革命不同，人工智能等新技术不再局限于对体力的替代，也不再局限于只对重复性工作产生影响，人工智能替代的岗位很可能集中于认知型、非重复性的工作任务。对中国劳动力市场上各个群体暴露于人工智能技术的风险进行分析，青年群体面临的风险要显著高于其他群体，[1] 这也意味着人工智能技术的加速演进有可能成为引发青年群体结构性失业的重要因素。

最后，青年群体在劳动力市场上更具脆弱性。青年群体在劳动力市场上的脆弱性集中体现为遭遇外部负面冲击时，更容易受到影响。例如，OECD 国家的劳动力市场数据表明，在面临诸如国际金融危机、新冠疫情等负面冲击时，青年群体在就业率、劳动参与率和失业率等指标上的反应都更为敏感。而且，当外部冲击消失时，青年群体的就业恢复到常态所需花费的时间较其他群体更长。

（三）针对性地解决青年就业困难

社会各界对青年就业问题的严峻性已经有了充分的认识，但政策的反应力度仍需提高，要在积极就业体系中针对性地解决大学毕业生就业难问题。进一步明确青年就业已经成为就业问题中的主要矛盾和长期矛盾，在战略上考虑青年就业对于促进新质生产力发展和化解当前主要社会矛盾的关键作用，把实现青年群体的高质量充分就业作为积极就业政策的主要政策目标，在体制和机制上有更加切实的举措。

要短期和长期兼顾，综合治理青年失业中的结构性因素和周期性因素。青年就业对新增就业岗位的变化极其敏感，当经济增速低于潜在经济增速时，青年失业率显著攀升。当前，要通过更加积极的需求管理措施，极力弥补需

---

[1] 都阳、贾朋、程杰:《中国劳动力市场上的人工智能暴露与影响》，中国社会科学院人口与劳动经济研究所工作论文，2024。

求缺口，使经济增速达到潜在经济增速，促进青年就业。

从中长期看，需要从供求两端发力，降低青年群体的结构性失业。高校毕业生数量将连续多年处于高位，其就业意向集中于人工智能替代性最强的工作岗位。针对新一轮技术革命对高人力资本群体的就业影响更大的情况，唯有增强劳动者适应新技术的能力才是持续有效的应对之道。要进一步深化教育体制改革，提升教育体制对新技术变革和劳动力市场变化的反应能力，特别是注重通用型素质和主动探索精神的培养，提升新一代劳动者适应新一轮技术变革的能力。

要优先发展青年就业带动性强的行业，如教育培训、生产性服务、文化娱乐、互联网及信息技术产业等。这些行业是中国经济转型升级的方向，也是未来中国经济持续增长的源泉，吸纳青年就业能力强的行业也是与促进新质生产力发展相兼容的行业，鼓励其发展有一石多鸟之功。

国际经验表明，劳动力市场的动态调整能力越强，就越容易缓解青年就业压力。反之，就业保护程度高虽然有助于稳住现有岗位，使其他群体的就业得到更高水平的保障，但在客观上增加了青年群体的就业难度。追求劳动力市场在灵活性和安全性之间的平衡，是很多发达国家提倡的政策方向，但从实际的效果看两者很难兼顾。从我国劳动力市场制度建设情况看，仍然需要赋予企业更多的自主权，使其可以按照市场经济的基本原则调整劳动力需求。同时，提高对劳动者的保护社会化水平，从而保持企业创造就业岗位的能力。

四 更好地统筹经济发展与就业

习近平总书记在中共中央政治局就促进高质量充分就业进行集体学习时强调，要坚定不移贯彻新发展理念，更加自觉地把高质量充分就业作为经济社会发展的优先目标，使高质量发展的过程成为就业提质扩容的过程，提高发展的就业带动力。这一论断深刻地阐明了经济发展和高质量充分就业之间的紧密联系。党的二十届三中全会通过的《决定》也对完善就业优先政策、

健全高质量充分就业的促进机制作出全面部署。统筹好经济发展与就业的相互关系，不仅是当前迫切需要解决的关键问题，也是长期发展中不断追求和完善的重要目标。

（一）高质量发展与高质量充分就业相互依存

高质量充分就业是新时代新征程对就业工作提出的新目标、新要求。从认识的形成过程看，提出高质量就业作为经济社会发展的优先目标，既是中国特色社会主义市场经济体制理论不断深化的过程，也是新时代就业理论的重要成果。就业工作的目标不断迭代升级，为不同时期就业工作提供了有力指引和根本遵循。从实际效果看，城镇就业规模从2012年的37287万人增长到2023年的47032万人，增长21%，年均复合增长率为2.1%，同期，GDP年均复合增长率为6.1%，意味着这一时期的就业弹性达到0.35。因此，经济增长的就业带动作用非常明显。

从更长的时间周期看，高质量充分就业也是经济持续增长的重要条件。以往人们在理解就业和经济增长之间的关系时，更多的是强调通过经济增长为就业创造更多岗位，虽然从理论上看，经济和就业之间的确是相互决定的关系，但二者在短期和长期的角色不尽相同。从短期看，经济增长维持在潜在经济增长水平附近是保持劳动力市场平衡的重要条件，因此，经济增长对就业的影响更明显。但从长期看，经济可持续发展离不开充分有效地利用每一种生产要素。劳动者作为经济关系中最具积极性和主动性的生产要素，其有效配置是经济发展的关键因素。从长期看，高质量充分就业体现了劳动投入的质量和水平，是经济增长的重要决定因素。更重要的是，高质量充分就业是贯彻新发展理念、促进新质生产力发展的重要依托。因此，长期来看就业对经济增长有更直接的影响。

在不同的时间周期内把握二者之间不同的角色定位，有助于更好地理解政策属性，增强政策针对性，更好地将以就业优先为导向的短期需求管理政策与更有效地配置劳动力资源的制度安排结合起来，实现充分就业与高质量发展的兼容。

（二）在宏观经济管理中进一步明确就业目标

维持劳动力市场的平衡是现代经济学发展的重要缘起，也是很多国家在宏观经济调控中的重要目标。美国在1945年和1946年的《就业法案》中较早强调了维持充分就业是宏观经济管理的重要目标，并在随后几十年中予以较好的贯彻执行。虽然在不同时期通货膨胀和失业对宏观经济的影响程度有所差别，但大多数发达国家在宏观经济管理中均给予充分就业高度重视。高通货膨胀和高失业率均对人民的福祉产生负面影响，而且二者经常存在如菲利普斯曲线所揭示的那样的此消彼长关系，但跨国研究表明二者对人们幸福感的影响程度不尽相同，失业率对幸福感产生的负面影响较通货膨胀更甚。[①]

正因为如此，习近平总书记在中央政治局第十四次集体学习时强调，要坚持以人民为中心的发展思想，全面贯彻劳动者自主就业、市场调节就业、政府促进就业和鼓励创业的方针，持续促进就业质的有效提升和量的合理增长，不断增强广大劳动者的获得感、幸福感、安全感。从政策宣示的角度看，就业优先目标已经得到了充分阐释，但达到该目标的具体实现机制，特别是在短期宏观经济管理中如何更有效地利用政策工具瞄准就业目标，还有很多工作要做。尤其是在追求就业优先目标时需要综合运用就业政策以外的宏观经济管理工具，难度较大，也是当前应该着力解决的问题。要进一步明确劳动力市场的运行状况是主要宏观经济政策的瞄准对象，增加劳动力市场指标的变化在宏观经济决策中的影响权重。在丰富和完善我国劳动统计体系的基础上，借鉴发达国家的经验，在出台财政政策和货币政策等主要宏观经济政策时，将失业率等作为是否使用工具的触发机制。[②]

从短期看，当前要推动经济循环进一步恢复，以一致性政策促进高质量充分就业。经济发展进入新常态后，劳动力市场的平衡越来越依靠顺畅的经

[①] Di Tella Rafael, Robert MacCulloch, Andrew Oswald, "Preferences over Inflation and Unemployment: Evidence from Surveys of Happiness," *American Economic Review*, 2001, 91(1).

[②] Sahm C., "Direct Stimulus Payment to Individuals," Policy Proposal at Hamilton Project, https://www.hamiltonproject.org/assets/files/Sahm_web_20190506.pdf, 2019.

济循环，即经济增长在需求侧的主要动力来自消费，而居民消费是总消费的主要组成部分，是居民收入函数。居民收入的主体是工资等劳动收入，取决于是否在短期实现了高质量充分就业。而劳动力市场的短期平衡（加总失业率）由需求缺口决定，即经济增长水平需要在潜在经济增长水平附近。上述各个变量之间存在相互决定的内生关系，构成了经济系统运行的各个组成部分，一旦某一环节不畅，则需要外生的政策干预，使经济循环恢复到正常轨道。因此，在劳动力市场出现困难时，更加积极的宏观经济管理措施是打破僵局的主要手段。

（三）构建就业友好型发展方式

习近平总书记在中央政治局就促进高质量充分就业进行集体学习时强调，强化重大政策、重大项目、重大生产力布局对就业影响的评估，推动财政、货币、投资、消费、产业、区域等政策与就业政策协调联动、同向发力，构建就业友好型发展方式。从长期看，构建就业友好型发展方式是统筹好经济发展与就业关系的根本路径，应该将其作为发展理念的重要内容，加强贯彻实施。

构建就业友好型发展方式的基础是落实好就业优先原则，其关键是加强各类政策的协同。例如，产业政策和行业管理措施出台前应该充分考虑其就业效应，从实际情况看，以往由于没有落实好就业优先原则，出台的一些政策在客观上对就业产生了较大的冲击。今后，在产业结构调整的过程中既有新的职业和岗位产生，也不可避免地有传统就业岗位的消亡。坚持"先立后破"的原则，统筹好创造性破坏与劳动力市场稳定的相互关系，预先评估新兴产业与传统产业之间、资本化技术密集型与劳动密集型产业之间的转换对就业可能产生的冲击。

构建就业友好型发展方式还需要平衡好市场和政府的相互关系，理顺就业友好型发展的体制机制。只有充分发挥市场在劳动力资源配置中的决定性作用，才能有效地创造就业岗位，最大限度地扩大就业，积极地提升就业质量。

参考文献

都阳:《中国劳动力市场分析、展望与政策建议》,载谢伏瞻主编《2023年中国经济形势分析与预测》,社会科学文献出版社,2022。

都阳、程杰:《"婴儿潮"一代退休对养老金体系的冲击与应对》,《中国社会科学评价》2022年第2期。

都阳、贾朋、程杰:《中国劳动力市场上的人工智能暴露与影响》,中国社会科学院人口与劳动经济研究所工作论文,2024。

Di Tella Rafael, Robert MacCulloch, Andrew Oswald, "Preferences over Inflation and Unemployment: Evidence from Surveys of Happiness," *American Economic Review*, 2001, 91(1).

Sahm C., "Direct Stimulus Payment to Individuals," Policy Proposal at Hamilton Project, https://www.hamiltonproject.org/assets/files/Sahm_web_20190506.pdf, 2019.

B.19 中国收入分配形势分析、展望及政策建议

邓曲恒 王琼[*]

摘　要： 2023年以来，城乡居民收入继续保持增长态势。居民收入增速快于国内生产总值增速，居民收入增长和经济发展继续保持同步。收入差距在多个维度上有所缩小。但从居民人均可支配收入的基尼系数看，总体上的收入差距尽管有所缩小，但并未进入稳步缩减通道，需要进一步采取有力措施，改善收入和财富分配格局。工资性收入增速下滑是导致城乡居民收入增速放缓的一个重要原因，需要推动高质量充分就业，提高居民工资性收入。在区域收入差距方面，需要促进中西部地区产业发展。优化税收、社会保障、转移支付等再分配机制，改善基本公共服务，以充分发挥再分配的调节作用。

关键词： 收入分配　工资性收入　再分配政策

2023年以来，城乡居民收入继续保持增长态势。居民收入增速快于国内生产总值增速，居民收入增长和经济发展继续保持同步。收入差距在多个维度上有所缩小。但从居民人均可支配收入的基尼系数看，总体上的收入差距尽管有所缩小，但并未进入稳步缩减通道，需要进一步采取有力措施，改善收入和财富分配格局。

---

[*] 邓曲恒，中国社会科学院经济研究所研究员，主要研究方向为劳动经济学、发展经济学等；王琼，中国社会科学院经济研究所副研究员，主要研究方向为发展经济学、劳动经济学等。

一 收入分配形势分析

2023年以来，城乡居民收入继续保持增长态势，收入差距在多个维度上有所缩小。根据国家统计局公布的数据，2024年三季度，全国居民人均可支配收入累计值为30941元，实际增长4.9%，居民收入增速快于国内生产总值增速，居民收入增长和经济发展继续保持同步，与2023年同期相比，居民收入增速有所放缓。工资性收入增速下滑是导致城乡居民收入增速放缓的一个重要原因，此外，股票市场和房地产市场波动导致城镇居民财产净收入的增长通道受阻，农村居民转移净收入增速下降也值得关注。农村居民各项收入增速持续快于城镇居民，城乡居民收入差距缩小。省份和区域之间的收入差距呈现缩小趋势，但农村居民区域间和区域内部消费支出差距有所扩大。

（一）居民收入及其结构

1. 居民收入持续增长

近年来，中国居民可支配收入持续增长。2023年，居民人均可支配收入达到39218元，其中城镇和农村居民人均可支配收入分别为51821元和21691元。受经济增速放缓的影响，近年来居民人均可支配收入增速也出现相应的变化。疫情防控平稳转段后，经济运行恢复向好。2023年居民人均可支配收入增速为6.1%，已经超过2019年5.8%的增速。分城乡看，农村居民人均可支配收入的增速较高，2023年达到7.6%，超出2019年1.4个百分点；城镇居民人均可支配收入增速为4.8%，也基本恢复至2019年的水平。

2024年三季度末全国居民人均可支配收入累计值为30941元，2023年同期为29398元，扣除价格因素影响，实际增长4.9%，增速较2023年同期下降1个百分点。分城乡来看，2024年三季度末城镇居民和农村居民人均可支配收入分别为41183元和16740元，相比2023年同期分别增长4.2%和6.3%。

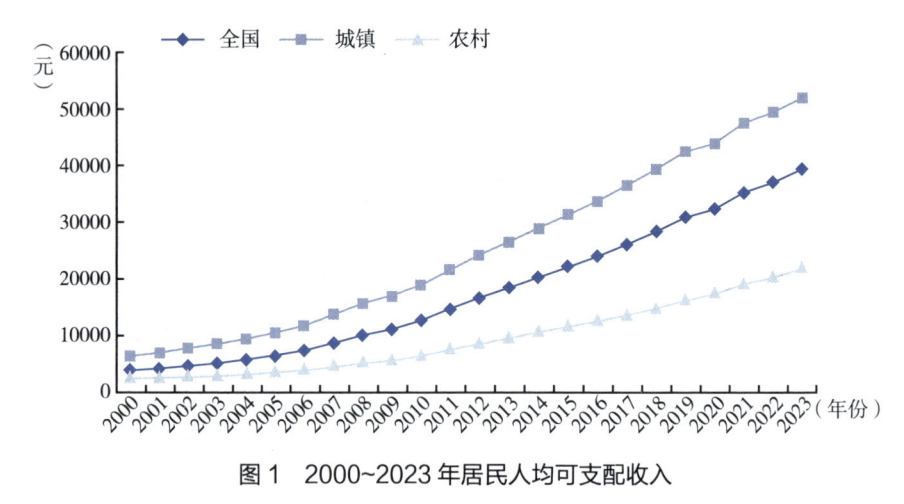

图 1　2000~2023年居民人均可支配收入

资料来源：国家统计局。

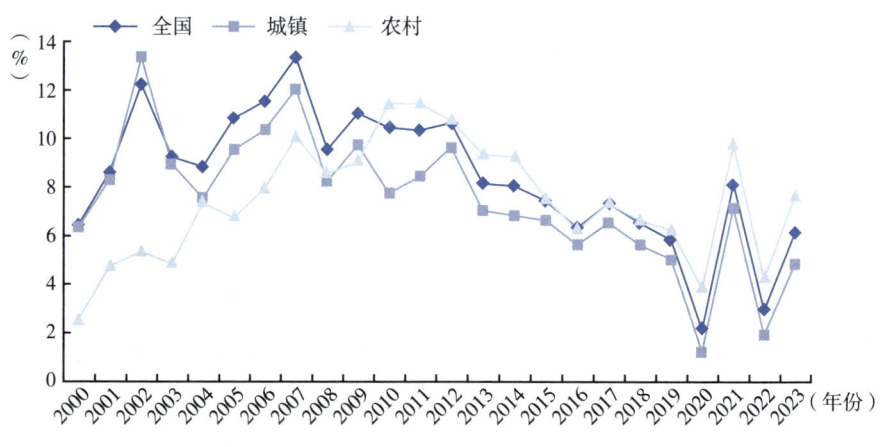

图 2　2000~2023年居民人均可支配收入增速

注：增速为扣除价格因素的实际增速。
资料来源：国家统计局。

2. 居民收入结构

城乡居民的可支配收入在结构上存在一定的差异。城镇居民可支配收入的最主要来源是工资性收入，其次是转移净收入。2023年工资性收入和转移净收入占城镇居民人均可支配收入的比重分别为60.44%和17.76%，经营净收入和财产净收入占比最低,2023年分别为11.39%和10.41%。

从2015年开始,农村居民可支配收入的最主要来源由经营净收入转变为工资性收入,工资性收入在可支配收入中的比重呈现增长趋势。2023年工资性收入和经营净收入占农村居民人均可支配收入的比重分别为42.24%和34.26%。农村居民转移净收入占比也相对较高,2023年转移净收入占农村居民人均可支配收入的比重为21.01%。农村居民财产净收入的规模相对较小,2023年为540元,在农村居民人均可支配收入中的比重为2.49%。

从增速来看,相比于2022年,2023年城镇居民工资性收入和经营净收入的增速有了较大幅度的提升,但财产净收入和转移净收入的增速有所下降;同期,在农村居民的各项收入中,工资性收入和转移净收入的增速相比2022年而言有较大的上升幅度,经营净收入的增速有一定程度的提高,财产净收入的增速则有所下降。

2024年三季度,居民人均可支配收入中工资性收入、经营净收入、财产净收入和转移净收入累计分别为17696元、4939元、2585元和5721元,与2023年同期相比,名义增速分别为5.7%、6.4%、1.2%和4.9%,各项收入的

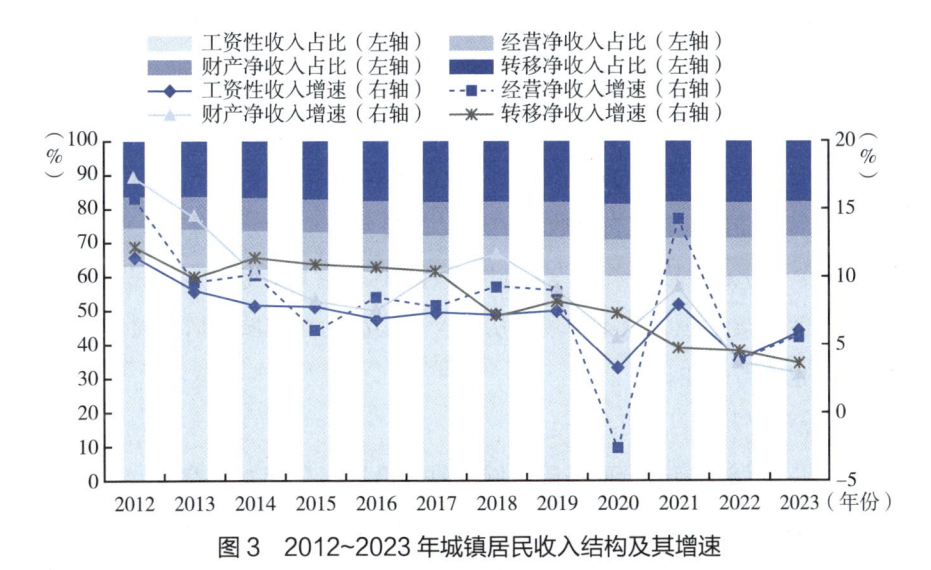

图3 2012~2023年城镇居民收入结构及其增速

注:增速为名义增速。
资料来源:国家统计局。

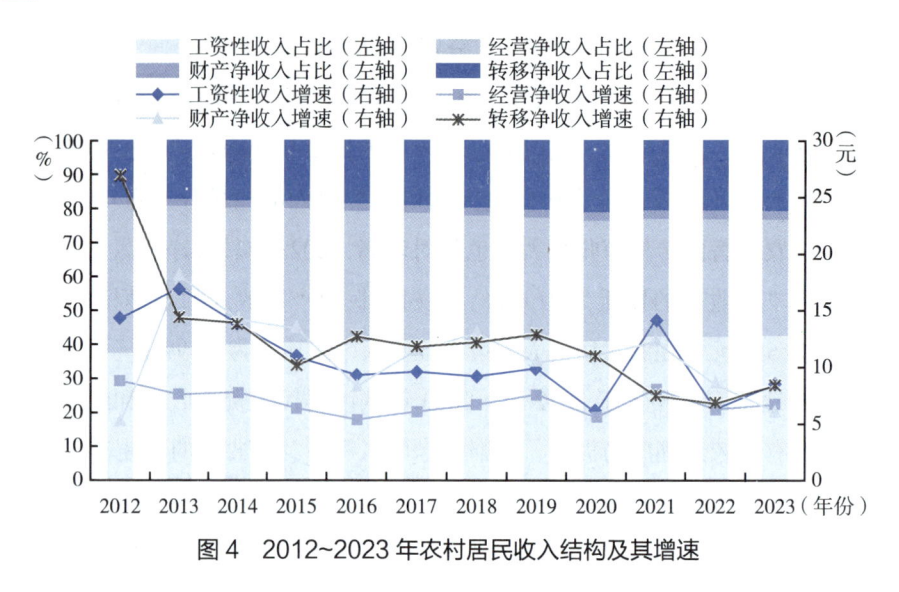

图 4　2012~2023 年农村居民收入结构及其增速

名义增速较 2023 年同期有所下降。分城乡来看，2024 年三季度城镇居民工资性收入、经营净收入、财产净收入和转移净收入累计分别为 24869 元、5009 元、4132 元和 7173 元，名义增速分别为 4.9%、6.6%、0.2% 和 3.8%，增速较 2023 年同期有所下降，其中财产性收入增速的降幅最大，达到 2.3 个百分点，工资性收入增速的下降幅度也达到 0.8 个百分点。农村居民四项收入 2024 年三季度累计分别为 7750 元、4843 元、439 元和 3708 元，名义增速分别为 6.8%、6%、6.4%、6.9%，其中财产净收入和经营净收入增速与 2023 年同期相比有所上升，转移净收入和工资性收入增速较 2023 年同期有所下滑，分别下降 1.7 个和 1.5 个百分点。总体来看，工资性收入增速下滑是导致城乡居民收入增速放缓的一个重要原因，资本市场和房地产市场波动导致城镇居民财产净收入增长受阻也值得关注。

3. 城乡收入差距

城乡二元结构尚未全面破除，城乡收入仍然存在较大的差距，也是居民收入差距的重要来源。党的十八大以来，城乡居民收入差距呈持续下降趋势，城乡居民人均可支配收入比值从 2012 年的 2.88 降至 2023 年的 2.39，为缩小居民收入差距发挥了重要作用。值得注意的是，在城乡居民收入比值下降的同时，城乡居民人均可支配收入的绝对差距呈现扩大趋势，2012年为15738元，2023年扩大到30130元。

从收入结构来看，在四项收入中，财产净收入的城乡差距最大，其次是工资性收入，这说明要缩小城乡收入差距，则有必要在财产净收入和工资性收入方面付出更多的努力。转移净收入的城乡差距较小，略低于城乡居民在总体上的人均可支配收入差距。然而，由于农村居民人均可支配收入远低于城镇居民，为了进一步缩小居民收入在绝对意义上的差距，有必要向农村居民提供更大力度的转移支付以有利于促进公平。城乡居民养老金收入差距较大，2023年城镇职工养老金（领取人员主要为城镇居民）是城乡居民养老金（农村居民获取养老金收入的主要途径）的16.81倍。经营净收入的城乡差距最小。从各项收入城乡差距的变化趋势来看，经营净收入的城乡差距变化不明显，其他项收入的城乡差距均呈明显的缩小趋势。

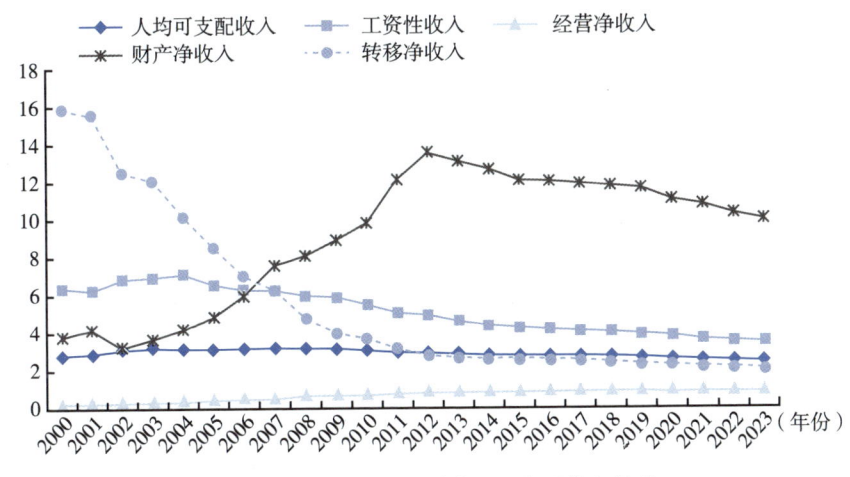

图5　2000~2023年城乡居民各项收入比值

2024年三季度末，城镇居民人均可支配收入为农村居民人均可支配收入的2.46倍，而2023年同期为2.51倍，城乡居民收入的比值进一步缩小。从各收入分项来看，2024年三季度城乡居民工资性收入、经营净收入、财产净收入、转移净收入比值分别为3.21、1.03、9.41、1.93，可见，除了经营净收入的城乡差距与2023年同期持平以外，其他项收入的城乡差距均有所缩小。

4. 城乡内部收入差距

城乡之间相对收入差距呈现持续缩小趋势，近年来城乡内部收入差距呈现扩大趋势。如果使用人均可支配收入五等份分组中的高收入组和低收入组人均可支配收入比值作为城乡内部收入差距的度量指标，那么可以发现城镇内部收入差距在2013~2015年有所缩小，但2016年城镇内部收入差距开始扩大。农村内部收入差距存在一定的波动性。2013~2017年农村内部收入差距总体而言呈现扩大趋势，2018~2020年有所缩小，但2021年以后又出现扩大。2023年农村内部收入差距达到一个阶段性高点。总体来看，农村内部收入差距超过城镇内部收入差距。①

图6 城乡内部收入差距

（二）省际差距

中国幅员辽阔，各个地区的自然条件和发展水平存在差异，地区间也因而存在一定的收入差距。使用居民人均可支配收入和居民人均消费支出的省

---

① 这也是中国收入分配研究中经常提及的一个典型性事实，详见罗楚亮、李实、岳希明《中国居民收入差距变动分析（2013—2018）》，《中国社会科学》2021年第1期。

际变异系数来度量省际差距，可以看出，近年来居民人均可支配收入的省际变异系数呈现明显的下降趋势，但居民人均消费支出的省际变异系数自2020年以来有一定的波动。短期来看，2024年三季度居民人均可支配收入和人均消费支出的省际变异系数均较2023年同期有所下降，说明总体而言居民收入和消费的省际差距持续缩小。

分城乡来看，农村居民人均可支配收入的省际变异系数高于城镇居民，说明农村居民收入的省际差距高于城镇居民，这也与农村居民内部的收入差距大于城镇居民的内部收入差距结论相一致。但城镇居民消费支出的省际变异系数大于农村居民消费支出的省际变异系数，说明城镇居民消费差距大于农村居民。这可能与城乡消费结构以及消费产品和服务可得性的省际差距有关。尽管网络购物在消费中发挥的作用越来越大，可以一定程度上缩小消费品的城乡可得性差异，但服务类产品难以跨地区供给，且与人口密度直接相关，服务类消费的城乡和区域差距仍然存在。通过改善物流网络，为农村地区和经济欠发达地区补足基本消费服务短板，可以缩小城乡和地区之间的消费差距。

从变化趋势来看，近年来农村居民人均可支配收入的省际变异系数有微弱的波动，但总体来看呈小幅下降趋势，城镇居民人均可支配收入的省际变异系数则在2015年以来呈现较为明显的上升趋势。短期来看，2024年三季度，农村居民和城镇居民人均可支配收入的省际变异系数分别为0.3269和0.2536，相比2023年同期（分别为0.3292和0.2551）有一定程度的下降。2020年以来，农村居民和城镇居民人均消费支出的省际变异系数均有所回升。2024年三季度，农村居民人均消费支出的省际变异系数较2023年同期有小幅回升，而城镇居民人均消费支出的省际变异系数较2023年同期有所下降。

总体而言，2023年居民尤其是农村居民人均可支配收入的省际变异系数呈下降趋势，城镇居民人均可支配收入的省际变异系数有小幅上升，但2024年前三季度农村居民和城镇居民人均可支配收入的省际变异系数均较2023年同期有所下降，说明2024年居民人均可支配收入的省际差距有望进入缩小通道。2023年居民人均消费支出的省际变异系数有所扩大，这主要是由城镇居民人均消费支出的省际变异系数变大所致。2024年三季度城镇居民人均消费支出的省际变异系数有所下降，但农村居民人均消费支出的省际变异系数有所回升。由于消费支出主要受到永久性收入的影响，居民人均消费支出的省际差距的扩大在一定程度上反映了居民永久性收入差距的变化。鉴于2023年城镇居民人均消费支出的省际差距以及2024年农村居民人均消费支出的省际差距有所拉大，需要对居民尤其是农村居民的永久性收入给予更多的关注。

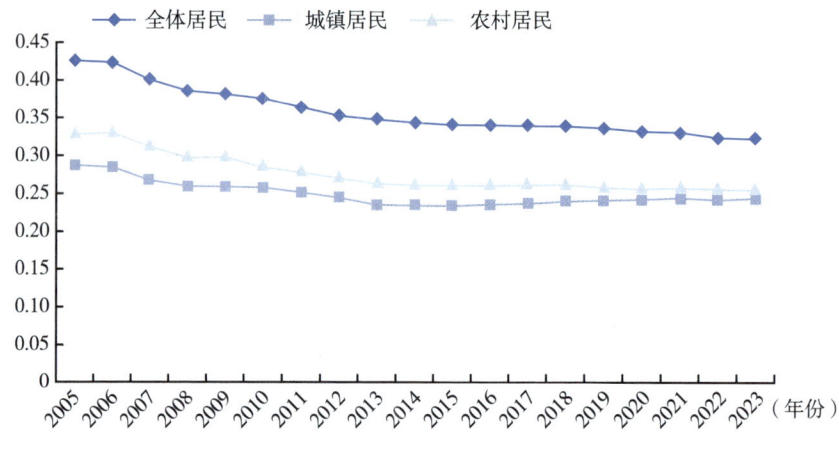

图7 2005~2023年居民人均可支配收入的省际变异系数

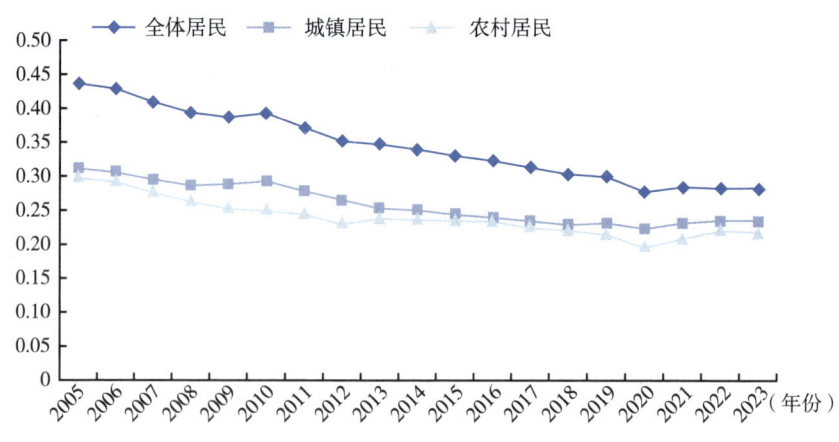

图8 2005~2023年居民人均消费支出的省际变异系数

（三）地区差距

中国的地区发展差距具有聚类效应，东部省市之间的差距相对较小，但东部、中部、西部、东北地区之间的差距相对较大。从图 9 可以看出，东部地区的居民人均可支配收入水平远超中部、西部和东北地区。2023 年东部、中部、西部和东北地区四大区域居民人均可支配收入分别为 49969.76 元、33314.87 元、30969.08 元和 33340.51 元。从发展趋势来看，近年来中部、西部与东部地区收入差距有缩小趋势，但东北地区与东部地区收入差距有所扩大，这与东北地区近年来收入增速放缓有很大关系。2024 年三季度，中部、西部、东北与东部地区居民收入差距均较 2023 年同期有所缩小。

图 9　2005~2023 年分地区居民人均可支配收入

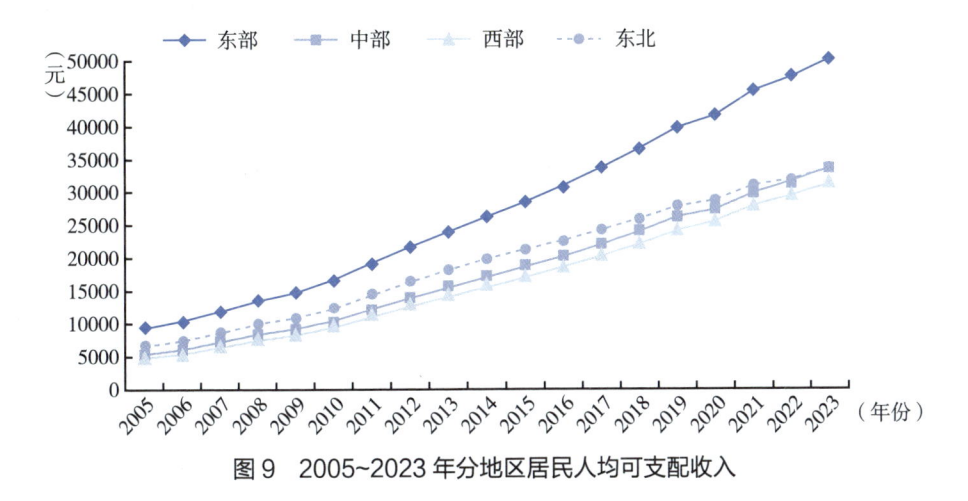

表 1 将 31 个省区市分为东部、中部、西部和东北四个地区，计算居民人均可支配收入以及人均消费支出的泰尔指数，并对泰尔指数进行分解，以进一步考察地区间和地区内收入差距及其对总体收入差距的影响。

表 1 显示，地区间的居民人均可支配收入远超地区内差距，这主要体现为东部地区与中部、西部和东北地区之间的差距，而四大区域内的收入差距相对较小。2023 年，地区间的居民人均可支配收入差距可以解释居民收入总差距的 55.25%。单独考察城镇和农村居民的区域差距也是如此，地区间居民

收入差距超过地区内收入差距。农村居民收入的地区内差距和地区间差距均超过城镇居民，这与图6也是一致的。从变化趋势来看，2023年无论是地区间还是地区内居民收入差距均在缩小，因此总收入差距也呈现缩小趋势。分城乡考察可以看到，总收入差距缩小主要是由地区间农村居民收入差距缩小所导致的，而城镇居民地区间和地区内收入差距均有小幅扩大。值得欣喜的是，2024年前三季度居民累计收入的地区间和地区内差距均较2023年同期有所缩小，城镇居民和农村居民表现出同样的变动趋势。

从消费支出来看，地区间居民消费支出差距略高于地区内差距，这在城镇居民中表现得更为明显，农村居民的地区内消费支出差距则要超过地区间消费支出差距。从变化趋势来看，2023年居民消费支出的区域差距有所缩小，这主要是由地区间消费支出差距缩小所导致的，地区内尤其是城镇居民地区内消费支出差距扩大，而农村居民地区间和地区内消费差距均在缩小。短期来看，尽管2024年前三季度区域居民消费支出差距总体较2023年同期有所缩小，但地区间居民消费支出差距有所扩大，这主要是因为农村居民地区间和地区内消费支出差距均扩大，而城镇居民地区间和地区内消费支出差距均有所缩小。

表1　2013~2023年四大地区居民人均可支配收入和消费支出的泰尔指数

四大区域居民人均可支配收入的泰尔指数

年份	全体居民			城镇居民			农村居民		
	地区内差距	地区间差距	总体差距	地区内差距	地区间差距	总体差距	地区内差距	地区间差距	总体差距
2013	0.0226	0.0279	0.0505	0.0115	0.0126	0.0241	0.0121	0.0183	0.0303
2014	0.0223	0.0272	0.0495	0.0115	0.0125	0.0239	0.0120	0.0178	0.0297
2015	0.0221	0.0265	0.0485	0.0114	0.0123	0.0237	0.0121	0.0174	0.0295
2016	0.0219	0.0264	0.0484	0.0116	0.0125	0.0241	0.0122	0.0171	0.0294
2017	0.0217	0.0263	0.0481	0.0116	0.0127	0.0244	0.0126	0.0169	0.0295
2018	0.0217	0.0262	0.0479	0.0119	0.013	0.0249	0.0128	0.0167	0.0295

续表

年份	全体居民 地区内差距	全体居民 地区间差距	全体居民 总体差距	城镇居民 地区内差距	城镇居民 地区间差距	城镇居民 总体差距	农村居民 地区内差距	农村居民 地区间差距	农村居民 总体差距
2019	0.0214	0.0257	0.0472	0.0120	0.0131	0.0252	0.0126	0.016	0.0286
2020	0.0207	0.0253	0.0460	0.0120	0.0135	0.0255	0.0127	0.0154	0.0281
2021	0.0207	0.0252	0.0459	0.0122	0.0138	0.0260	0.0127	0.0157	0.0284
2022	0.0198	0.0244	0.0443	0.0120	0.0136	0.0255	0.0126	0.0155	0.0281
2023	0.0197	0.0242	0.0438	0.0121	0.0139	0.0260	0.0126	0.0152	0.0278

四大区域居民人均消费支出的泰尔指数

年份	全体居民 地区内差距	全体居民 地区间差距	全体居民 总体差距	城镇居民 地区内差距	城镇居民 地区间差距	城镇居民 总体差距	农村居民 地区内差距	农村居民 地区间差距	农村居民 总体差距
2013	0.0258	0.0244	0.0502	0.0145	0.0134	0.0279	0.0147	0.0101	0.0248
2014	0.0245	0.0239	0.0484	0.0140	0.0134	0.0274	0.0139	0.0105	0.0244
2015	0.0230	0.0228	0.0458	0.0130	0.0131	0.0260	0.0136	0.0103	0.0239
2016	0.0221	0.0221	0.0442	0.0129	0.0124	0.0253	0.0138	0.0102	0.024
2017	0.0207	0.0209	0.0416	0.0121	0.0120	0.0241	0.0133	0.0090	0.0224
2018	0.0198	0.0191	0.0389	0.0117	0.0111	0.0228	0.0134	0.0083	0.0217
2019	0.0192	0.0190	0.0382	0.0116	0.0119	0.0235	0.0133	0.0074	0.0207
2020	0.0156	0.0177	0.0333	0.0095	0.0130	0.0224	0.0117	0.0055	0.0173
2021	0.0171	0.0179	0.035	0.0114	0.0126	0.0240	0.0122	0.0073	0.0196
2022	0.0168	0.0183	0.0351	0.0115	0.0135	0.0250	0.0135	0.0083	0.0218
2023	0.0171	0.0177	0.0348	0.0116	0.0131	0.0247	0.0130	0.0081	0.0211

在东部与中部、西部地区之间居民收入差距缩小的同时，南北方居民人均可支配收入差距也有新变化。2005年以来，南北方居民收入差距呈现缩小趋势，但2014年以后开始不断扩大。2023年，南方和北方居民人均可支配收入分别为41998元和35496元，前者是后者的1.18倍，这是近年来南北方居民收入差距首次出现缩小的趋势。2024年延续了这一趋势，2024年三季度南北方居民收入差距较2023年同期有所下降。

图 10　南方、北方居民人均可支配收入及其比值

（四）行业收入差距

国家统计局统计了城镇非私营单位和私营单位就业人员平均工资。在所有行业中，城镇非私营单位就业人员平均工资均高于城镇私营单位就业人员平均工资，这说明工资收入存在一定的所有制差异。从发展趋势来看，不同所有制单位的工资差距呈现先缩小后扩大的"U"形特征。2023年城镇非私营单位就业人员平均工资是城镇私营单位就业人员平均工资的1.77倍。

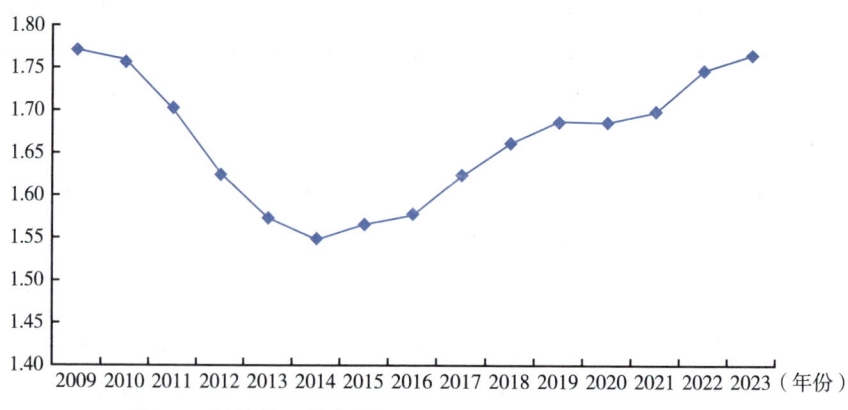

图 11　城镇非私营单位与私营单位就业人员平均工资比值

从行业工资差距来看，城镇私营单位行业工资差距小于城镇非私营单位，2023年最高工资行业与最低工资行业的平均工资比值分别为2.91和3.99，这在一定程度上说明私营单位的劳动力市场配置机制更为完善，行业之间的工资差距也相应更小。具体而言，无论是城镇非私营单位还是城镇私营单位，信息传输、计算机服务和软件业以及金融业均是工资分别最高的两个行业，2023年，在城镇非私营单位就业人员中，这两个行业就业人员工资分别是平均工资的1.92倍和1.64倍，在城镇私营单位就业人员中，这两个行业就业人员工资分别是平均工资的1.89倍和1.83倍。在城镇非私营单位中，住宿餐饮业的工资水平尚未达到城镇非私营单位就业人员平均工资的一半。城镇私营单位中工资最低的则是农林牧渔业，该行业就业人员工资只有城镇私营单位就业人员平均工资的65%。作为实体经济的主体，制造业平均工资一直相对较低，2009年以来城镇非私营单位制造业就业人员工资大约只有非私营单位就业人员平均工资的83%~91%，私营单位制造业就业人员工资近年来上升速度相对较快，已经略超过私营单位就业人员平均工资，2023年该比值为1.05。受房地产市场调整的影响，近年来房地产服务行业相对平均工资有所下滑。房地产服务业的平均工资为城镇单位就业人员平均工资的80%左右。

从各行业工资增速差异来看，近年来信息传输、计算机服务和软件业的相对工资出现较为明显的增长，且私营单位相对工资的增长更为明显。非私营单位金融业从业人员的相对工资在2021年以前总体呈下降趋势，但2021年以来出现明显上升。私营单位的相对工资呈现出不同的变动特点。私营单位金融业从业人员相对工资在2017年以前并未出现下降趋势，2017年以后则有明显上升。制造业非私营单位相对工资总体保持不变，甚至有微弱的下降，不过制造业私营单位工资有小幅上升趋势。农林牧渔业则相反，非私营单位相对工资总体有微弱上升，私营单位相对工资有小幅下降。总体来看，行业工资变化存在所有制差异，与2012年相比，2023年行业工资差距有所扩大，且私营单位行业工资差距扩大更明显。

由于信息传输、计算机服务和软件业和金融业从业人员人力资本水平较高，其相对较高的工资和较快的工资增速也在一定程度上显示了人力资本回报在工资决定机制中的重要作用。基于微观数据的经验研究表明，市场化改革以来，中国的教育回报率在快速上升。[①] 同时，学历已经是导致工资差距的主导性因素。[②]

图12 城镇非私营单位主要行业就业人员工资与城镇非私营单位就业人员平均工资比值

图13 城镇私营单位主要行业就业人员工资与城镇私营单位就业人员平均工资比值

[①] Ma Xinxin, Ichiro Iwasaki, "Return to Schooling in China: A Large Meta-analysis," *Education Economics*, 2021, 29, No. 4.

[②] Ma Xinxin, Ichiro Iwasaki, "Return to Schooling in China: A Large Meta-analysis," *Education Economics*, 2021, 29, No. 4.

（五）居民人均可支配收入的基尼系数

党的十八大以来，居民人均可支配收入的基尼系数延续了2008年以来持续下降的趋势，从2012年的0.474稳步降至2015年的0.462，2016年以后出现了一定程度的波动。2022年居民人均可支配收入的基尼系数为0.467，2023年基尼系数降低至0.465。

结合城乡、地区、行业收入差距及其变化可以看出，党的十八大以来，城乡收入差距有所缩小，区域收入差距尤其是农村区域间收入差距也在缩小，但城镇区域之间、城镇和农村内部收入差距有所扩大。与此同时，行业工资差距在2016年以前保持稳定并有所下降，但2016年以来，行业工资差距尤其是私营单位的行业工资差距在扩大。

从城乡居民可支配收入的构成来看，财产净收入的城乡差距最大。因此，需要缩小城乡居民财产净收入差距进而缩小城乡居民收入差距。工资性收入是城乡居民最主要的收入来源。缩小工资性收入的城乡差距将起到有力缩小城乡收入差距的作用。转移净收入的城乡差距较小，说明转移净收入在缩小城乡收入差距方面还有较大的空间。

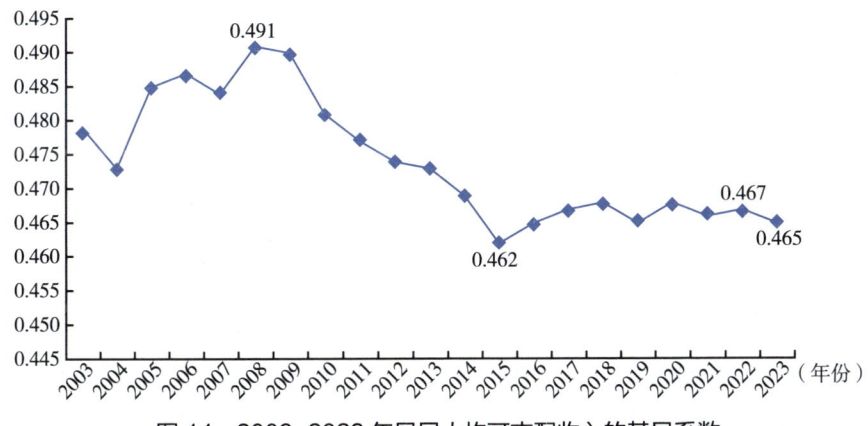

图14 2003~2023年居民人均可支配收入的基尼系数

二 展望与政策建议

近年来，收入差距在城乡、东中西部地区等若干维度上呈现缩小的态势。而从居民人均可支配收入的基尼系数看，总体上的收入差距尽管有所缩小，但并未进入稳步缩减通道，需要进一步采取有力措施，改善收入和财富分配格局。

（一）推动高质量充分就业，提高居民工资性收入

工资性收入是居民收入的最重要组成部分，2023年工资性收入占居民人均可支配收入的比例为56.23%。从城乡居民收入差距来看，工资性收入的城乡差距仅次于财产净收入。此外，低收入群体的工资性收入也最容易受经济冲击影响，成为收入差距扩大的主要来源。2024年三季度工资性收入增速较2023年同期下降1.1个百分点，成为居民收入增速放缓的重要原因。

居民收入增速放缓与就业质量下降、工资增长动力不足密切相关。2024年9月，城镇调查失业率为5.1%，其中大城市城镇调查失业率达到5.2%，以高校毕业生为主体的城镇不包含在校生的16~24岁劳动力失业率达到17.6%，青年就业仍存在一定的压力。高校毕业生是新增就业的主体，其失业问题不仅在短期内影响该群体的收入，而且也会影响他们在劳动力市场上的长期表现。作为农村居民最主要的工资性收入来源，农民务工收入增长缓慢。2024年三季度，外出农民工数量达到19014万人，与往年同期相比为历史最高水平。但从农民工收入来看，2024年一季度外出农民工月均收入同比增速为7.75%，二季度同比增速降为3.92%，三季度同比增速进一步降为3.34%。提高就业质量，促进居民尤其是农村居民工资性收入增长，可以有效缩小城乡居民收入差距。

高质量充分就业依赖于经济增长和就业吸纳能力提高。当前，经济增速放缓，就业吸纳能力下降。产业结构调整也带来就业结构调整。高新技术产业高速增长，但规模仍较小，就业吸纳能力不足，且就业需求主要面向技能人才；需要挖掘传统制造业的就业吸纳能力；房地产行业深度调整；部分未能实现数字化转型的小企业经营困难，这些都对就业产生不利影响。数字化

也对就业有一定的正向影响，平台经济由于边际成本较低，呈现规模经济特征，从而吸纳了大量就业，但在平台就业人员劳动权益保护方面还有待提升。从微观层面来看，劳动力技能结构与产业结构对技能的要求不匹配，难以适应产业结构转型趋势，导致暂时性的摩擦性失业增加，长期结构性失业增加。

产业结构调整需遵循先立后破的原则，尽可能保障就业，以减少产业结构调整带来的负面影响。具体而言，在促进高新技术产业发展的同时，也应为传统产业发展提供支持，避免传统制造业大量外迁对就业产生不利影响。各地应结合自身比较优势发展产业，不应一哄而上地发展高新技术产业，造成资源浪费。需要为企业尤其是中小企业数字化转型提供指导和资金支持，提高企业劳动生产率。规范平台就业人员社会保障制度。

微观层面上，加强职业技能培训，以使劳动力快速适应产业结构调整对技能转换的需求。优化就业服务，为求职人员提供就业信息和指导，减少摩擦性失业。重点关注农民工和高校毕业生等特殊就业困难群体：消除劳动力市场户籍歧视，以常住人口为单位提供劳动就业服务，保障农民工平等地获得流入地公共服务；对高校毕业生进行就业引导，转变其就业观念；及时调整学科专业设置，使高校毕业生所学专业与市场需求相匹配。

（二）促进中西部地区产业发展，缩小区域收入差距

近年来地区收入差距总体呈缩小趋势，但仍处于较高水平。2023年东北地区与东部地区收入差距仍在扩大，2023年城镇居民区域收入差距、2024年农村居民区域消费支出差距还有所上升。此外，2023年南北方居民收入差距自2014年以来首次出现缩小趋势，但这种变化趋势能否持续还有待进一步观察。

缩小区域收入差距的最根本措施是为经济发展落后地区的产业发展创造条件。中国区域差距较大，产业主要集中于东部沿海地区，中西部经济发展相对滞后。产业集聚具有自我维持和自我强化的特点，随着时间的推移，中西部地区产业发展条件愈加匮乏，地区发展差距也将不断拉大。如果没有外力的干预，很难打破区域发展的马太效应。新发展格局要求以国

内大循环为主体，国内国际双循环相互促进，在逆全球化趋势下，国内循环的重要性显著提升，中西部地区产业发展及其在双循环中的重要性逐渐凸显。

在政府的不断努力以及信息技术快速发展的背景下，中西部地区产业发展条件不断改善。中国与共建"一带一路"国家尤其是周边国家的经济往来加强，中西部地区多个城市成为共建"一带一路"中的重要节点。中欧班列、中老铁路等陆上跨国运输通道有利于减轻国际贸易对海运的依赖，也为中西部内陆地区产业发展打下了良好的基础。与此同时，互联网和信息技术的快速发展极大地降低了交易成本，电子商务的发展将消费与生产销售环节分割，产品的设计、生产、销售和消费环节可以分散在不同地区，为产业的重新布局创造了条件。

要持续缩小区域收入差距，需借助政府与市场的力量，为促进中西部地区产业的进一步发展打下坚实的基础。一是构建全国统一大市场，引导要素跨区域流动、企业跨区域发展和产业跨区域转移，从而增强区域之间的联系，促进区域之间的分工。中央政府需加强立法，打击地方保护主义行为。中西部地区应注重发挥资源丰富的比较优势，形成要素流入的洼地。与此同时，进一步简政放权，提高行政效能，健全市场法律制度，依法保护投资者权益，优化区域营商环境。二是改善基础设施，发展现代仓储、物流业。生产、销售和消费环节的分散提高了运输和物流成本。政府有必要改善基础设施，降低运输成本。产业各环节的分散也对仓储和物流提出了较高的要求，以大数据和互联网为基础的现代仓储物流业的发展可以提高商品的流通效率。三是完善区域间的分配机制，积极探索建立合理的利益分配与成果分享机制，强化跨地区投资、产业转移等重大事项利益分享的政策安排和制度设计。同时，为了实现碳达峰碳中和的目标，需建立完善的生态环境质量及其对区域间影响的评价体系，逐步形成以"谁开发谁保护、谁受益谁补偿"为基准的市场化生态补偿机制。政府要创建区域合作服务体系，促进企业特别是跨地区、跨行业企业在区域合作中发挥资本、技术、管理、人才、信息跨地区转移、扩散和组合的作用。

（三）优化再分配制度

再分配制度对缩小居民收入差距发挥着重要作用，这也是 OECD 国家市场化收入差距较大、可支配收入差距较小的重要原因。而我国税收、社会保障等再分配制度对收入差距的调节作用还有待加强。

税收制度方面，从税制结构来看，我国税制结构以增值税、消费税、关税等间接税为主，直接税尤其是个人所得税占比较低。间接税容易转嫁给消费者，低收入者边际消费倾向更高，因而承担了更高的税负，导致间接税具有累退性。虽然近年来我国个税综合制改革提高了个税征收的公平性，但只有劳动所得纳入个税综合征收范围，且最高税率为45%。而利息、股息、红利、财产租赁、财产转让所得和偶然所得等资本和财产净收入仍然以20%的统一税率分项征收。个人所得税与资本利得税税率差距过大，容易出现高收入群体通过将个人劳动收入转为资本利得的方式来避税。

社会保障方面，部分群体尚未被社会保障体系覆盖。医疗保险个人缴费负担加重，导致部分低收入群体存在脱保、断保现象；部分农民工、灵活就业人员、新业态就业人员等人群没有被纳入社会保障体系。群体间社会保障待遇差距较大，例如城乡居民养老保险待遇过低，难以保障老年人基本生活。养老保险制度成为城乡老年人收入差距拉大的重要原因。转移支付体系存在资源浪费和救助不足并存的问题。例如过于依赖收入作为社会救助的识别标准，并将医疗、教育、住房福利与收入支持进行捆绑，导致部分收入较低但在医疗、教育、住房方面无须救助的群体获得过多福利，而在收入维度外需要救助的群体却无法获得相应的救助，形成资源浪费和救助不足并存的问题。

优化税收、社会保障、转移支付等再分配制度，可以有效缩小居民收入差距。[1] 健全直接税体系，完善综合和分类相结合的个人所得税制度，规范

---

[1] 研究表明，我国的转移支付效率在44个样本国家中仅排第41位。如果我国能将转移支付效率提高至44个样本国家的均值水平，则2016年基尼系数将从0.436降至0.3884。详见岳希明、周慧、徐静《政府对居民转移支付的再分配效率研究》，《经济研究》2021年第9期。

经营所得、资本所得、财产所得税收政策，实行劳动性所得统一征税。健全灵活就业人员、农民工、新就业形态人员社保制度，扩大失业、工伤、生育保险覆盖面，全面取消在就业地参保户籍限制，完善社保关系转移接续政策。健全基本养老、基本医疗保险筹资和待遇合理调整机制，逐步提高城乡居民养老保险基础养老金。完善转移支付制度，提高社会救助的瞄准率。推进新一轮财税制度改革，明晰中央与地方财政事权和支出责任的划分改革，完善转移支付制度体系，发挥好转移支付的再分配功能。

提高教育等基本公共服务均等化水平。鉴于人力资本在工资决定机制中的重要性，提高教育公共服务均等化水平有利于从根源上缩小居民收入差距。政府应加大教育投入，优先保障基础教育的公平获得，完善落后地区学校软硬件设施，提供优质教育资源。同时，加大对低收入群体的教育资助力度，确保低收入群体平等获得教育资源。

参考文献

李实：《缩小收入差距 促进共同富裕》，《中共杭州市委党校学报》2022年第5期。

罗楚亮、李实、岳希明：《中国居民收入差距变动分析（2013—2018）》，《中国社会科学》2021年第1期。

岳希明、周慧、徐静：《政府对居民转移支付的再分配效率研究》，《经济研究》2021年第9期。

Ma Xinxin, Ichiro Iwasaki, "Return to Schooling in China: A Large Meta-analysis," *Education Economics*, 2021, 29, No. 4.

Abstract

In 2024, the Chinese economy continues to maintain an overall stable and progressive trend. We predict that the real GDP growth rate will be around 4.9% and CPI increase of around 0.5%, which means that the expected target at the beginning of the year can be achieved. Looking forward to 2025, from the international perspective, the overall external environment of the Chinese economy is becoming more complex, sever, and uncertain. With a new round of "Trump shock" coming, the game between major powers is intensifying, the Ukraine crisis might take a new turn, the chaos in the Middle East is escalating. The world economy will be stable in general, while growth still lacks momentum and the protectionism in global trade intensifies. From the domestic perspective, the effects of the package of incremental policies issued in the second half of 2024 is appearing gradually, the property market is expected to bottom out gradually after three years' sharp fall, the recovery of the stock market could help to boost consumption and investment growth, and further comprehensive deepening of reforms will stimulate endogenous economic growth. At the same time, the Chinese economy also faces certain structural challenges, such as the increasing downward pressure of export, the contradiction of insufficient domestic demand, as well as the fiercer competition in the market and the difficulties for some enterprises. The year of 2025 is the final year of the 14th Five Year Plan. In 2025, we should follow the Xi Jinping Thought on Socialism with Chinese Characteristics for a

New Era, fully implement the spirit of the 20th National Congress of the Communist Party of China and the 2nd and 3rd Plenary Sessions of the 20th Central Committee, adhere to the general tone of seeking progress while maintaining stability, fully, accurately, and comprehensively implement the New Development Concept, accelerate the construction of the New Development Pattern, comprehensively deepen reform and opening-up, and promote high-quality development. Macro policies should be conducted with new methods and new directions: First, the macro adjustment should shift from "supply side oriented" to "both sides of supply and demand"; Second, the focus of expanding domestic demand should be shifted to consumption; Third, expanding investment should shift from "investing in physical goods" to "investing in both physical goods and human resources"; Fourth, besides macro adjustment policies, more efforts should be made through deepening reforms to stimulate economic vitality and build up development momentum. We suggest to set the economic growth target for 2025 at around 5%, implement the "Three Proactive" macro policies: the proactive fiscal policy should be strengthened and be more efficient, the proactive monetary policy should be moderately loose and more precise, and the proactive social policy should enhance residents' sense of gain. We put forward the following proposals: First, expand domestic demand with focus on boosting consumption; Second, accelerate the cultivation of new quality productive forces; Third, stimulate the vitality and motivation of business entities; Fourth, increase efforts to improve people's livelihoods; Fifth, implement a number of key reform measures of landmark significance; Sixth, prevent and resolve risks in key areas.

Keywords: Chinese Economy; "Three Proactive" Macro Policies; Expanding Domestic Demand

Contents

I General Report

B.1 Analysis and Forecast of the Chinese Economy in 2025 and Policy
Suggestions

The Research Group of Macro Economy of CASS / 001

Abstract: In 2024, the Chinese economy continues to maintain an overall stable and progressive trend. We predict that the real GDP growth rate will be around 4.9% and CPI increase of around 0.5%, which means that the expected target at the beginning of the year can be achieved. Looking forward to 2025, from the international perspective, the overall external environment of the Chinese economy is becoming more complex, sever, and uncertain. With a new round of "Trump shock" coming, the game between major powers is intensifying, the Ukraine crisis might take a new turn, the chaos in the Middle East is escalating. The world economy will be stable in general, while growth still lacks momentum and the protectionism in global trade intensifies. From the domestic perspective, the effects of the package of incremental policies issued in the second half of 2024 is appearing gradually, the property market is expected to bottom out gradually after three years' sharp fall, the recovery of the stock market could help to boost consumption and investment growth, and further comprehensive deepening of reforms will stimulate endogenous economic growth. At the same time, the Chinese economy also faces certain structural challenges, such as the increasing downward pressure of export, the contradiction of insufficient domestic demand, as well as the fiercer competition in the market and the difficulties for some enterprises. The year of 2025 is the final year of the 14th Five Year Plan. In 2025, we should follow the Xi Jinping Thought on Socialism with Chinese Characteristics for a New Era, fully implement the spirit of the 20th National Congress of the Communist Party of China and the 2nd and 3rd Plenary Sessions of the 20th Central Committee, adhere to the general tone of seeking progress while maintaining stability, fully, accurately, and comprehensively implement the New Development Concept, accelerate the construction of the New Development Pattern, comprehensively deepen reform and opening-up, and promote high-quality development. Macro policies should be conducted with new methods and new directions: First, the macro adjustment should shift from "supply side oriented" to "both sides of supply and demand"; Second, the focus of expanding domestic demand should be shifted to consumption; Third, expanding investment should shift from "investing in physical goods" to "investing in both physical goods and human resources"; Fourth, besides macro adjustment policies, more efforts should be made through deepening reforms to stimulate economic vitality and build up development momentum. We suggest to set the economic growth target for 2025 at around 5%, implement the "Three Proactive" macro policies: the proactive fiscal policy should be strengthened and be more efficient, the proactive monetary policy should be moderately loose and more precise, and the proactive social policy should enhance residents' sense of gain. We put forward the following proposals: First, expand domestic demand with focus on boosting consumption; Second, accelerate the cultivation of new quality productive forces; Third, stimulate the vitality and motivation of business entities; Fourth, increase efforts to improve people's livelihoods; Fifth, implement a number of key reform measures of landmark significance; Sixth, prevent and resolve risks in key areas.

Keywords: The Chinese Economy; The "Three Proactive" Macro Policies; Expand Domestic Demand

II Macro Situation and Policy Outlook

B.2 Analysis, Outlook and Countermeasures of the International Economic Situation in 2025

The Research Group of International Economy of CASS / 026

Abstract: In 2024, the global economy is recovering slowly, but the growth momentum is insufficient. Looking ahead to 2025, the global economic growth rate is expected to remain relatively stable, but the regional differentiation trend will further intensify. Multiple uncertainties have led to downside risks to the global economic growth outlook, which cannot be ignored. Global inflation continues to decline overall, and high inflation is no longer a major problem, but core inflation still has a certain stickiness. Against this background, the monetary policies of central banks around the world are turning to easing, and global asset prices are generally rising. At the same time, global trade is showing a recovery trend, but the supply chain and industrial chain are accelerating reconstruction. Global fiscal policy continues to shift from expansion to neutrality, but this normalization process faces multiple challenges, and government debt pressure continues to increase. Faced with a complex and severe external situation, we need to base ourselves on the stable recovery of the domestic economy, actively resolve external adverse shocks, turn crises into opportunities, and promote high-quality economic development.

Keywords: Economic Growth; Monetary Policy; Fiscal Policy

B.3 Outlook of China's Economy in 2025 and Policy Suggestions

Zhu Baoliang / 043

Abstract: In 2024, China's overall economic operation is stable and steady with progress, showing the characteristics of "high growth rate at the beginning of the year, low growth rate in the middle, and increased growth rate at the end", with an annual economic growth of about 4.9%. At the same time, there are still many difficulties and challenges facing the economic operation, manifested as supply being stronger than demand, external demand being better than domestic demand, showing an imbalance between supply and demand, a deep decline in the real estate market, many hidden financial risks, weak market expectations, and insufficient social confidence. In 2025, the uncertainty of global economic development will increase, and the impact of the US presidential election on China's economy is still difficult to predict. We must adhere to the general principle of seeking progress while maintaining stability, give prominent importance to stabilizing growth and prices, implement active fiscal policies and moderately loose monetary policies, continuously deepen reform and expand opening-up, focus on expanding consumer demand, enhance the vitality of micro entities, stabilize market confidence and social expectations, and maintain economic operation within a reasonable range.

Keywords: Effective Demand; Market Expectations; Supply-Demand Gap

B.4 Analysis of the China's Macroeconomic Situation in 2024 and Prospects for 2025

Sun Xuegong, Xue Xiaoyan / 057

Abstract: In 2024, the overall operation of China's economy is stable and steady with progress. Industry and exports become the main driving forces of the economy on both the supply and demand sides, and the main expected goals of economic and social development can be basically achieved. High quality development is making steady progress, and there are many outstanding highlights in the development of new quality productivity. But at the same time, it should be noted that the momentum of

China's economic growth has weakened since the second quarter, and major economic indicators have shown a slowing trend. The economic downturn is mainly caused by insufficient domestic effective demand, which has also led to intensified industry competition, increased business difficulties and local financial pressure, as well as weakened expectations. These problems are intertwined and mutually reinforcing, posing a risk of economic inertia decline. Facing new situations and problems, the central government has timely introduced a package of incremental policies, which are characterized by a significant increase in the countercyclical adjustment of macro policies, stronger policy targeting, and further enrichment of policy tools. As the effects of various existing policies continue to be released and the effects of incremental policies begin to show, market expectations have significantly improved since September, and there have been a series of positive changes in economic operation, indicating a turning point in economic growth. It is expected that the economy will stabilize and rebound in the fourth quarter of 2024, with a full year economic growth of 4.9%. 2025 is a crucial year in China's development process. More proactive development goals should be set in 2025, and macroeconomic regulation should be further optimized and improved based on incremental policies. Reform efforts should be increased to create a social atmosphere of entrepreneurship and entrepreneurship.

Keywords: Incremental Policy; Countercyclical Regulation; Economic Growth

Ⅲ Fiscal Taxation and Financial Markets

B.5 Analysis, Prospect and Policy Suggestions of China's Fiscal Operation Situation

Yang Zhiyong, Xi Penghui / 071

Abstract: China's 'fiscal tightness' policy is expected to continue in 2024. From January to August 2024, the growth rate of general public budget revenue in China continued to decline. Starting in August, revenue surpassed levels from the same period last year, and by September, the growth rate shifted from negative to positive. The revenue of government funds continues to decline, and the decline rate in September has significantly narrowed, with income pressure still prominent. Under the promotion of a package of incremental policies, fiscal revenue is expected to steadily increase in 2025. Maintaining fiscal expenditure on grassroots 'three guarantees' and other areas will require sustained intensity, leading to a continued tight fiscal balance. In 2025, China will strengthen the countercyclical adjustment of fiscal policy; increase support for the 'two priorities' and 'two new areas' and accelerate the development of new-quality productive forces; further improve the level of fiscal management and enhance the effectiveness of fiscal policies; continuously prevent and resolve local government debt risks, promoting high-quality development of local finance; accelerate fiscal and taxation system reforms to provide institutional support for China's fiscal operations and the path to modernization.

Keywords: Financial Operation; Local Government Bonds; Budget Reform; Ultra Long Term Special Treasury Bond; Financial and Tax System Reform

B.6 Analysis of China's Tax Situation in 2024 and Outlook for 2025

Zhang Bin, Yuan Yijie / 089

Abstract: In the first three quarters of 2024, the national general public budget revenue decreased by 2.2%, the tax revenue decreased by 5.3% year-on-year. This decline was influenced by a combination of factors, including tax policy effects such as the deferred tax payments of small and micro-enterprises in the same period last year, which raised the base, and the lingering impact of tax reduction policies introduced in mid-2023. Additionally, economic factors of the decline such as adjustments in the real estate market, the widening of trade surpluses, declining industrial producer prices, and reduced profits of large-scale industrial enterprises. With the recent implementation of a comprehensive package of incremental policies aimed at strengthening counter-cyclical macroeconomic adjustments and expanding domestic effective demand, the economy is expected to maintain a positive growth trajectory. As the impact of temporary factors, including the implemented tax reduction policies, gradually fades, tax revenue is anticipated to show a recovery trend in 2025.

Keywords: Tax Revenue; Collection of Holdover Tax; Baseline of Tax Revenue

B.7 Analysis of China's Monetary and Financial Situation and Risk Prevention

Zhang Xiaojing, Cao Jing / 105

Abstract: Faced with complex and severe external environment, insufficient domestic financing demand, sustained low price, and weak market expectations, China's economic recovery in 2024 shows an L-shaped trend, and the macro leverage ratio is driven up due to the decline in nominal economic growth rate. In order to boost market confidence and stimulate social vitality, a package of incremental policies was launched in the third quarter, and macro financial policies were timely strengthened to counter cyclical adjustments. With stabilizing asset prices and reducing debt burdens as the focus, comprehensive reserve requirement ratio cuts and substantial interest rate cuts were implemented simultaneously, demonstrating an important innovation in macroeconomic governance. Currently, the real estate market has shown positive changes, the capital market has become more active, and market expectations have improved significantly, which contribute to the economic bottoming out and stabilization. Special attention should be paid to the continuous negative growth of M1 caused by the insufficient economic vitality and the transformation of old and new driving forces, as well as the redemption risk in the bond market brought by rapid recovery of long-term treasury bond yield. Looking ahead to 2025, in order to further consolidate the foundation of economic recovery, it is necessary to enhance the consistency of macro policy orientation and comprehensively deepen reforms to overcome institutional obstacles. Plan a new round of fiscal and taxation system reform to stimulate the enthusiasm of local governments. Monetary policy anchored to the inflation target continues to strengthen, and promote the transformation of monetary policy framework. Boost the confidence of homebuyers and restore the credit of real estate companies, to promote the stabilization of the real estate market from its downturn. Enhance the inherent stability of the capital market and cultivate and strengthen patient capital.

Keywords: Macro Financial Situation; Monetary and Financial Policies; Financial Risk Prevention

B.8　Analysis, Outlook, and Policy Recommendations on China's Real Estate Situation

He Dexu, Zou Linhua, Yan Yan, Tang Zishuai and Ma Jinying / 122

Abstract: In 2024, confidence in the real estate market remained persistently low, with a substantial decline in new home sales volumes, an expanded decrease in real estate development investment, and a general drop in second-hand housing prices. Housing rents fluctuated and fell overall, with rents in first-tier and second-tier cities showing a downward trend, while those in third-tier cities experienced mixed movements, with some rising and some falling in the third quarter. Policy-wise, measures were introduced at both the national and local levels to stabilize the real estate market and halt its decline. In 2025, sales volumes in the new home market of core cities are expected to stabilize, with improved housing price expectations, and first-tier cities potentially seeing a "stabilization" in falling housing prices. However, the continued decline in land transaction volumes is dragging down the scale of new constructions, and investment may continue to decline. The main issues currently facing the market include a trend of shrinking volumes and falling prices in the real estate market, increasing downward pressure, unresolved corporate liquidity crises, pessimistic consumer expectations, and significant market segmentation. It is recommended to continuously support rigid and improvement housing demand in first- and second-tier cities, properly handle market risks in third- and fourth-tier cities, strive to ensure timely housing deliveries, and accelerate the construction of a new real estate development model.

Keywords: Real Estate; Rental Market; Housing Policies

B.9 Review of China's Stock Market in 2024 and Outlook for 2025

Li Shiqi, Zhu Pingfang / 158

Abstract: In 2024, a series of effective policy measures have successfully boosted confidence in China's stock market and increased investment activity. Strong regulatory oversight to mitigate risks has steadily progressed, supporting the high-quality development of capital markets and better serving the steady and sustainable growth of the real economy. Mid-to-long-term capital inflows have achieved phased success, and the market has proactively embraced the development of New Quality Productivity. As major developed economies globally enter an interest rate-cutting cycle, moving towards a soft economic landing, China's central government has worked to unlock domestic demand potential, stabilize market expectations, and strengthen development confidence by adhering to a supportive monetary policy stance aimed at maximizing the effects of aggregate policies.In 2025, it will be crucial to seize the strategic opportunity of mid-to-long-term capital entering the market and recognize the immense value of mergers and acquisitions for industrial consolidation and efficiency improvements. Guided by a long-term and valueinvestment mindset, market participants will have stronger reasons to be optimistic and engage actively, supporting a steady increase in the long-term return rate of China's capital market.

Keywords: China's Stock Market; Macroeconomics; Capital Market; Scientific and Technological Innovation

Ⅳ Industrial Operation and High-quality Development

B.10 Analysis of China's Agricultural Economic Situation in 2024 and Outlook for 2025

Zhang Haipeng, Quan Shiwen, Qiao Hui and Shi Yuxing / 180

Abstract: In 2024, facing a complex and challenging external environment, China's agricultural economy overcame adverse factors, including unusual "harvest-season rains" in the Huang-Huai region and declining international agricultural prices, and maintained a trajectory of steady improvement and quality enhancement. Annual grain production achieved another record, with output expected to surpass 700 million tons. The supply of important agriculture products was ample, with stable production of meat, eggs, and dairy. The agricultural trade deficit narrowed, agricultural prices showed a moderate decrease, and livestock prices stabilized after a period of decline. Agricultural-related industries experienced steady growth, cold chain logistics expanded continuously. Employment for rural migrant workers improved, the urban-rural income gap further narrowed, and rural consumption patterns continued to diversify. In 2025, China's agricultural economy is expected to sustain its momentum of steady progress. Key agricultural product supplies, including grain, are projected to remain stable, market prices are likely to be broadly stable. Structural adjustments will continue in the growth of agriculture-related industries, and rural residents' welfare will further improve.

Keywords: Agricultural Economy; Agricultural Product Prices; Agriculture-related Industries; Farmers' Income

B.11　Analysis and Outlook of Industrial Economic Situation in 2025 and Policy Recommendations

Qu Yongyi, Zhang Hangyan / 197

Abstract: Industry was a major highlight in China's economic performance in 2024, with the industrial growth rate outpacing the GDP growth rate by 1 percentage point in the first three quarters, contributing nearly 40% to the economy. In 2025, China's industrial development will still face challenges such as the intensification of "VUCA" characteristics in the external environment and difficulties in the production and operation of small and medium-sized enterprises. However, China's manufacturing industry still possesses a global competitive edge, especially with the recent implementation of a package of incremental policies, which are driving positive factors for the industrial economy to improve. Overall, China's industrial economy will continue to grow under pressure in 2025. Therefore, the focus of policy should be on the macro level to coordinate supply and demand, forming a market capacity and consumption system that matches the scale of China's industry. On the meso level, it is necessary to improve industrial competition policies, purify the market environment, and prevent "involution" style vicious competition. On the micro level, it is essential to strengthen expectation management, solve the pain points and difficulties of enterprise development, and further stimulate the vitality of market entities.

Keywords: Industrial Economy; Manufacturing Industry; PPI; PMI

B.12 Analysis, Outlook, and Policy Recommendations for China's Green Development

Wang Mudan, Zhang Yongsheng / 213

Abstract: In 2024, the new energy industry, notably led by photovoltaics (PV) and new energy vehicles (NEVs), remains on a rapid growth trajectory, functioning as a vital catalyst for China's cultivation and expansion of green new quality productive forces, while driving comprehensive green and low-carbon economic and social development. China's new energy industry continue to sustain their momentum, marked by steadily rising product output, expanding PV installed capacity, and a NEV penetration rate exceeding 50%, showcasing robust growth resilience. However, challenges persist, including the need to bolster industrial and supply chain coordination, and deal with compounding trade barriers. To achieve green growth and high-quality development within the new energy industry, it is crucial to undertake scientific planning and layout, enhance industrial chain collaboration, foster a fair, healthy, and coordinated industrial ecosystem, and steer the industry towards balanced and orderly growth. With technological innovation as the primary driving force, the industry should strive for both quantitative and qualitative upgrades. Moreover, unlocking and harnessing the full potential of the new energy market is essential. This involves optimizing and adjusting overseas strategies, establishing localized industrial and supply chain systems, deepening international exchanges and dialogues, and properly addressing complex foreign trade risks and challenges.

Keywords: Green Development; New Energy Industry; Ecological Civilization

Contents

B.13 Analysis, Prospects, and Suggestions for the International
Energy Market Situation

Wang Lei, Shi Dan / 231

Abstract: Since 2024, the global supply and demand situation of crude oil and natural gas has been generally loose, and the energy price has decreased slightly compared with 2023. However, due to the impact of local military conflicts, the short-term shock range is large. Clean energy investment is still able to maintain rapid growth, and the global energy transition process is making steady progress. Looking ahead to the international energy market in 2025 and beyond, the international oil price is still in the rising stage of a long cycle. However, due to the plateau of world economic growth and the continuous improvement of the penetration rate of new energy vehicles, the international oil price will generally be at a medium-high level in the future, and show a trend of short-term shocks with the changes of the international political situation. The world's new energy industry is increasingly competitive, involving mineral resources, technology, and manufacturing of the whole industry chain. The game of global energy market will expand to new energy and industries and mineral fields closely related to new energy. In the face of the possible new global energy pattern in the future, China should not only guard against security risks in the traditional energy market, especially the impact of drastic fluctuations in oil prices on China's economy, but also anchor the "dual carbon" goal, focus on the high-quality development of the domestic new energy industry, improve the resilience of the new energy industry, and ensure industrial security.

Keywords: International Energy Market; Energy Security; New Energy System

B.14 Analysis, Prospect and Policy Suggestions on the Development of China's Service Industry

Liu Yuhong / 253

Abstract: Since the beginning of this year, the service industry economy has achieved steady and rapid growth, with its contribution to economic growth continuously increasing. Service demand has accelerated, emerging service industries have grown rapidly, and overall market expectations have been positive. However, the supply of new driving forces in the service industry is insufficient, and a high-quality and efficient new system for the service industry has not yet been fully established. The quality and efficiency of the development of the service industry still need to be further improved. To further deepen the reform of the service industry, on the one hand, we need to optimize the quality and expansion of services, improve the system and mechanism of the service industry, and increase effective supply. On the other hand, we need to increase the demand for effective services, consolidate the foundation for the development of the service industry, and thus form a strong driving force for promoting high-quality economic development.

Keywords: Service Industry; Comsumer; Service Trade

V Demand, Employment and Income

B.15 Analysis, Prospect and Suggestions on China's investment situation in 2024

Yang Ping, Du Yue / 271

Abstract: In 2024, supported by policy instruments such as ultra-long-term special treasury bonds, local government special debt bonds, and central budget funds, the growth rate of investment increased compared to 2023, but remained lower than the levels of 2022 and previous years. Manufacturing investment growth accelerated, infrastructure investment grew relatively steadily, while real estate investment continued to decline. All four major regions achieved positive investment growth. Looking forward to 2025, as a package of incremental policies continues to exert its influence and comprehensive reform measures accelerate their implementation, investment confidence and expectations are expected to further improve. Yet, increased uncertainty in the external environment may exert a certain negative impact on investment growth. It is recommended to further leverage various investment policy tools, enhance private investment enthusiasm by assisting enterprises and optimizing the investment environment, stabilize real estate investment expectations, continuously expand new investment opportunities, improve the mechanism for the positive mutual promotion of consumption and investment, and promote the further expansion of effective investment, thereby providing better support for high-quality economic and social development.

Keywords: Fixed Assets Investment; Private Investment; Investment Policy

B.16　Analysis of China's Consumption Economy in 2024 and Prospects for 2025

Wang Wei, Wang Nian / 286

Abstract: In 2024, the consumer market transit from post-epidemic recovery to normal and stable growth. In terms of the total volume, the consumer market has maintained a stable growth trend this year, and final consumption plays the fundamental role in supporting economic development. The total scale of the consumer market has continued to expand steadily, supply and demand reaches balance, and the policy of replacing old consumer goods with new ones is efficient. From the perspective of structure, market expansion is mainly led by service, offline channel continues innovation by digitization, food consumption grows faster than average, the growth momentum of consumption by social groups and in tier-one cities are both decelerated. From the perspective of consumers' purchasing power and willingness, albeit people's income is growing rapidly and employment maintains stable, consumer confidence remains at a low historical level, household wealth continues to shrink, and the crowding-in effect of government spending on livelihood is weakening. Looking forward to 2025, optimistic expectations, resilient confidence, stable supply, active innovation, and strong policies have created favorable conditions for the sustained and stable growth of consumption, and the total retail sales of consumer goods are expected to achieve a growth of approximately 4%.

Keywords: household consumption, structural characteristics, purchasing power and willingness, policy recommendations

B.17　Analysis and Outlook of China's Foreign Trade and FDI

Zang Chengwei, Gao Lingyun / 304

Abstract: In 2024, China's domestic economic stability faces considerable pressure, and the trade and investment environment has deteriorated, but trade and investment in China remain stable. The growth of China's trade is robust, characterized by a recovery of traditional markets, accelerated upgrading of export structure, rapid development of high-tech product trade, and more dynamic trade entities. However, there are also problems such as relatively insufficient domestic demand, slower growth of labor-intensive exports, excessive competition, deteriorating foreign market environment. For the FDI, there are more prominent problems in attracting foreign investment. The number of foreign-invested enterprises has increased gradually, but the value has continued to decline, and the global investment environment has also deteriorated, with increasing investment restrictions and security reviews in developed countries. To further consolidate the favorable trend of foreign trade and reverse the downward trend of FDI, this report suggests: cultivating new quality productive forces to foster emerging export growth points, further expanding domestic demand, optimizing the competitive environment to guide enterprises to move from price competition to quality competition, preventing trade frictions from further escalating, accelerating global diversification, guiding foreign investment from the "made in China" model to the "sold in China" model, advocating investment facilitation and clear boundaries of national security in international rules, opening new channels for investment with the United States, and optimizing domestic institutional environments to boost foreign investor confidence.

Keywords: Foreign Trade; Foreign Direct Investment; Structural Optimization

B.18 Analysis of the Labor Market in 2024 and Several Key Issues for the Future

Du Yang / 322

Abstract: The Chinese labor market has witnessed stable development in 2023, as evidenced by low unemployment rates for labor forces at prime ages. In the meanwhile, the youth unemployment is still prominent. With uncertainty, the sophisticated labor market requires a multi-dimensional statistical system in order to understand its dynamics comprehensively. The international experiences tell that China has to address the issue of youth employment with strategic point of view in the long run. In addition, it is important to coordinate the economic development and employment growth. In the short run, China has to bridge the gap in aggregate demand so as to achieve full employment while solving the structural employment in the long run.

Keywords: Employment Situation; Youth Employment; Pro-employment Policies

375

B.19　China's Income Distribution: Situation, Outlook and Policy Recommendations

Deng Quheng, Wang Qiong / 336

Abstract: As of 2023, residents' income has continued to grow. The growth of residents' income was basically in line with economic growth, with residents' income growing with a faster speed than GDP. Income inequality decreased at several dimensions. Although the overall inequality decreased to some extent, judging from the Gini coefficient of per capita disposable income, income inequality has not decreased steadily. Measures have to be taken to further reduce income inequality. The slowdown in growth of income from wages and salaries contributes to the sluggish growth of residents' income in rural and urban areas, calling for boosting high-quality and sufficient employment and increasing wages and salaries. To close the regional income gap, developing industries in middle and western areas is needed. Improving the redistribution mechanisms such as taxation, social security, and transfer payments as well as making basic public services more balanced and accessible are also needed.

Keywords: Income Distribution; Wages and Salaries; Redistributive Policies

社会科学文献出版社

皮 书
智库成果出版与传播平台

✦ 皮书定义 ✦

皮书是对中国与世界发展状况和热点问题进行年度监测，以专业的角度、专家的视野和实证研究方法，针对某一领域或区域现状与发展态势展开分析和预测，具备前沿性、原创性、实证性、连续性、时效性等特点的公开出版物，由一系列权威研究报告组成。

✦ 皮书作者 ✦

皮书系列报告作者以国内外一流研究机构、知名高校等重点智库的研究人员为主，多为相关领域一流专家学者，他们的观点代表了当下学界对中国与世界的现实和未来最高水平的解读与分析。

✦ 皮书荣誉 ✦

皮书作为中国社会科学院基础理论研究与应用对策研究融合发展的代表性成果，不仅是哲学社会科学工作者服务中国特色社会主义现代化建设的重要成果，更是助力中国特色新型智库建设、构建中国特色哲学社会科学"三大体系"的重要平台。皮书系列先后被列入"十二五""十三五""十四五"时期国家重点出版物出版专项规划项目；自2013年起，重点皮书被列入中国社会科学院国家哲学社会科学创新工程项目。

皮书网

（网址：www.pishu.cn）

发布皮书研创资讯，传播皮书精彩内容
引领皮书出版潮流，打造皮书服务平台

栏目设置

◆ 关于皮书
何谓皮书、皮书分类、皮书大事记、
皮书荣誉、皮书出版第一人、皮书编辑部

◆ 最新资讯
通知公告、新闻动态、媒体聚焦、
网站专题、视频直播、下载专区

◆ 皮书研创
皮书规范、皮书出版、
皮书研究、研创团队

◆ 皮书评奖评价
指标体系、皮书评价、皮书评奖

所获荣誉

◆ 2008年、2011年、2014年，皮书网均在全国新闻出版业网站荣誉评选中获得"最具商业价值网站"称号；

◆ 2012年，获得"出版业网站百强"称号。

网库合一

2014年，皮书网与皮书数据库端口合一，实现资源共享，搭建智库成果融合创新平台。

皮书网

"皮书说"微信公众号

权威报告·连续出版·独家资源

皮书数据库
ANNUAL REPORT(YEARBOOK) DATABASE

分析解读当下中国发展变迁的高端智库平台

所获荣誉

- 2022年，入选技术赋能"新闻+"推荐案例
- 2020年，入选全国新闻出版深度融合发展创新案例
- 2019年，入选国家新闻出版署数字出版精品遴选推荐计划
- 2016年，入选"十三五"国家重点电子出版物出版规划骨干工程
- 2013年，荣获"中国出版政府奖·网络出版物奖"提名奖

皮书数据库　　"社科数托邦"微信公众号

成为用户

登录网址www.pishu.com.cn访问皮书数据库网站或下载皮书数据库APP，通过手机号码验证或邮箱验证即可成为皮书数据库用户。

用户福利

- 已注册用户购书后可免费获赠100元皮书数据库充值卡。刮开充值卡涂层获取充值密码，登录并进入"会员中心"—"在线充值"—"充值卡充值"，充值成功即可购买和查看数据库内容。
- 用户福利最终解释权归社会科学文献出版社所有。

数据库服务热线：010-59367265
数据库服务QQ：2475522410
数据库服务邮箱：database@ssap.cn
图书销售热线：010-59367070/7028
图书服务QQ：1265056568
图书服务邮箱：duzhe@ssap.cn

社会科学文献出版社 皮书系列
卡号：322367584266
密码：

S 基本子库
SUB DATABASE

中国社会发展数据库（下设12个专题子库）

紧扣人口、政治、外交、法律、教育、医疗卫生、资源环境等12个社会发展领域的前沿和热点，全面整合专业著作、智库报告、学术资讯、调研数据等类型资源，帮助用户追踪中国社会发展动态、研究社会发展战略与政策、了解社会热点问题、分析社会发展趋势。

中国经济发展数据库（下设12专题子库）

内容涵盖宏观经济、产业经济、工业经济、农业经济、财政金融、房地产经济、城市经济、商业贸易等12个重点经济领域，为把握经济运行态势、洞察经济发展规律、研判经济发展趋势、进行经济调控决策提供参考和依据。

中国行业发展数据库（下设17个专题子库）

以中国国民经济行业分类为依据，覆盖金融业、旅游业、交通运输业、能源矿产业、制造业等100多个行业，跟踪分析国民经济相关行业市场运行状况和政策导向，汇集行业发展前沿资讯，为投资、从业及各种经济决策提供理论支撑和实践指导。

中国区域发展数据库（下设4个专题子库）

对中国特定区域内的经济、社会、文化等领域现状与发展情况进行深度分析和预测，涉及省级行政区、城市群、城市、农村等不同维度，研究层级至县及县以下行政区，为学者研究地方经济社会宏观态势、经验模式、发展案例提供支撑，为地方政府决策提供参考。

中国文化传媒数据库（下设18个专题子库）

内容覆盖文化产业、新闻传播、电影娱乐、文学艺术、群众文化、图书情报等18个重点研究领域，聚焦文化传媒领域发展前沿、热点话题、行业实践，服务用户的教学科研、文化投资、企业规划等需要。

世界经济与国际关系数据库（下设6个专题子库）

整合世界经济、国际政治、世界文化与科技、全球性问题、国际组织与国际法、区域研究6大领域研究成果，对世界经济形势、国际形势进行连续性深度分析，对年度热点问题进行专题解读，为研判全球发展趋势提供事实和数据支持。

法律声明

"皮书系列"（含蓝皮书、绿皮书、黄皮书）之品牌由社会科学文献出版社最早使用并持续至今，现已被中国图书行业所熟知。"皮书系列"的相关商标已在国家商标管理部门商标局注册，包括但不限于LOGO（ ）、皮书、Pishu、经济蓝皮书、社会蓝皮书等。"皮书系列"图书的注册商标专用权及封面设计、版式设计的著作权均为社会科学文献出版社所有。未经社会科学文献出版社书面授权许可，任何使用与"皮书系列"图书注册商标、封面设计、版式设计相同或者近似的文字、图形或其组合的行为均系侵权行为。

经作者授权，本书的专有出版权及信息网络传播权等为社会科学文献出版社享有。未经社会科学文献出版社书面授权许可，任何就本书内容的复制、发行或以数字形式进行网络传播的行为均系侵权行为。

社会科学文献出版社将通过法律途径追究上述侵权行为的法律责任，维护自身合法权益。

欢迎社会各界人士对侵犯社会科学文献出版社上述权利的侵权行为进行举报。电话：010-59367121，电子邮箱：fawubu@ssap.cn。

社会科学文献出版社